宗教文化译丛

吠陀哲学宗教史

〔日〕高楠顺次郎　木村泰贤 著
宋立道 译

商务印书馆
创于1897 The Commercial Press

高楠順次郎　木村泰賢
吠陀哲學宗教史

中译本根据日本东京丙午出版社 1914 年版译出

“宗教文化译丛”总序

遥想远古，文明伊始。散居在世界各地的初民，碍于山高水险，路途遥远，彼此很难了解。然而，天各一方的群落却各自发明了语言文字，发现了火的用途，使用了工具。他们在大自然留下了印记，逐渐建立了相对稳定的家庭、部落和族群。人们的劳作和交往所留下的符号，经过大浪淘沙般的筛选和积淀后，便形成了文化。

在纷纭复杂的文化形态中，有一种形态叫“宗教”。如果说哲学源于人的好奇心和疑问，那么宗教则以相信超自然力量的存在为前提。如果说哲学的功用是教人如何思维，训练的是人的理性认知能力，那么宗教则是教人怎样行为。即把从信仰而来的价值与礼法落实于生活，教人做“君子”，让社会有规范。信而后行，是宗教的一大特点。

宗教现象，极为普遍。亚非拉美，天涯海角，凡有人群的地方，大都离不开宗教生活。自远古及今，宗教虽有兴衰嬗变，但从未止息。宗教本身形式多样，如拜物图腾、万物有灵、通神巫术、多神信仰、主神膜拜、唯一神教，林林总总，构成了纷纭复杂、光怪陆离的宗教光谱。宗教有大有小，信众多者为大，信众寡者为小。宗教有区域性的，也有跨区域性的或世界性的。世界性宗教包括基督教、伊斯兰教、佛教等大教。还有的宗教，因为信众为单一民族，被视为民族性宗教，如犹太教、印度教、祆教、神道教等。宗教犹如一面硕大无朋的神圣之网，笼罩着全世界大大小小的民族和亿万信众，其影响既广泛又久远。

宗教的功能是满足人的宗教生活需要。阶级社会，人有差等，但无人不需精神安顿。而宗教之于酋长与族人、君主与臣民、贵族与平民、总统与公民，皆不分贵贱，一视同仁地慰藉其精神。有时，人不满足于生活的平淡无奇，需要一种仪式感，这时，宗教便当仁不让。个人需要内在的道德，家庭、社会、国家需要伦理和秩序，宗教虽然不能“包打天下”，却可以成为不可多得的选项。人心需要温暖，贫民需要救济，宗教常常能够雪中送炭，带给需要者慈爱、关怀、衣食或资金。人是社会的动物，宗教恰巧有团体生活，方便社交，有利于人们建立互信和友谊。

“太阳照好人，也照歹人。”宗教劝人积德行善，远离邪恶，但并非所有的“善男信女”都是仁人君子，歹徒恶人也不乏其例。宗教也不总是和平的使者。小到个人权斗、“人肉炸弹”，大到“9·11”空难，更大的还有“十字军东征”“三十年战争”“纳粹大屠杀”。凡此种种大小纷争、冲突、战争和屠戮，都有宗教如影随形。美国学者亨廷顿早在1993年就曾预言：未来的冲突将发生在几大宗教文明之间。姑且不说“文明”之间是否“应该”发生冲突，宗教冲突或与之相关的各种“事件”时有发生，却是一个不争的事实。

既然宗教极其既深且广的影响是事实存在，那么介绍和诠释宗教经典，阐释教义学说，研究宗教历史，宗教与政治经济，以及宗教间的关系等理论和现实问题，就有了“充足的理由”和“必要”。

1873年，马克斯·缪勒出版了《宗教学导论》，其中首次使用了“宗教学”概念。从此，宗教研究成了一门学科，与文学、历史学、哲学、社会学、心理学、民族学等并驾齐驱。在宗教学内部，宗教哲学、宗教人类学、宗教社会学、宗教心理学等分支也随之出现，成就了泰勒、韦伯、蒂利希、詹姆斯、布伯、巴特、莫尔特曼、尼布尔、汉斯·昆等一大批宗教思想家。1964年，根据毛泽东主席批示的精神，中国科学院哲学社会科学学部组建了世界宗教研究所。从此以后，宗教学和更广意义的宗教研究也渐次在社会主义中国生根、开花、结果，在学术界独树一帜，为世人所瞩目。

宗教经典的翻译、诠释与研究，自古有之，时盛时衰，绵延不绝。中国唐代的玄奘、义净，历经千辛万苦西行取经，而后毕生翻译佛典，成为佛教界的佳话；葛洪、寇谦之、陶弘景承续、改革道教，各成一时之盛；早期的犹太贤哲研讨《托拉》、编纂《塔木德》，开启了《圣经》之后的拉比犹太教；奥利金、德尔图良、奥古斯丁等教父，解经释经，对于厘定基督教教义，功莫大焉；斐洛、迈蒙尼德等犹太哲人诠释《圣经》，调和理性与信仰，增益了犹太教；托马斯·阿奎那、邓斯·司各脱、威廉·奥康等神学大师，建立并发展了宏大深邃的经院哲学，把基督教神学推到了顶峰。还须指出，传教士们，包括基督教教士和佛教高僧大德，致力于各自宗教的本土化，著书立说，融通异教，铺设了跨宗教和多元文化对话的桥梁。

学生的学习，学者的研究，都离不开书。而在某个特定的历史时期，外著移译，显得尤为必要和重要。试想，假如没有严复译的《天演论》《法意》，没有陈望道译的《共产党宣言》、傅雷译的法国小说、朱生豪译的莎士比亚诗歌与戏剧，等等，中国的思想文化界乃至政治、经济、社会等各个领域，是一个什么景象？假如没有贺麟、蓝公武、王太庆、苗力田、陈修斋、梁志学、何兆武等前辈学者翻译的西方哲学名著，中国的哲学界将是什么状态？假如没有宗教学以及犹太教、基督教、伊斯兰教、佛教等宗教经典或研究性著作的翻译出版，我们的宗教学研究会是何等模样？虽说“试想”，但实际上根本“无法设想”。无疑，中国自古以来不乏学问和智慧，但是古代中国向来缺少严格意义上的学科和学术方法论。近现代以来中国分门别类的学科和学术研究是“西学东渐”的结果，而“西学东渐”是与外籍汉译分不开的。没有外籍的汉译，就没有现代中国的思想文化和学术。此论一点也不夸张。

众所周知，在出版界商务印书馆以出版学术著作著称，尤其以出版汉译名著闻名于世。远的不说，“文革”后上大学的文科学子，以及众多的人文社科爱好者，无不受益于商务印书馆的“汉译世界学术名著丛书”，我本人就是在这套丛书的滋养熏陶下走上学术之路的。

为了满足众多宗教研究者和爱好者的需要，商务印书馆对以前出版过的“宗教文化译丛”进行了改版，并扩大了选题范围。此次出版的译丛涵盖了宗教研究的诸多领域，所选原作皆为各教经典或学术力作，译者多为行家里手，译作质量堪属上乘。

宗教文化，树大根深，名篇巨制，浩如烟海，非几十本译作可以穷尽。因此，我们在为商务印书馆刊行“宗教文化译丛”而欢欣鼓舞的同时，也期待该丛书秉持开放原则，逐渐将各大宗教和宗教学研究的经典、权威性论著尽收囊中，一者泽被学林，繁荣学术；二者惠及普通读者，引导大众正确认识宗教。能否如愿以偿？是所望焉。谨序。

傅有德

2019 年 9 月 22 日

目　录

第十版序……………………………………………………… 1
绪言………………………………………………………… 3
总叙………………………………………………………… 5
　第一节　印度的国土及民族…………………………… 5
　第二节　印度文明的发展状况………………………… 13
　第三节　哲学与宗教之关系及其发展………………… 28
　第四节　书之组织与内容……………………………… 33

第一篇　吠陀的宗教和哲学

第一章　吠陀本集总论…………………………………… 43
　第一节　《梨俱吠陀》………………………………… 45
　第二节　《沙摩吠陀》………………………………… 48
　第三节　《夜柔吠陀》………………………………… 48
　第四节　《阿达婆吠陀》……………………………… 51
第二章　吠陀之神话……………………………………… 58
　第一节　概观…………………………………………… 58
　第二节　居首位的《梨俱吠陀》的主要神祇………… 64
　第三节　自然神以外的诸神谱………………………… 92
第三章　神人关系………………………………………… 104

第一节 地位的关系…………………………………………………… 104
第二节 祭式……………………………………………………………… 107
第三节 咒法……………………………………………………………… 113
第四节 死后之命运观…………………………………………………… 119
第四章 吠陀的哲学思想……………………………………………………… 128
第一节 《梨俱吠陀》中哲学思想的兴起 ……………………………… 128
第二节 后《梨俱吠陀》之统一宇宙观………………………………… 135
第三节 《阿达婆吠陀》的哲学思想 …………………………………… 158

第二篇 梵书

第一章 总说…………………………………………………………………… 171
第二章 梵书的神祇观念和故事传奇………………………………………… 187
第三章 梵书之实践方面……………………………………………………… 196
第四章 梵书的哲学…………………………………………………………… 197
第一节 概观……………………………………………………………… 197
第二节 梵书初期——生主……………………………………………… 200
第三节 梵书中期——梵………………………………………………… 208
第四节 梵书终期——自我……………………………………………… 214
第五节 轮回说之起源…………………………………………………… 223

第三篇 奥义书

第一章 总说…………………………………………………………………… 233
第二章 本体论（梵=我）……………………………………………………… 251
第一节 本体之寻究法…………………………………………………… 251

第二节　本体之性质…… 260
第三章　现象论（梵之显相）…… 272
第一节　本体和现象之关系…… 272
第二节　现象生起的次第与种类…… 278
第四章　归宿论（轮回论、解脱论）…… 288
第一节　轮回论…… 288
第二节　解脱论…… 292
第五章　结论——奥义书之思想矛盾…… 298

第四篇　经书（婆罗门教之实践方面）

第一章　总说…… 307
第二章　律法…… 319
第一节　四姓之职制…… 319
第二节　再生族通常所遵循之四行期…… 329
第三节　种姓之分化论…… 334
第三章　祭祀仪礼…… 339
第一节　家庭之祭典…… 340
第二节　天启祭典…… 359

第五篇　奥义书末期之学派开展

第一章　诸学派兴起之原因和种类…… 385
第二章　诸学派之共通思想…… 398

西文和梵文术语译名表…… 409

第十版序

本书出版以来，已历十个星霜。其间印度宗教哲学之研究已有明显进展。因作者一直希望，能对本书作根本之修订。本来此书第十版重出，正是修订之最好时机。可惜作者要务缠身，到底不好匆忙涂改，是以作罢而犹抱憾。近来有多读者来函，促本书再版，语望颇切，意多殷恳。遂令作者，寝其余虑，仍依本书旧观，复作刊行。虽原样未改，然再印之前，亦有校读，稍涉语句修改，内容亦有必要补充。对所引用文献，复有若干订正。又将所有刊误，集为一页，附于书后。并对之前所引书之番号、页码，再作复核，尽其可能，纠正先前误植。虽然，不敢说所有问题，均已完全排除。是以仍祈望读者诸君，惠以指摘，俾以后再作更正。此亦为吾等撰述者之切望矣。

作者敬识

大正三年（1914）六月二十五日

绪　言

一、本书题云《印度哲学宗教史》①。自吠陀时代以降，经梵书、奥义书而至经书之各时代，均在本书范围内。是等内容属于开放式思想发展史之上古部分。若自其思想内涵看，则代表印度全体之根本思想。第二篇以下，若以别名称呼，完全可称为六派哲学史、印度佛教史、印度教发展史、印度纯正哲学史五篇。

二、本书之基础，系作者原来在东京帝国大学数年间从事教学时使用之教本。当初之课程名为《印度哲学宗教史》。作者之另外一位，以后对教本做增补整理工作，又仍沿用同一题目，再使用一二年。其在本书出版前，对书稿更作修饰完善。

三、本书之目的，在搜集前佛教之印度宗教及哲学两种史料，以供读者参考。社会上此类著述颇多，然或偏于宗教，又或偏于哲学，若论能够兼顾两边、不失平衡者，则为罕见。以是学界抱憾焉。本书之所撰，意在补此缺憾。作者运用当代组织方法而作叙述。此种论述角度，虽说不上即作者之新颖见解。然撰文者之

---

① 本书原名为《印度哲学宗教史》，但只研究了从吠陀经到梵书和奥义书时期，没有涉及佛教、印度教等公元后的印度宗教哲学，故改书名为《吠陀哲学宗教史》，但此篇“绪言”保留原样。

出发点认为，若研究印度思想，实不能割裂哲学与宗教成其两边而不相关属者。

四、本书作者虽然苦心于用语简略、行文平易，然本书究竟不是为初学者之启蒙而设计。因此，本书所据材料，仍力求尽量可靠而正当。所有论述均以批判意图作为主导。作者目的，在为读者提供可以稽察古代思想历程之线索，又可以因此而熟悉吾等之研究方法。因之，本书兼顾问题介绍及思想批评两个方面。作者目标，实希望撰成一部通俗读本兼为研究之书。

五、本书中直接引述之原文多半是梵语。凡其音译处用罗马字母标出，偶尔亦用片假名。又若知道现成汉译名称，便不再使用假名标示。正文中凡引用西方原著，仍用西文。一般词汇则在后面括号中附西文字母拼写。至若以片假名标示西文，我国尚未有明确之通行规则。因此，本书中之假名标示，亦仍不免缺乏统一性。

六、本书不仅在体裁上有多缺点，在内容上亦有值得讨论者，甚至多有招非议之处。在此，吾等殷切期望读者诸君不吝指教。吾人相信，能令印度哲学研究大成，乃是日本学界应有之本分，绝非拘于区区私情而可以成就之事。因之，（若本书有其长短）唯望博雅有识方家，请为去其所短、扬其所长，以为学界增寿焉。

七、本书之完成，尤当感谢文学士宫坂喆宗君之助力。书稿之整理校正，乃至目录、索引，皆得宫坂君之援手而始完成。微君慨然之助，无有本书之呱呱举声问世焉。是以谨致诚谢。

作者

大正三年（1914）九月廿四日

总　叙

第一节　印度的国土及民族

大致说来，欲了解一国之思想，必先通晓其国的一般人文历史。于此，诸位若欲讲究研讨印度的古代哲学与宗教，有必要先为预备。因此，在进入本论题之前，要对印度的一般状况及文化发生与发展的原因，作一简单的叙述。

先来应当考虑印度人文发展的舞台，即印度的国土。通常人们会说地图上的印度轮廓，呈三角形的形状。其实，印度的地形更像是一个不规则的四边形。大体而言，其西境是苏莱曼山脉，其与阿富汗及伊朗的俾路支斯坦相邻。至若东北边则是连绵的大雪山，其与中国西藏相邻；西南边是阿拉伯海，东南边是孟加拉湾。换言之，印度全境，亦即是此四边所围的内部的国土。而它的境外则为山海所阻断。此种地形，同我们的话题——印度的地理环境如何影响印度文明的特征与实质，关系至为重要。这样的环境中产生出来的印度文明，所以保有印度的鲜明特色，地理特点便是重要的因素之一。道森（Deussen）又从文明发展史的视角对此不规则四边形加以极有意思的几何处理。首先，他以西边印度河入阿拉伯海之河口引一直线向东直到恒河入孟加拉湾的河口。

于是印度被分为南北两个三角形，北边为印度斯坦（Hindustan），南面则为从德干高原到科摩林角之印度半岛地区。上面的三角形，其顶端为兴都库什山。由此引一垂线至底边。垂线以西是五河地区（Pañjāb），即旁遮普的五河流域。垂线以东为恒河平原。而这条垂线所穿过的三角中心地带便是马尔斯他拿沙漠（Marusthala）。

这里有三个三角形。第一个是以印度河为中心的五河流域，第二个是东南面的恒河流域平原，第三个是文迪耶（Vindhya）山以南的印度半岛。此即为印度文明发展的三个中心地带。一开始印度文明的发源地在旁遮普地区，之后传至恒河流域，此文明臻于全盛。然后继续南流，并最终渡海来到锡兰岛。

今对上面所说的三个三角地带联系印度文明的特色而作一简单介绍。第一个三角地带自古就不是不毛之地。此地区众流倾注，皆以印度河为最终归宿，其间流淌泛滥，亦形成水利，富润此土，令适宜农牧生产。加之气候又有热带和寒带的特征，虽不可谓温和，但也不算酷烈。赖自然之恩宠，人民勇敢开拓，遂成此文明。

雅利安族初时所择之地，既谓五河地区，足知河道纵横、水利充足是其特色。众多河流中间，最为重要者即是印度河。其河源在青藏高原之西境，由彼而下奔流于崇山峻岭之间，一路吸纳众多水流，最终注入阿拉伯海。印度国名，实来自此印度河之名。盖因最初来至此土之雅利安族移民，有感于河水浩大而称叹“信度”（Sindu），信度，即为“大水”或“大海”之意。先有称河流之名，后遂用以称呼整个印度国名。再者，古代之“Sindu”来自波斯语之Hindu，后经希腊人称呼而转成“印度”。到了中国人那里则被称为“身毒”“贤豆”，都是“印度”一名讹音变化的结果。

玄奘在其《大唐西域记》中称Indu之名，本即“月亮”。玄奘此说乃是附会民间俗说。义净在《南海寄归内法传》中谓此名为其所至之国名因土人之自谓而得名。然若就印度人自身言，从来未有称呼印度全境之名形成。通常印度人并无以全境为一国之观念。其称呼雅利安族人所居之土，谓其为“巴那达”（Bharata，婆罗多）或者“阎浮提洲”（Jambu-dvīpa）。总上所说，“印度”国名，恐怕主要是古代波斯人用以称呼其土对岸全部地名之称呼，后来被希腊人所接受而转为世之通名。

注入印度河的众多支流，从阿富汗方面流来的主要是喀布尔河，也有许多在印度本土形成的较小支流，数目虽多但最重要的也就是五河。“旁遮普”就是“五条河”的意思。古代的波斯语，“旁遮”（Pañj）即是“五”，而“普”（āb）就是“河”。在梵语中，旁遮普又作Pañca-nada。说起来，五河与印度古代文明极为深切。《梨俱吠陀》中多次提及“五河”自不必说，就是希腊史料中也往往提到五河地区。今将五河自北而南依次列名，并附希腊人对它们的称呼，与梵语名称逐一对照：

《梨俱吠陀》中的名称	希腊名	现代名
Vitastā	Hydaspes(Bidaspes)	Jhelum (Bihat)（杰赫勒姆河）
Asikṇi (Candrabhāgā)	Acecines	Chenāb（杰纳布河）
Panuṣṇi (Irāvatī)	Hydraodes	Rāvī（拉维河）
Vipaśā	Hyphasis	Beās（比亚斯河）
Śutudrī (Śutadrū)	Zadedres	Sutlej（萨特莱杰河）

此外还有“七河”的名称。与之相关之各各不同说法，然要

而言之，无非是在原来的五河之外再加上两河。通常也就是五河加上阿富汗之喀布尔河以及印度河，以成七数而已。亦有学者认为无论称之为五河也罢、七河也罢，无非只是概数，不必以为确指矣。要而言之，对于古代民族的生活言，其所居地之河流至关重要。若美索不达米亚之巴比伦河、埃及之尼罗河，皆属此趣，不可忽忘焉。

第二个三角地带即东南印度。各各特点大致如前已说，其诸意趣相同无异。就其气候特点言，渐次南下，炎热愈烈；而就地势言，除东北之雪山外，其余大概皆为开阔地带，堪称沃野千里，适合农耕。然又水旱时至，自然风景不免单调乏味。雅利安人在此地带定居下来，建立了复杂的社会制度，行动上亦渐失开拓敢为的气象；其宗教愿望逐渐生出企慕山林、意求幽栖、耽好静思的倾向。此乃深受风土气候影响所致，亦为不争之事实。

至若此地带之最重要河流，自当以恒河居首。而若论及恒河在印度文明史上地位，恐超越印度河而绝无逊色。盖因恒河发源于雪山，由彼下注，入于孟加拉湾。一路上广纳众流，两岸为广袤平原，无论干流与支流，均有众多适宜都市开发之环境，完全符合伟大文明产生和发展的特色条件。可以设想，若无印度河与恒河，绝无可能产生婆罗门文明与佛教文明。注入恒河的最大支流为亚穆纳河（Yamunā）。恒河之所以水量巨大，全因得亚穆纳河的汇入。而横亘在亚穆纳河与五河之最南的萨特莱杰河之间的广大地域，即是有名的俱卢（Kuru-kṣena，俱卢国）。彼为古印度文明之腹地，亦即婆罗门教文明的诞生之处。婆罗门族称之为“中国”（Madhyadeśa），古时也称“婆罗门国”（Brahmāvarta）或

“雅利安国”（Āryavarta）。另外，至佛陀时代，此“中国地带”便是佛陀长期游化的摩揭陀国。

最后便是第三个三角地带，亦即印度次大陆之半岛地区。此地多有山峦，以高原为主，东西两面临海，沿海又多有平地延伸。一般而论，人类文明的发祥之地，总是自然环境温和适宜为首选条件。然亦不排除有生于恶劣环境当中者。至若文明中之特色因素必同自然地理气候休戚相关。此亦为不可否认之要点。大概言之，若生活在山峦中间之民族，以交通不方便的缘故，可以发展出唯自身独有的特点。具体说来，此地区属于热带，植物生长茂盛，为生存乞活，易于采摘自然果实。既无衣食索求之烦，又有隐遁山间之便利，静安思维便在俯仰之间。如是，此之地区虽开发最晚，然亦无碍其形成特殊的文化氛围和伟大的思想。因此亦是印度古代文明的重要生成舞台。此诸事实，吾等亦应先有解明。

其次，特叙述在此历史舞台创造文明的民族。依据种种遗迹，可以猜测太古以来历次侵入印度之不同种族的情况。诸如达罗毗荼人（Dravida）、科拉利亚人（Kolaria）等，即是一类。大概言之，无论文化上如何“低劣”之人种，根本上说自有其一种文化特色。以后以雅利安文明之影响，也能提升而创造出自有特色之文化。彼南印度之文化，实际上即由彼原住民所开创。然而，无论如何，雅利安人是印度次大陆文明的开拓者。若作极端之论，印度文明，哪怕初期之泥痕鸿爪，亦不可谓与雅利安人一手所创无关。

于此不可不对此人种之事稍加叙说。依近世学者的看法，姑不论此诸人群从何处迁徙而来，其之前总在中亚某地栖息而聚居。

此后因史前之人种迁徙风潮，此种群分东西两个方向再作移动。公元前三四千年之际，西进之此种群到达欧洲，成为今天欧洲人的祖先；东进之此种群，便是波斯人（伊朗人种）和印度人（雅利安人种）的祖先。其中向东方迁徙的一部分进至东南，跨越兴都库什山西麓之喀布尔河谷，通过开伯尔（Khyber）山口，来到今日大约为阿富汗之哈拿富瓦底河（Harahvati）及五河之一的维塔斯塔河（Vitastā）之间的地带，在那里止步，栖息繁衍。然而因为某种原因，或因宗教，或因其他分歧，终发生分裂，部分人群折向西边，再南向而往伊朗高原。在那里创造了波斯文明。另外一部则继续行往东南，把五河流域当成自己的家园，因此也创造了自己的文明。此诸人群，便是古代印度的雅利安人种。如是说来，印度的雅利安人经历了两个时代：进入印度五河旁遮普地区以前的印度欧罗巴共住时代，以及稍后的印度伊朗共住时代。前者亦称为印欧时代，后者亦称印伊时代。此之历史事实，可以通过比较语言学和比较神话学之研究得到证明。然作此证明并非本书的任务。吾等只是基于比较语言-宗教学研究权且言及，因远古时代，此族群所崇信神祇的相同属性而显明此事。

欧洲流行的古代诸神，与印度最为接近。其所称呼为“天父”之神，印度人谓为吠陀神（Dyauspitar），罗马人谓之朱庇特（Jupiter），希腊人谓之宙斯（Zeuspater）。其三者被认为同一，是很早就得以公认而无疑问的共识。又印度的天神Deva、罗马的神Deus、立陶宛语中的神Devas，也有惊人的一致性；此外，印度之婆楼那神（Varuṇa，司法神），希腊的乌拉诺斯（Uranos）亦颇关联；印度的苏利耶（Sūrya，太阳神）与希腊的赫利俄斯神（Helios）、印度的黎明女神乌莎斯（Uṣas）与罗马的奥罗拉神（Aurora）之间亦都有明显关联。所有这些名称都暗示在远古时代，彼等所指皆为同一神灵。然而，诸如此类的相似性，究竟是从某一方向另一方传递的呢？还是从文化根底上深刻观察而确认其属于某一共住时代的信仰名称呢？无论如何，此二种可能都提示出其间的亲缘关系，舍此也无别的解释可能。所有这些，实际上都得益于近世以来学术之光的显明，是惊人学术发现的结果。马克斯·缪勒（Max Müller）称Dyauspitar=Zeuspater=Jupiter的说法，其所依据的也正是此之研究成果。若依此论，印度与欧罗巴之间的文化关联性得以建立，也因此关联性可以解决种种相关问题。

再者，若论印伊时代，其分住的时间因为相去不远，所以两者之间的相似之点也就颇多。换言之，古代波斯的琐罗亚斯德教与印度的吠陀神话之间，诸神的名称、宗教的仪式与性质之间，也就有许多显著的一致性。于此姑且不论其神祇名称虽共通者甚多而性质相异者亦颇不少。举例言之，波斯的《阿维斯塔》（*Avesta*）中最高之神称阿胡拉·马兹达（Ahura Mazda），在吠陀中有相似之阿修罗（Asura，在印度，此则分为不同阶次的恶魔）；而在《阿维斯塔》中称为Daeva者是恶神的总称，而在吠陀经中同名的则指全部善神。《阿维斯塔》中还有Indra之名，其指的是波斯人的恶神，而在吠陀经中，Indra指的是最有人望的守护大神因陀罗。然此诸神祇的相似性及相异性，可以理解印伊分离的原因之一，而不可成为否定二者有过共住时代的证据。以下不妨略举名称与性质都共通的印伊神祇：

吠陀经	《阿维斯塔》	吠陀经	《阿维斯塔》
Mitra（日神）	Mithra（日神）	Vivasvata Yama（冥国主）	Vivanhvat（遍照者）
Bhaga（太阳神）（女性）	Bogha（太阳神）	Yama（阎摩）	Yima（依摩）
Vayu（风神）	Vayn（风神）	Indra=Vṛtrahau（因陀罗，亦名毗里特拉哈）	Verethragna（韦雷斯拉格纳）
Āpas（水神）	Āpo（水神）	Gandharva（乾达婆）	Gandarewa（刚德瑞瓦）
Apām napāt（水神之子）	Āpo napāt（水神之子）	Kriśanu（克里希纳）	Kreśāni（克里希尼）
Trita āptya（吠陀之人格化神）	Thrita、Athvya（《阿维斯塔》之神祇）	Soma（苏摩）	Haoma（豪马）
Yājña（吠陀祭祀名）	Vaśna（波斯祭礼）	Hatar（吠陀祭官）	Zaotar（琐罗亚斯德教祭司）
Atharvan、Angiras（吠陀之火祭僧）	Anthravan、Angiras（琐罗亚斯德教之火祭僧）	Gāthā（歌赞）	Gāthā（歌赞）

除上列宗教名词之相似之外，若论吠陀古经与琐罗亚斯德教之《阿维斯塔》古经，其音韵规则可以通用，因此吠陀经中语句完全可以直接转写为《阿维斯塔》的形式。类似的相通之处简直不胜枚举。

如上所说，古代雅利安人经历了印欧及印伊两个时代而在印度定居下来，并有相当长时期的文化积淀。然话虽如此，在此漫长时代中，具体之文化痕迹亦颇不易捕捉、寻觅与整理。吾人仅能得到一般之印度文明史之鸟瞰。所谓史前的事迹，严格地说来，不过只是声言断定。真正印度历史的最初篇章，亦只是印度雅利安民族在五河流域定居下来以后方始揭开。

第二节　印度文明的发展状况

依前所说，印度文明可分三期：第一期是殖民五河流域的时代，第二期是向恒河移民的时代，第三期则是进而开拓南印度的时代。第三期又叫全印度文明拓展时期。

第一期（公元前1500—前1000年）同波斯人方始分道扬镳。因种种分离尚未完成，两者仍有千丝万缕的联系，独立的印度文明亦未生成。若欲判明第一期具体年代，也仅能够说在公元前1500年至公元前1000年，约有五六百年。能够据以作研究的材料，也仅以《梨俱吠陀》为主。《梨俱吠陀》总有十卷。据此文献，可以显示印度文明史的历史开端。从中看到雅利安人奋力征服此土的原住民——亦即达罗毗荼人、科拉利亚人等。外来种族自西北方向进入五河流域，所谓雅利安人一路挺进。《梨俱吠陀》神话中，成为被征服者的都是黑皮肤而无鼻梁之类的土著，在神话中被贬称为半恶魔似的种族，或称达莎（Dāsa），或称达西耶（Dasyu）。《梨俱吠陀》中的赞歌处处都有这样的祈愿：愿因陀罗大神帮助雅利安人护佑军阵、克敌制胜，完成对原住民的征服。又“雅利安”（Aryan）一语，学者之间解释颇为纷纭，但也都承认其有“高贵”“信顺”之意。所谓雅利安，是印伊时代这个族群的自称。相对于他们的原住民也都被认为只是“下劣的”或“不信顺神的”判属。自此以降，原住民也被称为“非雅利安”（Anaryan）。再后来，又被称为“种姓”（Varṇa，瓦尔纳）。所谓瓦尔纳，原本指的是当初雅利安人到来时，他们最初所见的那些皮肤黝黑的原住民。他们自己的肤色是白的，因此用“瓦尔纳”（色）指对方，以色指族，后来也就成了种族或者阶级的意义。因此，此一时期雅利安人的主要任务便是征服原住民。生存的竞争在文化的各个方面均留下了印迹。此期的末尾，勇悍者获胜。被征服的首陀罗（Śūdra）也显示出失败者之历史沦落的印迹。首陀罗与达莎属同一种族。因为被征服，从而沦为奴隶。反过来观察这个人群的社会组织，虽然语言、习惯、信仰相同，但在社会分工上已经显出了特有的差异，仍然未达到雅利安族后世的固定的世袭地位。即不能“单纯地”称为僧侣族（婆罗门）、士族（刹帝利）以及庶民（吠舍）。换言之，在被雅利安人征服的那个期间，原住民中间没有明显的世袭社会分工，他们曾经是战士，是僧侣，也是工匠与农民。持刀作战，把锄务农，以至于祭神都是他们的职责。但一旦沦为奴隶，他们的许多社会职能也就被剥夺了。而如果就雅利安族一面言，他们在尚未完成征服的那段期间，栖息之地分散各处，没有政治上的统一。他们尚保持着原来的氏族或者部族。《梨俱吠陀》中说当时的被征服者有五个族（Pañca Jana）。推测大概也就是所谓的Pūrus、Turvaśas、Yadus、Anus、Druhyas。以未必一定穿凿的解释来看，这五个族无疑应当指的是分居在各地的肤色不必一致的族种。此诸族种，其下各分部属（viś）。再往下直到聚落（Grāma，村邑）。不过在此期间，村落与族种（jana，氏族）往往也只是同义词。村落中的房屋多为木造的或土木合造的房屋，每一个单婚制的家庭各各分住。以家长中心操持家业，举行祭祀。此一时期尚无后世所见之城市制度。一家一村，户外皆有土墙石垣围绕，意在家庭安全、防御外敌。这种围起来的单元就叫 Pur，后世称为“城邑”或者“都邑”。支配着这样的部属或者种族的统治者称为“罗阇”（raj），亦即“王”的意思。这样的“王”有的是世袭的，有的是选举出来的，但都没有专制的独擅权力。凡有重大的事情须在村族的范围内共同决定。这样的议事机构称为（samiti、sabhā，会或会议）。又特别的是，这些称“王”的，并没有收租征税的权利。因此，王者的维系体面，只是依靠人民随意所作的奉纳，再就是王家自己经营的产业收入。王者的主要职责在于战时充当统领。如是，同一血族分为不同的族种，各个族种自立为王。战争既发生在外来者与原住民之间，也发生在同一种族之间。例如，吠陀古诗告诉我们，有以瓦悉斯塔（Vasiṣṭha）为帝师的特鲁苏族（Tṛtsu）的苏达斯王（Sudās）为一边，另一边是以毗悉瓦密特拉（Viśvāmitra）为帝师的巴罗达王（Bharata）为十国所举的盟主。争战的双方表演了雄壮的历史事件（Rig. V.3–37, 7–83）。从《梨俱吠陀》可以知道，当时的军队已经有骑兵和步兵的分别，除了金属制的铠甲还有头盔，除了有枪矛还有依肩的盾牌可作掩护。战斗中用到的武器还有刀斧和弓箭。因为相信为本族战死可以生天，所以士兵们都勇于赴死而奋身不顾。

至若此时期之生计职业，在未脱离游牧之时代，当然以畜牧为主。其所畜养牲畜，大致有牛、马、绵羊及山羊等。其中牛最为重要。战争之目的主要也就是掠夺他族之牛群。国王之主要职责便是保护群内的畜群。“战争”（gaviṣṭi）一词，本义便是“愿得牛群”。“国王”（gopā）的本义就是“守牛者”。以是可见一斑。换言之，当时彼等之财产主要也就是指所拥有之牛马多寡，犹若今日人们所谓金银财宝。亦因于此，吠陀赞歌中每每把牛当成圣兽。以牛为母牛。天降喜雨被形容为牝牛（Pṛśni, Gṛṣṭi）出乳。又天上之雨云被称为牝牛。如此之类。这种对牛之崇敬倾向，以《阿达婆吠陀》时期达到极致。该经认为宇宙生成的基本原理正在于牡牛和牝牛。其次，农业在印欧时代以降也渐次发展，锄锹等农具的制作也成熟起来。当时主要的农作物为大麦。此时人们尚不知道种植水稻和食用稻米。至于手工业，当时社会中已经有木匠、陶师、锻冶工和织师的职业分化。而商业也发展到了不再以物易物的阶段，但此时的货币则是牝牛，金银货币虽有然不算普及。

这些人群的宗教后当详说。于此只提一句，这时代的信仰仍然属于自然崇拜的宗教阶段。社会下层还信奉物偶崇拜（Fetishism）和幽鬼崇拜。此阶段的前期尚未有明确的僧侣阶级存在。什么样的家族或人物才可以从事赞神通鬼的工作并不是专职任务。但这个时期，普通民众并不具备必要的知识，一般并不能掌握规范的通神仪式或歌赞颂神的技巧。当时有关神灵的颂赞之歌，都是由宗教圣人（Ṛṣi，后世称为仙人）的口中宣唱出来的。《梨俱吠陀》中把这样的仙圣称为“七圣”（Septarṣayas），认为他们是神人之间的媒介。实际上《梨俱吠陀》的诗歌本身都是这七圣和类似七圣的歌手们所作歌赞的汇集。因此，更晚的婆罗门种姓，无论其成就是编纂和整理歌赞，还是引进了天才的宗教观念系统，都是出身自专门家族的“圣人”。特别是关于祭祀的规矩或轨范，无论如何，即令其当初假于某人之手创制，也仍然有其源头，属于风习传承的结果。神人之间媒介既然受到社会重视，国王也就必然设置僧官帝师。后者的任务便是向列祖列宗和诸神上达祈求；逢有军阵之事，也要仰其祈祷以降伏怨敌；帝师又是政治事务之参与者，往往运筹帷幄，其又需借力于神，因之身份特殊。似此风习不免令宗教仪式趋于复杂，最终竟至产生了第一种姓婆罗门族。到此时代的终了阶段，各个社会阶级分化略全，四大种姓制度开始露头，婆罗门族居其首位。

第二期（公元前1000—前500年）当中，侵入印度之雅利安人大致完成征服，将原来的土著变为奴隶。那些侥幸逃脱者则更向南方迁徙。雅利安族的先来人群在亚穆纳河上游居住下来。此地称作俱卢，便是后来史诗中所谓“中国”地带。迁徙者不断涌来，渐次更向南面侵袭，沿恒河而下，直到占领整个第二个三角地带。此期时间约为公元前1000年至公元前500年，大约也持续了五六百年。此前之第一期，外来侵入者的眼界也仅限于五河流域，未能抵达雪山地带，当然也不知大海为何物。然到第二期，雅利安人的眼界已经逾出印度河而见识了恒河之壮阔，更知道两岸的广大平野。辽阔而肥沃的土地使这个族群获得了更大的生存空间，导致新的文明更进一步地发展。相比较于第一期，此期的文明特色在于制度化之完成。其中以四种姓制度的成熟更令人瞩目。所谓“四种姓”指社会当中的四个阶级——专事宗教的婆罗门（Brāhmaṇa）种姓，独占军事与政治的王家种姓，亦称刹帝利（Kṣatrya）者，从事农工商行业之吠舍（Vaiśya）种姓，以及专务劳作奉仕的首陀罗（Sūdra）种姓。制度化的四种姓是一种先天的不可逾越的阶级界限。大致而言，在第一期中，雅利安人尚未完全摆脱游牧时代的风气。而在第二期即在恒河流域安定下来之后，农业成为生存的主业。整个社会制度也呈现出农耕文化的特点。不仅社会组织，就是语言形式也同之前的《梨俱吠陀》时代有所区别。至于宗教仪式更趋复杂。专门的僧侣阶级就是伴随着这个制度发展起来的。宗教技能更加具有专业化水平，若非从小学习培养，一般人已经不可能掌握祈祷和祭祀的复杂技能。由此而充当神人之间媒介的职务只能委托给专门的阶层，因之宗教特权也就转移到被称为“古圣仙辈”的子孙们的身上。这便是第一种姓产生的原因。另外，那些在第一期担任酋长的统治者，在第二期多半也转变成为了王族。他们逐步兼并其他诸小部落，成为了“大王”（Samrāj）。因受其威势胁迫，各个小部族（jana，氏族）的小王们也不得不各自建立武装，整治军备。其结果便是以行武为职业的武士阶级产生了，这些人日后便成为刹帝利种姓。另一方面，随着社会生产和经济的发展，社会行业也有专门化分工，家族行业因为技术化要求使子承父业成为必须。其结果便是有专门技能的庶民劳动阶级产生，这就是吠舍种姓的来历。一般说来，前面说到的三大种姓都还在雅利安族的内部。他们虽然职业不同，社会角色有异，但在宗教信仰上却有同一性。他们都要诵赞和敬拜吠陀的神祇，生活至一定年龄便可以获得新的人生，谓之“新生”（dvija）或“再生”。因此，三大种姓也都称为“再生之族”。与他们相对的第四种姓，即首陀罗种姓，则是没有再生新生命的阶级。他们原本就属于被征服的蛮民。其文化权利也仅限于从民间俗文学，即从叙事诗歌和民间故事等当中得到的宗教信仰生活。这些人被称为一生族（ekajāti）。由于社会制度上的分化，社会文明可谓相对复杂。相应的社会规范或社会纪律也就严密起来。特别在宗教制度即婆罗门教确立起来以后，相关的仪式轨范也有制度化的发展。配合这套宗教制度的理论说明，也就促使神哲学得以完成。此一发展过程，便伴随了第二期精神文明的成长。这个文明以婆罗门教为其精神中心，因之被称为婆罗门文明。

又如果从政治发展方面来看，第一期中的国王尚有由民众推举而得拥立者。到第二期，成为王者，则只有世袭一途。其维持统治也只能凭借武力，兼并征伐。此期当中，王之居所已是坚固堡垒和城邑。王者向人民摊派捐税（六一之税，百姓得向王家交纳其收入之六分之一）已成"天经地义"。所有捐税用以供养王家和臣下以及军队。为王者堪称威风凛凛。此时的恒河两岸散布着诸大部族，其间各自拥兵自重，往往相互讨伐，争战不息。雅利安人的叙事史诗《摩诃婆罗多》（*Mahābhārata*）便刻画了此期部落联盟间的战争。战争发生在俱卢族中，因其利益之争发生战事的双方，各自都由内部多个氏族组成部落联盟。史诗反映的这场旷日持久的战争属于真实的历史。史诗本身就是可信的史料。由此可知，至此期，战争已经不再是外来者与土著之间的事，完全是同一种族内部的各部族的争端。不过需要说明的是，这个时期的各部族，相互之间都以"他国"称呼。此时的"他国"，并非土地不同的政治区域，而仅仅指不同的氏族或者部族。俱卢族及所居之地，就称为俱卢国。而被称为"韦提诃国"的也只是韦提诃族所居的地方。另外，战事虽然发生在不同的氏族之间，但充当战争工具的并非全体部族，而只是其中的武士阶级或者种姓。庶民则各自从事生产并不必然参加战争。也因为如此，印度社会当中，农工商行业虽经战乱仍有发展。在第二期，已经有水稻种植，水田开垦有相当的发展。当时似乎也已经把稻米当成主食。在手工业方面，木工、石工、泥工、金工不仅分工很细，工艺技术也有长足的发展；水利已经用作运输，商业贸易来往也相当频繁。与前期相比较，此期明显大进一步。特别值得注意者，是此期之文化学术，显然已经有各种学术分类。吠陀经典进一步发展，吾等所知的《夜柔吠陀》(*Yajur-veda*)、梵书、奥义书等姑且不论，就是《梨俱吠陀》也已经整理完备并成为吾等今天所见的模样。《大林间奥义书》(*Bṛhadāraṇyaka Up.*, II.410）说，当时的学业对象主要有《梨俱吠陀》、《夜柔吠陀》、《沙摩吠陀》(*Sāman-veda*)、《阿达婆吠陀》(*Atharvā-aṅgirasas V.*)、史传（Ithihāsa purāṇa)、学艺（Vidyā)、哲学（Upaniṣad)、韵文（Śloka)、经书（Sūtra)、字书（Anuvyākhyāna)、释论（Vyākhyāna）等。又有《歌者奥义书》(*Chandogya Up.*, VII,1,2）中所举出的各种学业名称，有梨俱、夜柔、沙摩、阿达婆（以上即所谓四吠陀）、史传及吠陀中的吠陀（文法）、祖先祭法（Pitrya)、数学（Rāśi)、占卜学（Daiva)、历法学（Nidhi)、论辩学（Vākovākya)、政治伦理（Ekāyana)、星学（Nakṣatravidhya)、天神学（Devavidyā)、祈祷学（Brahmavidya)、妖怪学（Bhūtavidhyā)、军事学（Kṣatravidhyā)、蛇学（Sarpavidyā)、仙学（Devajanavidyā）等。不过当时此诸相关学问究竟如何开展，我们今天不能得知。甚至这个时期究竟有没有文字书写形式，我们也不太清楚。种种证据表明，文字出现于第二期末代。虽然如此，吾人应当记住，日常生活中，即令是学术授受传承，人们仍然主要依据的是口授心传。要而言之，此婆罗门文明的第二期，印度特有的仪式制度与思想观念，均已形成或正在发生。

在第三期，雅利安人并未停步而滞在恒河流域。彼等向着更南方的广大地域推进。高原及海滨都被开拓，成为其栖息之地。这是雅利安族文明扩展至全印度的时代。在时间上这是公元前五六百年直至公元之初。广义而言，可以说一直进入并涵盖了公元后的一千年。观其史诗《罗摩衍那》，从其所反映的历史事实看，可以得窥雅利安人南进的步伐。史诗中的阿瑜陀（Ayodhya，Oude）地方的王子叫罗摩（Rāma）的，因故被贬谪至文迪耶山中的仙窟。窟中有巨人罗婆那（Rāvaṇa）自楞伽岛来印度劫掠王妃悉塔（Sitā）。这是故事展开的契机。罗摩王子于是联络南海之滨的山地蛮族，攻入了楞伽岛雪耻而恢复名誉。虽说原本仅为一部作话诗篇（Kāvya），但仍然透露出这样的历史事实：中国地方的王子一开始流浪于文迪耶山区，其次向南方寻求盟友，联合蛮族结成军事力量，进而渡海征服了锡兰岛。从此模糊含混的诗体语言中，隐约透露出雅利安人开拓南印度的轨迹。从诗人的想象中显出历史背景。按马克斯·韦伯（M.Weber）的说法，王妃悉塔便是田畴土地的拟人化意象。象征着雅利安人的农耕方法传到锡兰。史诗用诗歌语言解说了这么一个文化传播的过程。本来也许是虚构的抢劫王妃的故事，负载了雅利安族文化向南扩张并进至锡兰的历史记录，并因此而揭开了印度全体文明史的序幕。尤当指出者，此期为佛教崛起阶段。因佛教之光，暗黑的印度历史稍现明朗。自严格之意义上说，正是此期的开端，才是印度进入文明阶段的标志。不过，以上所说，将印度此前二千五百年的文明发展概括于高度简略的叙述中。读者当知，吾人所述的背景，仍然囿于文明的初期阶段。

首先，探讨此期之政治概况。此时代的特征，可谓王者权力极大增长。可以说一切文明设施均受此权力之支配。姑不论奥义书中所透出的信息如何，吾人往往可见王家的权力不断上升。而若就精神领域言，此期婆罗门种姓权力的地位犹未受到打击。尽管至此期之末，因王族支配权之扩张，王家意志甚嚣尘上，左右一代，有不可一世之态。而在学术领域，竟有取代婆罗门地位之势。从此意义上而言，可谓印度历史已从婆罗门时代进入刹帝利时代。若叙述此期如迭起波澜的王朝系统，离此必要说明不能理解文明之发展，因之在此举示读者。依佛教方面的记录，佛陀当时（公元前五六世纪）之印度，以摩揭陀国为中心而有十六个大族之国，及无数分裂之小族邦邑，其间相互争斗，争战不休，而胜出成就霸业者，无不出自刹帝利武士阶级。所谓转轮圣王（Cakravartin）的政治理想，便是这种政治形势下出现的。凭借武力和正义统一四海，是当时王者的最高理想。然此理想出乎意外地成为亚历山大王入侵印度（公元前327年）的动机。转轮圣王的理想一度实现于公元前三世纪的阿育王（Aśoka，公元前259—前222年）统治时期。该王的高祖是孔雀王朝（Maurya）之旃多崛多（Candragupta）。旃多崛多在亚历山大王死后夺取了五河地方的希腊领地。趁其余威实行军事扩张，将南方的羯陵迦（Kalinga）、锡兰岛和北方之阿富汗尽悉纳入版图。掌握了整个所谓阎浮提洲的统治权。更兼阿育王是虔诚的佛教徒，笃信三宝、施行仁慈宽容之德政，又派遣宣教师至国中各地弘传佛法，无论远近边鄙，其德化至于全印。因其兼备武功与正义，故能号令四海而成为像转轮圣王一样的统驭者。因此在该王治下，无论就其文明史成就或政治成就言，都是印度历史上之光辉一页。不过盛极而衰，阿育王晚年，国家政治颓势渐呈。及至其死后，印度再度分裂，又成诸多邦国。到此有南方案达罗国崛起，为诸国中力量最强。至公元前一世纪左右，案达罗王朝势力扩张，遂征服摩揭陀国。直至五世纪，其仍然在南方保持着强大的势力。又在当时北方，公元前一世纪左右，有希腊人弥南德洛斯（Menandros），即佛教中的弥兰陀王（Milinda），挣脱希腊人在大夏地方的政治控制，自立一帜，统辖印度河地区，自称“五河皇帝”，威武扬于四方。其后又有大月氏族之迦腻色迦王（Kaniṣka）在犍陀罗（Gandhāra）建都，其势力风靡于中亚和印度内地。关于该王之统治年代，学者有不同的说法。大致可以厘定在公元二世纪。此弥兰陀王与迦腻色迦王均属外邦异国之人入主印度且宗归佛教。尤其后者即迦腻色迦王的名声与成就堪与阿育王比肩。此后于西北印度雄唱一方者，乃是从伊朗入侵的沙尔（Shah）王朝。其建都于古吉拉特（Gujrat），与印度内地诸国往往交战。此类争斗一直继续到公元五世纪左右。又若论纯粹之雅利安人种，此期在中印度独步一时者为笈多王朝（Gupta，300—450年）之超日王（Vikramāditya）、戒日王（Śiladitya Harśavardhana，620—645年在位）等。该朝诸王大都能够奖掖文学技艺，护持佛教及婆罗门。当时印度的精神文明亦得其助益而增进。中国僧人法显三藏来印度时正值笈多王朝，而玄奘三藏来时在戒日王一朝。此后之二三百年间，印度已无像样之王者治理。而至十世纪拉吉普特（Rājiputta）一族势力增长，支配中北印度，略成一时强盛。再后则信奉伊斯兰教之蒙古人侵入印度。拉吉普特一族联合各方力量，勉力对付蒙古军队，然其所奉乃是婆罗门教，而对佛教已加排斥。十一至十二世纪阿富汗之马赫穆德王（Mahmud）前后十七次攻略印土。伊斯兰教力量与日俱增。至十六世纪阿克巴大帝出世，强盛了莫卧儿王朝。该帝国兼并了几乎所有拉吉普特族的大小诸国，几成一统天下。到十五世纪，欧洲人来到印度，揭开了新的殖民时代。葡萄牙人、荷兰人、法国人及英国人接踵而至，印度频遭军事打击，社会每况愈下。最终在十八世纪初，莫卧儿帝国土崩瓦解。自此印度大部落入英人之手，直到晚近。被英国人完全征服的印度其政治与文化上的种种变化，成为各国政治家、文明史家饶有兴味地观察与研究的对象。

吾等回过来再看此期文明大势。先总结其宗教学术之成果。就印度而言，一般学术不受教权束缚，彼能自由开展。以往的学术虽然芜杂，然至印度文明之第三期，因有分门别类之整理工夫，学科知识遂有组织化倾向。姑且不论此前印度学术有多少分科系统，从奥义书看，其中虽有相当自由之探索，但仍不能脱离婆罗门教之樊篱。因此，其学术亦不免混沌。到第三期，无论宗教或是哲学，大致已经独立出来，成为专门的研究领域。盖因此前之婆罗门教已无能力满足人心，遂使传统的约束力大大削弱。刹帝利力量因势而增长。以往学术虽然可以称为渊深广博，然若非自幼专门学习积累，则无由能穷其奥义。然时过境迁，至此情况已然变化。特别就哲学或宗教而言，其中信仰主义抬头，异说纷纭，产生了许多流派。仅以佛教为例，其有成就者已经出身王族，而非婆罗门学者世家。其所开创的佛教，不但是印度经千百年而光明恒现之思想，其甚至可称为古代世界精神文明灿烂的开端。毫无疑问，此期中出现的佛教是最可注目之历史事件。

于此意义上，与前期即第二期之有宗教而无学派状况相比较，第三期又可称为“学派时代”或“佛教时代”。

此期科学进步颇引人注目。此前即已产生之天文学，至此因受希腊星学之影响，其细密精微更进一层。医学也有重大进步，彼时相继编纂出许多医典（Āyurveda）；音乐的研究也非常兴盛，竟至有所谓的《乾达婆吠陀》（*Gandharva Veda*，乐神经典）出现于世。兵学探讨也进一台阶，有专门教授军事学问之《军典》（*Dhanur Veda*）成书可以为证。数学研究更趋精深，也有《数学经》（*Śulva Sūtra*）的撰成。其他种种学问，若工学、辩论学等早在公元前已经存世。总之，各种学科分门别类地成立。虽然如此，印度一国总说起来，因地处热带，衣食问题易于解决，因此形而下之问题似乎不受重视。相对而论，其物质文明进步不足，此诚为一大遗憾，于此不得不说。

又其次，印度文学史上之值得注意者，及此第三时代之初，已有文字产生并流行。当时也已经有普及之梵文。此前虽有文字通用之迹象，但若提供确实证据仍为不易。而到此期，至少在公元前三世纪之阿育王时代，已知阿育王敕令镌刻于国中各处之石柱或岩崖上。然亦正因为阿育王在其帝国内建立石刻敕令，用以申明行政命令，可以猜测当时之文字文书尚属稀罕事物，不易传达于社会大众。又从其在各地镌刻之不同字体，可以知道统一文字尚未形成。大体说来，此时期通行文字有二：有从左向右书写者，亦有从右向左书写者。前者称佉卢文（Kharoṣṭhī），后者为婆罗米文（Brāhmī），亦称梵文。两者本来都是闪族人（Semite）的文字，输入印度经若干年而演化为此模样。就雅利安族语言而论，起初在进入五河流域时，各个族群之间，语言大略相当。后经各自分离，迁徙流动，时处既异，遂成各自方言。然若有互动，亦仍可以通问。民间通行之俗语称为自然语（Prākṛta）。因各地方言俗语异行，势有作标准语文之必要。这便是梵文产生之动机。梵文文体的整理制定，首先在于语法规则的确立。其确立基础，远绍于吠陀经典中总结出来的语法，近则缘于参考奥义书中的法则。先在公元前五世纪有耶斯伽（Yāska）撰写文法书，至公元四世纪，又有帕尼尼（Pāṇini）成为梵文语法之集大成者。相对于俗语而言，梵文则是完成语（Saṁskṛta，完善语）。至梵文一出，印度便有通行公认之书写体系。梵文出世是印度文学史上的大事。通常印度文学史家称此前第二时代为吠陀文学时代。而将第三期及之后称为梵文时代。此两时代之分水岭便是书写文字的统一形成。

书写体系既定，文字通行久远。其间日积月累，便有好多重要著作逐渐产生。且不说婆罗门教圣典之发展，就是佛教也可以看到用梵文撰写之经论。在此时期，宗教经典之制作者其数量亦颇不少。至若纯文学，发展也很显著。以《摩诃婆罗多》《罗摩衍那》等叙事史诗为先驱，遂有著名的古传文字（*Purāṇa*，《往世书》）及印度戏剧之文学作品。特别是马鸣菩萨出世，其创作之佛教人物史诗，永世彪炳；而堪称命世词宗的迦梨陀莎（Kālidāsa），其所创作的戏剧历经千百年而仍受后世赞美，被奉为圭臬。

此期值得注意者，还有随佛教而勃兴之美术思想。佛教美术堪称文明史上的大事。印度本来为思想之国，用文字表现圣教尚且是婆罗门所忌讳的事，何况建殿堂、树神像诸事呢？宗教艺术乃前代所无。然因佛教兴起而有崇拜佛陀遗物，遂亦有崇建佛塔（窣堵婆）之风，因之亦有借希腊或波斯之美术形式来表现佛菩萨本生故事，又能见到佛菩萨像的雕刻制作。因此，吾人今天仍可从公元前三世纪阿育王敕令石刻之石柱上，见到波斯艺术的影响。又从迦腻色迦时代之美术作品中，能见到明显的希腊艺术风貌。在此之后，笈多王朝或波罗王朝的美术均以佛教为主要题材，致使佛教艺术的法式成为印度美术之楷模。其流风余韵向东一路传递，影响中国、朝鲜半岛乃至日本列岛。又所谓建筑之事，以往仅涉及居家或城郭等，并无建寺庙或圣殿以敬神祇之匠作。然至此期，佛教兴起，佛塔和僧舍处处建立，宏大的建筑物往往可见。保存至今的山奇大塔和菩提伽耶之佛塔，巍然入云，逼人仰视；又若阿旃陀石窟及伽尔里（Karli）大石窟，其开凿规模宏大，令人惊叹。此等建筑及其艺术，其早期始于阿育王时代，至晚在六七世纪已经完成。佛教艺术对后世亦有影响，印度教复兴于佛教衰落之后，其大量吸收佛教艺术亦为不争的事实。可谓印度教亦承继了印度美术的命脉。然世事往往难料，更晚时代在伊斯兰教侵入印度以后，之前的艺术作品多受荼毒、毁于一旦。然伊斯兰教似又对此有所偿付，聊作慰藉。但观莫卧儿王朝所建造的泰姬陵，是比日本日光佛寺神社还精美、壮丽的建筑，虽然完成这个工程的显然是伊斯兰教的工匠。

最后，再说说此期间的社会制度。概而言之，前期形成的种姓制度，因佛教倡导平等主义而受到批判，其严酷性大有缓和。然在实际社会生活当中，传统势力不可能完全消失，因此也成为社会习俗。特别是那些明载于婆罗门经典上的相关教训，尽管从一开始就遭到反对，但仍然被婆罗门阶级严守。坚持谓其不可逾越，否则即堕于重罪。公元前四世纪曾经在摩揭陀国居留过的希腊人麦伽斯特尼（Megasthenes）曾经说到中印度该地的社会状况。他说有七类人——学者、官吏、军人、捕快、农民、牧畜者以及匠人。在那以后，社会进一步分化，又有了理发师、洗濯工、担水工以及厨师。所有这些又都是子承父业世代相续的职业，因此也就形成了社会阶级。此等习俗直到今天仍然保存下来，职业的也是阶层的界限如此僵化、荒诞而令人不可理喻。承袭祖业者各守本行绝不染指其他行业。又自十世纪以后相继来到印度的伊斯兰教徒或基督徒，虽守其宗教信仰，然亦遵守既定的种姓分隔制度。伊斯兰教徒、基督教徒和印度教徒之间，皆有不可逾越之界限。印度人所以在政治上是一盘散沙，难能团结，大概也因为此种相互隔绝之社会阶级制度、宗教信仰和职业。亦因为如此，印度最强大的时期也仅在阿育王和迦腻色迦王统治时期，那时佛教之平等主义是社会思潮的主流。

第三节　哲学与宗教之关系及其发展

印度堪称世界上最独特之宗教之国，也是罕见之哲学国度。

此国社会中发生的哲学与宗教流派，种类之多，往往令人叹为观止。通观印度全史，吾人于此中必可见到世间所有宗教类型，上起于希腊、罗马时代，下迄于今日，西方哲学中所有重要之思想，都可以在印度看到蛛丝马迹。又印度人所颇为自豪者，以自古以来印度之哲学与宗教保持有一体不离的关系，“你中有我、我中有你”，一路发展下来。换言之，在印度，宗教是生存所必须之合理基础，相应而言，哲学之存世则是信仰的指南。因哲学所给予之方向，宗教有种种发展形态。两者之间关系，有若拧合成绳的紧密状态，不可分离而相互助成。此之特点与西洋哲学特点大相异趣。希腊发生的哲学与犹太人中间发生的宗教，古来两者之间有相互冲突，进入中世纪才得以调和，到近世复发生分离。总而言之，对印度而言，不妨大抵作此断定：若离开哲学要素则无有宗教，同样，若没有宗教则哲学亦不能存在。此是印度民族之特性使然。印度民族，首先有如同希腊人一样之哲学辨识，另一面则又有如同犹太人一般的宗教信心。两种精神能力之综合统一，自然结成现实之果实。而以吾人之见，此亦为印度思想意蕴最为奇妙之特色。就其形式言，若说其是一切宗教与哲学的理想模态，此语绝不为过。无论如何，若最充实之理想人格，必须有知识与情意之恰当结合。若此，方可达至理想之人生目标，以宗教和哲学必须有根本之一致性也。

唯因如此，考察印度思想，实难将宗教与哲学判然两分。与其在两者间依重一边，莫若把两厢打成一片，结合起来加以考察。如此才可以发现印度思想发展过程中之自然契合。不过，思想研究又不能没有权宜方便。为明晰把握要点，不能不区别界限，分别讨论一边。

然若严格依此立场进行研讨，也有不易实行之处。首先，具有如是特征之印度思想，乃是一有机而连续之发展过程，难以将其割裂分解。加之，印度历史本来就无明确之断代纪录，学界至今甚至仍有印度并无历史记载之极端说法。吾人前面虽然也描述了印度史的轮廓，其实那也多半是猜测性的推论，并非严格之历史考证所得。因此，若欲厘定精密之历史年代，几乎可说是不可能之事。联系前述之历史分期，以下将模糊之阶段划分贡献于此。

一、自然神话之时代（公元前1500—前1000年）。此时代中，人们所崇拜的神格对象是自然现象。与此同时，也基于这样的信仰而解释万有存在。此时代之哲学也好宗教也好，均不能脱离神话的外衣。然至此时代之末，生出新的思想，依据某种统一的原理来解释宇宙人生的风气已然露头。宗教制度也大致确立起来。这是印度宗教与哲学史上最重要的阶段。其中标志性的宗教圣典便是《梨俱吠陀》。

二、婆罗门教成立时代（公元前1000—前500年）。形式上此期继承了前期的宗教，实质上则有新发展。此期可谓是印度国民的宗教大成时代。这个时代中，婆罗门族的理论创造在于《夜柔吠陀》和诸种梵书的问世。实践上则构筑了祭祀万能的宗教。在此建构过程中借助对奥义书经典的深远哲学思辨，婆罗门教内外的思索者共同努力，极大地发挥了印度思想的特质。

三、诸教派兴起的时代（公元前500—前250年）。此前的形式宗教与自由哲学的思辨，在婆罗门主义下综合起来，内在地协调了相互矛盾的成分。更晚些时候，到奥义书涌出之晚期。异端竞呈的不同思想潮流在发展二三百年以后，教派的分立也成为可能。此诸分派可以自四个方面来看。一者代表保守形式的潮流者，可见到相关之仪式法规的经书被编纂起来。它们成为了吠陀经典的分支部分。二者指作为哲学潮流的成果有奥义书产生。异出的思潮促成了数论派、瑜伽派和正理派等诸家成立。第三，紧紧依附于神话信仰的宗教思潮，促成了有神论运动。这就是以毗湿奴（Viṣṇu）和湿婆为中心的宗教信仰。第四，作为宗教改革的潮流，表现为婆罗门教外的异学的宗教运动。具体说便是佛教与耆那教这样的思想信仰的兴起。

四、佛教兴隆的时代（公元前250—公元500年）。此时代之前期兴起的诸种宗教中，唯有佛教仰其教主之伟大人格，因之得到统一印度之英主阿育王的政治支持，遂成就了佛教的卓越地位。到公元之初，佛教内部的思想流变造成了种种部派，于是佛教进入小乘佛教的盛行期；从那以后，对应于其他宗教派别的崛起，也相对于以往佛教中的无我主义，现在的佛教当中，更兴起了一种宣扬自我中心主义的大乘思想。大乘佛教总揽了印度思想以往的成就和宗教辉煌，形成了此时代印度思想界的一大奇观。

五、婆罗门教复兴时代（500—1000年）。此时代之前期，逐渐恢复势力的婆罗门教一路增进，最终完胜。它一面以古传（《往世书》）之名完成了诸圣典，赋予大众信仰以思想权威；另一方面，传统婆罗门教思想阵营中涌现出许多智睿人物，像库马立拉（Kumārīla Bhaṭṭa）、商羯罗（Śaṅkara-ācārya）等大哲学家先后出世，联合其他教派，与佛教对垒抗争，渐次挽回之前婆罗门教的颓势。不过，至此兴起的婆罗门教，名目虽同以前，但其思想内容则大量吸收了佛教和其他宗教的思想。准确地讲，这已经是一种新婆罗门教。

六、印度教整体成立和伊斯兰教入侵印度的时代（1000—1500年）。此前复兴的婆罗门教进一步分化与发展，成立了各自的宗派。大抵说来，今日印度存在的所有宗派都在这五百年中先后成立，例如湿婆教、毗湿奴教、太阳教等。又从哲学研究领域看，此时期思想涌动，各种学术方兴未艾。然若究其实质，大抵缺乏新的见解。思想活动停留在对于旧有圣典的整理和注释上。就是那些最为得意的作品，也不过是撰写某种常说的纲要书而已。

又须特别指出者，自此时代的开初，印度次大陆已经受到伊斯兰教的军事入侵骚扰。因彼教逞其毒手，印度社会动荡不安，传统文明受到严重破坏。在此时代之末期，印度教总算确立其坚定之思想基础，并对垒于伊斯兰教的强大政治统治。

七、近现代（自1500年以降）。进入此时代，外来宗教又增加了基督教。至此多事之秋，印度思想界与前代相比，已然呈现萎缩之状。不过风习虽受扰动，仍然勉强维系，未有大的变化。细加观察则可见到：原来的思想传统陷于偏狭固陋，不再有任何独创新颖的见地。即令声称标新，其实亦非立异，后来的宗教派别也只是采撷旧说稍作形式变化。而当面对伊斯兰教和基督教时，至多也只能妥协敷衍、凑合苟且而已。

以上所述乃是就各个阶段的特征作一客观而简略的总结。印度的思想，跨涉三千五百年之历程，其间波澜壮阔，且作梗概，贡献于此。然历史之从古及今，即令真如江河下泻，也不能在这中间断然分划切割。此实为不可忘忽之事实。何况，吾人在前面叙述诸教派之兴起时代时已经指出。一个民族之思想来源与流变，非常复杂。种种思潮或并行或调和，或潜行或彰显，一路发展下来，浑然而壮阔，想要严格区划，作判然各别之叙述，实无可能。此处亦当再作声明矣。

第四节　书之组织与内容

前节所述是印度思想发展之全部过程。从整体上看涉及印度哲学与宗教史相关之种种问题。然而此一过程，历时久远而漫长，所涉思潮相当复杂，因之哪怕稍作精细之陈述，所需篇幅浩大，所需时间不免慢费。实在而言，吾人心目中虽也有大体计划，但无意仅凭一部书就完全囊括印度思想之全部。因之，吾人所抱方针是：与其拙而速，莫如巧而迟。当下本书，只是介绍印度古代思想之基本轮廓。此即为本书编写之本来用意。

然若言“古代”，究竟应当上起于何时焉？依吾人之见，结合种种历史关系，大概宜定在公元前1500年至公元前500年左右。其间约跨千年时段。换言之，此之古代相当于前面所说之第一期与第二期。此之阶段显然可以认为是印度史上之文明初期。至此期之末，印度历史即转入中古时代矣。先自地理上观察，此期文明范围仅限于五河流域及恒河流域。印度古文明之流风余韵，于此期间尚未达于中部之德干高原及其以南焉。又若从思想上看，此期可以称为天启时代。其思想表述既无明确自我意识，亦无组织化意图；又若从文学史角度来看，此为吠陀文学时代，犹未进入梵文时代。至若其他的任何文化观察，亦皆可以结合上述时代特征加以表述。于此还须再强调一点。严格意义上，印度文明史当始于佛教产生以后。凡佛教出世之前之印度史皆属古代史。由是吾人所考察之印度哲学史与宗教史，若说古代阶段，便只限于佛教出世之前矣。作为古代思想之宗教与哲学，正是本书当作历史与自然相统一的基本出发点。这也正是吾人于此再三申明的缘故。

然此古代时期，若自总体上考问思想史的特质，论列其重点究竟有哪些，首先必须显明者，自然是最有印度思想特征的观念。盖此时期之印度思想，非说不可者只能是雅利安人中间自然发生的思考。这正是该民族的思想结晶。虽不必说后来婆罗门之徒增添了许多人为的牵强解说，致使许多内容令人生疑。然而即令彼等有此做法，也仍然是某种植根于社会组织之自然倾向，不可断定其就是某人或某派依仗权势、妄行造作的结果。彼等声称之天启所出，也仍属于自然发生的领域。又若谓印度思想从来源源不断，思想家辈出，已经表明此民族的信仰有所本据。因此应该对此古代时期思想有所罗列。后来阶段中间即令有种种教派，相互争竞，各呈新解，各抒己见，但也仍然有植根于原初思想观念的一面，因之不可谓其对古代原生思想完全无所依傍，不受其支配影响。正是在此意义上，吾人可以宣称，此之古代的思想观念，先已成为支配印度思想的模样。亦即是说，其已构成民族信仰之思想权威。

第二，此一时代思想之原生特质。从另外一面看，养育了后来的宗教思想派别。前面屡屡说及，此时代之思想虽然散漫，也呈现出无秩序、无组织之状态。然而须知，当时社会中并无有何宗派对立，因此不同之思想关注，仅为自然存在之某种状态，相互之间亦未必有任何针对性。然到后来时代，若探求诸种宗派的思想内容，其中不但有共同信守之根本原理，也有各自执守以为己见之根据思想要素。对这些思想要素的发挥与发展便成为各自的主张与信念。克实而论，原始的原生的观念是古代宗教的核心，而后来的宗教歧义则是对原始观念中的某个侧面与某个因素另加解释、深入发展的结果。因此，若作极端之论，凡之后涌现成立的各宗教派别，不能不说，都是对原始的根本观念整理分化和发展的结果。惟其如此，无论研究印度何宗何派的思想，都不可缺少历史的回顾，也不得不探求作为印度思想源头的这个时代。

再者，从纯粹学术的立场看。此之时代亦有其特别意义。首先，此时代之思想结晶为《梨俱吠陀》，其思想内容无比丰富，其中蕴含了种种话题。世界上能够与希腊神话相匹敌而毫不逊色的，唯此吠陀神话。而据近世以来的神话研究，又在显明二者之间的本质联系。所谓比较神话学的研究，诚为人类学研究的一大辉煌成果。在此意义上，吠陀的神话研究，不仅对揭示印度思想极有必要，就是对一般的神话学研究、宗教学研究与人类学研究言，亦为不可或缺的前提。再者，从一面看，塑造了婆罗门阶级的祭祀宗教，未免显得枯燥而乏味；然自另一方面看，所有这些复杂的祭祀仪轨，过程丰富而完备，无不具有相关的神话学或神学的解释，加之其为他国他族宗教中未必尽能得见的宗教特征。若自世界范围内各民族之宗教整体着眼，将吠陀文献中与犹太律法宗教、日本古神道教之神事一并思考，一定能够发现新宗教学意义。从这个立场出发，奥义书中的哲学思考，就不只是印度文明的古代精华，更不失为世界思想史上之伟大奇观。若将奥义书思想之优胜对照西方哲学之希腊精神，不仅完全可以同后者比肩而立，甚至可以发现人类思想的另一崭新方面。西哲叔本华对奥义书就推崇有加。其认为奥义书的思想，对于吾人的生前死后，都能提供甚可依赖的慰藉。因之可以认为，奥义书之研究不仅是印度的题目之一，也是世界思想史研究中的一大课题。当然，古代印度思想的这个时期，还有好些重要的思想特质。简单地总结，从这个时期的印度思想的探求中，可以发现后来印度思想及宗教的诸种源流的开端。而从一般的学术研究着眼，其任何侧面都具有世界性的文化意义。

本书的内容并不必然地限制于上面的着眼点。虽然本书思想内容上起于吠陀神话，而下迄于奥义书的哲学。然其思想内涵却远远溢出这个时段。言及吠陀圣典，有四个本集（Saṁhitā）构成婆罗门教的圣书骨干。此外，广义的圣典又包含了梵书、奥义书以及专门讲解祭祀仪式的经书。本书的目的也就在于考察所有这些圣典的思想发展过程，以及它们之间的相互影响。由于所有这些圣典都属于婆罗门教，所以本书既是印度的哲学宗教史，亦可以称为印度婆罗门教史。

研究的话题虽然很直白，但研究的方法仍须说明。研究的章法顺序，依从历史年代而来，思想的陈述力求廓清时代脉络。因此本来意图，本书在组织结构上分为前后两期。前期讨论吠陀神话与哲学，后期集中说明奥义书文献。然而，这样一来，从体裁上看，无论把《夜柔吠陀》和《阿达婆吠陀》归入前期或者后期，都不好安排。因之吾人不得不增加一个第三期，以求专门论述婆罗门教的诸经书。尽管如此，自始至终，能否严格遵循同一个标准，不免也有为难之处。以吾人之见，在对思想问题进行动态研究的同时，有必要随时总结静态的思想成果。因之，虽然有必要按历史分期一一考察，但更需要时时回到总体之综合考察上来。若过分地拘泥于时间之前后顺序，则对同一观念体系的承前启后之一贯性有所忽失。须知，思想连续性有时亦不必切割成为片断。从此角度着眼，吾人所拟本书组织纲目，基本上不按年代划断。而宁愿将诸圣典种类视为章节之基础。例如，虽然《梨俱吠陀》和《夜柔吠陀》在年代上各不相同，然其在吠陀经典体系中有相互补益之作用。顺着这样的思路考虑，在奥义书中也可以发现或古或新的思想观念。正是从整体上进行这样的思想考量，才能既把握一般之历史发展，又有对具体问题之深入认识。此即为吾人在纵观全部思想历史发展过程视角下从事具体观念研究的意图——在历史之变化当中针对某一圣典作寻幽探微的历时性考察，而又有同时性的思想总结。

依此原则，吾人在本论中设置四个篇章。即吠陀本集篇、梵书篇、奥义书篇和经书篇。若就圣典之地位言，此处可将奥义书放入梵书一类。而若就思想内容着眼，亦可以将奥义书中的重要观念分门别类地加以论究，并单列为一个独立之篇章。另外，经书在思想体系上属于梵书的直系产物，因为其形成的时间最晚，所以放在最后介绍。以下就各篇章内容加以简单介绍。

一、吠陀本集篇（Veda Saṁhitā）

吠陀本集中有《梨俱吠陀》《沙摩吠陀》《夜柔吠陀》《阿达婆吠陀》四者。从根本上讲，四个集子成立的时间和风格都各不相同。虽然其间存在交互的影响，可以认为是气质同调。若对四个本集的思想加以寻辨，则可以见到往往同一主题一再重复。也因于此，本书在讨论中将四个本集放到同一篇中。本书在前面开始部分已经分列了四吠陀各各产生的时代及其内容大端。其次也就四本集内容之变迁而以《梨俱吠陀》为中心，以《夜柔吠陀》和《阿达婆吠陀》为辅助概略叙述了吠陀的宗教神话体系；进而又说到诸本集所体现的神人关系，其间显明了四吠陀的全部宗教态度；从哲学分野看，本书又逐步考察了《梨俱吠陀》的哲学思考，概略介绍了《阿达婆吠陀》的玄学思考。它们两者之间的联系也正是后世发展起来的所有印度哲学观之基础。

二、梵书篇（Brāhmaṇa）

梵书是继《夜柔吠陀》而陆续制作的圣典。因梵书而婆罗门教的三大神学纲领得以确立。此三大纲领即是通常所说的吠陀天启、祭祀万能以及婆罗门族至高无上的主张。梵书种类颇为繁芜，其内容大同小异。本书此篇主题，上来先介绍梵书成立之时间及本身性质，其次显明梵书当中的神学观、神话故事及实践中之仪式；至于梵书宗教态度，其先受《梨俱吠陀》影响，后则习染奥义书中的玄思冥想。又随时间推移，其哲学观念渐渐生成。

三、奥义书篇（Upaniṣad）

奥义书作品乃是可谓婆罗门教中纯粹哲学思辨之流露。因之，其所依据者乃是吠陀本集和梵书中之片断，对其中哲学思想加以引申发挥，得其大成。又奥义书中有的段落增添了深邃高远之玄思。大概而言，奥义书虽然种类颇够，然本书所着力强调与分析者，仅限于其中之具有哲学意味部分。

四、经书篇（Sūtra）

梵书时代，婆罗门之徒以圣典形式对其拟定之仪式法规加以简单之组织整理叙述。以后又再增补了作为梵书补遗的奥义书。而在经书当中有天启经、家庭经和法经这三类。本书即对三类经书分别介绍。

以上四篇，依据印度思想史和文学史的发展脉络，对其中所包含之哲学及宗教观念加以叙述总结。然作为最后之总结部分，吾人所做的工作，在对于奥义书末期兴起的各个宗派的状况，以及它们之间的共通思想，都有概略的评述。吾等用意，所以采取上面的组织叙述法，无非是想让读者了解时代思潮的趋向，以知道各学派之发展走势。

第一篇

吠陀的宗教和哲学

第一章　吠陀本集总论

作为印度最古老的圣典，又是印度宗教哲学的本源，凡欲研究印度思想史者，上来必须对吠陀加以考察。所谓吠陀，本义是智识之意。婆罗门族相信，吠陀乃古代圣仙受神之启示而诵出者。因之，其为神智圣智的发现和晓谕。在中国吠陀经有不同音名，其名可称毗陀、皮陀、韦陀、围陀、违陀、鞞陀或辟陀等。若作意译，则称智论或明论、明学。如前所说，吠陀有四种，即四吠陀：《梨俱吠陀》《沙摩吠陀》《夜柔吠陀》《阿达婆吠陀》。[1]世人眼中，四吠陀乃不可分离之圣典。且不说从历史角度看，四吠陀并非一时所出，因而其间主次本末及思想性质均各有差异。再从形式上看，其对于同一原理之表达成立，也各有侧重，更有相互之补益和解说诠释上的差别。因此，对于四吠陀之考察，应当放在祭祀宗教之实践层面，联系祭官（Ṛtvij）制度而作认识了解。大致而言，印度古代的主要婆罗门祭祀神职有四大种类：①专司请神的劝请者（Hoṭr）；②赞美神德的歌咏者（Udgātṛ）；③专务供神的行祭者（Adhyaryu）；④从事祈祷的祈祷者（Brahman）。即

① 《梨俱吠陀》《沙摩吠陀》《夜柔吠陀》《阿达婆吠陀》分别是《梨俱吠陀本集》《沙摩吠陀本集》《夜柔吠陀本集》《阿达婆吠陀本集》之简称。——编者

是说劝请者诵一定的赞歌；请受供的神灵莅临神坛；歌咏者则作歌咏（Sāmāni）对其称叹；祭供者低吟祭词（yajus），随献上供品；而主持全部仪式程序的都是婆罗门。吾等从《梨俱吠陀》得知，此之祭祀段仪程之制度化完成于前述之印度文明史第二期。当时各个司祭者的职务已经分明。大概在此前，亦即婆罗门种姓阶级形成之前，大约依据个人的家族资格和具体之人格禀赋来选择司祭者、确定其职务的成例也已经形成。此后因每一仪程需要随唱颂的韵文分化而定型。最后，随司祭角色和祈祷赞诵内容的确定，而整个祭祀便形成制度。形式化的第二期完成了祭祀职务的分工。因职务有所区别而圣典的功用也区分开来。以往在祭祀当中，使用的歌赞（Mantra）五花八门、各种各样，因为各个司祭者都有各人的唱赞内容。加之，祭祀中的职务也是世袭的，因此一代代传递下来，各司祭的家族也为实践中方便，而致力于搜集整理汇编，最终便产生了吠陀全集。不同的吠陀集属于不同的司祭角色。《梨俱吠陀》属于劝请者专用。歌咏者则只需掌握《沙摩吠陀》。祭供者采用《夜柔吠陀》。按照这个原则，祈祷者也就使用《阿达婆吠陀》。但这肯定是《阿达婆吠陀》作为圣典定型以后的事。大约起初，作为监督主导整个祭祀仪的祈祷者还是必须通晓三吠陀的，不会只精通一部吠陀。后来的祭祀活动中，操纵仪轨作法的司祭者作用日显重要，势力上升，其相关的阿达婆韵文便成为圣典添加进来，三吠陀成了四吠陀。《阿达婆吠陀》是监督僧的典籍。因其所据地位特殊，到后来不知《阿达婆吠陀》为何典的人也能担任祈祷者。尤其是王家的祭祀，有的主持僧官便受到人们的非议。如是而言，大体上四吠陀出现是为了适应祭祀当中不同环节的需要才专门汇集起来的。因此，四吠陀的产生，是祭祀中各个职务分别独立并发展成熟的结果。四种吠陀在形式上虽有区别但并非必然，更多地体现了祭祀中不同的责任分担。关于四吠陀的相同与差异，学者尤需注意。既要把握其历史中的各别差异，也要关注其教理上的共同性。只有从同异两个方面才能对吠陀有完全的了解把握。

第一节　《梨俱吠陀》

四吠陀中最古老的是《梨俱吠陀》。其中大部分诗歌是当初雅利安族先民居停于东喀布尔和旁遮普地区时的作品。这些诗歌都是先民们面对大自然而吟诵出来的最古老篇章。它们不仅是印度文明的瑰宝，实在也是人类全体的财富。从宗教学和神话学研究的角度看，这些都是探求人类精神价值不可或缺的材料。如道森所说，不知《梨俱吠陀》诗歌者，不足以与之谈论宗教。①

夏伽罗派所传《梨俱吠陀》本典，谓其包含赞诗1017篇，全系韵文，合有10580颂。本集分勒为10卷。此中自第二卷至第七卷系家传卷，编纂者为古昔的著名诗圣（Ṛṣi，仙圣）及同族中的他人。

第二卷收载格里萨马达（Gṛitsamada）和其同族的作品43篇。

第三卷收载一切友（Viśvamitra）及同族之作品62篇。

第四卷为乔达摩（Gotama）仙人之子伐摩提婆人（Vāmadeva）及其族人所作赞诗58篇。

---

① Deussen, *Allegemeine Geschicht der Philosophie I*, 1.s.83.

第五卷为阿低利（Atri）及其族人所作87篇。

第六卷收载颇罗堕阇（Bharadvāja）及族人所作75篇。

第七卷为瓦悉斯塔及同族之诗篇104篇。

又第八卷诗篇有75篇。就中甘婆（Kaṇva）家族所作过半，安吉罗（Aṅgira）家族则有19篇。梨俱之首卷与此卷情况颇为相似。首卷中191篇诗歌，大都出自甘婆家族。

又若细读第一、八卷，品味其中格调韵律，感觉这些诗作均产生自甘婆家族鼎盛之时。彼时该家族有意而成集。

第九卷诗篇有114首，全与苏摩祭（Somayajxa）相关，其源自各圣家族，均为苏摩祭祀的诗作。猜测在第八卷集成以后，专为苏摩祭而编纂。

最后一卷，亦即第十卷，作者颇多，涉事亦杂。所收歌赞有191篇。就中内容极逞奇异瑰丽，有关于宇宙人生之各种想象，亦有针对四种姓、四吠陀所作之悬想。种种证据显示，此卷成集最晚，多半属于后世补辑之作品。考其产生年月，彼时雅利安人大约已经离开五河流域，迁徙至亚穆纳河一带。在新环境中所作之自然人生之喟叹。因其上述性质，《梨俱吠陀》一集，应为祭祀中之劝请官（Hoṛt）之工具手册。然究其实质，又并非仅为一类祭官所专用，当初亦应当由四种祭官共所通习。其余三种吠陀，也都不能不对梨俱有所援引利用。①

据传，有关吠陀承传之各家学说甚众。它们都通称吠陀支派（Śākhā），其总数有21家。又据名为派别论（Karaṇavyūha）之某

① Weber, *Indische Studien III*, s.324.

书说，所有诸家学说，后来大都湮没，仅有五家存世。[①]它们是夏伽罗派、瓦斯伽罗派、阿湿波罗耶那派、商羯耶那（Śāṅkhāyana）等派。后面这两家都采用基本上相同的圣典。前述之夏伽罗派另外承认11篇补遗诗歌（Vālakhilya）的权威性。瓦斯伽罗派在其所采用之经典又大致与夏伽罗派相同，但主张中另外有八篇歌赞应当补入圣典。至于前四家之外，尚有称为曼杜基派（Māṇḍūkeya）的一个支派，但其所据经典已经完全不存，故其面目已无从了解。

吠陀圣典自古口口相传，因之本典无有文字写本，亦无刊行之事。义净三藏在其《南海寄归内法传》（四卷）中说："所尊典诰有四薜陀书，可十万颂……咸悉口相传授，而不书之于纸叶。每有聪明婆罗门，诵斯十万。即如西方相承，有学聪明法。"

如是风习实至于今日犹为不坠。马克斯·缪勒的《梨俱吠陀》（商衍那注本）出版之际言及起初所遭遇之极端困难。历尽辛苦，缪勒终于推出本典之注释本六卷。其后又在欧洲及印度出版单行刊本。

《梨俱吠陀》之西文译本有好几种。最为流行者如下：

作者	《梨俱吠陀》西文名	文别	卷数	说明
格拉斯曼（Grassmann）	*Rigveda*	德文本	三卷	一、二卷为本文翻译，三卷为研究
路德维希（Ludwig）	*Rigveda*	德文本	五卷	一、二卷为本文翻译，三卷为研究，四、五卷为注释本。
格里菲思（Griffith）	*The Rigveda*	英文本	二卷	诗体翻译本

① MacDonell, *History of Sanskrit Literature*, p.52.

本节参考文献

1.Winternizt, *Geschicht der Indischen Literatur I*, s.51-103.

第二节 《沙摩吠陀》

从一开始,《沙摩吠陀》就是为方便苏摩祭时的歌咏者使用而编纂出来的。本集束为两卷，共有1549个偈颂。除75个偈颂为本集所仅见，其余都是《梨俱吠陀》中也可以看到的诗句。研究印度乐律之发展史，此诸偈颂为独一无二之宝典。若研究思想发展史，此集中偈颂并无《梨俱吠陀》之外的独立价值。作为仪式之书，古来传持《沙摩吠陀》的派别相当多，其数不下百余家。而今天吾人仅知其中之二。亦即是考杜马（Kautuma）和罗纳耶尼耶（Rānāyaṇīya）两个学派。而此两派所依据之典不见有甚差别。

《沙摩吠陀》最为完整之西文翻译乃是本菲（Benfey）之德译本（1848年刊行)。英译本有格里菲思之作品。

第三节 《夜柔吠陀》

跟《沙摩吠陀》一样,《夜柔吠陀》也是祭祀当中使用的圣典。然两者亦有不同。首先是《夜柔吠陀》中之颂赞多为《梨俱吠陀》当中没有。因之可谓独创之祭词。是以《夜柔吠陀》与《梨俱吠陀》颇为异趣。前面已经指出。从地理上看，吠陀经典产生于雅利安人离开五河流域，迁移至俱卢地区，即苏特莱季河与亚穆纳河之两间地带时。而此时代恰好是前面所说印度文明第二期。再者，从作品体裁、声调来看，《梨俱吠陀》（还有《沙摩吠陀》）均全用韵文。与前二者不同，《夜柔吠陀》由散文和韵文交互组成。采用散文以述经典是第二期代表圣典即梵书之特征。因此，《夜柔吠陀》可以称作梵文之先驱。又《夜柔吠陀》所涉及之诸神与《梨俱吠陀》中诸神，总体而言，无甚差别。而具体到某些神祇之性格，则有较大变化。又尤其在人与神之关系中，两部圣典态度也有较大变化。至后者问世时期，祭祀万能之风习已经渐占主流，生出相信祭仪能够役使神灵之用意。要言之，《夜柔吠陀》可称自《梨俱吠陀》而迈向梵书时代之桥梁。《夜柔吠陀》产生之时代正值婆罗门族地位上升，开始独占宗教特权。如此论断当与历史之真实不相违背。

考其编年前后，此之时段约当公元前1000—前800年左右。[①]《夜柔吠陀》较之《沙摩吠陀》是更为重视仪式之圣典。因此，奉行此典之宗教数目更多。若据《穆提卡奥义书》（*Muktika Up.*）[②]，《夜柔吠陀》诸学支派竟达109家。而至今吾人所知名目者仅四五家。虽然，若欲仔细分辨其间各自特色，亦颇复杂而难以做到。举其大端，可一分为二：称黑夜柔和白夜柔。前者是Kṛṣṇa Yajur（黑夜柔），后者即是Śukla Yajur（白夜柔）。

---

① Schroder, *Literatur und Cultur*, s.87.

② Weber, *Indische Studien III*, s.324. Winternizt G., *Indische Literatur*, Vol.I, s.147-163.

所谓《黑夜柔吠陀》，指的是吠陀本文及解说此本文的神学。此种解说形诸梵书系列。亦即是说《黑夜柔吠陀》主要是依据吠陀本文加以阐释与发挥之梵书。大约起初在吠陀本文中间夹杂了注释样之说明，年月久远，这样的解说文字也被神圣化成为圣言经典。又因为本典文字与说明文字相互交织、混淆不明，遂有"黑"名。如斯一来，《黑夜柔吠陀》即指的是吠陀本典中已经包含着梵书的话题以及主张。相对而言，《白夜柔吠陀》则表明吠陀圣典的本文与说明性的梵书是明白分开的。相传，《白夜柔吠陀》是伟大的吠陀学者耶鞠那瓦尔基耶（Yajñāvalkhya）构划建立的。不管怎么说，《白夜柔吠陀》是对《黑夜柔吠陀》整理的结果。而依据《黑夜柔吠陀》作本典的学派传至今日共有四家：

本典	派名
《羯陀本集》（*Kāṭhaka Saṁhitā*）	羯陀派
《伽比斯塔罗羯陀本集》（*Kapiṣṭhala Katha S.*），今佚	伽比斯塔罗派
《迈特拉雅利耶本集》（*Maitrāyaṇiya S.*），四卷，54诗	迈特拉雅利耶派
《泰帝利耶本集》（*Taitiriya S.*），七卷，47诗	泰帝利耶派

至于《白夜柔吠陀》的支派今天仅存一家，即瓦阇沙尼耶（Vājasaneya）派，其所尊本典名为《瓦阇沙尼耶本集》（*Vājasaneyi Saṁhitā*）。然须指出，此派虽然与名为马地衍第那（Mādhyandina）和克那瓦（Kṇāva）的另外两派不一样，但其遵从的吠陀本典并无大的区别。无论如何，就学术性角度来看《夜柔吠陀》，《瓦阇沙尼耶本集》中的释文最为明晓。此本

集中韵文与偈颂相杂，共有40章。前25章为原始本文，其余均为后来增添。尤其是第40章，古来被称为“Īsā Vājasaneya Saṃhitopanisad”（意为才华之章——《瓦阇沙尼耶本集》）[①]。《夜柔吠陀》之刊行本有如下这些：

刊行作者	刊行本名称	刊行文字
施罗德（Schroeder）	《羯陀本集》 《迈特拉雅利耶本集》	梵文本
马克斯·韦伯	《泰帝利耶本集》 《瓦阇沙尼耶本集》	梵文本
格里菲思	《瓦阇沙尼耶本集》	英译本

第四节　《阿达婆吠陀》

就其性质而言，《阿达婆吠陀》与前面三个吠陀本集有所不同。《阿达婆吠陀》的旨趣在于招福禳灾、祈祷厌咒，总之，与个人利害密切相关。举行此诸仪式，目的在于为家族事务求得吉利、祛除灾病不祥等。这从本典题名可以看得出来。而前面三种吠陀赞、咏歌或者祭词，所涉及的是社会的、氏族的、王家的大事。《阿达婆吠陀》的古名为Atharva-aṅgirasas（阿达婆菴基拉萨斯吠陀）。其中“阿达婆”（Atharva）为昔时事火僧（Aṅgiras）的名称。其所从事的祭祀活动在息灾开运，而菴基拉萨斯（aṅgirasas）也是能够操作某种仪式的僧侣，其能利用火祭达到咒诅怨敌与降

① 关于奥义书，请参阅本书后面介绍奥义书之章节。

伏恶势力。两派僧侣所修的法术合并起来，便成为本典内容。如此看来，《阿达婆吠陀》的作用功能与前面三种吠陀区别较大，虽然迷信成分与《梨俱吠陀》相似，但其迷信程度远远超出后者。不过从另一面看，也有的宗教观念有更深一步的发展。有好多思想也达到了梵书时代的水平。大抵说来，《梨俱吠陀》反映了古代民族的上流信仰，而与此古代倾向不同，《阿达婆吠陀》则特别发展了《梨俱吠陀》的诗人们有意忽视了的信仰生活，尤其保存了社会下流的信仰，又在一定程度上吸收了《梨俱吠陀》大成以后雅利安人社会上层的哲学思考。然而本典成立的年代和地点不甚明确。种种迹象表明，《阿达婆吠陀》产生的时代与《夜柔吠陀》大约同时或者略晚。

因《阿达婆吠陀》与前面三吠陀关系不甚密切，虽然也称第四吠陀，然无论其产生的时间与空间，都值得深加考校。迄今亦未有稳妥之结论。《梨俱吠陀》第十卷中，有《原人歌》（Puruṣa Sūkta），其中曾经列举《梨俱吠陀》《夜柔吠陀》和《沙摩吠陀》以外的咒语。虽然有学者以为其暗指的是《阿达婆吠陀》中的原型，但亦因此可知其时尚未有所谓《阿达婆吠陀》之名。又《泰帝利耶本集》（VII.5.11.2）中有一处说该句出自菴基拉萨斯，然此也不足以证明一定是《阿达婆吠陀》。属于《梨俱吠陀》系统的梵书中从未提到过“阿达婆”之名称。瓦阇沙尼耶派的《百道梵书》（*Śatapathabrāhmaṇa*）中曾经说到，三明（Trayi-vīdyā，即三吠陀）之外有阿达婆菴基拉萨斯之名（XI.5.6.4–8），意谓“阿达婆”之吠陀或“菴基拉萨斯”之吠陀（XIII.4.3.3）。至若奥义书当中，往往列举诸吠陀经名称时，但言其三，并未提及第四吠陀。如是可知，随时代推移，以后才有第四吠陀被言及之痕迹。即令《阿达婆吠陀》以后得到承认，但又时时被强调其与前三吠陀不同之气息。被称作三明的前三吠陀是属于三位一体之圣书，而阿达婆虽然形式上位列第四，但其实往往不称吠陀，仅仅作为前三者之附录。称其为四吠陀是很晚近的事。

佛教当中律藏《小品》(*Cullāvagga*, V.3.2.2) 有《三明经》(*Tevijja*, II)，又经集之《八颂品》中间也曾明言禁止阿达婆咒法。据布耐尔 (Burnell) 说，直到今天，在南印度婆罗门仍然不承认阿达婆的吠陀地位。[①]然如从另一角度来观察，阿达婆经本的地位与势力仍然是逐步增长的。这是因为后来的奥义书给其提供了推助之力的缘故。以后的奥义书系列，专为三种吠陀作引申解说的不过十一二种，但为阿达婆作解明的奥义书则有百余种之多。之所以如此，盖因为其他的三种吠陀为主之祭祀中，也都会要借助阿达婆咒法的力量，两者间有密切的内在关联。婆罗门主持之仪式，在阿达婆咒法大量涌现之前，严格地讲并无招福禳灾的能力。驱使鬼神的角色愈往后愈需要交给阿达婆经咒来承当。由是，后者日益受到尊重，地位不断上升。又尤其吠陀祭祀同国家政治活动关系密切，担任国师的僧侣参与军旅布阵等事，其振奋军威、克服怨敌往往只能依仗祭祀中的咒法行仪。而后者正是阿达婆僧侣和法仪的专门领域。其所使用的本典若不具有吠陀圣典，国师及祭僧的资格与威信则无有保证。保存至今日之《阿达婆帕利悉斯陀》(*Atharva-pariṣiṣṭa*, XXX.3.2.) 谓："彼等婆罗

① MacDonell, *H.S.L.*(《梵语文献史》), p.194.

门若未曾能通达阿达婆不堪称为国师或上师（Guru）。若不熟稔通达阿达婆咒法，天神祖先和一切行者不会享用王家祭祀。”既然该经本可以公然如是宣称，在民间社会中，一般人若需举行祭祀，无论简单还是复杂之祭祀活动，其所着眼所关心的，也只能是利害相关的眼前利益，和咒法能否达到目标。正是由于这样的原因，让阿达婆咒法不断积蓄力势，地位不断上升，最终不但成为了“第四吠陀”，而且还进而占据了“婆罗门学问”的首席地位。阿达婆本典亦成为四种祭祀僧官中专门司职祈祷的角色的本典。联系这一历史发展过程，这里的必然性也就无足为怪了。在此意义上，阿达婆祭祀系统内的《牛道梵书》（*Gopātha Brāhmaṇa*）宣称：“《阿达婆吠陀》是婆罗门吠陀（I.2.16）。”又同书（I.3.1–2）还说：“牛马车舆，若无四足，不能前进。祭祀仪式，若四祭官、四吠陀不完备，则定然无有效果。”不仅如此，本《阿达婆吠陀》系统中还有一部叫作《三圣火祭经》（*Vaitāna Sūtra*）的经典，就把《阿达婆吠陀》称为四吠陀之首。这样的话当然是自说自赞，无需怀疑，在实际生活中能不能得到世间公认，也无从得知。然而从本典的性质来考虑，或许在一定的场合，也不完全就是妄言吧。

所说《阿达婆吠陀》的本典在古代兴盛时曾经有学派达到50家。以后没落，今天我们所知仅有两家。其为派帕拉达（Paippalada）和肖那伽（Śaunaka）两派。据后一支派说，其本典曾有20卷730首诗，共6000偈颂。全部本典篇幅，六分之一为散文。另外的六分之五属于韵文。又本典当中诗歌，六分之一从《梨俱吠陀》中采撷出来。其第12卷有九成左右与《梨俱吠陀》

的部分内容完全相同。[1]之所以如此，是因为想让本典成为"婆罗门吠陀"，因此在编纂时牵强地抄录援引的结果。[2]《阿达婆吠陀》的原典之现代刊行本由罗斯-惠特尼（Roth-Wintney）两氏共同完成。其采用的底本是肖那伽学派的传本以及夏耶那的注释。该现代本于1856年在印度刊行。另外，英译本有由惠特尼-兰曼（Witney-Lanman）两氏完成者。该本内容相当完整。另有格里菲思之英译本，以及布隆菲尔德（Bloomfield）的英文节译本（载《东方圣书》）。

通常所称"吠陀"系指上面所说的"本集"，但从广义上看，吠陀也包含了梵书以及经书在内。类似于此的情况，也可见《夜柔吠陀》，此书当中也是有本集并且包含了注释成分的。《阿达婆吠陀》的本典说祭祀的次第，又从神学角度解说祭祀的用意和依据，属于理论的向导。经书则介绍的是祭祀当中实际所行，又从道德秩序上讲社会中应该遵守之法规。也就是说，《阿达婆吠陀》本典即是讨论吠陀仪式制度所不可缺少的关键，它本身也是婆罗门教典籍的重要组成部分。然因本集形成较晚，所以不能同《梨俱吠陀》相提并论，但其思想实质同《梨俱吠陀》并无不同，立场也是一以贯之。《阿达婆吠陀》当中的梵书（还包括奥义书）都同本集一样，皆有神圣性。这个典籍中的"随闻"亦即是天启，属于附录部分，而经书既是古圣所传，自然不违天启，也是神圣的依据。而"忆念"

① MacDonell, *ibid.*, pp.186–187. Winternitz, *G.d.I.L.*(《印度文献史》), s.103–108.

② 字面上看Brahmaveda即为婆罗门吠陀，但实际上其正确的名称应该是"婆罗门咒法学问技艺"。

部分也是名为传承（Smṛti）的记录，也属于附录部分。按照古来的学问分类，经书有三种：有关祭祀仪程的“随闻经”；有关家族祭祀的“家庭经”；讲种种伦理规矩的“法经”。至于最重要的随闻经，通常又会被列在天启经中间。因此广义的吠陀文献列名如下：

<table>
<tr><td rowspan="20">四吠陀</td><td rowspan="5">《梨俱吠陀》</td><td>本集</td><td>狭义之吠陀</td><td rowspan="3">天启神传</td></tr>
<tr><td>梵书</td><td>中含奥义书</td></tr>
<tr><td rowspan="3">经书</td><td>随闻经</td></tr>
<tr><td>家庭经</td><td rowspan="2">传承圣传</td></tr>
<tr><td>法经</td></tr>
<tr><td rowspan="5">《沙摩吠陀》</td><td>本集</td><td>狭义吠陀</td><td rowspan="3">天启神传</td></tr>
<tr><td>梵书</td><td>中含奥义书</td></tr>
<tr><td rowspan="3">经书</td><td>随闻经</td></tr>
<tr><td>家庭经</td><td rowspan="2">传承圣传</td></tr>
<tr><td>法经</td></tr>
<tr><td rowspan="5">《夜柔吠陀》</td><td>本集</td><td>狭义吠陀</td><td rowspan="3">天启神传</td></tr>
<tr><td>梵书</td><td>中含奥义书</td></tr>
<tr><td rowspan="3">经书</td><td>随闻经</td></tr>
<tr><td>家庭经</td><td rowspan="2">传承圣传</td></tr>
<tr><td>法经</td></tr>
<tr><td rowspan="5">《阿达婆吠陀》</td><td>本集</td><td>狭义吠陀</td><td rowspan="3">天启神传</td></tr>
<tr><td>梵书</td><td>中含奥义书</td></tr>
<tr><td rowspan="3">经书</td><td>随闻经</td></tr>
<tr><td>家庭经</td><td rowspan="2">传承圣传</td></tr>
<tr><td>法经</td></tr>
</table>

如是，若言广义吠陀，含本集、梵书（及奥义书）、经书三部类。进一步说，所传文本随各支派不同而差别有异。全部之四吠陀，则应包括一切支派中所传之吠陀文献。若一一列举，非常复杂，杂然分陈而目不暇接，以历史久远之故也。实际研究当中，真正涉及之文本范围，仅限于二三支派之全部书类。虽然要想完全把握，亦非易事。欲得全局总览，实有必要广泛涉猎。而世传之婆罗门教，系以本集及梵书、奥义书、经书为基础而信奉实行之宗教。作为一种宗教实践，其完全不受后来形成之种种学派影响，乃先已流行于世间的文化行为。

第二章　吠陀之神话

第一节　概观

吠陀神话之起源，世有种种不同说法。简要言之，大抵其根本发端，在于未开化之种族对所生存环境之认识与理解。一般而言，其将宇宙万象与人类自身视为同一，赋予自然环境如同人类自身一样之生命与感情。认为自然界亦是人力所为，亦受人类自身之摆布。至若神话结构本身，其主要有主观与客观两个方面。主观方面注入了民族的渴仰、怖畏和道理寻思；客观方面指环境之物象、气候、风土及社会组织等的影响。两方面均借助语言形式而表现出来的，便是神话。因之，一个民族之神话，不单反映出该民族的气质特性、喜好、风俗习惯，且又隐藏有该民族将来发展之种子。

在此意义上，神话研究不仅仅是一般历史人文所需之重要预备工作，又对宗教和哲学的研究实构成不可或缺之基础准备。无论如何，原始未开化的人群的想象当中，有超越人类以上之大能力者。此即彼等所信仰之神祇。此神祇反过来被用以解释说明宇宙与人生。因之神话是早期人类说明自身生存境况的哲学与宗教。在此意义上，且不说研究吠陀神话关系到印度的哲学史与宗教史开端。尤其应当指出，此种研究之重大意义，还在于吠陀神话在时间上远在希腊、罗马神话之前，且至今仍然生活在种族中间远未枯死。更重要者，印度民族的哲学与宗教正以此神话作为基础和源头。因此，印度的哲学与宗教至今仍然保持了生命力，与这个种群的生存息息相关。所以吾人可以宣称，如果不了解印度的吠陀神话，则必不能了解印度的思想。此等断言绝不过当矣。

惟其如此，吾人研讨印度哲学与宗教，上来必当详细介绍神话。先说印度诸神之概况，以之作为考察一般思潮背景之铺垫。

考察思想，先自原始资料开始。上来当说的就是最古老的《梨俱吠陀》。研究《梨俱吠陀》，即是研究印度古代的神话。作为古代思想材料的补充，吾人还当讨论《阿达婆吠陀》和《夜柔吠陀》这样的后继材料。特别是其中的神话叙述，更有不可轻视的理由。盖因《梨俱吠陀》诗人所赞美的主要是代表社会上流的诸神。若欲了解代表社会下层仰求的诸神观念，则必向《阿达婆吠陀》当中搜寻。而若欲综合考察社会之上下层的诸神观念，又必自《夜柔吠陀》的神话叙说中去探求。总说起来，自《梨俱吠陀》而《阿达婆吠陀》，再至《夜柔吠陀》，可以见到这么一种神祇观。其随时代的推进，而低级的神格日益崭露头角。但此种现象，与其视为《梨俱吠陀》的信仰堕落，莫如看成宗教信仰的大众化走向。应该说，在《梨俱吠陀》中曾一度被忽视的信仰，后来登上了历史舞台。因此，那在《梨俱吠陀》当中不过略略有所显露的社会下层之信仰，其实正是当时普遍流行的东西。因而欲对社会信仰思潮进行全面的考察，不可不借助《阿达婆吠陀》和《夜柔吠陀》这样的材料。基于此，吾等认为，研究吠陀神话，一方面固然应以《梨俱吠陀》为主，但另一面又必须参考另外的两部吠陀。如此方能不失偏颇，对当时思想信仰有完整、彻底的了解。

其次，观察吠陀神界的构成要素。吠陀诸神大体都是自然现象的神格化结果。特别是《梨俱吠陀》，其中的神祇都符合自然神的身份。婆楼那、因陀罗、阿耆尼无一不是自然现象或者自然现象成分之神格化。对《梨俱吠陀》的诗人而言，东方的朝霞也好，云彩飘逸或大风呼啸也好，火焰升腾与水流奔逝，都是神的显现，而不是无意识的现象。特别那些与人们的日常生活休戚相关的自然现象，更是活生生的神灵之显露。所有这些神祇，在吠陀诗人那里，都有一个通名，称为“提婆”（Deva），也就是天神的意思。Deva这个词的词根，本义为“光辉”。大约最初的天神，是“光明”的神格化。以后才泛化开去，成为一类名词，涵盖到所有观念化了的神祇上面。

有一点需要特别指出，就是所有的神祇一开始产生时，都依赖了外在的物质形式。这是必须记住的。这种神灵观念的形成，在《梨俱吠陀》中已经初现端倪。而在《夜柔吠陀》和《阿达婆吠陀》当中才泛化开来，也进一步显明起来，那些幽鬼、恶魔和种种异类，作为低级的神祇，也都生自寻常的物类及现象。在它们另一端的高级神灵观念，逐步完成于《梨俱吠陀》的末期，最终形成了高度抽象的神格。他们产生的源头在历史中间，有的本身就是其中的英雄或者诗人。由此而形成了有人文背景的神话；更有一些高度抽象化的神祇，比如象征着特殊的语言或词汇的神格。这样一来，在自然现象之外，只要具有一定的认知基础并附有一定的势力，都可以取得神格地位。且不说《梨俱吠陀》中的主要神，即那些被当作主要的祭祀对象的神灵，就是在一般的世俗信仰中，凡同人们有较大关联的事物，都会循着这样一种思路而被神格化。归根结底，世间既有的存在，才是吠陀神界形成的来源要素。具体说，天上的日月星辰、空中的风雨雷电、地上的山河草木、人间的事象万端，要么被当成相同于人类自身的存在，要么被当成对立于人类而存在的生命体。[①]

不过，这种平面的反映关系，并不能显示神界的阶次以及统制结构。诸神之间孰上孰下抑或是平列的关系，也都看不出来，而这正是《梨俱吠陀》中神界起初的普遍特征。在希腊和日本的神话当中，诸神之间的原初关系虽不可谓完全，但其各自的地位与司职范围是有大致规定的。吠陀经当中，虽然也有父母神和子女神的关系，然只是偶然言及，不能当作是完整的神统体系。不但如此，若寻吠陀诸神间的相类与互动的关系，看他们之间如何融合、如何交换，也都不甚明了。似此难以廓清的情况，可以说不胜枚举。又如像“光明”“智慧”“威力”“慈悲”等词语，何等的神明才能适用，并不清楚；任何一位神祇，似乎都可以使用“最大”“最高”“最上”“最胜”这样的修饰语；更有甚者，创造世界、支配天地的作用，也被赋予了许多神祇。寻思其原委，盖因当时印度由诸多小部落构成，其间并无统一的系属关系。社会制度的现状乃是众神之间各自为政、大不相从属的原因之一。

另外，作为众神产生的基础之一的自然现象，本来纷纭各呈，交相作用，实难从中区分出谁为主谁又为辅。这也是众神谱系当

① Barth, *Religion of India,* p.7. Oldenberg, *Religion des Veda*, s.39.

中，地位各不明显的原因之一。加之印度人习性，不喜极端而满足于现状。此之风习，吠陀时代即已形成。彼时之印度诗人若有称赞某位神明，一定不遗余力，奉上最美丽最善好之言辞。而当称颂另外一位神明时，同样也是尽其所能地褒扬。这样一种敬神的态度，随时代推移，有增无已。故若客观地看待吠陀宗教观，虽可以判为多神教，然若依个体之主观状态，又有明显的一神教气息。唯因此状况，印度人宗教意识颇难命名。马克斯·缪勒称其为Henotheism，意为多神中之一神教，或也可以称为“交换神教”（Kathenotheism），亦即是说，主神的地位不是不变的而是可以交换互代的。关于印度的神祇体系，以上的宗教学术语在学者间一直被沿用。

最后若论吠陀诸神之分类法，最稳妥的结论仍是：从现象表面看，问题过于复杂，不好简单判定。一般做法是依据公元前五世纪顷之耶斯伽（Yāska）所撰之《词源训诂总汇》（*Nirukta*）一书加以分类。该书（第75页）以天神之性质配伍三界，即天位（Dyusthāna）、空位（Autrikṣasthāna）与地位（Pṛthivisthāna）这三界的神祇。无论如何，依此分类法，《梨俱吠陀》中的主要神祇都被囊括在其中，相应地分居在三大领域内。又麦克唐纳（Macdonell）之《吠陀神话》一书中采用以确定神祇地位主次的标准是看吠陀经典中有关此神的赞颂的多少。[①]献给该神的颂诗越多，其地位声名就越显赫。依麦克唐纳之方法，得出吠陀诸神的地位主次如下：

① Macdonell, *La Religion Vedique d'preps les Hymnes du Ṛg-veda.*

第一位	因陀罗神、雷神（Indra）	阿耆尼（Agni），火神	苏摩（Soma），酒神
第二位	孪生神（Aśvin），意译阿湿波，汉译亦有称双马童者	马鲁特（Maruts），风神	婆楼那，司法神
第三位	乌莎斯，拂晓女神	娑维德利（Savitṛi），太阳神	祈祷主（Bṛhaspati）
第四位	伐由（Vayu），风神	天地神（Dyavāpṛthivi）	毗湿奴 楼陀罗（Rudra），暴怒之神
第五位	阎摩（死王）（Yama）	雨神（Parjanya）	

此处的诸神位次完全是对古代印度民间信仰的猜测，涉及当时人们对这些神灵的不同尊信程度。这里的猜测，依据的是麦克唐纳所拟定的标准，也只能算是他的一家之言。例如该氏告诉我们，《梨俱吠陀》当中献给婆楼那神赞颂有30首，提到该神名的地方有250处，所以该神名位在第二列之末位。然而阿湿波则有颂赞50余首，被提及大名则有400余次。其虽列名在第二列之首，然其势力远逊于婆楼那神。因之若以此法权衡全部吠陀中的神祇本尊，量其高下等级，实欠妥当。不过反过来看，之前所用的分类法，如按印欧时代和印度特产时期来对诸神加以分门别类，也未必就能得到令人满意之结果。印欧时代的诸神有哪些，大致明了；依麦克唐纳标准，印度特产时期的主要神祇可以分辨出毗湿奴、楼陀罗（后来的湿婆神）以及祈祷主。[1]虽然印欧时代诸神似不适

① Macdonell, *ibid.*

合采用此等标准，以该时代之神格颇少共通性之缘故。其可以考量之性质，五花八门，纷繁而暧昧，故变难以归类。

如斯而论。若今天对印度诸神加以分类，亦无确定不移的稳妥方法。只能依研究者之具体目的，自行量取合适之准则。余则无他良策。以吾人所见，诸神分别大体为二：《梨俱吠陀》中之主神为一种，其余诸神为另外一种。又第一种当中，以耶斯伽纂书以来之标准，按惯例可分三类——天、空、地三位；其第二种神祇，则依其自身性质，按其实际数目各各分摄。依吾等之见，最稳健及最完备之分类法，虽仍是麦克唐纳所立，而吾等的分类标准，与前者相比，亦自有合理之处。

本节参考文献

1. Beigaigne, *La Religion Vedique d'aprèps Humnes du Ṛg-veda.*
2. Hillebrandt, *Vedische Mythologie.*
3. Oldenberg, *Religion des Veda.*
4. Macdonell, *Vedic Mythology.*
5. Bloodfield, *The Religion of Veda* (*American Lecure*).

第二节 居首位的《梨俱吠陀》的主要神祇

吠陀的主要神祇如前所说，可谓是天、空、地三界中现象的神格化。对此，学者或谓日月星天体的神格化现象最为原始；其次，因为印度雅利安族南下迁徙，途中有感于天空之自然现象而生出之神化；最后则在印度祭祀主义的形成过程中，由对地上祭坛之神阿耆尼、苏摩等之企望重视而形成。似此，天、空、地神灵分类，亦符合历史发展顺序。虽然此种描述只是推测得来，但与事实相去不会太远。批评这种说法的人，亦大致认可这种理由。进一步推定，可知阿耆尼或苏摩崇拜形成甚早，当在《梨俱吠陀》将终之期形成。事实即令有些出入，亦可能再晚一点，到印伊时代，琐罗亚斯德教中也可见对苏摩神的崇拜。又大约因陀罗信仰之产生，当有感于热带气候之酷烈。《阿维斯塔》圣典中有因陀罗，不过其名曰“阿因陀罗”（Aindra），所指的对象是完全同一的。因此可以说，早在印伊时代之先已经有了这些神的名称。因此，一般而言，吠陀信仰之产生始自天神，渐次生出地神。其重心也渐次转移如是。如欲严格考察研究吠陀信仰之历史发生过程，应当牢记此前提。

又诸神当中，因陀罗大神若谓完全具备人格身份，则阿耆尼和苏摩毋宁说属于非人格之神明。进一步讨论此中的历史发展关系，大致可以认为是先有非人格的形象描述，后有拟人之形象赋型。二者之间的重心转移，即有一漫长之历史发展。此虽系吾等的推测，然亦符合认识之常理。而此诸人格化神明对象的属性特征，究竟如何得来，则又需要另外一番考量。因陀罗虽然是风雨雷霆之神，但其并非风雨雷霆本身。而雷霆也不是日日生起之现象。在自然状态下，具有勇猛人格之神与雷霆之活动两相叠加，则较容易产生这样的想象。反之，若在阿耆尼和苏摩所至之处，其虽有形象生出，然凭借人为联想的作用。想象之生并非直观之力，因此亦颇不易成立。[1]因此，吾人不妨以此拟人化及非拟人化

---

① Oldenberg, *Religion des Veda*, s.40–42. Macdonell, *Vedic Mythology*, p.15.

之差别，作为思考吠陀当中旧神与新神生产的依据。

其次，若以吠陀主要的神祇来配伍三界天、空、地，神灵之数目究竟会有多少？对此问题，《梨俱吠陀》和《阿达婆吠陀》中屡屡有所言及。谓有三十三天或曰三重十一天。乍看起来，似乎已有三十三位神祇存在。然而所谓“三十三”数，实与日本人通常所谓之“八百万”颇相似。无非泛言其多，并不是确指。惟其如此，三界配当分类法，及其中各各含摄之神祇。只是一种随说话人主观意思而立之数目。若能如此看，方才不违吠陀之真意。进而因需要稽查前述之各个神灵，究竟哪位神祇，属于三界中哪一界，还应当先了解《梨俱吠陀》中的宇宙形体观究竟是什么模样。

宇宙是神灵活动的场所。其分为三处。前已指明，即所谓天、空、地（《梨俱吠陀》，VIII.10.6）。天界乃是光明世界，亦即天国，自不待说。印度人相信即是肉眼所及之天空之上的苍穹部。由斯以降，吾等眼界所及之空所界即是空界，其位于天界和地界的中间，所以在印度亦称中间界（antarikṣā）。合天界与空界之混一区域，有所谓穹窿（Nāka）。据信穹窿分为上下两层。《梨俱吠陀》的诗人已经有三界的遐想。至若《阿达婆吠陀》中，诗人更于三界之顶另外设置了光界。这样三界成为了四界（《阿达婆吠陀》，IV. 143）。再后来，其又以为三界各有两部，故便成了六界；又有说天有三界、空有三界，地亦有三界。于是成立了九界。要而言之，其都是依靠三界说作基础的。因此，吾人仍然不妨把三界之说视作《梨俱吠陀》中的标准世界观。此处，欲就三界特质，略加分说。

天界有大虚（Vyoman）或光明（Rocana）之称。若视其为穹窿之一部分，则称其为顶上（Sānu）、高处（Viṣṭap）、背部（Pṛṣṭha）。若将此三称为三光明界（Trīrocanā）则是上、中、下三层：最上边是上部（Utama）。若描述此天界与地界对峙的情形，可比喻它们为两个钵形物（Canvā）相对的样子。也有喻其为两个车轮分别在车轴两端的（《梨俱吠陀》，III.35.20）。天地之间的距离，《梨俱吠陀》的诗人想象是不可企及的辽远。他们说毗湿奴的天宫就在飞鸟亦不可达到的高处（《梨俱吠陀》，I.1.555）。《阿达婆吠陀》的诗人想象，若金鸟（即太阳）展开双翼，冲天而上，需一直飞一千日，才能达到他的天宫。那也就是天地间的距离（《阿达婆吠陀》，X.8.18）。也因为此，《爱多雷耶奥义梵书》（*Aitareya Brāhmaṇa*）才说天地间的悬隔是千日的旅程。吠陀时代的人们相信，凡是涉及太阳的天相，全都发生在穹窿的上部。相关的神格也都只能在天界才能见到。其次是空界。人们相信那是云雾聚散的地方。因此所有的一切气象都发生在空界。空界也有不同的名称。因天空的朦胧模糊相状，它也被称为冥暗（Rajas）；因其中水气蒸腾，它可称为含润（Aptya）；阴云密布四合遮掩，称之为暗黑（Kṛṣṇa）。无论怎么样的天候，都有天空的相应称呼。一般说来，空界分为上下两层。与其上的天界的相接的部分，称为天分（Divya）；同下面地界相接的那部分则称地分（Pārthiva）；又空界有时被称为大海；云朵被称为峰（Parvata）或岩（adri）。像这样的譬喻在吠陀当中屡见不鲜。饱含水汽之雨云，以其能够降下甘霖而被称为“牝牛注乳”。这也是神话当中常常有的譬喻。关于神话中用牝牛来譬喻大云的手法，这里只是顺便介绍它背后的理由。最后，地界也有种种名称，如称Bhūmī、Kṣam、

Kṣā，亦称为Gmā。又因其广阔，所以也称为Mahī（洪大）；因其辽远，可称Urvī（宽广）；又因其博大无边，可称Apārā（无边际）；又因为它与其他的界相对，所以也称现世或者此土（idam）。如是等等。吠陀的诗人相信，大地是圆形的如同车轮横置（《梨俱吠陀》，X.89.4）；至于后世的海洲说，这个时期尚未产生。所谓海洲说，其着眼点在大地四周被海水所环绕的形状。吠陀当中的方位观念亦值得注意。“东”，被称为“前方”（Parastāt）；“西”，则为“后方”（Paścāt）；“北”被称为“上方”（Uttarāt）；“南”被称为“下方”（Adharāt）。因此，东西，也叫前后，因为其所依据的是太阳的出与入。而北南方向则可称为上下。这里除了想象印度的大地形状，也还有雅利安人对于自己从北方向南方不断迁徙推移的历史回顾。诗人把四方称作四个“极”（Pradiś）。这是因为他们相信，整个大地都在四极之界内（Caturbhirṣṭi）。此外，又有“五方”的说法。那是以说话人自己为中心，再与其他四方合称，成为“五”的缘故。再进一步，考虑到说话人自己的头上为上方，也就有了“六方”的说法。

一、天界的神格

（1）天（Dyaus）。吠陀诸神当中，最原始之痕迹便是这里的天神。梵语当中，Dyaus的词根本为dyu，意为光辉。以其作神之称呼，虽然起于“光明”的神化，但《梨俱吠陀》当中仅用以指“天”，亦即天空。因此性质，其又与“地”（Pṛthivī）合称，名为“天地”（Dyāvā Pṛthivī），并使用于赞美的诗歌当中。有的时候，与“地母”（Pṛthivīmatṛ）相对，也就有“天父”（Dyauṣpitar）之称。“乌莎斯”、“阿湿波”、苏利耶、阿迪替耶（Aditya，意为太阳）、马鲁特（神话中亦指楼陀罗）很多时候也被称为天的儿子，大约就是因为Dyas有“父亲”含义的缘故。又此神有时也被称为牝牛（《梨俱吠陀》，I.160.3），有时用“公牛咆哮”来比拟其脾气（《梨俱吠陀》，V.5.86）；也有说他的体型如同牝牛，这是来自想象或者来自拟形描写，不甚明确。要而言之，对于天之信仰在《梨俱吠陀》中已经非常热烈。此信仰在后来有所退失，今天仅可见于《梨俱吠陀》中的一片赞美歌咏当中。

（2）婆楼那。说起来，吠陀神界中最为有力之神祇，当数天界之婆楼那、空界之因陀罗以及地界之阿耆尼和苏摩等。此中略早于因陀罗神出世而深为雅利安人所敬畏信奉的是司法之神婆楼那。此神起源甚早。因此判定其最迟是印伊时代的产物，当合乎情理。婆楼那之词根是var（包容义）。以是其当为无所不包、涵盖一切之苍穹的神格化结果。此神之座所，即是浩瀚无垠之天界（《梨俱吠陀》，V.67.2）。其形象是身着金色衣（I.25.13），颜面如同阿耆尼（VII.88.2），眼若苏利耶（I.50.6），呼吸如同伐由（VII.87.2）。天上的星辰是此神的使者（《梨俱吠陀》，I.50.6；《阿达婆吠陀》，IV.16.4），有时其乘马车驶过天空（《梨俱吠陀》，I.152.4）如是等等。又此神之性格，从对其形象的描绘来看，无非突出其强大的支配力量。吠陀诗人称其曰：“彼之伟力无所不至。天空之飞鸟，河流之奔腾，皆因其所能。”（《梨俱吠陀》，VI.6.26.6）盖此处所谓天空飞鸟即指太阳。奔腾之河流，意指那包天拥地的天河（Rasā）是也。诗人又竭力称赞其全知的能力，谓海中行船、空中飞鸟，其一切航路方向，此神都能预作安排，无不了解悉然。哪怕天空中吹过的风，去向何方，也不出此神的了解（《梨俱吠陀》，I.35.7）。至于人间，此神甚至能够知道一个人的眨眼次数，也能洞见其心中隐藏的思虑与念头（《阿达婆吠陀》，IV.16.2–5）。一切人，无论其站立、行走或奔跑，或其彷徨或其往来，或者有两人对坐交谈，大王婆楼那都无不尽知无遗（《梨俱吠陀》，II.273）。因为有如斯之智慧与大能，此宇宙大王（Samrāj，一切主）便是一切规律的保护者。因为他，自然界之一切法则能够保持，四时运行，昼夜交替；在人世间则有裁判祭祀和纲常伦纪。惟其如此，彼神的命令颇为严厉。若有人违背其命令，敢行不真实，破坏规律的，则必以绳索捆缚（《梨俱吠陀》，I.152），降以病痛（以水肿病为主），罚其就死。然如果人们能够笃行真实，悔罪而归从，连其先祖以来的罪愆也都能够得到赦免宽释（VII.88.3）。又能奖励其长寿与福德（I.24.1），并给予丰厚的恩惠。实际上说，此神是古代印度民族最高道德理想的象征。代表着经天纬地之普遍道德律；违背道德伦常必有灾祸降临，遵奉道理纲纪，则可以从他多得福赏。此之信仰在于使人时时正襟，小心自律。后来佛教流行时代，这种道德信念转化为一般印度人民之理想模范——转轮圣王（Cakravartin）。转轮圣王是两种观念的结合——道德理想与军武精神。前者的源头在婆楼那，后者的来源则是因陀罗大神。据奥登堡所推测，婆楼那神原本并不是雅利安人的信念，而来自外部种族叫阎牟族（Yamu）的。从根本上讲，他的这种说法也没有什么依据。但在吾人看来，婆楼那神之道德属性颇与犹太人的一神教之雅赫维（Yahve）相似，此亦无可否认。设若此神的力量不断增长，则吠陀宗教中迟早亦会生出“耶和华”一类的伟大神明，亦未可知。然而，神之愈近高远、伟大、严肃，则愈难满足一般俗世信仰的期等企求。而因为因陀罗和生主（Prajāpati）这样的大神逐渐得势，遂使婆楼那逐渐淡出世人的视野，最终其地位下落。起初，因为此神之同伴密特拉（Mitra）成为白昼之神，婆楼那遂成为黑夜之神（《夜柔吠陀》之《泰帝利耶集》，VI.4.82。《阿达婆吠陀》，XII.3.13；IX.3.8）；其后，婆楼那在《梨俱吠陀》中屡屡现身成为司降雨和管理河流的神祇，到了《阿达婆吠陀》当中，他更进而只能成为水神而受到敬拜。再后来到了梵书阶段，他更演化成为自利而任性的神灵。再往后来，经过《摩诃婆罗多》的史诗传播，他的势力也只限于水界，成了水界的大王。而更晚些，经过佛教的有密教阶段，例如在日本，他只是在水天宫了。

（3）密特拉。密特拉是朋友的意思。此神在波斯古经《阿维斯塔》当中被称为“密提拉”（Mithira）。而他之所以被称为朋友，是因为作为太阳其给予人类很多的恩惠。他又被认为是白昼之神。其智慧与伟力几乎与婆楼那完全相同。故他又被赋予宇宙统御者、法则主（Ṛasya Gopā）等尊号。然至《梨俱吠陀》时代以后，其已经丧失了独立性，常以婆楼那的友侣的模样出现。其鲜明的特性被婆楼那所吸收。有的时候他们被合称为密特拉婆楼那（Mitravaruṇa）。《梨俱吠陀》当中有专门的诗赞称颂此神的身形。可见《梨俱吠陀》第III卷第59篇。

最先是婆楼那神，以后密特拉、阿耆尼以及因陀罗也都获得了“规律之保护者”“规律之拥有者”或“欣求规律（法则）者”的称号与地位。于此吾等为“规律”略加说明。规律，在梵语中为ṛta，本义指事物展开的顺序，经过抽象而发生意义转换，成为“真理、正义、相应”等观念。看ṛta在吠陀经典中使用的各种场合，范围相当广泛，其可以指江河长流不息，可以指每天拂晓的曙光初现，也可以用来说明何以黑牛仍然产白色的乳汁，也解释了何以人类社会秩序井然。人们待人接物，其所行为得宜，也正是ṛta作用的结果。一言以蔽之，因为ṛta，自然界与人世间才会有条不紊，进而可以得到结论：自然律=道德律。由此而顺理成章地得到这样的推理：如果人类社会的秩序遭受破坏，自然规律也就发生了淆乱，四季不调，风雨暴作。因此吠陀作出严厉的训诫，人不可以实行ṛta的反面，那称作冥行妄作，也就是非秩序（Anṛta）、不真理和不相应的意思。这样的思考方式，尤其适应于祭祀仪式的过程。祭祀者若不按照规定来操作，不能如法地祭祀，自然不符合ṛta规律，也就违背了神的意志（Ṛtasya Gopa）。只有如法如仪地祭祀，才能得到神的保护和祝福。不招神怒，才会得到吉祥护佑。更进一步，到了梵书时代晚期，已经有这样的观念，仪式本身如果合乎法仪，也就代表了宇宙秩序和自然规律受到保护，如意顺畅。宇宙秩序的范围通过祭坛得以象征。祭坛上的操作便是宇宙自然的过程预演。这种神秘思想的源头，亦即是认为祭祀与正义性相关联的思想，从很早以来就已经扎根于雅利安民族的精神世界，其在印伊时代便已经成熟了。时至今日，就是英语当中的正义（right）与仪式（rite），也来源于同一个词根。这也是这种观念的另外一个证明。对雅利安人而言，更晚些时候，到了吠陀时代，关于规律（ṛta）的思想也发生了分化。“规律”当中原来意指道德含义的成分分离出来成为了“法”（dharma，达磨）；而ṛta则成为专指仪式的名称。英语当中也是这样，right和rite成为了两个东西。

（4）苏利耶。此名与波斯古经《阿维斯塔》中的Hvare以及希腊的赫利俄斯的神名相当。属于太阳的具体性质的神格化。其功能与特征，可见于他被称为天眼（或者被当成密特拉婆楼那的眼睛），监视着下界众生的行为；又因其光明而有驱逐黑暗的力量；又因其自东方出而没于西方，吠陀诗人称其为天空的飞鸟（《梨俱吠陀》, X.177.1–2），或描绘其乘御有七匹马拉着的天车（V.45.9）。因为他每每在拂晓时出现于东方，其被称为黎明女神乌莎斯的儿子或丈夫。值得注意者，此神虽然在《梨俱吠陀》中受到种种譬喻性的称赞，然而却从未提及其被创生的过程。

《梨俱吠陀》第四卷第13篇说密特拉婆楼那将他举置天上。第二卷第12篇谓因陀罗造作苏利耶，第十卷第190篇谓Dhātṛ造作苏利耶和月神。是诸状况，皆显示苏利耶代表了太阳的种种特征，其被视作天体现象的神化。

（5）娑维德利。其为太阳功能活动的神格化。往往又被称为“鼓舞者（生殖者）”“冲动者（创造者）”。这一层意思是非常印度化的表述。从形象特征上看娑维德利，可以总结出：其全身金色，披覆着金色头发。其舌头也是金色的，其肩、手腕和眼睛也为金色。其车乘也是金色，为车作牵引的是两匹光辉夺目的天马（《梨俱吠陀》，X.139.1; IV.71.1–5）。此神的作用如是：当他举起金色的手臂，世间的人们便苏醒而起来活动。到傍晚时分，当他再次举臂，人们也就入眠了（《梨俱吠陀》，IV.53.3–4）；此神的恩惠以及神力都非常广大，可以使人或神不死（IV.54.2）；能为人驱逐恶魅（I.35.18）和恶梦（V.82.4）；又能在天上引导死者的灵魂（X.17.4）。其力量强大到连因陀罗、婆楼那这样的大神也未能与之抗衡（II.38.7）。《梨俱吠陀》第三卷第62篇有诗歌称赞此神。其中第10个颂则可以作为他在全部梨俱赞歌中的代表。唱赞此歌，当初是所有婆罗门初学者的必修课。时至今天，正统的婆罗门僧侣也要每天早晨唱赞本圣歌。[①]此赞歌称为《誐野呾里》（*Gāyatrī*）。因其久负盛名，特揭示于下面：

梵：Om Tat Savitur vareṇyam bhargo devasya dhīmahi; Dhiyo yo naḥ pracodayā (*Gāyatrī, Rg.*, III.62.10)。

大意：唵，我等念赞此冲动（创造）之神之至尊光荣，我等思绪激荡有若风暴。

仅作一瞥，读者可以深刻感受此颂当中的深意。而从其鼓舞心魄有力量看，真的是不可思议。无论如何，太阳在不同方面都被吠陀诗人加以神格化。而作为太阳神格化之一的娑维德利，其形象和作用的伟大，都有恰如其分的表现。

（6）普善（Pūṣan）。其意为养育者。其所代表的神格化功能是太阳之可以生长万物。但他的作用不仅止于此。他还司理着道路管理、牲畜保护等。其形象虽不可详述，但也说到他口中无齿，身披发辫（VI.55.2），手执金枪刺铬（I.42.6; VI.539）；乘山羊牵引的天车（I.38.4; VI.55.3）。普善神常来往于天地之间，畅游之

① Macdonell, *H.S.I.*, p.79; Hopkins, *Religion of India*, p.46.

际，亦颇知旅程数目（VI.17.6），因此他也是道祖神（VI.53.1）。他能为世间除去道路途中的猛兽和盗贼之害（I.42.1–3），还可以引导死人的灵魂往天国去（《阿达婆吠陀》，XVI.9.2）。婆罗门祭祀当中，凡行火葬（Agnidagdha）或马祭，均有燔烧整羊的习惯。大约这与本神之天车以羊作为牵引相关。又由于他有指引道路的功能，所以他也可以保护牧场上的畜类，令它们不致迷途并失堕深坑。因之祈求畜牧安全和繁衍，均要向此神祈告。因此信仰，人们把普善称作"兽类的保佑者"（Paśupā）。

（7）毗湿奴。此神在后来形成的印度教中，成为与湿婆神并立的核心神祇。不过在《梨俱吠陀》的时代，毗湿奴尚未取得这样的高名。从本神的特性看，其所说有三步跨越整个世界的事迹。但此种描述似乎仅指太阳从东方升起，达到中天，再西沉于天边的三个步骤（亦有学者认为此之三步，实指天界、空界及地界之三者）。不过，在《梨俱吠陀》时代，时人的理想，是希望在死后能够去到诸神以及祖先们所居的"中天"，那里被认为有无尽的欢乐。《梨俱吠陀》第一卷第154篇的第5颂这么说：

> 皈依于神者得享福乐，且能到彼福乐之所。此处即是毗湿奴所领之高天之上。至此亦成彼神之亲族。于彼福所，甘露如泉水一般涌出。

后世所称的"乐土"（Vakuṇṭha）即由此传说而来。后来的毗湿奴神之伟大力量，大约也与此相关。到更晚时候的《阿达婆吠陀》及《夜柔吠陀》中，此神的地位也已经显著高迈。若看梵书，此可明了矣。毗湿奴是印度特产。无论波斯或是欧洲之神话，都没有类似的名称或者观念形迹。奥登堡认为此神的本性，当理解为空间的广阔（uru）。[①]而施罗德以为vis（毗斯）应当理解为“运动”或者“创造”。[②]

（8）阿底蒂（Aditi）或名阿底提耶（Ādītya）。此神之名意为“无限无缚”。虽揣想其为“天空”的神格化，但更应当视为哲学抽象之产物。阿底蒂是女神，所说其功能在使人得自由而不受束缚。但阿底蒂自身看不出有拟人化特点。《梨俱吠陀》当中前后言及阿底蒂达84次，但却无有专门献给她的赞歌，也未见到有专门的单独记载。

若言阿底蒂和阿底提耶的关系。其似应为Aditi（阿底蒂）女神为母而阿底提耶是儿子或诸子。从历史发展看，大约先有母神阿底蒂，随其下一步发展，才形成了阿底提耶这样的神祇。也因为如此，阿底提耶神的名称以及数目都没有确定说法。《梨俱吠陀》第二卷第27篇曾列举其神数目，以为有六：密特拉、阿利耶曼（Aryaman）、跋伽（Bhaga）、婆楼那和达克沙（Dakṣa）及阿姆夏（Amśu）；梨俱第九卷又说有七神；同卷第72篇又先举六神，再加上阿底提耶自身以及马里达（Martāṇḍa），成为八数。《阿达婆吠陀》第八卷第9篇，则历数密特拉、阿里耶曼、阿姆夏、跋伽、达特里（Dhātrī）、因陀罗、婆楼那、遍照者（Vaivasvat）。不过此等思想并不只是印度特有之强势。在伊朗，波斯古经《论

① Oldenberg, *Religion des Veda,* s.228.

② Schroeder, *Cultur und Literatur*, s.324.

释书》(*Zanda Avesta*)中的首位神，名为阿胡拉·马兹达的，下面也立有七神，其总称为“圣不死会”(Amosa Spenta)。推测起来，也同阿底提耶的众神群体相当。奥登堡认为阿底提耶谱系便与《阿维斯塔》经典中的圣不死会相当。又因为其以七神为基础，将日、月、火、水、木、金、土加以神格化，遂有七曜日的产生。此为奥登堡的一种猜测。要言之，阿底提耶或曰阿迭多耶透露出混杂的吠陀神界正作统一化、系统化的努力。此种整理与系统化日后日益受重视。此之神系在《摩诃婆罗多》中可以见到。佛教的提婆菩萨所撰《外道小乘涅槃论》中所谓女人眷属论师的名下所述，也正是此种思想的变种。可以视为又是一种见解。阿底提耶的诸神系统，其中密特拉与婆楼那前面已经介绍，因陀罗后面还会讲到，此处简单说及其他六神。阿利耶曼意思是“助持友人”，可以看作密特拉的另外一个侧影，已经失去独立的神格。跋伽，意为“分与者”，是财富之神；阿姆夏也有“部分”义，同为财富神的意味；达克沙有“势力”或“力量”义，其作为神之属性所指不甚明显，也许应当看作“能势”(energy)的意义来理解，比较合理。达特里意思是“施设者”，起初也是神的称号，后逐渐成为独立之神格。作为创立神之一位，他为后世子孙设立世间的事物，这与后来形成的生主的功能为同格。至若遍照者，其居处在阿湿波的神所。阿湿波似乎就是遍照者的父亲，他本身便是朝阳的神格化存在者。其活动功能与人世间的利益相关。波斯古经中有维瓦赫万特神(Vivanhvant)，其使豪马(Haoma，波斯之酒神)流布世间，便是最初的人类生存者。所以，起先为人世间设置苏摩祭仪的便是遍照者。而作为人类始祖的摩奴，以及人类最初的死者叫阎摩的，据说都是遍照者的儿子。

（9）乌莎斯。此名为“辉耀、辉光”（vas）衍生而来，指拂晓时的霞光女神，也是自然现象神化的产物。其与希腊神话中的奥罗拉和罗马神话中的赫俄斯（Heos）两位辉光之神相当。也是吠陀神话当中最为美丽和最受赞美的神祇。盖五河流域的朝霞极其美丽，每当吠陀诗人目睹这样的灿烂霞光，无不由衷生起赞美咏叹。面对如此壮丽的景致，欣赏感叹之余，自不能不将其拟人化亦即神格化。由是朝霞化为女神。考察吠陀，乌莎斯的身份便是天父的女儿（《梨俱吠陀》，VII.77.6），也是夜之女神拉特丽（Rātri）的妹妹（《梨俱吠陀》，IV.52.1），又是日神苏利耶的母亲或者恋人。若论其形象，她身着灰色上装，头上被光晕环绕，展示了东方特有的娇美（《梨俱吠陀》，I.124.3-4）。虽然其从远古以来就已经存在，但其容貌始终如同少女（I.92.10）；她的职能是开启天门，除去夜幕（I.113）；又驱逐黑夜与恶魔（VII.75.1）；她从睡卧当中唤醒世人各勤本业；又驱赶鸟兽使其远离农田；五种有情众生如果行于道中，因为她而不失方位（V.80; I.92.9; IV.51.5; VII.791）。她乘坐的是光辉灿烂的天车，由栗毛牡马和赤色的牝牛或牡牛牵引。大约印度先民借用牡马与牝牛来譬喻朝晨的曦光，也用牡牛指云彩。值得注意的是，有关乌莎斯的赞歌当中，包含着厌世的口吻。《梨俱吠陀》当中（I.92.10）说她耗费了众生的生命；又喟叹世人因她的裁断而生命缩减（I.124.2）。后世的印度思想中之悲观特质，已经在这里初显萌芽。乌莎斯女神之性格，与希腊神话当中天父神的女儿雅典娜颇有共通之处。

（10）阿湿波。吠陀当中，对此孪生神的赞美甚多。然关于其起源的自然基础则颇为不明。Aśvin词根义为“有马者”，这一点颇与希腊神话当中双骑手（Diokouroi）的对偶神颇相近。后者是神话中的兄弟骑手。不过在《梨俱吠陀》当中，任何一个地方均未言及骑马的事。恐怕这只是暗示心念思想如同骏马一样疾速吧。阿湿波的形象光芒四射（VII.68.1），头发是金色的光芒（VIII.8.7），俊美非常（VI.62.5）。他也有不同的形态（I.117.9）。虽然诗歌中说他非常漂亮，但并未有具体的描写。当他出现时，其身陷在暗红的牝牛（云彩）当中（X.6.4）。他又乘车追逐黎明女神乌莎斯（VII.5.2）。也许他的光明相状也来源于清晨的朝霞的神格化。但他形象的孪生或对偶性质，究竟指的是什么，人们有种种说法。古圣耶斯伽所撰的《词源训诂总汇》（*Nirukṭa*, 12.1）中，也曾举出多家意见，有说其喻天地者，有谓喻昼夜者，有说其喻日月者，种种说法，难以判定。[①]延至近世，学者间意见仍然纷纭，未可统一。戈尔德斯达克（Goldstücker）和霍普金斯（Hopkins）则推断，偶生、孪生无非是说从黑暗向光明的过渡。[②]麦克唐纳则认为这是诗人从清晨的明星联想到黄昏时的星辰。一言以蔽之，无论何种假说，均为不确定的想象。又此神之活动功能，最为显著者乃其“救济”特性。其能令老翁焕发青春而娶新妇，也能令老妇年轻而配年轻夫婿（I.117.7）；盲目者，其施以明目（I.116.7）；断手折足者，其为医治，令具铁足；总之，人若有危难，其能多方搭救给予帮助。尤当指出者，有名为布鞠（Bhujyu）

① Macdnell, *Veda Mythology*, p.53.

② Oldenberg, *Religion des Veda*, s.210.

之男子坠海，仅得抱一木板而逃生，情急当中，呼唤此神之名，旋见百桨划手之大船近前救护（I.116.5）。以是原因，阿湿波即成为海上航行之保护神，备受人们崇信。又此神被人们当作医药之神。总而言之，此神功能作用对后世佛教影响甚深，悬想观世音菩萨以妙智慧力兼纳救济，在很大程度上便与古代神话中的阿湿波信仰颇为相关。

二、空界的神格

（1）因陀罗神。吠陀神界中最为雄伟、最有人气之全印度的民族保护神是因陀罗大神。此神自印伊时代以来就是印度最受尊崇之神明。波斯古经《阿维斯塔》中，有因陀罗之名，但彼在波斯属于恶神。佛教当中因陀罗大神被称为释提桓因（Śakaro Devānām Indra），是皈依了佛的神明。印度教认为他就是喜见城（Sudarśana）之主。其成为高贵的天部神明，有永享崇祀的特权。因陀罗人气地位之高隆，可征之于其在《梨俱吠陀》中之备受尊崇。梨俱当中的赞神之歌，有四分之一都是献给这位神明的。因陀罗原本是雷霆之神，也是自然现象的神格化。而随年月推移，其已经发展成为伟大的勇士。据说，其母亲是一头牝牛。他是破牛腹而降生的（《梨俱吠陀》，IV.18.1）。其生下来马上成为勇士（III.51.8）。因为他的勇猛，天地也发生震动（IV.17.2）。因陀罗的全身作茶褐色，周身被覆着茶褐色的毛发（X.96）。当他发怒时，须发倒竖，相状极其可怖（X.23.1）。他通常所执持的武器是金刚杵（Vajra，闪电之戟），因此他的别名也叫金刚手（vajrahasta）。他的驾乘是一辆由两匹骏马拉的战车；车上的两位侍驭，一为风伯马鲁特，另一个是风神伐由（IV.46）。因陀罗驾着战车四处从事争战。因此，他亦名为车战者（Ratheṣṭhā）。其生性喜饮苏摩酒，手执工巧之神特瓦斯特里（Tvaṣṭṛ）制作的酒杯。其善豪饮，若长鲸能饮百川。以是被尊为饮苏摩者（Somapā）。是等形象显然象征了阴云四合及狂风暴雨，是诗人的想象塑造出来的。诗人的心目中，黑云涌立的高天上，屹立着一位豪放的勇士。因陀罗的伟岸身躯和凶猛性格结合起来，成为一个让人怖畏的巨人。其可以手执天地两界，整个世界在他手中不过是一把之握的执器（III.30.5）。其身形高大，远出于天地之外（III.46.3）。天地广阔，但也只是他的一根腰带（I.173.6）。因陀罗功能颇多，一一罗列，难以尽数。然其最为重要的伟业仍在退治恶魔。其诸胜绩中，有征服魔鬼毗离特拉（Vṛtra）一事。毗离特拉是一头凶龙（Ahi），其筑堰断河，夺云而不让天降雨。这令因陀罗神非常盛怒，其乘饮苏摩酒的余威，振金刚杵而前往讨伐。双方战斗非常剧烈，毗离特拉最后颠仆，如参天巨树倾倒，大地为之久久震动（I.80.11; II.11.9–10; VI.17.9）。然后是电闪雷鸣，迅雷频作，自远而近，终于天降大雨，世间得以舒解。此种描写极证因陀罗征讨恶神解救世间的伟业。亦因此伟业，因陀罗被称为“杀毗离特拉者”（Vṛtrahan，凶神毗离特拉之终结者）。此外，被他所征服之恶魔中。还有九十九只手的怪物乌罗那（Uraṇa）（II.14.9）、有三头六眼的名为“一切形”（Viśvarūpa）的恶魔（X.911）、有据铁城的执杵者（Śambara）（II.12.11）、有潜伏在洞穴中难寻踪迹的婆罗怪（Vala，本义即洞穴、洞窟）（VIII.32.25）、有贪吝者（Paṇi）等。此处的贪吝者是守财奴的恶魔化。因为他把牝牛隐藏起来，所以人间不再降雨。其隐藏牝牛的地方在包天含地的天河对岸的岩崖下。为此因陀罗令雌犬萨罗摩（Saramā）作使者，向贪吝者将牝牛索讨回来。因陀罗又征服了魔鬼达莎（Dasyu或Dāsa）。诗歌中描写的达莎鬼浑身黝黑、鼻子塌陷，又踞伏在丛林中（I.130.8）。据此，可以推测，此之被贬损形象，指的是当初被雅利安人征服的印度原住民，而不可能是雅利安的同族。神话在此暗示了某种历史事实。因此可以说，因陀罗并不仅仅是雷霆之神，更是印度民族中特别的武士阶层的保护者和军武之神。他的身上也转移而吸收了之前婆楼那神的一些特性。至此因陀罗-婆楼那（Indra-Varuṇa）成为一个结合名词，得以证实。婆楼那也因此仅仅剩下了不多的痕迹，倒是因陀罗势力大大增长，盖过了后者，一跃成为世界大王、诸神之第一。但因陀罗所吸收的，只是婆楼那原先的勇武的性格，至于后者身上的道德伦理属性，在因陀罗的身上并未见到。例如，吾人从吠陀中得知，因陀罗才出世便弑杀其父，令其母成寡（IV.18.12）；其又役使朋友，令人多感痛苦（I.170）；又曾破坏了黎明之神乌莎斯的座车（I.77.6）。姑不论其诸行为，是否象征着风云天候的作用，是否可作道德评判。仅以其狂饮苏摩酒似鲸吞百川，旁若无人之痴状言，亦反映了当时武士的风气。因之不免遭人言谤，认为是放纵之滥行。话虽如此，因陀罗于世间功业伟大，毕竟能够收揽人气，因之有资格成为能力至大的宗教主神。如果将印度的因陀罗神与日本民族神话中的须佐雄命作对比研究，应是很有趣味的题目。

（2）楼陀罗。此神在《梨俱吠陀》中地位虽然不高，然经过《阿达婆吠陀》和《夜柔吠陀》之后，渐次获得显赫之声名。再后来成为湿婆大神。这点颇可值得注意。楼陀罗有时指一群神，其数目达11个之多。通常仍指一位神。《梨俱吠陀》说他身为褐色，着装后为金色（II.33.11），发辫披散（I.114.5），手持弓矢（II.33.10-11）。依后来的吠陀书典说法，其有千眼（《阿达婆吠陀》，XI.27），腹黑而背赤（《阿达婆吠陀》，XV.1.728），脖项青色，常住山中（《夜柔吠陀》，XVI.2-7）。究其行为特征，颇为凶暴。若其发怒，便引弓发射霹雳之箭，伤害人畜草木。因之，彼属荒神（凶暴之降灾难者）。故人皆祈求能远离于彼。敬拜供养彼以求远离之法称为"远敬之法"（Niravadā）。[①]然此神倒也并非全恶，至后世其成为大神，也有以医药疗人之恩惠。故世尊其为Jalāṣa-bheṣaj（施安稳药者）（《梨俱吠陀》，I.43.4；《阿达婆吠陀》，II.27.6）。其乃能为人畜治病之医神（《梨俱吠陀》，I.114.2）。《梨俱吠陀》时代，此神身份已经在向湿婆过渡（X.9），其被称为Śiva（湿婆，意即"吉祥恩惠"）；《夜柔吠陀》之《瓦阇沙尼耶本集》中（III.58）尊称其为"三母"（Tiyambaka）。同集当中（III.98）又称其为兽主（Daśupati）、"给予生死者"（Bhava-Śarva，生存者；Śarva，杀或夺命）、司配者（Īśāna，伊奢那，意为自在者、操控者）、大天（Mahādeva，摩诃提婆）、荒神（Ugradeva，凶暴者）等。总之，后世对于湿婆的所有称号，此时都已经出现，此神诞生的想象基础是山岚（山中的暴风雨）——虽然学者当中对此也有异议。奥登堡认为应是瘴疠之气（瘟疫）。[②]

---

① Oldenberg, *Religion des Veda*,s.218.

② Oldenberg, *Religion des Veda*, s.216-222.

麦克唐纳认为其代表了雷电造成的灾害。[①]又通常将楼陀罗原文（Rudra）中的rud释为“呼喊、喊叫”，但格拉斯曼的梵语字典中解释其为“辉耀、光辉”。

（3）马鲁特。其意为“风或暴风”，特指暴风雨被神格化而成之神明。通常其指一个群体（gaṇa, śardha）的神灵。有说其数为21者（《梨俱吠陀》，I.133.6；《阿达婆吠陀》，XIII.1.13），也有说其数达180位（《梨俱吠陀》，VIII.85.8）。本神以楼陀罗为父，以牝牛为母，故其名也叫“牛母生”（Pṛśnimataraḥ）。所有的马鲁特皆全身通红如同火焰（《梨俱吠陀》，V.66.2），肩荷长枪（闪电），胸饰金牌。脚系铁袢，又有金甲护体（V.54.11），乘金色战车（V.57.1）；一旦出征，身作先导，如猛兽一样凶暴（II.34.1）；像狮子一样咆哮（I.64.8）；如飓风扫荡，一切无能阻挡（X.78.3）；飞沙走石（I.64.11），天摇地动；其以车辋为武器，可以破山岳倒巨岩（I.64.12）。总之，一派可怖的景象。另一方面，若军止战息，尘雾散去（I.64.2），马鲁特又如同小儿或牛犊一样顽皮，嘻恬游戏，完全是另一种和蔼可亲的平和景象。如是之善好性格，亦如楼陀罗所现之医疗功能、阿耆尼所现之除秽功能一样。马鲁特之行为特点之一，是其经常充当因陀罗大神之侍从而能退治恶魔。且其又与降雨活动相关。因此，马鲁特亦被称为“雨滴充沛者”（Purudrapusaḥ; Drapinaḥ），其原文Maruts中之词根mar义为“死、碎、辉”，然何以此神取此名为义，颇为暧昧。

（4）伐由。其本义为风，词根vā的本义是“吹气”。通常此神

① MacDonell, *Vedic Mythology*, p.77.

被认为是风之神格化产物。一般谓其为自然物质的风，但在吠陀中它另有所指。吠陀中的伐由为众神中的迅捷第一。其为因陀罗之同盟者，也是善饮苏摩酒的另一位，因此也称为“Samapā”。他又有赐给世人子孙福惠的功德。伐由的地位虽不算是最有人气之神。但在三界当中，若天界有苏利耶，地界有阿耆尼，空界则有因陀罗大神或伐由风神。因此，其重要性似也不可忽视。吠陀中凡赞颂伐由的歌，大都止于形容其物质作用，世人认为此神亦有与人治病，让人得长寿的功能。

（5）雨神。这是由雨云被神格化而得来的神明。其形象有若吼叫的牝牛，用大桶或皮囊（dṛti）向下界倾水降雨（V.83.1–9），灌溉滋润草木，因之其有养育之恩；又有摧敌破阵、折伏敌人的能力（V.83.1）。雨神名之原文Parjanya起源不明。

（6）属于空界的诸小神。此处略举二三。首先是特离多·阿提耶（Trita āptya），人称“小因陀罗”。其颇具性格，以退治恶魔为能事。曾破恶魔之居城（vala，洞穴），捕获牝牛（I.52.4–5），因之得因陀罗褒奖。又有曾退治具三头六眼之“一切形”魔（Viśvarupa）的功绩（X.8.8）。盖此诸神为印伊时代之民族勇武神，是《梨俱吠陀》中因陀罗神之原型。其身份渐暗淡，随因陀罗势力增长而逐渐被吸收至因陀罗身上，仅成为从侍的小神。此之消长过程不难想见，可以理解。又此诸神，与罪愆之本源多少有关，《阿达婆吠陀》（IV.113）说，诸神让特离多神负罪，而特离多又让世间人担罪。恐怕此特离多神与祭祀当中的以水祓罪洗过的观念相关。特离多·阿提耶若意译，就是“第三层水”的意思。再者，有小神名Apām mapāt，意为“水之子”或“水子”。印伊时代即已有此神之名。据说其身光明，虽无柴薪，入水亦能燃烧（X.30.4）。凡能礼拜本神，都可以得其与食。奥登堡推测，此神初为水中之灵，后与水中之火，即电光结合，遂成为本神。①

（7）摩多利首（Mātariśvan）。其活动功能同于希腊神话中之普罗米修斯。其为持天火至地上赠给人类。有的时候也被认为就是阿耆尼神。其产生的神话基础大约是雷电而成之天火。

三、地界之神格

（1）阿耆尼。成就此神之神格化基础是物质之火。《梨俱吠陀》中，献给因陀罗的赞歌最多，而献给阿耆尼神者其次。波斯古经《阿维斯塔》所教，称为拜火教。吠陀经中，对于火的崇拜也是重要内容。盖火有不可思议之功用，又与人间的日常生活关系密切。原始人类视火为神圣亦为当然之事，不足为奇。然世界上各宗教，唯印度以火燔烧祭物，求上达于神。把火当成人与神之间沟通的工具，大凡印度的一切祭祀，必用火致祭。其不可或缺之重要地位于此可见。有关阿耆尼之神话中，来源因素甚为复杂，其神格化过程因此颇难追寻。不过，因其原本就是火之神化，所以无论形象，还是作用，总不失火之特质，拟人化之程度亦极有限。其各种特征，先当举此神降诞作为先导。与其他各种神话相比较，阿耆尼神有不可忽视的独特性。《梨俱吠陀》中通常说阿耆尼因天、空、地三界而可生，在天为太阳，在空为闪电，在地则由两木片相摩擦而生出来。因此，其又被称为“力之子”

---

① Oldenberg, *Religion des Veda*, s.118-120.

（Sahasas putra）。据说，阿耆尼刚生下来便烧杀父母（X.79.4）。前已言及，空中先有的水之子（Apām mapāt）便是阿耆尼的父母。阿耆尼以水气为胎，大约便是云中的电火闪光（III.1.12）。阿耆尼又有非产生的特性。他在天界的最高之处（I.143.2），是潜在的存在者（X.54）。而另外与天火下降相关的传说，若摩多利首擎天火来人间，当为另有来源。亦因为在天、空、地三界所生之阿耆尼火，性质并无不同，仅处所有异。故阿耆尼名词仅用单数不用复数。在此意义上，阿耆尼又称为三座（Triṣadhasthā，三相）。考察阿耆尼之各种出生，实可以见到《梨俱吠陀》中最初显现的三位一体思想。以后的吠陀祭祀仪中。三处设火坛，称为三祭火，亦即是印度教后来所主张的梵天、毗湿奴、湿婆三神虽分立而实为体一的观念，应该即从此发展出来。阿耆尼神的形体描绘，有的说其如太阳一样光辉夺目（I.149.13），其颜面有若酥酪（III.1.18），无有头足（IV.1.2），又说其有三头七光（I.146.1），十种面孔（II.3.1）；有谓其现七舌者（III.6.2），谓其具千眼者（I.79.12），种种相状，不可尽说。然皆可以想象，无非是火焰的形状。阿耆尼的种种性格当中，最重要点有二：破除黑暗以及焚除不净的功能，亦因于此，阿耆尼也被称为“杀罗刹”（Rakṣahan）（X.87.1）。其次，阿耆尼又是家庭中灶火的主神，往往被称为家主（Gṛhapatī），诗歌中有时也被称为客人。第三，因其在祭祀当中，充当上达供物的使者，故被称为“运传之神”（Havyavāhana）或径称“使者”（Dūta）。又此功能颇类似婆罗门祭官（Ṛtvij）所为，所以也被称成祭官。除此之外，阿耆尼又给崇拜者恩惠，能拯救厄难（VII.3.7）；他又被当成因陀罗神那样的强力之王者，支配着世间（VII.6.1）。

又阿耆尼以律法（ṛta）支配安排天地（VII.5.4）。其如此种种功能，不一而足。因之，除前述之各种尊号，阿耆尼又名为“知一切者”（Viśveveda）、知生者（Jātaveda）、遍在者（Vaiśvānara）等。

（2）祈祷主。此神有时也被称作梵天主（Brahmaṇaspati），意为“智勇兼备之祈祷神”。以是名称可以知道其属于纯然抽象之神祇。然若究其神格，则仍当作地上祭坛之神较为合理。马克斯·缪勒[①]及麦克唐纳[②]均以为其应由阿耆尼之祭官职能分立出来并被神格化。神话中说此神形象，头有尖角（X.155.2），具有七光七口美舌（IV.50. 104）；其色清净、通体光明（VII.97.7），手执工巧之神特瓦斯特里所锻造的铁斧及大弓，弓弦即是ṛta（法则、规律）。其所作拨乱反正，恢复被罗刹破坏的规律之车（II.33.3）。此神之作用如其名所示，与祭祀相关，发挥在家司祭僧（II.24.9）及祈祷者（II.11.3）的作用。祭祀中若没有他在场，一切祭祀便无有效用（I.18.7）。仅从此点着眼，可以知道，此神反映出阿耆尼神在祭祀上的影响和功能。不过，此神与因陀罗大神也有极深之关系。不但在吠陀颂赞中与该大神同领崇拜者的钦羡，其与该大神之间，也多有相通处。该神出战之时，阵中有乐队相伴。曾破瓦罗城（Vala，洞穴）而逐牝牛出（IV.50.5）。据称其百战百胜，无有能挡其锋者（I.40.8）。以是，马克斯·韦伯（Weber）及霍普

① Max Muller, *Vedic Hymns,* pp.94, 246 (S.B.E.XXXII).

② MacDonell, *Vedic Mythology,* p.103. MacDonell, *History of Sanskrit Literature,* p.102.

金斯均认为此神应为因陀罗神祭祀功能之分化出来而被神格化的作用。[1]实情恐怕是，此神特征应以阿耆尼之性格为主，再结合因陀罗神之要素而成。

（3）苏摩。酒神苏摩也同阿耆尼一样，系远自印伊时代便延续下来之重要神明。也同阿耆尼一样，其自身是神，又是沟通神界与人类的媒介。苏摩管理着祭坛。按《梨俱吠陀》，苏摩的制作法先有介绍：摘取某种攀缘性的藤蔓植物的茎，用石头榨取汁液。把得到的黄色汁液，用羊毛制的细筛滤过，去掉糟粕，汁液灌入三个瓶壶之类的容器。瓶壶中兑以牛乳、酪、麦粉。待其发酵，便成苏摩酒。《梨俱吠陀》第九卷和《沙摩吠陀》第二卷中，主要就是苏摩制作过程当中的唱赞颂歌之汇编。苏摩的来源。如同阿耆尼来源，历来有不同说法。最初的苏摩植物长在山中，尤其在北印度一带之穆贾瓦特（Mūjavat）山是苏摩之原产地。因此，苏摩通常也被称为“山住”（Griṣṭha）或者“山生”（Mūjavata）。另一种说法认为它是长在天上的植物。这大概是因为神话中的诸神都喜饮苏摩，因此苏摩植物理当也生在天界（X.116.2）。苏摩当然是地上的植物。但它既然原产于天上（IX.38.5），也就有一个如何来到地界的问题。传说中，由老鹰将苏摩从天上带来人间。老鹰从高天抓住苏摩来到空界，将苏摩交给因陀罗（VIII.71.3）。苏摩最重要的作用是做诸神和祖先们的饮料。诸神爱饮苏摩也因此得到不死。为此，苏摩也名为“不死”，也名为“甘露”。另外，凡饮用苏摩者，无论是人是神，都会因此增添勇气和力量。特别因陀罗神，其仰仗

---

① Hopkins, *Religions of India*, p.136.

苏摩神酒，才战胜了恶龙毗离特拉。因此，苏摩也就被称为“杀毗离特拉者”（IX.88.4）。更进一步，苏摩拟人化，成为手执无坚不摧之武器，每每克乱制魔（IX.96.17）。又因为苏摩的颜色为黄色，所以被说成太阳光的颜色。人们认为苏摩神是乘着苏利耶太阳神的战车下到人间来的，其负有监视人们遵守道德的职责（IX.41.5）。苏摩能鼓舞勇敢者，驱逐黑暗，施布光明（IX.65.24）。吠陀诗人这么唱道：“吾饮苏摩，吾得不死，吾得光明。吾亦认识诸神。”（VIII.48.3）这几句完全显示了苏摩的作用——导人认识诸神。

于此当注意者，苏摩与月亮有某种关系。《梨俱吠陀》中已经说苏摩与太阳女神结婚（X.85），此可以理解为日月相合。到了后来的《阿达婆吠陀》时期，苏摩被认为与月亮是同一的事物。希尔布兰德（Hillebrandt）所说的《梨俱吠陀》中有关苏摩的赞歌均与月亮相关，虽然有些极端。然后若看《梨俱吠陀》末期的颂歌，苏摩又被等同于月亮，也是不争之事实。这中间的形成原因，不妨条列为以下几点。①因苏摩成酒的美味，雅利安人南下印度以后，苏摩草已不易得，便用米酒（Surā）代替，天长日久，surā便也得名苏摩。②苏摩蔓草名为Aṁśa，而月亮亦名为Aṁśa。这是因为传说当中，苏摩蔓草生长草叶的时间正好是月在中天之时。而在月亮渐沉之际，苏摩蔓草的草叶也就纷纷凋落。因此，人们从月亮在空中的既升且降，便联想到苏摩草的生长成熟。印度民俗采摘苏摩草在月夜；再者，人之饮用酒，往往似醒复醉，如同月亮在天空中升起而后沉下。③苏摩酒也名为Indu，这也是月亮的又名。④吠陀诸神谱中，因月亮的神格化而成为了月神。为以示区别，当有另外的名称。《梨俱吠陀》的末期，全部神祇都既有本名也有别名。如这里月神的本名就是月亮，而其别名便是苏摩。但无论如何，苏摩作为神酒，在祭祀当中，其具有的恒久地位是不可替代的。

（4）萨罗室伐底（Sarasvatī）。婆罗门祭祀有三位祭坛之神，除阿耆尼、苏摩，便是萨罗室伐底。此之女神是地界诸神中最为引人注目者。萨罗室伐底是河川之神。《梨俱吠陀》当中赞颂河川的诗歌相当多。第十卷中有75篇诗歌，其中21篇均赞叹萨罗室伐底女神，这既显示河川在印度人心目中之地位，也表现与水相关之神同婆罗门祭祀的重要关系。诗歌当中，虽说她是女神，但究竟是被拟人化的象征之神，或是江河精灵，意象并不鲜明。其作为神明的作用，《梨俱吠陀》中说是与人除秽，赐人以勇气和子嗣。到后来的梵书时代，她成为了语言之神（vāc），也即雄辩和智慧的保护神。再到后来，她进一步被拟人化，成为了吉祥天女拉克希米（Rakṣimi）和辩才天女，成了大梵天的妻子。不过，依据《梨俱吠陀》，赞歌中所描绘的萨罗室伐底是一条非常浩大的河流。而就俱卢地区而言，其实不可能有这么一条大河。霍普金斯这样解释说，吠陀中的萨罗室伐底是印伊时代的自然观。它其实所指的应该是阿富汗的哈拿富瓦底河，也就是所谓的阿尔甘达卜河（Arghandāb）。想必它就是希腊人所称的阿拉恰西亚河（Archosia）[①]。然而路德维希、罗斯和格拉斯曼诸人则认为她指的只是"大河"，仍然是意象中的印度河的尊号。[②]总起来看这些不同说法，恐怕吾人应当作这样的理解：起初，萨罗室伐底仅指印

---

① Hopkins, *Religions of India*, p.31.

② MacDonell, *Vedic Mythology*, p.87.

伊时代的哈拿富瓦底河，以后雅利安人到了五河流域，此名便用来指印度河诸流；再后来，等雅利安人进一步迁徙到恒河和印度河之间的俱庐地区时，萨罗室伐底便移用到了哪怕不大的该地区某河流的称名上。这正是民族迁徙中不断寻求圣河的动机所造成的现象。

第三节 自然神以外的诸神谱

前节所述都是自然现象之神格化而得到的吠陀主神。以下吾等将绍介与自然现象无关之杂类神格。其中小的有动植物之神，大的有哲学观念神格化的产物。此外，前面所述主要依据《梨俱吠陀》。而此下所述，则是《梨俱吠陀》为原点，进一步发展后的《夜柔吠陀》《阿达婆吠陀》中的神祇观念。总而言之，此下所述的诸神，虽不可谓为强大有力之主要神灵，但却肯定是印度民间产生出来的信仰对象。其与民众的俗世生活有非常密切之关系。探讨这些民间俗世的神明，其意义丝毫不逊于吠陀中最重要的强劲主神。另外，吾等为叙述方便，打算将从哲学观念抽象出来的神祇放到哲学一章中绍介。又将神话人物放到神人关系那一章去讲。如是，本节仅仅绍介的是那些地位较低的神格。

一、动植物神以及庶物神

盖人类幼稚时期的思维尚不能区分人与动植物两者差别。原始初民相信动植物也同人类一样，有感情、有思虑。亦因于此，其深信人类之外的存在物也有思想、意志等。东西方的神话在此思维倾向上是一样的。这一点完全可以从吠陀神话中得到证实，其中可以作为证明材料的比比皆是。

所有的动物当中，对印度人而言，最受尊重的是马。为吠陀诸神牵引车驾的大多为马匹。吠陀祭祀当中相当重要的祭仪大概是马祭（Aśvamedha）。以是可知马匹是尊贵的祭献牺牲。献给阿耆尼和乌莎斯的祭祀礼，最重要的象征标记也还是马匹。马在古代印度雅利安人生活中居重要的地位。吠陀当中的动物，凡是有名称呼的，其名多与马相关。神话中加入了五族联盟（Pañcayana）消灭了达莎族（Daśya）的勇士，其与乌莎斯同享赞誉，其中就有达提卡（Dadhikrā）。其即为一匹圣马，也是太阳神的化身（《梨俱吠陀》，IV.4.38）；鼓励诸神在战场上破坏敌方战车的有塔卡西耶（Tārkṣya），其也是一匹飞马（《梨俱吠陀》，X.178）。再有与阿湿波相关而与拔头王（Pedu）为友，像因陀罗神一样杀死蛇魔的派达婆（Paidva）（《梨俱吠陀》，I.119），以及令太阳之车奔驰的埃达夏（Etaśa，太阳马）（《梨俱吠陀》，VII.62），全都是马的形象。

至于牛，前面已经说过，其为神圣的动物。在生活中是财富的象征，在宗教上是圣洁的动物。《梨俱吠陀》当中。天主神就往往采取牡牛的形象（《梨俱吠陀》，IX.49）。又因陀罗大神就被直接称为牡牛。至于牝牛的形象，更是受到尊崇。梨俱诗人们说到天空的大云，都称之为牝牛。因陀罗神和马鲁特神的母亲都是牝牛。《夜柔吠陀》中（IV.19.20）把牝牛称作“不可杀者”（Aghanya）；《阿达婆吠陀》中（XII.45）每每劝人礼敬牝牛。后世的毗湿奴神化身之一便是牝牛。印度教徒普遍敬拜牝牛，此为渊源之一。

另外，山羊在某种意义上也是神圣的动物。特别是仅有一足的山羊（Aja ekapāda），简直就是能够支配海洋与河流的大神（《梨俱吠陀》，X.66.11）。《阿达婆吠陀》当中（XIII.1），他又是支配两界的神主；另外，他还被称为“不生”。从此意义上看，他是后世的奥义书中经常被拿来举譬的思想材料之起源。

至若狗的神话，也很重要。他是阎摩的使者。阎摩有两个这样的使者。其分别称为萨拉梅耶（Sārameya）和萨拉梅耶·伊湿瓦兰（Sāraneya Iśvānan）。狗使者有四眼，宽鼻，一位身灰色，另一位身作褐色。两只狗守候在冥界的出口处；有时也徘徊在人世间，探知将死的人，为其引路，导其向阎界来（《梨俱吠陀》，X.14；《阿达婆吠陀》，XVIII.2）。波斯古经《阿维斯塔》中说他们的冥界之狗是黄色的，守候在去冥界的青瓦特桥（Cinvat）上。但责任是保护亡者。这样的观念与吠陀是一致的。

野猪也是吠陀神话中的动物。《梨俱吠陀》中以野猪喻指摩录多或者楼陀罗；后来的梵书中，认为野猪是生主的化身。后来的印度教中，毗湿奴神的众多化身之一便是野猪。

至于鸟类，在吠陀中往往也被视作神或者神的使者。因为老鹰将苏摩草带来人间，中间在天界交给了因陀罗神。这样的使者功能，使得苏摩也可以称为“鹰”，也可以称日轮（Sunya，苏利耶），亦可谓天鸟。虽然诸如此类的形象都可以说只是譬喻。但这中间鸟仍不失为神圣的动物。又特别应当说的是枭鸟（Ulūka，猫头鹰、鸺鹠）和鸽子。这二位也是阎摩的信使。《阿达婆吠陀》中凡说到这二鸟出现，便是不祥凶兆。显而易见，神话中的枭与鸽都有不可思议的力量。到了后世，各种鸟类都可以成为祖先的拟形出现在人间，因此人们对其持有谨慎的态度，往往供养神鸟。

总体上讲，蛇类是被看作邪恶属类的。但人们也相信它具有超人的大威力。《梨俱吠陀》中已经有将蛇神化成为深渊之龙的事。蛇之神格化便是龙（《梨俱吠陀》，V.41）。《夜柔吠陀》中以蛇类为乾达婆。乾达婆是半神的存在物（《瓦阇沙尼耶本集》，I.3.6）。《阿达婆吠陀》当中是劝人们要崇拜蛇神的（XI.9）。

最后，我们来看看吠陀当中是不是也有图腾崇拜。学者间对此，其实意见颇不一致。但吠陀中反映出来某些氏族、某些家族的名称，的确是以动物来象征的。从此意义上看，说有图腾崇拜也不违理。举例而言，婆罗门家族中有姓迦叶波（Kaśyāpa）的，此姓的本义是"龟"。又有族姓为"鱼"（Matsya）的。婆罗门僧族中有姓"瞿昙"（Gotama）的，其义为"最上牝牛"。也有称为"伐蹉"（Vatsa）的氏族，还有称为苏那卡（Śunaka，犬）、称考尸迦（Kauśika，枭）的等。后来的佛教部派当中，有的名为鸡胤部、犊子部的，这些都透露出吠陀时期的人们极有可能有图腾信仰，也因此才会用动物的名称作氏族或家族的姓氏。

相比较于动物，植物的被神格化的情况也很多。苏摩草、药草及多种乔木都成为了神灵。关于苏摩草，前已有述，此则不赘叙。至于药草，其被神格化，乃因其能够治病疗伤的功能。此类作用多与女性相联结，故其往往成女神或母神。《阿达婆吠陀》中药草有除热病、去魔障、行诅咒的功用。总之，人们对于它的神秘作用多有期待。大树之受人崇拜，以为其是森林之主。《阿达婆吠陀》中，巨大的树木往往是乾达婆、阿布沙罗斯等神灵的栖息所。此外，还有将整座森林加以神格化，令成为"森林女"

（Araṇyānī）的。《梨俱吠陀》的赞歌中（X.146），无疑地，以为“山响”也是一种神明。以为其是猛兽之母，其以许多兽类为食。

至于普通事物之被神灵化，多与祭祀中的用具有关。此中，例如祭柱（Svaru, Yūpa）、祭筵（Barhis）、苏摩石（Adri）最为神圣。这些都是有很大魔力的物件，几乎有神一样的地位（《梨俱吠陀》，XXXVIII.23）。又农具当中，犁头特别有神力，而武器当中，甲胄、弓矢特别神奇，都被列为祭祀用具之首。虽然这一类的东西作为咒祝之物，目的在求五谷丰登或武运隆盛，但其根本的依据仍然是人们相信其上附有神秘力量。此不待说。

自《梨俱吠陀》始，语言被赋予极大之神圣性。此种风气在印度思想中一直保存下来。特别是后来的《阿达婆吠陀》和《夜柔吠陀》时期，不单是语言自身被认为是女神，就是语言中的一些词汇，其具体的内涵也被神化为神明。试举几个例子：丰满、灵魂、死亡、信心、信仰、贫乏、爱、坏灭等，都有对应的神格。《阿达婆吠陀》当中，对所有这些的象征都一一称神并有祈愿。完全是将其视为神明本位的。又在《梨俱吠陀》的晚期，也是从《阿达婆吠陀》中可以一一看到形象化的这类神明。神祇虽有大小，但名类变得更多。各种事物都自有精灵代表和管理。这样的信念呈现，称作泛灵信仰。这种信念认为灵魂存在于各种事物上，或者它独立存在着，但支配种种事物。因此，这样的存在物是半精神也是半物质形态的。这样的精灵，虽然多半会有恶的性质，但也并不是纯恶而不善的。用《阿达婆吠陀》的解释来看：哪怕吾人打个喷嚏，也是有喷嚏精灵的恶作剧。这样的精灵是可以用药草来制服的。因此药草的精灵要比喷嚏精灵更强有力。所谓精灵，其实也就是借种种物象来呈现的某种力用的神格形象化。它们的具体形态随附在通常不可直接感知的灵魂意象上。最后来说塔奴（Tanu），塔奴也是某种精灵，其决定了人的身体状态和这种状态的感受。通过他，人才能知道自己的冷热、饥饱等。同样，老虎的威力也是游离出来了的精灵。《梨俱吠陀》中已经有泛灵论的观念，但真正令泛灵论泛滥开来的主要是《阿达婆吠陀》。①

二、魔神

总体上看，吠陀的主要神祇都是善神。其他的被吾人视为杂神的中间，有的算是恶神或不善神。他们不断伤害人类，降人以各种困厄。著名的有毗离特拉、巴腻斯（Paṇis，悭吝鬼、贪财鬼、隐蔽者）、一切形以及达莎等。他们都是人类和神类的敌对者，也都是因陀罗神要镇压的对象。这些恶神在前面说因陀罗大神时已经有所提及。此外以《梨俱吠陀》为开端，后来的《夜柔吠陀》和《阿达婆吠陀》更发展而增添了专门的一类魔神。他们属于道德负面的鬼神。他们有阿修罗、罗刹鬼以及毕舍遮鬼。

（1）阿修罗。波斯古经《阿维斯塔》中有同源的名称阿护罗（Ahura）。其属于伊朗拜火教的最高主神。但在吠陀当中，他经历了不断的蜕变而成为恶神。如果追寻其经历的过程，不得不言及波斯及印度两民族的分化背景。然而遗憾的是，吾人对于其间具体的历史演化细节，其实所知甚少。然观《梨俱吠陀》中所使用之阿修罗一名，可知初时彼尚未成独立神格，仅为有一些力

① Oldenberg, *Religions des Veda*, s.479.

量之神灵而已。阿修罗一名的出现，与密特拉、婆楼那、阿耆尼诸神大约同时。值得注意者，此诸名称起初仅仅表示其神力。换言之，一开始这些名称只是起不同作用的力能。负面的魔性力量，随人们罪恶观的逐渐发展，被专门依附到某个具体的神身上，成为其特性。不好的魔力被神格化以后便成为阿修罗。到吠陀晚期，例如《梨俱吠陀》第十卷形成时，因陀罗和阿耆尼都有了“杀阿修罗者”（Asurahan）的称号。至此，阿修罗成为恶神魔鬼。在《夜柔吠陀》和《阿达婆吠陀》中，阿修罗完全成为诸神的对立面，天与魔成为正相反对的两类。人们相信魔军与天神势不两立。这种对立是人间战争的根源。正因为如此，阿修罗在《阿维斯塔》当中属于正神而非恶鬼。至于阿修罗这个词的词根asu本义只是“呼吸”。但阿修罗这个观念出现时，asu的a转变成了否定性的前缀。奥义书时代的“天”被写成sura。而a+sura便成为了阿修罗。这种民间的字源解说法，称为“俗语字源学”（Volks Etymologie）。

（2）罗刹。从《梨俱吠陀》到《阿达婆吠陀》，罗刹属于逐渐增胜的恶鬼意象。与阿修罗之对立于天神相仿，罗刹则是与人类相对立的邪恶力量。人们相信罗刹是一种善于变化形态而总是为害作祟的鬼类。《梨俱吠陀》中说它或为犬形或为秃鹫、夜枭，也可能化为任何别的鸟类。总是来往于暗夜当中（VII.104）。有的时候为了加害于人，它们也可以化为受害者的兄弟、丈夫或是情人。它们特别喜欢接近妇女、伤害子女（《梨俱吠陀》，X.161.2）。罗刹鬼中专门有一类叫耶屠塔那（Yatudhāna，诅咒者）的，啖食人肉马肉、吞饮牛乳、袭击人畜（《梨俱吠陀》，X.9.16–17）。又罗刹鬼无论以何为害，无论以何为食，均自人畜之口进入其腹，啮食其肉，令其致病（《阿达婆吠陀》，V.295–298）。彼等鬼物于夜间彷徨于人家户外，发声怪异，状若驴鸣（《阿达婆吠陀》，VII.6.10–14）。又能作各种恶业恶戏害虐人间。因之，人人为之恐怖，唯诵咒文，或请求阿耆尼拯护（阿耆尼名为“杀罗刹者”，有大能可以禳克鬼物）；又可以制作阿耆尼之形象，令执武器，使罗刹不敢近前。“罗刹”一词，语源为rakṣ，本义即“害”，残害人类也。

（3）毕舍遮（Piśāca）。《梨俱吠陀》中仅有一次言及此鬼。但至后来之《夜柔吠陀》和《阿达婆吠陀》时代，每每说到这个“幽鬼”。毕舍遮鬼又名“食尸者”（Kravyād）。若看《阿达婆吠陀》（V.29.1）和《夜柔吠陀》（《泰帝利耶本集》，II.4.1）中说到天神、祖先及人类与阿修罗、罗刹和毕舍遮三种鬼抗争的事——以幽鬼们喜在行祖先祭时登场的缘故。

三、低级的神群

此处所说的低级神群，指那些既不如凶灵恶神强悍而残害人类，又不像吠陀主神那样庇护人类福祉的神明。像这样的神祇，有乾达婆、离布斯（Ṛbhus）和阿布沙罗斯等。

（1）所谓离布斯神往往呈复数形态。其中也有专名为婆伽（Vāja）、毗婆万（Vibhavan）。这些神都各有专长，一般来说属于能工巧匠。他们能够造出飞行空中的天车，甚至不用马作牵引（《梨俱吠陀》，IV.36.1）。有的还能在父母年老时，再造而令重生（I.161.3–7）。有的还能与那位特瓦斯特里比试本领，后者即是替因陀罗大神制作酒盅的工匠神。他们甚至以四比一的数量优势战胜了特瓦斯特里（《梨俱吠陀》，I.20.6）。总之，这个群体身怀绝技，艺惊天人。据说，他们都是人类祖先摩奴的后代，凭着勤劳而得不死的果报（《梨俱吠陀》Ⅲ.60.1）。这一观念特别重要。它代表了这样的信仰：哪怕属于有限的人类，但在具备一定条件的场合，也是可以晋升为神的。

（2）乾达婆。波斯古经《阿维斯塔》中也有这类神的名称，称为Gandharewa。足见早在印伊时代，乾达婆神已经存在。《梨俱吠陀》当中，此类神既有单数也有复数形式。后世沿袭多用复数。《夜柔吠陀》中称乾达婆神有27位；《阿达婆吠陀》中增至6333位。并且断言，乾达婆神的位置与祖先神或阿修罗同等级。但同时在不算天神的那个阶列中，也有乾达婆的身影。相传乾达婆是住在天界的（《阿达婆吠陀》，X.123.7）；当时的人也相信他们与水路的天女阿布沙罗斯共住在水底下（《梨俱吠陀》，X.104；《阿达婆吠陀》，II.2.3）；至于他们的长相，被认为是卷发，手中执有武器（《梨俱吠陀》，III.38.6）；又有说他们体多毛发，半人半兽（《阿达婆吠陀》，IV.37）；《百道梵书》（XIII.43.7）中说他们颇有风采。乾达婆的作用，最初与苏摩相关。乾达婆与婆楼那（雨神）都是苏摩的抚育者（《梨俱吠陀》，IX.119.3）。据说，诸神之饮苏摩酒，经过了乾达婆的口（试饮）（《阿达婆吠陀》，VII.73.3）。不过，若依《夜柔吠陀》的说法（《弥勒本集》，XIII.8.10），他本来是为诸神保护苏摩酒的，但因为偷饮苏摩而受到惩罚，再不准他染指苏摩。又传说乾达婆为好色之神。他除了以阿布沙罗斯之水中天女为情人，又好勾引人间的妇人。按《梨俱吠陀》（X.85）上讲，所有未婚的处女都属于乾达婆，故每至少女新婚之夜，他要同新郎争夺少女。吠陀时代，新婚之夜的夫妇合衾之际，必多拥一木棒。大约木棒即代表乾达婆，表示夫妇二人尊重其对新妇的所有权，以取得和解。①

至若此神何以名为乾达婆，意甚不明。所谓Gandharva，其词干gandha意为“香”。因之，人们通常认为乾达婆一名与“香”多少相关。《梨俱吠陀》（X.123.7）说：“彼等以香附着于衣。”《阿达婆吠陀》称（XII.12.3），乾达婆与阿布沙罗斯得地母之香。在中国，乾达婆的名字也译为寻香、嗅香、食香或香蕴等。②实际上其梵文原名并无“寻、嗅”这样的意思。又后世虽然有乾达婆城（Gandharva-nāgara或Gandharva-pur）是蜃气楼台的说法，或称乾达婆是天乐之师。但这样的传说在吠陀当中从未提到过。

（3）阿布沙罗斯。《梨俱吠陀》未有明确言及。然至后世，《夜柔吠陀》及《阿达婆吠陀》，甚至更晚的梵书，都以其为一类神界，视为天女。此名之词源，本为“水中之动”，大约其所指即水中天女的性格，虽常住于水沼当中，然亦喜于尼拘陀树（Nyagrodha，榕树）下，或者阿伐陀树（Aśvatha，菩提树）下戏游（《阿达婆吠陀》，IV.37.4）。其生性欢快开朗，爱在绿荫当中吹笛奏乐（《阿达婆吠陀》，IV.37.4）、唱歌跳舞（《百道梵书》，XI.6.1）；又其喜好赌博，可以给赌徒带来好运（《阿达婆吠陀》，II.2.5）。其虽有不少可爱特点，然又有惑乱人心的不善方面（《阿达婆吠陀》，II.3.5），故亦令人不安而怀恐惧。阿布沙罗

---

① Oldenberg, *Religion des Veda*, s.259.

② 《枳橘易土集》，第152页。

斯有时亦被称为乾达婆之妻。平时据说两相和谐，愉悦谐谑，作为夫妻关系，颇称世人羡艳的模范（《梨俱吠陀》，X.123.5；《阿达婆吠陀》，II.2.4–5）。虽然彼二神亦有另外一面，乾达婆喜好勾引人间妇女，阿布沙罗斯也常诱惑世间男子。《梨俱吠陀》中的诗人说（XII.33），魔神名一切形者，是阿布沙罗斯的儿子。又同书（X.95）中有名为乌尔瓦西（Urvaśi）的水中天女阿布沙罗斯，来到人间与布鲁罗瓦斯（Purūravas）同居四年，生有一儿。诗中提到两者分别时的对话（所谓一切形是乌尔瓦西的儿子的说法便源于此）。似此的传说，后在《百道梵书》当中，也就演化成为传奇故事（《百道梵书》，XI.5.1）。故事大意说：乌尔瓦西来到人间与布鲁罗瓦斯同栖。他们相约，不许在对方面前裸露身体。有一日乾达婆见两者同床，不堪嫉妒，大喝一声，惊起布鲁罗瓦斯。其裸露的身体让乌尔瓦西看见了。承诺既遭破坏，一对男女只好分手。但布鲁罗瓦斯事后因此不胜悲伤，处处寻觅，来到乌尔瓦西喜爱游玩的水滨。终于见到乌尔瓦西自水中出来。痛苦当中与其再续梦幻般的欢乐（《毗湿奴往世书》，*Viṣṇu-purāṇa*, IV.6）。如是看来，诗人迦梨陀莎的有名戏剧《沙恭达罗》（*Śakuntala*）当中的女主人公被说成是水中天女阿布沙罗斯所生。其故事原型早在《百道梵书》中就已经有了。

（4）小守护神群体。吠陀诸神当中的保护神，带有“pati”的字样不少。一开始，其中多半只是因为其某种功能而被尊称为神。以后才独立出来具有真正的神格地位。例如被称为“住家主”（Vāstoṣpati）的，是专门袪除病痛，为家人保平安的家神（《梨俱吠陀》，VII, 54）。《阿湿波罗延那家庭经》（*Aśvalāyana-gṛhiya-*

sūtra, Ⅱ.99）上说，凡新屋落成入居之际，必得祭祀这样的家神。又有名的地主神（Kṣetrasyapati），其职责是负责家中人畜安全，以令饮水和作物甘甜（《梨俱吠陀》，IV.57.1–3）。同一部家庭经中（*Aśvalāyana*, Ⅱ.10.4）还说到新开垦的土地需要祭祀地神。又有的此类神主，如田畦主，梵文为“悉塔”（Sītā），其由畦畔（田坎界限）被神格化而来，有保护谷物不受害的功能，类似的都称悉塔（《梨俱吠陀》，IV.57.6）。《罗摩衍那》故事中的女主人公也称为悉塔，学者间多有认为此即是神之拟人化。

第三章　神人关系

所谓宗教，不过是意识领域内的人神关系互动。若非这样的意识互动，至多也就只存在一些这样那样的有关神的故事而已，而同人的生命意义的思索了无关系。吠陀的诸神，从一开始就不只是人们凭空构想的产物。印度人从日常生活当中的切身体验中感悟到鲜活的神灵的存在，因之神的活动与人的生活及生命意义有着不可分离的密切联系。本章所述，既要明确神与人的先天对待关系，也要显明这种关系如何通过后天的形式来互动展开的。

第一节　地位的关系

说起来，宗教之本性也就是人与神之间的交涉互动关系。犹太教中，神人关系如同主仆。奴仆对主人的关系，是绝对的从属与服从。而在日本的古神道教中，神则居于半为主人半为血族的地位。因此，这中间既有诚悦服从，也不乏亲爱之情。吠陀宗教与这样的情况相似，大体上也有着血族上的关系确认。无论密特拉、婆楼那还是因陀罗都被称为（族）王。至于犹太教，虽与此相近，然犹太人是把神称为“我父”的（《以赛亚书》，64.7）。这种以神为父亲的情况绝非仅有的孤例。早在印欧时代，雅利安人已经有这样的自觉：天是父亲，全体本族人都是儿子。因之，天父的称呼跨越了从希腊到印度的整个时空：Zeuspaster（宙斯父）= Jupiter（朱庇特）= Dyauspitar（天父）。这样看来，吠陀以降，神的称呼并无大的变化。一般都称“我的父亲”。关于天是父亲的神话，具体还可以见诸摩奴、阎摩和摩弥的故事。虽然摩奴只是“人”的意思，但他在自然的演进过程中逐步神格化，成为了人类的始祖（《梨俱吠陀》，II.3.3），成为最初的向神行祭祀的作为者（《梨俱吠陀》，X.63），被认为是最重要的神格人物。其父实际上就是Āditya（太阳神）系的第一人，亦即是遍照者；其母据传则是工巧之神特瓦斯特里的女儿莎罗妮由（Saranyū）。又阎摩与阎弥是人类最早的两兄妹，同时又是人类当中最初的死者。同样，他们又都是遍照者的儿女，与摩奴一道被称为遍照者家系（Vaivasvata）。无论在生界还是死界，人类的祖先又都属于神的子女。当然人类也就可以视为神的子孙。这是毋庸置疑的事。按《梨俱吠陀》（X.90）的《原人歌》，天地、诸神以及人类都是从原人而流衍出来的。同样，神人之间的这种纯神话的亲子关系也具有一定哲学的解释含义。基于类比的原理，联系到吠陀文献，自然也就把神看成是人的亲属或者朋友。这也是顺理成章的推导。可以佐证这一层亲属关系的，是阎摩和阎弥的对话（《梨俱吠陀》，X.10）。乾达婆和阿布沙罗斯所说的“我等亲戚”的一番话；《毗湿奴赞歌》（I.154.5）中也有“吾等亲族”的言论；又神的名字若密特拉和阿利耶曼（持友义）等，也都透露了这样的信息。不过亲子也好、朋友也好，其间的关系，在吠陀当中尚未有明确的规定。当然另一面，吾人也不好武断地认为，吠陀神界完全缺乏伦理属性。虽然，吾人也当承认，彼之时代，诗人们对这样的关系意识也还是较淡薄的。因此，可以认为，吠陀信仰当中人与神的关系比较密切。人就是神的儿女。同时，若以离布斯的例子来看，人又可以视为拥有半神的地位。因此，《梨俱吠陀》中有不少半人半神的形象。因为吠陀叙事显示了，人类一面与神交通，另一面又保留着人与人的来往。类似这样的事迹颇为不少。由此，吾人可以联想到以色列族的传说中的摩西与亚伯位罕的故事。吾人也许会问，彼等身份是真正的历史原型的反映呢，还是完全由人的想象塑造出来的呢？说实在的，此诚难以明确断定。但如果将其当作人类尝试直接与神交通的信仰证据，则对吾等了解神人之间地位关系有极重要意义的材料。例如，吾人均知道，吠陀背景下之事火僧被称为"天之子"或"阿耆尼之子"（《梨俱吠陀》，III.53.7）；同样，《阿达婆吠陀》祭祀中的司火祭者又受因陀罗神的保护，其作为神的伴侣与天神同住。其又是有神力可杀死罗刹的神人。不过，这两种事火僧之所以用复数，恐怕其意在指并非个人人格，而是表示家族名称。布赫利古（Bhṛgu）也是同火神阿耆尼关系密切的祭祀僧。其中那被称为摩多利首的，曾接受了天上携来的火（《梨俱吠陀》，I.46.3）。这个姓氏也用的是复数，因此可以认为它本来就指一个家族。古代沟通神人关系的重要圣贤有七位，称为七圣（之家）。虽然吠陀中并没有具体地指明这七圣是谁。后来的梵书时代尝试对此加以交代。在《大林间奥义》（II.2.4）中说，此诸圣贤中有乔达摩、颇罗堕阇、毗舍蜜多（Viśvāmitra，意为遍友，属《梨俱吠陀》卷三中之有名仙人）、贾马达格尼（Jamadagni）也是并列之仙人名。其为"持斧者罗摩"（Paraśurāma）之父；瓦悉斯塔也是《梨俱吠陀》中仙人名，其他的还有迦叶波、阿底利。所有这些人都是吠陀的见证者。作为仙圣一类的神人，他们曾直接得到神的启示。

要而言之，无论是神之性质也罢，人类起源说也罢，抑或诗人或僧侣的出身也罢，所有这些都显示出在吠陀当中的神人关系主要呈现为亲子一样的类型，也可以视为亲戚朋友这样的类型，但都不可视为君臣之间的领属关系。仅就此点而言，完全可以认为吠陀宗教与犹太教在宗教感情上是遥相呼应的。谓其精神上灵妙感通，亦不为过矣。从此意义上，固然可以认为神之与人，有相同的存在意义，进而可以说神也为人所用。因此，似乎这里的宗教性显得相当淡薄，其高远甚不足，甚至有相当堕落的意味。然而世间事物总有相对一面。若把此之视点当作某种前提规定，确信神性本来具有，则后来佛教中的“一切众生皆有佛性”的思想萌芽，则可谓早在《梨俱吠陀》神性观中则已然蕴含焉。

第二节　祭式

尽管人神之间的地位关系是先天确立的，但如何沟通人神，其间的联系方法却是人为的、后天的。它得借助祭祀仪式才能实现。盖吠陀时代的人们相信，诸神虽禀有远超人类的伟力，然其在性情上与人类无异。因此，并不具有比人类更高的道德意识。正因为如此，当时的印度人为买得神的欢心，从而得神的恩惠，所以才行祈祷、献供物作祭祀牺牲。这样的思想发展下去，也就产生了这样的信念：不肯作供养，则神必不能降恩惠。而若不信这样的道理，便难逃神的惩罚。因为这种强制性的信念，遂将祭祀之仪视为必需的宗教责任与义务。《梨俱吠陀》(X.19)中因陀罗神作此宣布:“供养余者,得余扶助;不供养者,死于沙场。”《夜柔吠陀》(《泰帝利耶本集》,I.8.4.1)中说:“若能与我,我亦与汝。若人奉举于我,如是我也奉举是人。汝之与我以求,我亦与汝所求。”若吾人根据此而谓:吠陀中之神人关系,成立于功利主义及物质交换关系的基础上,则此论断,亦为不诬之言。《夜柔吠陀》中存在的各种祭祀仪,也都不过是祈愿仪式或者答谢仪式。此也正好说明,当时神人之间的功利互惠已经达到何等程度。然以阿湿波来看,此神慈悲广大,能救人于困厄当中。或以婆楼那神来看,亦颇能够排难解忧,去除灾祸,但其也都声言:行祭祀若无信念,供养无有效果。若缺少精神方面的用意,则不过称有至心信仰,亦不可谓道德严正。也就未能保证成就实际的祭祀。这就丧失了《梨俱吠陀》最初的祭祀的本心。特别是从《夜柔吠陀》到梵书的这段时期,仪式当中主要依重的东西,与其说是精神上的虔诚,毋宁说外在的物质形式。这样一来,对于神的敬仰畏拜,也就完全流于机械的献祭,信仰演变至此,吠陀宗教也就蜕变成了完全以祭祀为中心的实践操作。

首先,吾人若看吠陀时代的祭祀一般,彼时的祭祀场合,尚未形成后来才有的殿堂等场所。大抵所有的仪式,都仍限于家庭内部。而家庭祭祀的中心场所只是安置灶火的地方。祭坛就紧挨着灶膛旁边。上方用茅筵掩蔽着。祭坛这里正是接受劝请的神灵的座位,即受供养的处所。当时的供养处还没有神像一类的象征。人们相信,在这个场所礼赞、供养、祈祷,投供物于火中,神便能够摄受熏香、享用祭品。以后期《夜柔吠陀》的祭祀仪为例,祭火有三种（中央及南北两方位），所以祭坛也就有三处，这种规定是《梨俱吠陀》时代尚没有的东西。不过，三火灶中，仅中央处的灶火名为家主火（gārhapatyāgni）。因此，吾人推测，所谓三火灶，都是由中内的家主火分衍而来的。向神供奉的祭品，其种类也大致相同于人们日常的食品，也就是牛乳、奶酪、谷类、肉类、饮料等。此中的苏摩酒，最先是供养因陀罗神、伐由（风神）的，但也受到诸神和祖先的普遍欢迎。也因于此，早在《梨俱吠陀》时代即已经有专门的苏摩祭祀，而且其中的仪程也颇复杂。祭仪中若有牺牲，通常会用到牛、马、羊、山羊等。此类燔祭品，自古以来就被人们用来献神。《梨俱吠陀》中（X.90）的《原人歌》曾经说到诸神用人来做献祭牺牲。《夜柔吠陀》中说有一种"人祭"，以后的经书中又另外添加了四种献祭动物，共有五种牺牲。从这里吾人得知，以人作为牺牲献祭，古代曾经有过。因此经上说"人身御供"倒也未必完全是空穴来风。话虽如此，但如果说到了吠陀时代，此种风俗依然普遍继续实行，则属于甚可怀疑之事。吾人以为，进入吠陀文明时期，除了特殊场合，人们虽保留了燔祭之名，但其实是采用他物来替代的。通观吠陀文献，未见有一处记载用人来做献祭牺牲的含义。《百道梵书》（I.2.3.7–8）谓："初时以人作牺牲，精灵逃去；而后以马作牺牲，精灵又逃去；再后又易以牛，或羊、山羊，又易以米、麦。此说即为古来不用人供而代以米、麦奉献之由来。"梵书中所说，即是远古以来蛮见逐渐走向文明化之历程。寻思起来，印度人尚在吠陀时代，即已经放弃了古代有人身御供的做法，在观念态度和与神交通的方法上都有了改变。

说到吠陀的祭祀之仪，日常生活当中所行的简单仪程，一般都由家长主持。但若遇复杂的场合，家长只是作为施主，出钱安排达嚫咒愿，延请祭官来主持祭祀仪。吾等依据波斯古经《阿维斯塔》，知道其中有Zaotar（司祭）的名称，这与吠陀当中的Hotar（即Hotṛ，劝请者）属于同一词根。因此断定，早在印伊时代的雅利安人已经有固定的祭祀仪和专职的祭官僧侣。由是可以认为在《梨俱吠陀》时代也已经分化出来了专门的祭官制度。《梨俱吠陀》（II.1.2）说："阿耆尼哟，汝之所务，为劝请者，为除秽者（Potṛ），亦为引导者（Neṣṭṛ），循序而得当。面对信者，汝作点火者（Agnīdhi）、传令者（Praśastṛ）。汝是行祭者（Adhiyaryu）、祈祷者（Brahman）。"

又同一吠陀经中的他处，吾人可知阿耆尼祭祀仪中有如是僧侣职官（X.71.11）：

（祭祀仪）座中有一人为劝请者，其唱赞经文以增荣焉。

另有一人为咏歌者，其唱诵夏克巴提调（Śākvati）[①]之歌赞。

另有一人名祈祷者，其为祈祷者，具宣告神降之智。

另有一人名司仪定位者，其为引导者安排祭祀中圣职之方位与图式等。

依上所说，吾人大致可以了解此种祭祀的规模。参与其事者大略有四祭官。其中劝请者读诵诗赞，请神莅临祭场；歌咏者作歌以谐乐，令赞美增荣；行祭者操控仪程，令有条不紊；祈祷者监督全部祭仪，大约也代祭主（Yajamāna）各神申告。不过，此

① 每七个音节为一句，每八句为一小节的诗歌调式。——译者

一阶段之吠陀祭祀，所有的唱赞诗歌，大都是即兴的作品，完全取决于祭祀神官的水平。稍后，在吠陀中期，仪式当中所采用的诗赞已经是先代既有的作品。但若有能够即时发挥的神官，祭仪被视为更好也更受推崇。此中的优秀作品传至后世，也就被汇入了吠陀本集。进入吠陀第三期以后，仪式中采用的已经是固定的祭祀圣典。在《梨俱吠陀》时代，人们举行的祭祀仪有多少种，今天不太清楚。不过后来成为固定模式的祭仪，其萌芽都可以在《梨俱吠陀》当中找得到。如果我们看后来的家庭经，可以推测当时之家庭生活仪礼，基本上局限在婚丧嫁娶诸事上面。

其次，从《夜柔吠陀》中，可以看到，那些在此前的《梨俱吠陀》时期还不甚了了的仪礼，到这时已经明确化了，相关的祭祀仪的种类和作用都有了具体的规定说明。主事的祭官清楚地了解自己的行动细则：举手投足、声音姿势都有讲究，也即各有象征意义。每一步骤也都伴随有相应的祭词唱赞。繁琐委细到了极致。婆罗门教之重要祭礼，必须依照严格的仪程进行。若不中规中矩，也就不能让人相信会收到圆满的结果。此中的内容繁琐，吾人实在不能一一详说。又恐与后面介绍家庭经、天启经时语有重复，此处略提一下祭仪名称。这些名称都是出在《瓦阇沙尼耶本集》中第四十章的小标题：

祭祀种类	祭祀名称及内容
1—2	祭与满月祭（Darśapūrṇamāsa），每月初一、十五之祭祀。附带也进行祖先祭。
3	每日之火祭（Agnihotra）以及每年四月举行之火祭。

续表

祭祀种类	祭祀名称及内容
4—8	苏摩祭及种种牺牲祭。
9—10	庆祝祈祷畅饮的祭祀，其间有赌博、饮酒等活动。
11—18	火坛祭（Agnicayana）。
19—21	婆罗门、刹帝利及吠舍的行愿之祭（Sautrāmaṇi）。
22—25	国王所行之大祭，亦称为马祠（Aśvamedha，马祭）。
26—29	马祭之延续或补续。
30	人祭（Puruṣamedha，人祠），向种种神祇或借神之名，不同人等所行之拟人供品祭。例如，不育石女所行面对阎摩神祈求生育的祭祀仪；农民对马鲁特所行之祈祷祭；又秃头无发者所行天神祭；跛足之人对地神所行之祈求祭；狩猎者为被其所杀动物所行祈祷祭；又盲瞎者所行祭眠、诗人祭舞、演伎者祭歌、杀人者祭地狱、盗贼祭暗黑。如是各各所行奉祭活动。
31	人祠之其他补续仪。大抵依《梨俱吠陀》（X.90）《原人歌》中所得典据而行。
32—34	一切祠（Sarvamedha），倾其所有而行祭，目的在供养神及婆罗门，弃家而隐循山林前之祭祀。
36—39	苏摩预备祭（Pravargya），苏摩祭之前奏。以陶罐盛牛乳加热，以上供阿湿波神。此祭之实行细节属于秘法承传。
40	《自在奥义书》（*Īśa up.*）并不认可之其他种种祭祀仪礼。

至于后世风行之唱诵祭仪，及此过程中所唱赞的神秘咒文，究其源头，可追溯至《夜柔吠陀》。若需举例，可以《弥勒本集》中的此咒为一代表："nidhāyo vā nidhāyo vā oṁ vā e ai oṁ svarṇa jyotiḥ。"此处，除了最后那个意为"金光"的svarṇa jyotiṇ外，其余皆不能得知其确实所指是什么意思。《夜柔吠陀》中的仪式活

动，实际上已经采用了此等咒语、咒文，人们相信它可以规范人神关系，进而操纵和支配世界的秩序。

本节参考文献

1. Macdonell, *A History of Sanskrit Literature,* p.3.

第三节　咒法

咒法者，行禁厌之术而期于成就物事或者破坏物事之秘密手段。同祭祀之术（仪轨、仪法）一样，它也是某种人为的努力，目的在操控人神关系实现某一愿望。自吠陀时代以降，印度的咒法一直盛行。祭祀之仪与咒法有密切关系，也有相互异趣的地方。祭祀的对象多半都是较为高级的神明，行祭祀的目的也多半在求得对象的惠成助力而降以福泽。然咒法则不如是，首先咒法求告的对象多半是恶神、魔鬼之类，至少也是物魅精灵。行咒法的目的或者是役使鬼神为行法者自己求好处，或者根本就是为了让鬼神加害于他人。因此，祭祀仪都是公开的活动，而如果行咒法，则只能是私下偷偷地隐秘行事。咒法往往特别流行于下层社会当中。若依圣典所说，祭祀之仪自《梨俱吠陀》时代开始，至《夜柔吠陀》时期而达到圆熟。以下主要依《阿达婆吠陀》的叙述而大体说说行咒法的次序。

《阿达婆吠陀》中的咒法，其前提性的基础有二：一是思想上相信某种咒文确定具有神秘力量；其次是观念中认定某种物件作为象征一定有作用力。换句话说，这样的信仰观念认为，利用某一象征物并念诵某种固定的文句，便可以驱动恶的或善的鬼神，以及精灵等，由此便可以获得理想的效果。这样的思想早在《夜柔吠陀》中便可以看到。不过《夜柔吠陀》当中，咒法只是祭祀典仪的辅助方法。相比之下，《阿达婆吠陀》则完全是自身具有主导性的祭祀工具。但《阿达婆吠陀》主要是咒文的汇编，而对于如何利用象征的物品作法却并未有详细的说明。

咒法虽有多种，但诵咒的目的不外有三者：即息灾、诅咒以及开运（如果再加上幻术，亦可以称为有四种）。息灾指防范他人的诅咒，以躲过恶魔、恶神或恶灵加害自己。诅咒的目的则在于加害他人。而所谓开运，指用秘密法为自己造作或推展运势，达到趋利避害。此之三法完全相同于真言密教的三部之法。后者称为阿毗遮鲁（即调伏）、布瑟置迦（增益）以及扇抵迦（息灾）。在真言法中，更有一种叫作伐施迦罗拿（Vaśikaraṇa）的。

先说息灾法（Śanti）。从常识上看，此之咒法非常普通。它的目的是对恶神、恶鬼或恶物精灵，实际采取一种敬而远之的屏退法。为达此目的，可以献供物品，说好话，买得恶神、恶鬼的欢心而不使近身。这样的咒文很多，不胜枚举。例如，为了对付引起头痛脑热、身体不适的精灵（《梨俱吠陀》，I.12），为了对付凶暴的一切禄多罗（Śarva Rudra, XII.2），躲避穷厄之神（Arāti，贫乏神，V.7），就要念诵一些咒文，借助文中的一些力量，表达恳求祈愿。念诵咒文的同时，还需要指示恶神应该可以去的地方。祈愿他从此不要再纠缠自己。例如，为了对付热病精灵，就需要用咒语求美貌的首陀罗女去执行命令（《阿达婆吠陀》，V.122.7），把致病作祟的精灵送到遥远他地，如摩迦陀、犍陀罗那样的国土（《阿达婆吠陀》，IV.42.2）。也有的时候，因为病人是受恶灵附体，所以要用有香的布片擦拭身体，将邪恶的力量，摄取到布片上，再扔到恶魔通常会盘桓的地方（十字路口之类的去处）（《阿达婆吠陀》，IV.4.2）。举个例子来说明。假如有人接连打好几个喷嚏，要想治这毛病，就要念下面的这个咒文（《阿达婆吠陀》，VI.105.2）：

如心抱望，飞驰他方，喷嚏亦尔，如心远遁，汝其速亡。

假如恳求祈愿一时不能奏效，达不到目标。则可以向始终是人类朋友的更高级的神明求助，请他们代为驱逐恶灵。息灾之法就属于这一类。被人们称为"杀罗刹者"的阿耆尼和称作"恶魔退治者"的因陀罗神，常常就服务于这个目的（《阿达婆吠陀》，I.7; I.16; V.2; V.22）；又若魔力达不到克服的对象，可以用代表对象的物件放在作法的现场；又驱逐邪恶，通常都会用息灾法。息灾法中，诵咒则是关键的特征。在祭祀场中安置火堆、水碟，或者放置些许沙石，都可以看作阻止邪恶的大障碍；或者让与事的梵志携带圣笏（sphya）用以代表金刚杵[①]，或者通过焚香传达信息、产生作用（《阿达婆吠陀》，XIX.3.8）；或用器物作大声响以恐吓鬼物；又特别要精心挑选一些花木，作为象征性的武器，以对付恶魔邪灵，例如牛膝草（apāmārga）或名为"不败花"（Sadampuṣpā）的，再有若施刺西草（silāci）、坚吉达树

① Oldenberg, *Religion des Veda*.

（Jañjida）这样的植物，据说都有赶鬼驱病的作用，也可能防御他人对自己下咒、作诅害，起到护身符的作用。又如果说诅咒仪式中用到的植物，《阿达婆吠陀》中的安吉拉斯派（Aṅgras）认为有两类（《阿达婆吠陀》，XI.46）。该派还认为能否正确选择恰当的植物，是决定仪式有效或无效的关键。安吉拉斯派分前派和后派。两家都很重视植物在诅咒法中的作用。不过前派认为他们的咒法，可以开运息灾；而后一派则致力于寻求发现，什么样的植物才有幻术魔力。此类《阿达婆吠陀》派别的研究功夫，颇类似中国的道教法术。一开始采撷植物是为了求得药草的力量，而后此种力量被夸大到能够通神，便成为了仙草。最终，这类植物的名称，只要被提到，就会产生法力。从实物到名称，因象征而转变为神力，这是诅咒仪法得以成立的关键。

接下来再说诅咒术（Abhicāra / Jātu）。息灾之法是为了解除魔法、魔力，而与其相对的诅咒之法，则是役使魔怪与神灵，迫使其加害他人。此之诅咒法，正好与息灾法目的相反，一是防他人来害我，一是要加害他人。实践上两种方法也大相径庭。诅咒术虽然也在仪式中唱赞神灵，但它是为了祈愿自己的憎恨可以化为力量，造成恼害他人的结果。这种做法，最初也可见于《梨俱吠陀》中（X.103.12）。该处说天神派遣魔神阿仆巴（Apvā）去加害敌人。吠陀中还提到用魔神的力量而让被自己憎恨的人受伤害（《阿达婆吠陀》，XIX.45.5）。吠陀中又有通过念诵诅咒文杀伤人的，借表征之物而树立怨敌的形象（以木头刻偶，以束草或布条扎成的人偶，都属此类），再对这偶像施加不祥不吉的力量；或者使用药草产生力量，以害怨敌，这些都是专事《阿达婆吠陀》的安吉拉斯派的惯伎。下面再来看用菩提树来诅咒敌人的咒文（《阿达婆吠陀》，III.61）：

> 由男方可生男，由卡提罗树（Khadra）不生菩提树，树耶，唯愿恨我而使我恨之怨敌仆倒。

吠陀中还说到有某妇嫉恨他妇，制作其形象，以作厌咒。埋其像于地下，不令人知，且念诵相应之诅咒文（《阿达婆吠陀》，X.11; IV.18.5）。后来的《考尸迦经》（*Kauśika Sūtra*, XXXIV.15）又说，若将所憎恨妇人的头发、用过的梳子、漱口的杨枝连同不洁之物，例如胎盘一道掩埋地中，厌咒定可生效。

所谓“开运”，指以咒法求福寿长久，家内安全；也可以求致凡事顺当，遂心不违。开运的咒法虽然无关于恶神、恶鬼、邪精灵，但此祈祷的原理同前面两种咒法并无不同，也都要使用相宜的咒语、咒文，以及合适的象征物件，更要请动善神、善精灵之类。如若仪式当中使用苏摩酒，那是因为《阿达婆吠陀》中所说的咒法意义所规定的。它认为苏摩草制的酒药有巨大的神秘力量。这里说的苏摩酒药，从名称看，已经指含了不死甘露的力量。开运的咒法仪式，有的是为赌徒得利举行的，其咒文有曰：

> 如雷电之击倒大树，我亦如是。凡入赌场，必能胜出。

又有祈求夫妇和谐的咒文：

吾等二人，眼若萤辉，额庭饱满，圆润如酥。彼此存心，你我不分。唯愿：身虽两体，心则一心。

此外亦还有占相之术，亦算是一种咒法。也是要由《阿达婆吠陀》祭司主持的，这种占卜运势征象的法术，主要是卜知吉凶。其根据在解读飞鸟在天空飞过的痕迹，或为人说梦中境象。总之依据前面的征兆，预测后面的吉凶。此中也有咒法要实行。也要借表征之物及咒语、咒文为人作禳解。以是可知此法与前说咒术无异。

简而言之，似此卜吉占凶之法，兼有行咒、和合仙药等的秘法。这些都是《阿达婆吠陀》祭司们的责任。依其信心，以为无有一法不具神力、无有一法不能奏效。布隆菲尔德对所有这些咒文曾作分类，今举于次：

（1）治病咒文（Bhaiṣajyāni）。其所对治的疾病有热病、头痛、咳嗽、便秘、水肿、疝气、遗传病、癞病、瘰疬、挫骨扭筋、一切外伤、蛔虫腹毒、为蛇或毒虫所咬、眼病及失心疯之精神病等。

（2）长生健康仪法咒（Āyuṣyan）。

（3）驱魔克制怨敌法咒（Abhicārikāṇi Kṛtyāpratiharaṇāni）。

（4）与妇人相关之咒法（Sṭṛikarmani）：得女人爱咒、夫妇和合咒、多生子咒。

（5）与国王相关之咒法：权势增进咒、失位复得咒、克敌制胜咒。

（6）得平安法咒文（Sāṁmanasyāni）。

（7）财富增长及赌博获胜咒。

（8）除罪去秽咒文：逢凶化吉咒、恶梦消解咒、罪垢清净咒等。

（9）婆罗门利益增进咒文。

第四节　死后之命运观

以上所述神人关系，主要涉及生前状况。至于死后情形，则少有涉及。根本吠陀时期，雅利安民族尚生存于现世主义、乐观主义的情绪中。关于生前死后，还未费心多加思考。《梨俱吠陀》的诗人若言及死亡，仅及于对敌人之诅咒。纵然有说到未来生活的，亦多不出对葬礼的议论。如果诗人们面对尸骸而赞唱歌颂，无非祈愿亡者幸运，有美好之来日。至若恶坏一面的情景则完全忽视。因此从理论上权衡，此种生死观十分片面。爰及稍后之《阿达婆吠陀》时代，其思考稍显致密，但仍未发现晚近印度特有之对死后未来的深刻思考，诸如业论、轮回说等理论，此期犹未发出明亮光辉。

考察人之生死态度，宜先就主体客观顺序有所分辨。一般而论，世界各民族之原始信仰庶几大同。对此，吠陀的思想亦无甚分别。其所相信者，仍为人之身体内部有独立存在之心灵实体，此即灵魂。依灵魂之去彼住此，遂有人之死生。在吠陀中，此之心灵实体或为呼吸（Prāṇa），或为自我（Ātman）与生气（Asu）等，当然也有称为灵魂的。其中生气与灵魂为普通用语。然而此处所说的生气，实代表无意识之生命力。此之生气与其他的动物之生命主体相通，而如果寻求主导之思想、情感或意志之心理主体，则只能在人类的身上看见。灵魂此物，《梨俱吠陀》中已经有提及。谓其住在心内，气搏微细，然来去迅速（《梨俱吠陀》，

VIII.100.5)。吠陀之惯用语中凡说事物飘忽倏然，不可捉摸者，皆谓其有若心魂(思想)。《阿达婆吠陀》中称心魂(Manas)有若羽毬，意谓来去倏忽也(《梨俱吠陀》，VI.18.3)。又说若人入睡或昏迷，则灵魂暂时在心外游荡流浪。若人死去，则生气与灵魂永远离开身体。但生气之于灵魂，两者的关系究竟如何，吠陀当中语焉不详。人死时的心魂状态，《阿达婆吠陀》中已有不同的讲法。有时说灵魂与生气增多离开了身体，有时又说仅仅生气脱离肉体，有时也说灵魂先行脱去(XIII.18; II.5.3)。但无论如何，人们当时已经普遍相信，人若死去，总还有某种个体的人格依然存在。这在某种程度上，即肯定有相当于吾人今天相信的幽灵。这种说法，即人死之后的未来，仍有某种“活着的”主体，其实这也就是灵魂(亡灵)的意思了。此之亡灵称作Preta①，通常在祭祀中称为Pitṛ，意为父祖、祖先、先祖等。不过这些在未来仍然“生活着的”主体，是不是非有肉体不可呢？吠陀经典中似乎没有明白交代。但一般认为，人们相信人的身体死骸仍然有必要保存。《梨俱吠陀》的赞歌中明白地表示应当细心爱护尸体，并祈愿地神对此负责(X.18.10-13)。就此而言，印度与古代埃及的风俗是接近的。涉及火葬的赞歌中并未要求烧尽尸骨。而仍希望死者的身体四肢能够保全(X.161)。《阿达婆吠陀》明确表示：汝之灵魂，汝之生气，汝之四肢、血肉、身体。无论如何，唯愿得以保存(XVIII.2.24)；梵书中说，死者骨骸若少有遗失，会受到严厉的处罚(《百道梵书》，XI.6.3.11)。按此想法，未来世中，细

① 本义是亡者。以后在佛教中称的饿鬼，就是此物。——译者

身（Sūkṣma Sarīna）若要有个落脚处，就得收拾好前世的粗身（Sthūla Śarīra），否则也就失去了重生的机会。此种想法虽然也属后起，但在吠陀的晚期，显然也已经形成了这样的潜在信念。

亡灵是如何去往未来世的呢？吠陀经相信，现世与未来世界之间路途遥远。亡者若无向导带路，就有迷失于途的可能。吠陀经上记载了火葬时需要用山羊作为殉葬祭品的风俗（《梨俱吠陀》，X.16.3–4）。山羊被看作道祖神名为普善的车乘的牵引畜力。因为其能够辨识道路而承担为死者引导的责任。《阿达婆吠陀》中说到山羊曾经多次穿越幽暗的山谷而到天国（IX.5.1–3）。吠陀经中还说死人的陪葬品当用竹篦[①]（《阿达婆吠陀》，V.19.12），其用意是在亡者踏上天国之旅的途中，用作清扫的工具。亡者的保护神与向导有二位，一是普善神，一是娑维德利。也有被称为阿耆尼神的，后者亦有引路的职分。即是说，阿耆尼能够将死人从此世送往他界。那个世界中还有死者的祖先和天神居住（《梨俱吠陀》，X.16.1）。阿耆尼也可以保证亡者去到正义的（如法的）世界（《阿达婆吠陀》，VI.120.1）。亡者火化之后，火神阿耆尼就会引导他去到相应的存在界安住（《阿达婆吠陀》，XVIII.37.1）。《梨俱吠陀》说当时有两种葬礼——火葬与土葬（Nikhāta）。到《阿达婆吠陀》时代又增加两种——投弃或者曝弃。如是吠陀时代有四种葬礼。此中最为重要的是火葬。归根结底，火神阿耆尼因其处置尸体并引导亡者而受到尊重。正因为如此，阿耆尼有别名为“引导生气

① 竹刷子，即一截竹筒，一端保持原样，另一端劈开成为许多细竹丝，成为洗涮工具。——译者

者”(Asunīta)(关于葬法请参阅本书第四篇第三章第一节)。

关于亡灵去往的他方世界，有种种说法。《梨俱吠陀》(X.58)有为刚死去的人招魂回归身体的赞歌。“归来兮，尔之向彼遥远耶摩天(阎摩天，Yamaṁ Vaivasvatam)去的灵魂，尔之归来于兹犹可得生。”此为本赞诗开头的第一句，以下还接连举了十二个处所的名，都是灵魂要去往的地方。此十二处即：①耶摩天；②大地(Divaṁ，Pṛthivīṁ)；③四方界(Bhumiṁ Caturbhṛṣṭim)；④四极(Catasraḥ Pradiśaḥ)；⑤大海(Samudraṁ Arṇavaṁ)；⑥高天光明(Marīchīḥ Pravataḥ)；⑦水与植物界(Apo Oṣadīh)；⑧苏利耶处(Sūryaṁ)、乌舍(Uṣasaṁ)；⑨大高处(Paravatān Bṛhataḥ)；⑩现生界(Viśvaṁ Idaṁ Jagat)；⑪遥远彼方(Pāraḥ Parāvataḥ)；⑫既生界与未生界(Bhūtaṁ, Bhavyaṁ)。以上为尚未得着落处的亡者的去向。又那些已经得到着落处的亡者，如祖先们的所在地，按《梨俱吠陀》(X.15)所说，其所居处有广阔的美丽的空地和村落，有的在毗湿奴的高天处，有的在日中天的地方，等等。那些地方大体也可以分为上层、中层与下层三个层面，从时间上看，其所往也分前后两期。而《阿达婆吠陀》则明确地说到以往的亡者都分住在天、空、地这三界。这么看来，当时尚未有轮回之说。事实上，当时也还看不到哪怕是轮回说的萌芽。并没有任何迹象显示：亡者之灵会依据其道德行为的结果而去往不同地方。不过，吠陀经当中虽然并无有关亡灵分别去到各处的理论分说，但又依然举出了人们所憧憬的最高最善的理想世界。不过虽然提到该处甚好，倒也没有说旁的地方有什么好与不好。简言之，吠陀经中亡灵们的理想去处恐怕还是死王阎摩的天国，同时一般也只认为：天国的最高处也就是毗湿奴的天宫。《梨俱吠陀》当中说到入天国的人，大致都是那些对本尊神行苦行的圣者或战场上献身战死的勇士（X.154.25），或者是不吝惜家财恣意供养作祭祀的人（I.125.5）。符合这些条件的人死了可以去天国。《梨俱吠陀》（X.14.7）说到亡者去天国的道路，说是他们会顺着祖先走过的道路去善好的地方（IX.113.7）。那里充满无尽的光明，亦即是不死不坏的天国。《阿达婆吠陀》说亡者乘着天车，身有翼翅（《阿达婆吠陀》，IV.34.4）；又说他们得生天国，那里有摩录（Manu）吹起微风，降下细雨，他们都在那里恢复了原来的身体（《阿达婆吠陀》，XVIII.2.21-26）。大约《阿达婆吠陀》中的看法是这样的：前已说到，在前往天国的途中，亡者的魂魄所采取的是细身，及至到达目的地，凭借前世的死骸，他们才恢复有情之身。亦因如此，才有前面的《阿达婆吠陀》的赞歌："在天上会见的祖先（父祖），把汝遗弃于远方的身体，把汝归还气界的气息，重新给汝，令汝缓缓复活。"（《阿达婆吠陀》，XVIII.2.26）以这样的方式，亡者得完全的身体，在阎摩的天国安住下来。吠陀经中将这种与祖先的重聚，称为归乡（Punar Astam Ehi）（《梨俱吠陀》，X.14.9）。阎摩承认亡者为自己的臣民，给其分配领土，给其乐所（Avasānam，居处）（《梨俱吠陀》，X.14.9）。亡者们开始新的理想生活。此天国位置大约在天之最高处，那里有无限的光明，也有湍急的水流（《梨俱吠陀》，IX.113.7），其名亦为最高天光明界（《阿达婆吠陀》，XI.4.11）。凡天界的星宿据信都是以往的圣者，进入天国以后变成光明的圣者。其中特别是那七位称七圣的星宿最为有名（《泰帝利耶本集》，V.41.3）。因此，即令是普通人，死去以后，如果进入天国，也就得以与圣者同列，无有愿望不能满足（《梨俱吠陀》，X.14.8；《梨俱吠陀》，IX.113.9；《梨俱吠陀》，X.15.8）。他们在那里脱离了老衰等苦（《阿达婆吠陀》，X.27.21）不再有病患残疾，身形完好整齐（《阿达婆吠陀》，III.28.5），人人平等无差，无有贵贱贫富，皆能享受安乐（《阿达婆吠陀》，III.29.3）。宣称天国快乐的主要是《梨俱吠陀》，而说到天国物质幸福而不厌其详的是《阿达婆吠陀》。天国花园中，有音乐有歌唱（《梨俱吠陀》，X.135.7），父母妻子共相团聚，其乐融融（《阿达婆吠陀》，VI.120.3）。那里又有百味美食自然涌出（《梨俱吠陀》，X.154；《阿达婆吠陀》，IV.35），有可以随意让人如愿的如意牛（Kāmadughāh）（《阿达婆吠陀》，IV.34.8）。诸神围绕在阎摩的周围，在菩提树下举行宴会（《梨俱吠陀》，X.135.1）。吠陀诗人们极逞想象，描绘了天上的神仙宴会。其状况的活灵活现一直影响到后来佛教对极乐佛国的想象。

前面已经有好几处提到死界之王阎摩。今于此再稍加详述。阎摩王在波斯古经《阿维斯塔》中被认为与维瓦赫万特神的儿子依摩（Yima）的神格相当。他在吠陀经典中成为重要的神祇，其时间要晚一些。《梨俱吠陀》的第一卷与第十卷都提到过他。有关阎摩的赞歌，在《梨俱吠陀》当中只有四首。其中有一首系阎摩与其妹阎弥的对话。谈话与死亡无关。阎摩的词根为Yāma，意为“双胎”或“俱生”之意；其他地方亦可释为“向导”“缰绳”的意思。阎摩本来主要指“制御恶人之神”。不过其起初仅意谓“俱生”。因在《阿维斯塔》当中，依摩及其妹妹依梅（Yimeh）是人类的始祖，而与吠陀经中的阎摩与阎弥相当。考察吠陀当中这对兄妹的关系，也就是“俱生”的意思。联系世界各民族的神话，兄妹俱生应当是神话的原始含义。由是，吾等若看《梨俱吠陀》当中的四首赞歌，唯有兄妹对话的那篇（X.10）的思想相当古老。其中妹妹催促阎摩，说兄妹成婚。阎摩说，我等口称律法岂可行动上又自己破坏律法呢？要知道，婆楼那-密特拉之威力甚可畏也。于是阎摩断然拒绝阎弥的要求。不过，此处之正义虽然是阎摩国王的正义前提，但其中阎弥称阎摩为“唯一应死者”（Ekamartya=only one mortal）也应考虑其原本含义，即他是最初的人类死者的身份。《梨俱吠陀》中其他三首赞歌都在歌颂死亡之主。此之特色在后来的《夜柔吠陀》《阿达婆吠陀》中表现益发突出。据此身份可以说阎摩乃欲死而弃其身者（《梨俱吠陀》，X.13.4），去向他界为众生发现冥土之道者（X.14.1），又是人类的第一位死者（《阿达婆吠陀》，XVIII.3.13）。基于以上各点，可以说阎摩既是人类第一死者，也是我等之父亲；又其作为支配一切死者的大王，根源正在于此。神话中说阎摩的居处，乃在最高天上，起初与毗湿奴大神所居相同。似乎这是太阳神话最早之说法之一。但后来在吠陀经当中完全消失，已经无迹可寻。与阎摩有关之神祇，有祈祷主、萨尔毗特离（Savitṛ），此中吾等所知与其关系密切者，如婆楼那、阿耆尼最是密切。恐怕其所以同阿耆尼有关，乃是古来阿耆尼在有关火祭及祖先祭的祭火中的地位显著的结果。而又因为其与司法相关，阎摩便与婆楼那神拉上关系。后者也是重要的司法神的缘故。唯一区别是，婆楼那现在就管理着人间的司法，而阎摩则是未来（死后）世界的司法之神的缘故。

亡者来到天界首先要拜见的是阎摩和婆楼那（《梨俱吠陀》，X.14.7）。他们所面对的是阎摩的足枷或者婆楼那的捆绑。两者都属于同一回事（X.97.16）。吠陀时代尚未明确地宣称阎摩有审判新来的亡者的功能。但可以看出，对死人审判的观念种子是潜藏在死人的主宰职能当中的。到《阿达婆吠陀》时代，人们思想中的阎摩又多了一层意义，即他是令人怖畏的裁判者。他不单是管理死人，而且还是死后世界的道德审判者。至于阎摩的使者，那是两只狗或者枭鸟似的鸽子。按《阿达婆吠陀》的说法（XIX.561; V.30.15），死之本身和睡眠都是由使者带来的。到了后来的佛教时代，阎摩神便成了分身两处的主宰，一在地狱一在天界。但在吠陀时代，他还只是居于天界的领主，与波斯古经中的依摩是地上乐土的统治主的地位刚好相应。

最后，究竟《梨俱吠陀》时代有没有地狱观念呢？学者间对此意见并不统一。一般而言，如果善人死后得往天国作为奖赏，则恶人不受惩罚（也往天国）就显得没有道理了。相比较于天国乐土的观念，《梨俱吠陀》的地狱观并不明显。洛德说，吠陀时代的人相信恶人若死便是灭亡，并没有下地狱的观念。[①]怀特尼认为印度人在奥义书出现之前未有地狱说。[②]廷默尔认为既然说善人有善报则恶人当有恶报，是必然的道理。霍普金斯的说法比较牵强，很有些似是而非。[③]一句话，《梨俱吠陀》时代的人们究竟有无地狱观念，学界所说种种，莫衷一是。

若以吾等所见，如前已经屡屡说及，《梨俱吠陀》之赞歌，总体上看，仍是因恶而现善，因黑暗而显光明。由此产生的对比反

---

① Macdonell, *Vedic Mythology*, p.169.

② Whitny, *Kathaka-upanisad*, Preface.

③ Hopkins, *Religions of India*, p.147.

衬，地狱之说虽然并不明白呈现，但亦不可以谓毫无幽冥世界的思想。一种思想观念虽然不必一定明确完整，也可以是一种萌芽状态的存在。《梨俱吠陀》当中（IV.5. 5）也有“此之深渊之所，适为汝暴恶、虚伪及不信所设”。又同书（VII.14.3）中谓：“若使因陀罗苏摩排除深渊，令恶人得出无底黑暗，是无可能。”又说：“魔身如枭，陷入深渊。”又说：“怨敌盗贼，将沉沦于三大地之下。”无论这些说法是否表明那一定是亡者的归宿之处，是不是就一定相当于后世所谓的痛苦患难之地，是不是说那一定是恶人的死后去处，以及那就是无底深渊。但若将其视为地狱思想的萌芽或前提，都是有一定道理的。这样的思想，到了下一阶段，即《阿达婆吠陀》时代，就变得显明起来。阿达婆说妖魔、巫女会聚于地下之家（Adharaṛha）；又宣称那些与婆罗门争竞的人死后会行往血水之池（《阿达婆吠陀》，II.1.4.3; V.19.3）；又说，与阎摩天界相对的地下世界为“奈落伽”（Nārakaloka）（XII.4.3.1）；又说有最低之暗黑处（VIII.2. 24）、暗黑界（XVIII.3.3）等。特别是其中所载的地狱拷问（《阿达婆吠陀》，V.19）。又在《夜柔吠陀》当中，当言及所谓人祠时，有奉献杀人者于假神地狱的说法，此虽然只是比拟，然也显示了成熟的地狱观念。所有这些说法都显示出观念的发展过程。因此，怀特尼所说的，在奥义书之前印度人无地狱观念的说法，显然武断而失据矣。虽然，也不排斥这当中有的思想的确只是后起。如说地狱当中的种种苦状，其描述备悉详细，谓地狱中以大秤量人罪过，按所得轻重来定刑罚等，应该都是梵书时代的产物（《百道梵书》，XI.16; II.7.33）。特别是有关地狱之主宰阎摩大王的思想，应当产生在叙事诗形成之时代。

第四章　吠陀的哲学思想

第一节　《梨俱吠陀》中哲学思想的兴起

《梨俱吠陀》的末叶是古代思想界的转折时期。虽然此期间的自然神信仰依然盛行，但也显露出它逐渐转向了形式主义。具体体现在人们对古来的神灵的实力发生怀疑，于是确定产生对新的抽象神的追求。总的说来，此一时期体现出某种思想的动摇。盖此期间，雅利安人的生活环境已经发生改变，他们从五河流域向恒河流域方向迁徙，去往印度的“中国”地区。生活环境既变，原来其所持的自然崇拜之信仰也就凝固下来，现出停滞之相。因之不得不从外部寻求形式之调整。内部的观念也需要一定的整顿。由此而印度思想遂有新的方向拓展。《梨俱吠陀》中的哲学思想变化可谓应运而生。由此气运变化，引出少数吠陀诗人从内部另作努力，阐发玄思冥想。《梨俱吠陀》的第十卷收入的赞歌被称为创造之歌。它们都是此时代风气的结果。根据这些赞歌，对吠陀末期的哲学思考加以分析发明，乃是非有不可的思想史的梳理前提。此类创世的诗歌，数量不多，也就仅有五六首，然它们对后世思想影响极大，可以认为是伟大的非常重要的思想作品。观察此等讲述创造的歌赞，论其一般特质，与其说它们放弃了从来的自然神信仰，毋宁说其在自然神论的基础上，建立起最高的唯一存在的原理。并赋予此原理以极度抽象的名称。此为此期哲学特质之一。诸如生主、造一切主、原人等，这些都是以往不曾用过的神名。又以往言及宇宙创造，吠陀的诗人们只是造作出一一个别的神祇之名，将宇宙之某一部分的创生功劳归在他名下。现在则抽象出一个外延极为广大的神或原理，将其奉为一切有情与无情的本体。对宇宙的发生有了整体的总览的观察。这是此期哲学的又一思想特质。简而言之，关于宇宙的解释，其思索的眼光自以往的多神教或交换神教推进一大步，确立了一神教的或者万有神教的见地。此之特点，自然深化了哲学性的思辨。当然，若作更进一步的了解，此等哲学思辨亦非《梨俱吠陀》末期突然爆发出来的。其思想的许多侧面，早在此前，即已作为萌芽状态存在着，成为后来思潮发生的铺垫准备。因此之故，吾人在这里对于吠陀中的创世诗歌按顺序作大略的介绍，试以揭示吠陀哲学思想的初期状况。

大概言之，《梨俱吠陀》之自然观，已经包含着好些后来终于开花结果的思想要素。此中，多神并存而无一定中心的思想乃是重要的思想元素。有的时候，婆楼那神占据着诸神谱的中心地位，但最终他仍未获得最高的创造之神的地位。再看因陀罗大神，其人气虽高，但却缺乏普遍存在（遍有于一切）的性质，到底也不能取得最高神的地位。此外，所有的自然神中，也未见到有哪一位地位渐升，达到最高统一之神的资格。但人类的思想活动的深层，总有不断推进以寻求最高统一的冲动。于此，因受从很早以来就存在着的对统一性思想追求的缺憾之刺激，印度的诗人一直在两个方面作出努力：一是对于原先的自然神信仰始终抱有疑问，二是孜孜不倦地企图对此缺憾做出补救，自多元的信仰向一元的信仰复归。即因此故，在《梨俱吠陀》哲学思想兴起之初，吾等便已经可以观察到这两个特点：怀疑的情绪与统一的思辨。怀疑思想更多地体现在对因陀罗神的态度上。盖因此神在后期已经不再是什么至高至伟而了不得的神祇，在许多场合他都沦为可有可无的存在。《梨俱吠陀》（II.12.5）曰："对此可怖畏者，人人皆生疑问。彼在何处耶，彼为实有耶，抑或为实无耶？"又《梨俱吠陀》（VIII.100.3）又谓："若因陀罗不有，纵有人见之，有人称叹之，有何益焉？"此等诗句的出现，原本是诗人为了护持其心目中的主神而反驳当时存在的怀疑论调，所以不得不先引述此诸论调。但因此透露出这样的信息：当时雅利安社会中已经存在着相当强烈的怀疑情绪和声音。虽然诗人对于一一神灵都加以讴歌，然而却掩盖不住世间的普遍不满。这样的不满来自两个方面：一是对于自然神的怀疑，另一面则是对于专门司职宗教的僧侣的批判。这些宗教神职阶层，已经沦落为徒求利养，丧失了宗教原本的生气。他们的宗教行动已经不再有唱赞古诗和寻求真实的动机。这样一来，自然更助长了人们对于原本的自然神的怀疑。《梨俱吠陀》（VIII.103）中说，蛙之呱呱以得雨，犹如僧侣们喋喋以求食。创世诗歌中的《造一切歌》（X.80.7）中有一节明白地说道：

> 汝等不知此世界之创造者，
> 汝等与创造之神之间犹隔有他神。
> 因蔽于黑暗而无智，喋喋不休的吟唱者啊，

处处游行只是为了吃喝而延命。

这里所讽刺的正是那些以唱颂吠陀以谋生计的僧侣。他们为混口饭吃而死守诗歌的章句，根本无暇亦无意于体会唯一的真神——当然这首赞诗也可以作另外的解说。吾等于此仅取其中一说。大凡人对于以往深信不疑的东西失去信念，所取的选择只有两种：或是自暴自弃，或是另辟蹊径。自暴自弃的态度在《梨俱吠陀》当中作何表现，姑且不论。而另辟蹊径别求解说的尝试，则可见于吠陀经典形成的很早期。《梨俱吠陀》的神祇观之特质之一，是其单一神教的思想，从另一角度说，也可以认为是其统一思想的种子。若进一步推导，也可以视其为二神合一观。比如，吾等在《梨俱吠陀》当中随处可见到的婆楼那-密特拉、因陀罗-婆楼那、因陀罗-阿耆尼就属于这种情况。诗人在将两者合而为一时，加速了统一的步伐，最终完成了诸神的一体化过程。这种泛化一体的过程中，逐渐生出了一神的思想倾向。在诸神之上安置一个统一之神的眼光，或者认诸神之间有同一性的着眼点，便是这个思想过程的终点。吠陀诗人们最终崇拜的Aditi（无限、太一）或者Āditya（太阳神、本一、本初），便是一种统辖诸神并使成一神的努力。《梨俱吠陀》当中（V.3.1）已经有了以阿耆尼为本体而视诸神为垂迹（化身显现）的说法。其曰："阿耆尼者，生则成婆楼那，燃烧则为密特拉，万神皆会聚于此身。于信奉者中，汝即是因陀罗。"又《梨俱吠陀》（VIII.3.55）中一诗篇，其为22颂组成。每一颂子的末尾都有相同的一句"诸神威力无边，此仅为其中一分"（Mahad devānām asuratvam ekam）。又《梨俱吠陀》当中，特别是其I.164.46这一句，用意最为鲜明：

> 美丽之天鸟称为因陀罗、称为密特拉，亦称阿耆尼。
> 彼为唯一之有（存在），诗人称之以种种名。

依道森的说法，此处诗人所说的“唯一之有可以称各种名”（Ekam sad viprā bahudhā vadanti）是《考史塔基奥义书》中的“汝即是彼”（Tat tvam asi）这句经典语的另一表述。他对吠陀经中的这句话称誉有加，认为是真正的哲学语言。[①]由此更进一步，不但成就了独立之神，更将万有归结为一神，这也就是万有神教（Pantheism）的思想情绪的抒发。《梨俱吠陀》中（I.89）有对万神唱赞的诗篇，其中（I.10）称曰：

> 太一即是天，亦即是空。
> 太一是父亦是母。
> 太一是万神亦是人类，亦是一切已生未生者。

盖此乃谓一旦有“太一”这东西，便就有了万有神教的思想意味。仅从此处，可以观察到作为印度哲学特质之万有神教原理，即发端于此。

因此，吾等以《梨俱吠陀》的创世诗歌作为证据，对吠陀思想加以综合考察。起先可见其思考零散片断而消极，渐次发展起

① Deussen, *Allgemeine Geschichte der Philosophie*, I.1, s. 106.

来，愈具积极性，最终达到哲学顶峰。

以上之叙述顺序是以神祇观为主线，从中可以看到观念如何因抽象而普遍化地发展起来。吾人又可从创世观入手，观察哲学思考的发生。创世观念的分析虽然支离零散，但其中不乏饶有兴味之解说。欲了解所谓创世诗歌的造化思想，有必要知道相关的古代传说。于此吾等也作一简单介绍。

关于世界的起源，《梨俱吠陀》当中可谓古说歧出。若加归纳澄清，大致分两部为宜。换言之，一说器物世间（物质世界）之产生，一说有情世间（人类世界）之产生。前者从工巧技术角度着眼，后者从生殖角度来说明。先看工巧技术的观察。此处所关心的是土木作业的手段。例如，《梨俱吠陀》中说因陀罗神明测量六方，天有多高，地有多阔（《梨俱吠陀》，VI.47.3–4）；又说毗湿奴神测量地界，以固定其天上的居所（《梨俱吠陀》，I.154.1）；又说婆楼那神以苏利耶（太阳）为尺度测量东升西沉的地界（V.85.5），似此种种。完成如上之测量工作后，则立柱以支撑天界与地界，至若空界则不立柱子（《梨俱吠陀》，II.15.2）；又地界因娑维德利神用纲维（大绳）捆绑，再有毗湿奴神用橛（Mayūkha，木铲、竹片）令其扎实，又有祈祷主固定了地端（《梨俱吠陀》，VII.97.3; VII.45.1）在诗人的想象当中，造就此寰宇的建筑材料，当然不出竹木之类。《梨俱吠陀》（X.3.17）中也问到：天地之创造材料是木材抑或是别的什么呢？此种想象不离当时人们建筑房舍的普通情况。简单地说，诸神只是充当动力因，作为泥木工匠；而天地也无非由神以外的材料构成。又参与天地创造的自然神祇并非一群，而只有一个。创世之后的补缺拾遗，才由工匠之神特瓦斯特里随后续成。梵语Tvaṣṭṛi，本义只是“手艺”，后来用以作技艺之神的名字。似此将神作似人形象应是吠陀后期的事（《梨俱吠陀》，X.14.9.10.9）。至此，技艺神的业务范围已经扩大，包括胎中精子数目的增多，甚至令人畜胎儿成形都需要他干预（《梨俱吠陀》，I.188.9; X.14.9.84）。更晚一些时候，到《阿达婆吠陀》时期，该神已经成为了全宇宙的造作者。不过，创造之工无碍于神格大小。诸神当中还有为制作杯盏而与名离布斯的神争竞的。不过最终倒也没有谁能胜出（《梨俱吠陀》，I.161.4–5）。早期神话中诸神是各司其职的，到《梨俱吠陀》中逐渐地由某一位创造之神对所有的创造活动都包干了。

再从生殖的角度来看创世神话。神自身就具有父母的地位。世间的有情都由神之身体产出（神是众生出世的质料因）。这种思想虽然古已有之，但此处我们依据有关的经典片断来考察神与人的起源。关于人的起源，前已说过，遍照者和萨罗得耶和合生育，成为人类父母。至若诸神的起源，历来有不同的说法，立场可谓摇摆不定。但只先说一般的传说：无非谓天地相合，便成了诸神的父母双亲。盖以天为父、以地为母的思想，自古以来就普遍存在。观《梨俱吠陀》，其中的阿耆尼、苏利耶，及太阳家族诸神、摩奴多、阿湿波等男神，以及乌莎斯女神等都是天地父母的子女。亦因于此，作为偶生神的可能还有一些别的称呼：或为诸神父母，或为父亲，或为母亲，亦称为能生者等。又如果说到太阳家族的七八位神，都是母神阿底蒂的儿女。所有这些都是从生殖角度来看的神祇关系。而《梨俱吠陀》当中（I.139.11）也有可能将此两个因素都考虑进来的缘故，所以它认为诸神的起源可以归结成太一与水及地的各种结合。此中的水生说，应当就是后来原水说的先驱。联系到精液等都可以属于此类证据。如是，两性生殖与水生之说便拉上关系。此外，又还有一种说法，认为摩录多神的父亲是婆楼那神。类似这样的个别父子关系的神属，列举起来，为数不少，然似无甚重要，故此从略。简单总结一下，从生殖角度来思考的起源说，似乎不如工巧技术的起源说更有说服力。如果看吠陀经中的创世诗歌，综合其中多种方面的形态发展，可以理解成为最核心的创世之论。

第二节　后《梨俱吠陀》之统一宇宙观

一、概观

将生殖同工巧观结合起来看，便成为唯一的原理。而对宇宙发生观采取统一的哲学考察，正是《梨俱吠陀》的创世赞诗。此类赞诗共有六首。都收集在《梨俱吠陀》第十卷中。它们是《无有歌》(Nāsadāsiya-sūkta)、《生主歌》(Prājāpatya-sūkta)、《造一切歌》(Viśvakarman-sūkta)、《祈祷主歌》(Brahmaṇaspati-sūkta)、《原人歌》。

此诸赞诗，各各申说之内容，未必彼此相吻合。又因彼等诗歌，当初各自独立形成，并非一时所出。但从其思想根本上看，立足点又有略为相通之处。于此，吾等先举三点证之。其一，彼等皆主张宇宙之本原为一；其二，万有之生起唯依此原；其三，万有生起以后虽有发展变化，然其原初太一之本原不动。此三原理对后来的思想发展大有关系。故在此先作简单说明。先看第一。如前所说，若寻求诸神统一之原理，势必就《梨俱吠陀》进行哲学观察，探求其思想发展路向。所有这些创世诗歌都在寻求其对宇宙本原统一性的探求认知过程。吾等的寻求是哲学的，然彼诗歌中的认知则不可不谓是某种自然发展之过程。《无有歌》中，吾人可见，彼唯一本原被称作“彼一”（Tad ekaḥ）；《生主歌》中，此唯一原理又被称为“万有独一主”（Bhūtasyapatir ekaḥ）；《造一切歌》中其原理名为“唯一神”（Deva ekaḥ）；《原人歌》中其发现全宇宙者乃是“原人”。换句话说，本原太一的名称在不同的创世诗歌中虽然互有差异，但其最终之唯一性却是相同的。就此点来看，诸歌赞是完全一致的。不过，这样的一种见地，其实久远以来，就一直支配着印度的思想。彼稍晚成为“唯一不二”（Ekam eva advitīyam）的说法，在奥义书中是一再重申的思想。至于大乘佛教当中后来乐于称说的“唯有一乘法无二亦无三”，也正是与此遥相呼应的话头。它们的根本源头都是吠陀经当中的本原论发展出来的。

其次，看第二种见地，亦即前面所说的“万有生起唯依本原”的论断。联系古神话时代的单一而片面的世界生起观念，可以见到工巧观和生殖观这两者。而从吾人今天已经习惯而成自然的统一宇宙观来看，这中间实际上是两种观念的交织杂糅。世界万有之产生，如同生殖一般的流出的过程，可以从整体上相互联系地通过所有这些创世诗赞得到说明。亦即是说，唯一的本原太一，并非自高处而在自身之外造作宇宙，现象界的呈现正是太一本原的内在的自我发展结果。就此而言，吠陀的创世诗歌描绘的创生过程都是一致的。《无有歌》里面所说的“彼一”展开而成为爱欲，爱欲展开而成就意识。这个逐一的步骤正是现象界展开的过程；而在《生主歌》中，其大原理是生主，由生主而水中生出胎子，由此胎子而万有成立；《祈祷主歌》中，太初原理便是祈祷主。它是根本的物质原理，由它而展开形成万事万物。《原人歌》当中，一切万有又被认为是从原人那里衍生出来的。稍微有一点特别的只有《造一切歌》。其解说任何事物现象，均立足于工巧的创造立场上，与此同时又包含了衍生（生殖）的说明。从这个意义上讲，所有创世诗歌的哲学立场，自原因方面来看，都是从一元论视角出发的。若从结果方面来看世界的现象纷呈，也可以说是万有神教的见地。不管如何说，现象界之万有，其根本性质并不落在太一本原的外边。这种思想的发展对于后来的各种世界观都有影响。先是它刺激了奥义书的玄想发生，由彼而发展出吠檀多派、数论派，甚至唯识系统的佛教比起论出世。寻其源头，都可以视为此根本观念的发展。

至于第三种思想立场，即所谓“万有生起后虽有变化，而其太一本原根本不动”的说法，可以这么来看：现象界的发展或流出虽自太一本原，但现象界之成立并非由本原转变而来。虽然发展出来了现象界，但作为本体的本原太一不曾有丝毫改变。换言之，现象虽从本原流出，本原不曾有一分减少，本体与现象依然是两个东西，俨然有别。所有的创世诗歌对于这里说的思想原则，也都认肯不误。正是在这个意义上，吾等在这里讨论的神既是超出他之外的同时又是他所创造的这个世界。我们前面所说的，从工巧的角度来看的创世论也正是这样成就的。诸创世诗歌对此原理是非常明白的，其所采用来说明道理的譬喻清楚地表明了这个立场。《无有歌》中圣人借绳尺而在本体及现象界之间设计境界；《祈祷主歌》中，借神话道出：阿底提耶的八子当中，只有其家族的第八子马丹达（Martāṇḍa，太阳鸟）仍然在生死界中。其余的七子都属于不死的本体界。而如《原人歌》，说可见的宇宙万有只是原人（身体）的四分之一，其他的四分之三则属于不死性，是本体界的内容。《生主歌》和《造一切歌》中的叙事文字相当晦涩，但其意趣仍然与其他的各首诗歌大致相通。与前面说的三首创世歌相映照而无有差异。要而言之，作为宇宙本原之唯一实在一方，其作为质料因涉及万有变化；另一方面，作为动力因，它又具有不生不灭、永劫自在的计划者地位。此等意趣，乃是吠陀创世思想的根本立场。如斯而言，吾人对诸诗篇的理论总结便是：提炼吠陀创世诗歌的思想，其一面是从哲学见地出发，据一元论原理来解释现象世界；另一面则从宗教需求出发，而视此原理为超越性存在。因此，此诸诗篇中的世界发生说，与其视为进化论的主张，毋宁说它是新柏拉图派的分泌说（Emanatious Theorie）之类也。其未以万有当成实在之全体，而仅视其为实在之一部分。故其神学立场，若称为万有神观，莫如称为万有在神论更为适切。此种立场对后世影响甚重。奥义书中有万有自在之梵流出而梵同时又保持着自身支配地位的说法、大乘佛教中所说的万法自真如缘起而真如自身又圆满不动的说法，无疑都可以视为从上面的神哲学观引出来的理路。因为如此，吠陀经中的这些创世诗篇，作为印度神哲学思想的出发点，意义相当重大。因此吾人不厌其烦，重申再三。下面吾人再译出诗歌，并略加注释。

二、哲学诗篇和译文

第一，《无有歌》(《梨俱吠陀》，X.129)。

1.起初，既没有“有”，也没有“无”；既没有空界，也没有那空界之上的天界。

什么东西覆盖着（含孕着）？有什么地方？有谁的支持和保护？水焉？浓厚而深沉的水焉？

2.彼时既没有死，亦没有不死；既没有夜，也没有昼的标志。

那唯一者自己呼吸而没有气风；在他之外没有任何其他东西。

3.起先只有暗黑，一切（Idam Sarvam）都被暗黑掩藏；暗黑中是无光的波动界（水界）；“原子”（Abhu）由空虚掩盖；彼之唯一者（Tad ekam）因“炽热”而出生。

4.彼之于兹开展，先自爱欲而始；于是有识（Manas）之最初之种子（Retas）；圣者凭其智慧，在心中搜索，发现“有”生于“无”之连锁。

5.彼等之绳尺牵延横过；其所量是在下面呢？还是在上面呢？有一些持种者（Retodhāḥ），有一些具势力者（Mahimānaḥ）：自性（Svadhā）在下方，力用（Prayati）在上方。

6.谁才真正知道？谁在此作宣告？此（世界）从何生出？此造化从何处来？诸神生在世之创造以后；那么，谁知它从哪里出现？

7.此之造化从哪里出现？或则是谁所创造出来？或则不

是？监视者在最高天上；唯他才能知？抑或他也不知？

第二，《生主歌》(《梨俱吠陀》，X.121)。

本诗篇亦名《金胎歌》，亦名《伽斯迈歌》(Kasmai-sūktal)，载于《阿达婆吠陀》，VII.2.1–7；亦载于《夜柔吠陀》之《泰帝利耶本集》，IV.1.8.3.1–8。从思想上看，前面九颂与第十颂似为不同作者。

1. 泰初之时，有金胎（Hiraṇya Garbha）现（Amavartata）。彼生为造化的独一之主。他主宰了大地和天界。吾等当祭之神是谁焉（Kasmai Devāya Vidhema）？

2. 彼赋予灵（Ātmadā）与力，彼之命令（Praśis）万神遵奉，彼之影为不死亦为死。吾等当祭之神是谁焉？

3. 彼用己之威神力成为生界之王，一切有气息能眨眼者，皆以其为独一之王，其总领一切二足和四足畜物。吾等当祭之神是谁焉？

4. 因其威神力而雪山存，依其（威神力），如彼等所说，大海与天河同存，依其（威神力）而天极得立，天极即是其双臂。吾等当祭之神是谁焉？

5. 可畏之天与地，由彼安住，苍天与穹窿因彼支撑，彼在空界测量大气。吾等当祭之神是谁焉？

6. 两军对峙因彼嘉惠，内心颤栗，亦皆仰望彼之神威；初升太阳为彼支撑而放光芒。吾等当祭之神是谁焉？

7. 大水腾涌，胎子浮于中，火光中出，遍行宇内。诸神之生命，实由其中生。吾等当祭之神而乃谁焉？

8.彼以威神力，支承大水中胎力，生出祭祀，彼为诸神之上的独一真神（Devasu Adhi Deva Ekaḥ）。吾等当祭之神是谁焉？

9.唯愿彼尊神，无加害我等。彼乃产生大地者，彼乃作真相造天者，彼乃产生浩渺大水者。吾等当祭之神是谁焉？

10.生主耶，唯汝抱持万有，除汝而无神能护有生者。吾等所有，俱奉于汝，向汝祭祀，求汝成就吾等心愿，令我得成财富之主。

第三，《造一切歌》。

其一，《梨俱吠陀》，X.881（《瓦阇沙尼耶本集》，XVII，17-23）。

1.彼如请神的祭司何特里，彼亦如圣者仙人，彼亦如吾等之父彼潜入此之万有当中；依彼所愿，因求财富，彼进入掩蔽太初之世间。

2.彼之建筑基点为何？彼之建筑得何所依（Ārambhaṇam）？彼之作为造立一切者、观察一切者（Viśvacakṣāḥ），凭借自身之力造地而辟天。

3.彼四面有眼，四面有脸，四面有臂及足。彼以唯一之神，制作天地，用其手臂及与翅翼，扇风锻炼，将天地焊接起来。

4.睿识者焉，彼以何等树木作材料，实行创造？构成此地与天。汝等用心识作探求：彼之支撑万有时，站立于何物之上焉？

5.造一切者焉，请将汝最高、最低及与适中之祭供显示于汝之朋友。丰享祭供之汝焉，为养摄自身，请受吾等供养。

6. 造一切者焉，为汝自身即地与天之滋养，来受我供。请让旁边的他人昏沉。于此，请令我等作博施之主，让我等尽力供养于汝。

7. 于今诤论之时，请让我等向汝造一切者祈求恩惠。汝为语言之主，力量如思想一样迅速。汝为救世而行善之慈护一切者，唯愿汝歆享我等一切献供。

其二，《造一切者之歌》（《梨俱吠陀》，X.82；《瓦阇沙尼耶本集》，XVII.125–131）。

1. 眼识之父（Cakṣuṣaspitā）。意志强固之汝，使酥油凝固而造此两界（天地）。划定最初之疆界而开天辟地。

2. 造一切者识解明强。彼为创造者、规范者，彼又是最高示现者。人们说，彼造一切者，乃是七仙人所在之外的唯一存在者。因此贤知，人们愿作祭祀，令彼满悦。

3. 彼为我等之父、能生者、规范者。彼了解一切万有及所适宜。彼为诸神之命名者，其他一切被造之类，皆往彼之处所，询问请求。

4. 往时仙圣，皆如祈祷者，成群结伴，趣彼住所，奉献供物。彼等于暗淡与光明规划之空界，制成世间诸有。

5. 在天之先，在地之先，在群神、阿修罗之先，那被水作为初胎所受持者、众神也包含于内者，究竟为何物焉？

6. 水之受持此物以作初胎，众神皆住其中焉。在未生者的肚脐中隐藏着独一之彼，所有一切被造物都依托于彼。

7.汝等并不知道此之造物主。汝等与彼等之间或有他物（神物）显现，以成暗雾掩蔽。声音低沉之讽吟赞歌者，为滋养生命而处处游历，遍行世间。

第四，《祈祷主歌》(《梨俱吠陀》，X.72)。

1.吾等将以和美之声调赞美诸神之起源，未来世中后人从此歌赞即可得见诸神。

2.祈祷之主鼓风冶炼，如同铁匠，其令有之生于无。当彼之时，诸神犹未出生。

3.太初之时，神自虚无中生出。随后，空因神母而发生。

4.地从神母中发生。空于是从地而发生。势力从阿底蒂而生，阿底蒂从势力而生。

5.阿底蒂耶，汝实生于彼达克莎。汝是她的女儿。诸神亦随汝而出生，且因其神圣而得不死永生。

6.神耶，汝等彼此执手而立于波上，尘埃如翻滚的云从足边腾起，一如舞者的热烈。

7.神耶，汝等犹如耶提斯（Yatis，力能），令万有生长成立。其次，汝令隐藏在大海中之苏利耶（太阳）显露。

8.从苏利耶中有阿底蒂之八子生出。其次，彼携七子趋于诸神会面，而将第八子马丹达弃置不顾。

9.阿底蒂携其七子回到太初。而任其第八子生生死死、再再往复。

第五，《原人歌》(《梨俱吠陀》，X.90)。

此诗篇也载《阿达婆吠陀》，XIX；《夜柔吠陀》(《瓦阇沙尼耶本集》，XXXI；《泰帝利耶森林书》，III.12）亦收录。最后一书中，第十五颂被置于第五、第六颂间，今作更正，顺其自然。

1. 布鲁沙（原人）有千首，有千眼，有千足；彼从各方包围了大地，犹逾十指。

2. 唯有布鲁沙是这一切，过去的和未来的；彼为主宰不死者（Amṛtatvasya-īśāna），亦超越借食物生长者。

3. 他的伟大如是，而布鲁沙犹过于此伟大；万有是彼之四分之一，天上之不死界乃是彼之四分之三。

4. 布鲁沙之四分之三往高处攀升，彼之四分之一现存于下界；由是彼布鲁沙亘行于死与不死之两界。

5. 由彼布鲁沙生出毗罗吒（Virāj，遍照者），在毗罗吒之上有布鲁沙；他生出来就超越了地界，超出地界的后方和前方。

6. 当万神行祭祀，以布鲁沙作祭品；春是彼之酥油，夏是柴薪，秋是供物。

7. 他们在茅草上行祭祀献牺牲，灌洒初生的布鲁沙；诸神以此行祭祀，同行祭祀的还有圣仙之辈和与智睿者们。

8. 因彼等之燔祭牺牲，聚成混合而成之酥油、乳酪；布鲁沙又以此诸祭品，造成天空、森林、村庄以及牲畜。

9. 又由这燔祭而成之牺牲祭祀，完备地产生了赞诗、歌咏，又产生了咒词，被产生的还有祭词（Yajus，夜柔）。

10. 由此产生了马；还有那些有双行牙齿的；由此产生了

母牛；由此产生了山羊、绵羊。

11.当他们粉碎布鲁沙时，将他分成了多少细块？彼嘴是何焉？彼之双臂又是何焉？彼之两腿又为何焉？彼之两足又名何焉？

12.彼之口成为婆罗门（祭司）；彼之两臂成为罗阇尼耶（王者）；彼之双腿成为吠舍（平民）；彼之两足生成首陀罗。

13.布鲁沙之心成为月亮；彼之两眼成为苏利耶（太阳）；彼嘴生出因陀罗（天神）和阿耆尼（火）；彼之呼吸则产生了风。

14.布鲁沙之脐生成了空界；他的头化作天界；地界则自其两足而成；四个方位因其耳朵而成。由是便创造了世界。

15.彼之神圣结界立有七根圣柱，彼又造作了三七之数（二十一）的柴薪；当诸神们在界内行祭祀时，缚住了布鲁沙以及畜牲。

16.诸神们作祭祀献燔祭，这些就是太初的祭礼（法则）。彼之具有伟大之力者来到天上，先前之圣明天神已在那里。

三、哲学赞歌之注释

以上皆是吠陀之创世诗歌，其诵出顺序是否从一开始便如此，今已不能确知。虽然，若寻其间的思想脉络，尚可得到相互间联络关系。吾人亦依据此之思路对其加以解释。此中第一首《无有歌》，诗人追寻万有之本源，最终达到唯一之实在，又进而寻求其本相和名称。再若第二篇《生主之歌》，诗人所寻求的是实在本相。接下来是第三篇《造一切歌》。兹就“造一切”此名下的神略加说明，进而再对其万有神教思想加以解释；至若第四篇《祈祷主之歌》，所强调者乃“祈祷主”一名下之原理含义。将宇宙创造以祭祀作法加以配伍。从表面上看，彼有总结前面三篇歌赞的意图。而在第五篇《原人歌》中，其以具体拟人化之“布鲁沙”作本原之根本大原理。站在一神论之泛神论立场上来看待祭祀作法，对万有造化之奇妙作用加以详尽解释。正可以将其视作《梨俱吠陀》之创造观的总结。以下依次解说各诗篇之思想。

第一，《无有歌》。篇名来自诗歌初颂之“起初无有无”（意为：起初并没有“无”这东西存在）。观整个《梨俱吠陀》，所有诗篇唯此全无神话色彩。本诗篇不过七颂，然诗歌之音调美丽，诗中意象幽玄，其思想探究深刻，可以说全部《梨俱吠陀》诗歌，无有能出其右者。

诗人上来对于万有产生之前的存有状况加以悬想。当此之初的相状，不可名为无，亦不可名为有，或者也不可称死，亦不可称不死，也不可名为昼、夜、天、空、地等。总之后来之术语，可称其为名色（Nāma-rūpa，差别相）的一切诸相，都完全不可表示这种存在。

此时唯有混沌未分之暗黑，此暗黑当中连光之波动也不存在。如是境况大约亦如希腊的创造思想中的chaos（混沌）可以相当。此诸混沌界当中，连空也说不上。虽然不知道究竟有何物在中间，但万物据以发生发展之一个种子（Ābhu）亦即本原太一却在中间。诗人说此存在者没有气息呼出，但它确实在呼吸。这样的思考可以认为此处并无拟人的存在。但它又是具有生动力量而尚未展开的存在。诗人一方面说无法确定其应当如何称名，另一方面又意味深长地称其为“独一之彼”（Tad Ekam）。这是一种“虽其不可名而强为之名”的感觉。

特别应当注意的是，此处之“彼”，在后来的梵书和奥义书中，便成为了表示“存在”的大原理。在这个意义上，后来思想者寻常所称的“彼若有、此亦有（彼有此有）”（Tad tvam asi, etad vai tat），以及“彼之本身”“彼之相”都源于此的。尤其是“彼之相”（Tattvam）也可以指“实相”“真如”“真理”，所有这些都应当视为吠陀经中的Tat便是它们的先导。然后，此处的“彼一”，依据什么样的原动力而令万有发生的呢？诗人归结于某种“热力”（Tapas）。虽然这样的想法可能是因万物有热气而滋生的联想，但至少从哲学上考虑，太一具有内在的自动能力的含义，也许更符合思维的取向。

此种思考与雅各布·波赫默[①]的创世说也有某种相似性。彼所宣称的未生之神凭其内在的力（Drang）而显现自身。因为内在的力发生二分并寻至万有逐渐呈现。按照诗歌中的创生思维模式，先是欲爱（Kāma）作为原始冲动，这相当于希腊哲学中的eros（欲爱）的开展。在从“无（本体）”至“有（现象）”的演化过程中，本原太一占据着中间的过渡的阶段。欲爱之生起乃持续不断的努力，借叔本华的说法，它可以称为生命的冲动（Wille Zum Leben）。又“有”与“无”之相依关系，与希腊神话当中的创世前混沌颇类。从混沌中所出的天与地之间有欲爱活动运行其间。吠陀诗歌中，此之欲爱进一步展开呈现了识，其相当于叔本华说的表象界。后者可视为客观的呈现，因之有千差万别的现象冒头。

---

① 雅各布·波赫默（Jacob Bohme），1575—1624年，德国神秘主义哲学家。主张泛神论的自然哲学。——译者

不过，据实而论，此吠陀赞歌仅是专就心理发展而言，至此尚未有叙述物质界的意思。只是以叙述根本万有如何产生的诗歌，虽然其以心理因素为出发点，但若理解为客观世界的产生顺序，也没有什么不合理的。

要言之，吠陀诗歌中的创世观，其以“彼（太一）”为本原而发动欲爱，由欲爱而向识呈现，再由识来断定万有渐次成立。需要注意的是：虽然现象与变化呈现，太一之本体是不失自相[①]的。吠陀诗人将此过程譬喻成圣人借绳索之尺来测量框定现象界与本体界的界限。换言之，现象与本体合为一个整体，但它可以分为上下两个部分。下部即根柢，含有种子名曰自性，上部则是枝叶，也就是自性的显发，或曰力用。这里的现象界与前之发展说两相合并，图示如下，也很有说明意义：

```
        Manas 力用
              | ↑ 现象界
        Kāma | 欲爱
              | ↑
Raśmi 尺 — + —绳
              | ↑ 本体界
       Tapas | 热
   Tad ekam 自性、种子
```

必须指出，开展说与近代之进化论主张不同。其更像是新柏拉图学派之发生说。如前已说，此有两种情况，一是从现象界出发，并不否认现象之真实性，其对本原的追求体现为思辨的自然推进。另一种则是，以彼本原为质量因，同时又以本原为动力因。

① 自体自性。——译者

如此得到的结果是为了满足宗教需求。后一种思辨可以用经验加以辅证，如同父亲生出儿子而不必丧失父亲身体。太一本原之衍生现象而不必否定太一本原自身。如是之思维见地实可以当作典型之印度缘起论的理路。且不说其他的创世赞歌不离这个理路，就是婆罗门教体系以外之派别，也都遵循了这个套路。梵书、奥义书的创世观不用说，就是相对于婆罗门教的“异端”若数论之开展说、佛教之唯识论、起信论之缘起观，何尝不也如此焉？

更进一步，本譬喻中所说之太原“彼一”究竟是神之拟像呢，还是某种势力而已？恐怕创世诗歌的诗人也未必十分明白。然如果结合诗歌中最末两个颂子来看，其谓太原为何亦不可知，连最高之监视者亦未必能够知道它。再结合它既被当作人格之神以外的存在，又可以称为“种子”，吾人以为，与其说诗人心目中有一个能够运筹计划的人格之神，毋宁说它是某种无意识的冲动实在。依吾人来看——虽此说法不免有穿凿之嫌，本赞歌作者心中所据的只是人类由精液生殖而来的常识，因此应将吠陀诗人的哲学考置于此种联想上看待。亦即是说，诗歌中的“彼一”即令放到扩大了的宇宙背景下，也仍然只是母胎中的精子，因此诗人才想象它在无光的波动界中虽无气息然犹能呼吸。

最后，且就本诗篇对于后世的种种影响来看两者的关系。此中尤其不可忽视者，在诗中并不见以创世发展第一原理为人格神之依据。此即是所谓“非吠陀主义”之哲学先驱。道森之论数论哲学时，于此稍有提及。[1]诚然数论所谓自身不变异之自性根本而

① Deussen, *Allegeneine Geschichte des Philosophie*, I.1, s.12.

衍生出觉、我慢等现象界（即所谓五大十一根等）之次第发展说，是本诗篇的哲学立场之进一步发展。但因此而否认数论采取奥义书材料，进而发挥的理论功夫也是完全不应当的。不仅如此，吾人觉得，就是后来的佛教十二因缘说，其根本立足点，也是较数论更进一步的理论延伸，而说到无明（Avidyā）、行（Sāmskāra）、识（Vijñāna）、名色等一干系列，首先是佛教从自身立场所作之根本假定，即将整个现象界视为因迷妄而生的假象。此之“无明”完全可以视同前面所说的“彼一”，接下来是“行”。所谓行，是由此发生的冲动（Trieb）或者亦可以称作盲目的意志（Der Blinde Wille）更为准确。其与欲爱相当。第三称作“识”的，是现象之能观者，此处可以认为它与现识（Manas）是同一回事。也就是说，如果认为诗赞当中所谓的自“彼一”发生的顺序与佛教无明、行、识一路完全相同，不但未见不可，似乎更能探得历来难以解明的十二因缘之根源。此外又见《大乘起信论》中因真如而随缘生万法的次第，或唯识论中的“业之转现”的三细之说，无不可以直接关联到诗篇的思想上。换言之，“业”相当于彼一（Tad ekam）之发动之初，“转”相当于欲爱，而“现”则指的是现识本身。如此对应，则如节相符，亦理无不当矣。

要而言之，此之诗赞，虽篇幅简短，然其已含最初之教义要旨。彼亦是早期之比起理论，包含着后世发展出来的种种常说的种子。因之，吠陀创世诗篇，可以认为就是印度纯正哲学之出发点。又若视此诸诗篇中措辞巧妙，可以看到无与有、死与不生、昼夜、暗热、识爱、上下、体用、味不味、造不造之相对词汇，还可以读到诸多语词美丽、思想深邃的诗句，诸如无底的深渊、无光的波动、包含空间的原子，亦有亦无这样的并列词，无有气息的呼吸，所有这些语词或句式都显示了吠陀诗篇之雄奇宏大，就其文学性与哲学性来看，无论如何赞誉它们，恐怕都绝不为过。

第二，《生主歌》。诗中所赞的Prajāpati意为“生物之主”。起初其指娑维德利（《梨俱吠陀》, IV.53.2），也指阎摩（《梨俱吠陀》, IX.59）。然此最初不过表示尊号之名称，至后来则变成独立神格之大原理。经《阿达婆吠陀》《夜柔吠陀》而至梵书时代，其已经成世所公认之创造主。本赞歌中又称他为金胎。金胎，原本为太阳之拟人化名称。“金”为男，“胎”为女，以是可知“金胎”已是太阳生生之力的具体化。归根结底，所谓生主，其作为最高之生殖之神，也即是前面所说的“彼一”的似人性写像一样的用意。此处吾人所解释的诗赞由十个颂子构成。上来即求祭祀中的主神，亦即创造主到场。经过一番不厌其烦的追求，生主终于莅临祭坛。依此顺序，前面的九个颂子其结尾的诗句均是“吾应供养，此为何神”（Kasmai devāya haviṣā vidhema）。因此，此诗篇也名为“此为何神歌”（Kasmai Devāya）。本诗篇的思想，从哲学角度看，较前面的《无有歌》较逊。然其关于创造支配的叙述则要精彩一些。以其对创世的观察已经进到了关于有情界与无情界的区别。赞诗开始可以见到创造之神的本格。因作原初之水，水中蕴含有胎子，生出了天地而安立之。也因此而定天之两极。又作天河，以环绕大地，以造作大海与雪山；又依自己的形象而造出不死（之神）和死者（人类），且又赋予其生命和灵魂者。所有这些都是生主的创造之功。再看其作为主宰之神的本格，他也被称为“万有唯一主”。以生界之主的身份，他列在诸神的上位，受他支配的是二足四足者，亦即人类与畜生；众神也得服从他的命令；两军对垒，胜负也都取决于他的威势倾向于哪一方；害人者他加以处罚，而虔信于他的可以因他得到愿望满足。因此，他又有施财和与富贵的地位。简而言之，他是造作天地的神，也是生出人类与畜生并掌握他们命运的支配者。一句话，因他的生生之力，生主产育万有之同时，也有发展的能力。他既是伟大的工匠也是伟大的主人。本诗篇对于自古以来传说的宇宙观之片断做了综合整理的工作。若看其所叙述的创世顺序，在第七颂中有“汪洋巨水……精魄以出……金卵发生火光”，以是可知，生主是诸神，是世界、人类与动物的直接生产者，其产生是先造作原水及水中之胎，继后生出万有。因此，这一产生的顺序按下面的过程展开：

生主→→→水胎┬→→诸神
　　　　　　　├→→世界
　　　　　　　└→→人畜

若论此处的原水及胎子，可以参考梵书中所说的金色卵子（亦即金胎）。因其二分，遂有创造主生出。此等神话中的先驱思想，先可见于《无有歌》，随后见于《造一切歌》《祈祷主歌》。大概言之，此之创生观念乃基于生殖事实，对于宇宙生成作类比之思考。也因于此，其视原水为女性，又视胎子为男精。此种联想，颇类同中国的阴阳思想。与之相类似，中国的太极亦应是印度的生主焉？

第三，《造一切歌》。此中之造一切者（Viśvakarman，毗首羯罗），据说天地万物皆其所造也。其之产生颇与生主类同。初时，造一切者指的是因陀罗（《梨俱吠陀》，VIII.872）、苏利耶（《梨俱吠陀》，X.170.5），其尊畏之称焉。到了《梨俱吠陀》第十卷形成时，他独立出来成为重要的神格，出现于开头的赞歌中。《梨俱吠陀》中，有两首赞诗是献给造一切者的。诗人有关造一切者的想法，除此前之《生主歌》外，他处并不多见。唯值得注意者，依此赞歌，吾等知道此神之形象如是：

> 其四（面八）方有眼、四（面八）方有面、四（面八）方有臂、四（面八）方有足。唯一之神凭其只臂及翼，煽风而锻造天地。

此处所谓的四面脸、四臂、四足之相状，为后来的四面梵天的原初形象。又此中以万有全体当作此神的拟人形象。明显属于万有神之观念意象。此都是不争之事实。又特别是《梨俱吠陀》（VIII.82.6）上所言："因其作祭祀以养天地，亦即供养自己。"此中所透露出来的信息，正是此样的意思。又其创造成就，也可以见上面的颂文。如是本神所造作之工巧颇多（祭祀之仪也是创造的成就之一）。因此他又被称为造作者、分配者等。既称其为造一切者，此名所示，即由工巧观发展出来之神祇也。

话虽如此，真要明白他何以达到最高神的地位，何以称为吾等的父亲及能生者，以及水及胎子究竟所指为何，就不可不联系到生殖的意象来作解释。要言之，整体上看，本赞歌与前面之《生主歌》并无大区别。因此吾人认为至梵书时代，造一切者之神也被称为生主，绝非偶然所得。

第四，《祈祷主之歌》。祈祷主，梵名Brahmaṇaspati，抑或作Bṛhaspati，两种称呼均通用，并无区别。前一名较后者更具有抽象性，属于渐次发展的后起名称。至此时形成了赞歌中的创造之神。盖所谓神者，向其祈祷相信可以增进神效之力也（《梨俱吠陀》，II.24.11）。又谓若人向其祈祷，可增加自身意志力也（《梨俱吠陀》，X.69.9）。

此种思想之进一步发展，即是说，随生主创造一切之观念的发展，逐渐有创造之神独立出来。因此，此处所说之吠陀创世之歌，看其中的描写，暧昧语句甚多，其中真实意蕴，颇费猜测。既苦于寻其踪迹，为明斯事，此处权将三首赞歌相互对照，综合其意义大端，且加分陈于下。

《生主之歌》之根本在说原水与胎子，《无有歌》则讲有之与无的对待关系，而《造一切歌》说的是神以单手鼓动风箱锻造天地。此诸叙事当中，掺杂了工巧技术观念，自不待说。又须特别指出者，此中亦可见古代泛神论之中心思想。泛神论思想之代表应为阿底蒂神话。要对泛神思想作恰当之解释，不能不对吠陀赞歌的诗人以前的思想有所了解。不可不大致把握这些思想形成的脉络。

万有之本原太一，以祈祷主的身份，锻冶宇宙如同铁匠鼓风箱打铁一般。但在这里，其所使用的材料，只能取自自身而不可以抑其自身外。而其本体又不可以发生丝毫的变化（此处之"有"出自于"无"，即 sat ← asat）。又须指出，此处之"有"（sat）已是根本物质，在本赞歌中它被称为"神母"或"天母"，或者它也可以被称为"波"。从这个根本物质，才有作为现象的地、空间以及势力等产生出来。一言以蔽之，天地万物均作为现象从根本原理中生出。不过此处令人不解的是，本赞歌既说根本物质从力而生，又说力自阿底蒂而产生。道森对此加以会通，他认为，从现象显示一面看，势力令根本物质发生，但若追根寻源，即令祈祷主的势力，也仍然不可不从根本物质当中生出来。如是看来，道森的解说也合乎情理。[①]因而下图所示乃是赞歌中之主张的创造能生与所生的关系：

根本原理——祈祷主 = 无 = 本身之势力
↓
根本物质——有 == 神母 = 天母 = 胎子、原水
↓
现　象　界——地、究竟诸神 == 现象之势力

其次，本赞歌之原始依据在阿底蒂及太阳家族系的神话。阿底蒂有八子。其中一子即是太阳，阿底蒂将此子舍于现世，故其东升西沉。其余的七子由阿底蒂交给神带领。大约此处的意思是同《无有歌》中说的绳尺相同。其所附会的是本体与现象之间的对待关系。而其所说的八分之七为不死界的看法，似较《无有歌》中的二分说又进了一步。要而言之，本赞歌也在竭力说明相关的谜语，解释其立场。可以说，其创造观同《无有歌》中的生主的情况并无差别。不过，在前的各赞歌的思想完全披着以往的神话外衣，而本赞歌在祈祷主这里，抽象思想进了一步。后世所说的大原理“梵”其不过是此等神格的进一步发展。

第五，《原人歌》。观察前面所说的诸赞歌思想发展趋向，一方面，泛神的思想在扩展；另一面又因祭祀的需要，相关的神祇

① Deussen, *Allegeneine Geschichte des Philosophie*, I.1, s.143–145.

亦向具体化呈现。这样的走向，进一步极端化，便是《原人歌》的描述体现。诸神确定的具体化过程，也就伴随着泛神论思想的推进，祭祀仪的成立步骤与创世的想象步骤也是同步的。赞歌中的宇宙观正是在此同步的过程中建立起来的。从根本上讲，布鲁沙（原人）只是人，并未有以之作神的前例。但从另一角度来看，考虑所谓小宇宙与大宇宙之等两者无异的说法，也即是人之本性与宇宙本性的同一观念的产生。这样的立场，正是从本赞歌才开始的。它可以说成是：发现了宇宙是一巨人，或者亦可说是宇宙进化为巨人的感性思维的过程。本赞歌的思想特点，无疑属于《梨俱吠陀》最后期。此一时期，尚无四吠陀的说法（要到更晚即《阿达婆吠陀》时代才有旃陀的名称），此期也没有四种姓的说法。被后世奉为婆罗门圭臬的种性分别说，实际上应该在此时期露头。

本赞歌的思想大致如下。

太初有原人布鲁沙，其千头、千眼、千足。其大身掌握地界，其十指远出于大地者周边。已生及未生之现象界全皆为其身体之一部分。布鲁沙之身体，其四分之一为无生之现象界，其余四分之三为不死界。换言之，万有仅为实在之一分，而实在自身则超出万有，广大无边。此等思想之前未必没有，但似此泛神论情绪之强烈表述仍属前所未有。如是之万有中透出神在的意义，完全可以视为马勒布兰希（Maleblannche）的“万有即神观”的另外一种表述。不过，此处需要强调的是，原人并未被直接当成万有的显现，而是被看作同步于万有呈现的不同阶段。即是说，其先自自身中生出遍照，再从遍照生出布鲁沙。此处的遍照恐怕正是根本物质的意思。此处之布鲁沙，应该就是本体之原人化现出来的当体。而此化现之布鲁沙其实也是万有发展之直接原理。因此原理，诸神在祭祀仪式中奉其作牺牲。而牺牲燔祭时，因其汁液而进化出天地万物。这样的过程大可以考虑为某种变形的工巧技术观之创世论。而本赞歌中，凡说祭祀次第，多半为实指当时的祭祀习俗。值得注意者，一年四季中，春、夏、秋皆行祭祀（赞歌的第六颂）；很有可能，在那个时候，有关时（Kāla）或岁（Saṁvastrara）的祭仪已经具备雏形了。作为创世的根本原理，此原人同以往的赞诗中所说的大原理不一样，他并不是被祭祀的神明，而更像是祭祀时的材料。既成的祭祀仪倒是原人中产出的结果。本赞歌之兴趣出以下五种结果：①鸟类、家畜与野兽；②四种吠陀；③人类之四种姓；④苏利耶（太阳）、旃达罗（月亮）、阿耆尼、伐由、因陀罗等诸神；⑤三界地极。一言以蔽之，所有有情与无情之全体都从中产生。

又从布鲁沙之（身中）特定部分发展出来的现象界可以列举如下：

```
                          ┌从耳出方位
                          ├从眼出苏利耶
头面部——从头出天界┼从口出因陀罗、阿耆尼、婆罗门族
                          └从息出伐由（风神）
                          ┌从心出月
躯干部——从脐出空界└从双臂出刹帝利族
肢足部——从足出地界┌从腿部出吠舍族
                          └从两足出首陀罗族
```

所有这些产出的部位搭配，多取相类的生理属性而比附四姓地位。总之，自外部形态看，本赞歌无非是对所谓巨人神话的袭

用，然其并非极端幼稚之模拟颇为明显之泛神论观念，姑且悬置其调和创世之工巧的和生殖的两种观察（对祭仪的观察便是工巧观立场上的，从身体中生出万有发展的见地又算是生殖观的变形），而将具体之原人当作本原太一之至高神的做法，仅视其将以前诸赞歌的思想之综合，对照《无有歌》的出发点，仍不能不说本赞诗坚持了高伟的思想立场。特别是其观察宇宙采取了人类的立场，这显示出印度的思想家眼界已经从客体转向主体。本赞歌之第二颂说布鲁沙以食为养，成为不死者，潜在地甚至不再提及灵魂主体。把这样的见地当作基础，以后的因身体而心、因心而真我、因真我而大我的思想，遵循的便是这样一个理路。

第三节 《阿达婆吠陀》的哲学思想

四吠陀中，其哲学思想丰富性仅次于《梨俱吠陀》的，当属《阿达婆吠陀》。其包含哲学思考的赞歌之分量和种类都超出《梨俱吠陀》，甚至超出数倍之多。既有之生主观念在《阿达婆吠陀》中更趋于圆熟，成为更上一层之大原理的寻求。中性的非拟人状态的大梵观，在《梨俱吠陀》时期犹未形成，而到了阿达婆时期，则成为了确然的哲学见解。总而言之，《阿达婆吠陀》中的哲学思考无论就复杂性还是超越性都高于《梨俱吠陀》的境界。应当指出，《阿达婆吠陀》中的思想仍然是对《梨俱吠陀》的继承，说不上是另辟蹊径。准确地讲，它只是采取了当时的现成思想材料，而以《阿达婆吠陀》特有的风格为其润色增光。从内容上看，《梨俱吠陀》末期以来，至梵书时代中期，思想界已经发生相当的变化。这是大量吸收当时的学者思想成果，而致力于提高自身理论地位的创造结果。如果以《梨俱吠陀》末期以来，经过《夜柔吠陀》至梵书之思想历程为印度哲学思想史的主流，则《阿达婆吠陀》的思想则是平行的支派，虽然其思想进展仍然有赖于前者的哺育之恩。因此，若欲因此三言两语对阿达婆在印度哲学史上之地位给予评价，欲得中肯准确，着实不易。今吾人权且于此稍作总结介绍，以期读者不致误解梵书之前的印度思想。简要言之，若单独观察，《阿达婆吠陀》或有一定价值，然若顺着《梨俱吠陀》经梵书而奥义书的路径以谋求哲学发展轨迹。《阿达婆吠陀》则说不上有多大的思想价值。但不管如何，把握印度思想发展脉络。不但应该掌握《梨俱吠陀》与梵书的思想线索，还应当对此主流以外的不同教义思想有所了解，唯因相同的思想观念有时会以不同的术语来表达。这种情况下，《阿达婆吠陀》中的说法当然就有参考的意义，因为从中可以透露出思想变化的信息。此种情况颇与佛教研究者也要注意所谓外道学说的主张相似。研究吠陀思想主流发展，不可不注意此点。

《阿达婆吠陀》的哲学出发点，可以从其所述的诸神起源和世界起因的立场中见到。由彼，吾等可以了解，其与《梨俱吠陀》没有什么不同。其第十卷之第七，以为宇宙原理即是支柱（Skambha），因之，其对支柱作赞颂。

第三颂：其身体之何部位为地界支柱？其身体之何部位又成为空界之基座？又何部位乃天界所建立？天界以上之空界又是何种居所？

第五颂：彼时（创世之时）之前，未有岁时，未有创造者，亦未有祈祷主；亦未有因陀罗、阿耆尼和阿湿波。人为最古老之可礼拜者。

第八颂：因陀罗、苏摩、阿耆尼自何而生？工巧匠特瓦斯特里、规范者达特利（Dhātṛ）又自何处生？

这些疑问，显而易见，是在寻求宇宙万有的根本所依之原理，以及诸神统一之最高原理。加之《阿达婆吠陀》中又提出了《梨俱吠陀》以来都未有人发出的问题，例如人类的构造、活动的机能、人类的命运等。在《阿达婆吠陀》第十卷之第二首赞诗（该诗由33个颂组成）当中，大部分都是对人类的生理、心理和命运发问：

颂一：谁作人踵，谁附其肉，谁作孔窍及与指节，又谁作躯干及基础（屁股）？

颂九：人从何处得种种苦乐、睡眠、贪嗔、欣快和喜悦？

颂十：困苦、堕落、灭亡、匮乏从何而来？幸福、繁荣、满足及种种结果又因何而生？

人类的疑问起初是向着外部世界的，逐渐地目光转向了内部自身。如果这样，则明显可以看到，《阿达婆吠陀》的疑问较之《梨俱吠陀》也进步了许多。如果看它所做的回答，就其疑问的深入程度，的确不免流于粗疏。其对于世界创生说的疑问，就深刻程度言，仍然只是照着《梨俱吠陀》的路子走，并无惊人之语；而关于人类起源的问题，也只是归结为由最高实在原理流出，似此看来，只是泛泛之谈，可称无趣。大致说来，《阿达婆吠陀》中所说的宇宙构造，虚诞成分颇多，思索也仍落在粗疏当中。盖《阿达婆吠陀》中所涉，只是民间风习，其哲理讨寻之深度，也仅能及于此种程度也。

《阿达婆吠陀》之哲学特色，与其说更进一步成立最高原理，不如谓其但称其名，将抽象原理庸俗化而已。即是说，虽《梨俱吠陀》中与梵书中都有相当发达之抽象原理（或抽象神格），然《阿达婆吠陀》对于精神领会甚不充分，不仅未能推进，反而有下移而依赖具体物象者。究其原因，此因为《阿达婆吠陀》之讲求者离不开咒法、咒术，故其思想形式属于类比依附，大事化小，小事化大。似此之思维方法，则高度抽象之原理不免流于庸俗而低陋。无可否认，《阿达婆吠陀》中，吠陀之最高原理亦同梵书一样，被当成生主或大梵天。而在作如是声称时，也多少显出其思索有交流亦有发展。虽然《阿达婆吠陀》当中有此见地，也仍是学者世间接受公认教理之结果，并非《阿达婆吠陀》本身之性质如是焉。若论原理说明，《阿达婆吠陀》较梵书稍逊一筹矣。后者之见地，以最高实在和抽象之神属于同格，甚至超出同格（亦即非二之相同，而直接成为同一）。以下举例显明：

（1）地母《梨俱吠陀》当中，以女神、地作诸神之母。从彼以来，地母即是最高之神祇（XII.1.1）。

真理、伟大、规律、力势、祭祀、苦行、祈祷、牺牲，一切皆为地母所支持。地母为一切已生未生之主。地母给我们以广大版图。

佛教之《十住心论》中说有一种外道：或言地为万物因，以一切众生万物依得故……为供养地者，当得解脱。[①]

（2）红暾（Rohita）。初指太阳，以后更以表示太阳之神格。至梵书时代，成为创造之神。其神格与金胎相同而名称不同而已。《阿达婆吠陀》中有赞红暾之诗歌两首。为第13卷中之一与二。其中（XIII.1）曰：

红暾生出天地。最上者牵起绳索（规划天地）。独腿之山羊（Aja Ekapāda=太阳=Rohita赤红者）自己确定自己。他凭借此力以确定天与地。

红暾规范了天地。又因红暾之力势而建立了光明及与穹窿（天顶、天棚）：

虚空和方位（四方、八面、上下）因他而得测量；众神因他得以不死。（第10颂）

又第二首诗歌（XIII.2）说，因它的力势而创造出时间以及生主（第39颂），诗中又说其"十方有手、十方有脸（颜）（第26颂）"；又谓其"以地为祭坛，以天作布施，以热为祭火，造天地及一切有情"（第52—55颂）。是诸事迹，显然在《梨俱吠陀》的《原人歌》中已经有所叙赞。此处唯以红暾之名再作复述。联系背景，可知犹有一点发展。

（3）牝牛及牡牛。以大地和太阳为最高原理自然合乎一般的情

① 井上了圆：《外道哲学》，第297页。

理。但若以公牛或牡牛来比拟最高实在，总还有些不可思议的地方。《阿达婆吠陀》第六卷的第11首诗赞（VI.11）是献给牡牛的歌：

牡牛荷负天地，牡牛亦荷负广袤的空界；牡牛又荷负了（天地之）极柱，以及六方上下。牡牛充满了宇内。

第十卷之第10首（X.10）也是意在歌赞牝牛：

牝牛成天成地，成毗湿奴，又成生主。一切神祇与圣者皆得饮他榨挤出来的甘液。（第30颂）

吾等若向婆罗门布施牝牛可得整个世界。无论如何，牝牛之中规律、祈祷、苦行悉得完备。（第33颂）

如上所引，从根本上说，以牛来表征之“牝牛”虽不可说没有抽象意义，但其多少也有实指的含义。这正是《阿达婆吠陀》之一般特色。对于印度人而言，牛是如此重要，故其上自《梨俱吠陀》时代以来，它都是表示财富大小的表征，其之被当成神圣者也是理所当然的事情。后世对牛的神圣崇拜，也出于此类原因。

（4）呼吸。此观念本来所指，只是人之气息或生气。以后它又发展成为宇宙的或世界的生命气息。《阿达婆吠陀》时期，生气也已经成为了本源本体的最高原理。这样一个观念发展的自然过程，梵书时代已经能够寻出蛛丝马迹。《阿达婆吠陀》中诗颂（XI.4.29）说：

礼敬婆楼那。因他成全整个宇宙。婆楼那为万有之主。世间森罗万有，皆因彼而和支持。“诗的开头又说：”彼即是死，彼即是热，彼即是日月，是光辉者[①]，亦是生主；睡眠中人因他而得唤醒也得守护。睡梦当中亦得看顾。

（5）欲爱。即令在《梨俱吠陀》时期，诸如愤怒、信仰这样的心理状态也都被神格化了。一般说来，作为创造的一个重要原理，欲爱更是不可或缺，历来都被诗人给以最高神的地位。《阿达婆吠陀》第九卷（IX.2）第2首说：

欲爱最初生出。诸神、祖先、人类无不因染欲爱。欲爱伟大胜于此诸神与人。欲爱汝尊，吾等奉祀。

虽然，与其将欲爱崇拜视为创造原理，莫若将其当成印土先民希冀借彼力降伏怨敌、驱逐恶神与恶梦之动机。希腊神话当中欲爱之神爱洛斯也司理爱情。《阿达婆吠陀》中之欲爱之神则身披三重坚甲，手执利器，俨然军神模样。以后之魔王形象，以及欲天的形象，也都循此而来。

（6）时（Kāla），时间，音译亦为伽罗。《梨俱吠陀》中，当叙及创造之顺序时，其所言春、夏、秋已经是时序概念。到了《阿达婆吠陀》当中，时间观念已经发展非常成熟，成为独立的原理。大概到了梵书时代。“时”之观念也已经同“生主”同格。

---

① 其亦可指女王、毗湿奴或任何神明。——译者

《阿达婆吠陀》第十九卷（XIX.53）第78颂曰：

> 心及呼吸及名，皆因时以得确定。凡时至则一切有情欢喜。

苦行及最高者（生主）也都是因时而确定的。时为万有之主，亦为生主之父。此等思想观念虽然看上去亦有相当深刻的哲学抽象。但一般而论，仍然离不开拟象之比附和引申。例如，太阳所乘之车，以天马作为牵引就是暗喻之譬。又如，后世风行之《白净识者奥义》中即有对时的批判，不以为它是根本的重要原理。但是《弥勒奥义》又是接受时为创生原理的说法的（VI.14-16）。至于更晚的佛教，对以时作原理的说法屡有批驳。佛教之批判书《外道小乘涅槃论》之第17，有说“时”的论师作这样的声称：“一切物（由）时生，一切物时熟。一切物（因）时灭，时不可过。”

（7）残馔（Ucchiṣṭa）。早在《梨俱吠陀》当中已经有将祭祀与世界创生同视的倾向。后来的梵书和《夜柔吠陀》中，此倾向被推向极端。到《阿达婆吠陀》，受气运的影响。进而将祭祀之供品余馔视为宇宙之根本原理。此种思维模式之来源大抵不离印度古典祭祀的程序。通常在祭祀末了，施主与主祭的僧侣一道会对祭品分而食之。分食于是成为祭仪之最后的步骤，或者是献供圆满的标志。此种信念遂引出祭祀可以根本成就一切的观念。《阿达婆吠陀》（XI.7.1）有：

> 名色（现象万物）存于残馔，此世间亦存于残馔；因陀罗、阿耆尼及一切其他神祇亦皆存于残馔。

按照这样的理路推衍，海洋、大风、太阳、三吠陀等都是依存于残馔的。如是而论，遂有“(残馔)即母胎，即宇宙之支持者，亦即生主之父”之赞叹。至此则残馔之重要，无以复加，臻于不可思议之境地。即因此例，道森推测，残馔之从现象向实在转变，便就是思维转移的结果。[①]然吾等须知，此种方式在《阿达婆吠陀》中也是一种惯习，无须采用过分牵强的解说。

(8)梵行者(Brahmacārin)。本词汇的本义即“吠陀学生或学梵者”的意思。Cārin即是学习者、修行者的意思。行者在老师的指导下修习一定的时间，遵循吠陀经上的指示，刻苦修习是锻炼的根本。以梵为最高的实在信念，深信热为世界创生的根本实在与动力来源，《阿达婆吠陀》中诗人，其实也是以苦行来追求同原始的热相契合的学者。其深怀着对梵的企求而达至与梵的统一。以梵为最高原理的冥思及实践正是从这些诗人中产生的。《阿达婆吠陀》(XI.5)说：

> 先有梵行者自梵中生出，又有隐蔽于热之苦行产生。从此热中生出婆罗门、最高梵、诸神以及不死之甘露。(第5颂)
>
> 梵行生出梵及水、世界及生主，以及遍照者；其寄住于不死之胎内，成为原子之因陀罗。以能制伏阿修罗。(第7颂)

(9)支柱。《阿达婆吠陀》通过种种事物现象而遍求最高之真实原理。其所企望之高远境界谓之“支柱”。支柱之名称，想必

① Deussen, *Allegeine Geschichte des Philosophie*, I.1, s.306–307.

来自最高真实并可以作为基础和支持的意思。诗人考察种种物象，赋予本词以伟大意义。《阿达婆吠陀》当中对于支柱之歌赞者有两首（XI.1–2）。其中又以前首更为优胜。两首诗歌共有44颂。此诸诗赞的作者，无疑熟谙梵书中的大梵观究竟何所指。明确上半年将其与《梨俱吠陀》中的根本原理，即生主与原人打成一片，融合而推展。《阿达婆吠陀》第十卷（X.7.17）说：

> 若有人能在布鲁沙上见梵，彼即为最上智者。若有人能知最上智者，亦知生主为谁，亦知最上梵者。彼即同时知道何为支柱。

也即是说，布鲁沙、生主、大梵都是支柱的异名。若知其一，必知其二。此中含义当如是看待。又其第27颂所述金胎即最上之神祇的信仰：

> 俗人不信金胎即是不可说之最上者，则更不能信：太初之时，支柱即以金注入世界。

显而易见，此处诗人之努力在从诸现象之创造者之神以外，更求创造者之外之实在原理。另外，本赞歌似乎也与《阿达婆吠陀》之基调不甚吻合。其批判历来之信仰，斥责俗世之最高信仰，认为其不过只及支柱说的数分之一。此处的诗人于所批判者，虽论其不足，然亦有所吸收。故本颂诗值得重视。不单如此，诗人于此将最高原理发展出来的历来观念，即原先所说的世界、诸神、仙圣、三吠陀、苦行及多种信念，一律加以综合，完全放到支柱观念的下面，从而建立了庞大的泛神论体系。此亦为重要价值之一方面。然而，若仅从吠陀立场来看，所有这些仍然不曾逾出《梨俱吠陀》之基本见地。仅仅是范围更广之综合功夫而已。吾人作此结论，当与事实相符，而无唐突之过焉。

第二篇

梵书

第一章　总说

一、梵书时代

因为人口膨胀，雅利安族有的离开五河流域到中土（俱卢国）地方，在那里安居下来。又经过数百年繁衍，出于多种原因，雅利安人的思想遂陷于沉滞。由于生活环境改变，自然气候条件与以往不同。昔日那些朝夕相感而生的对自然神的恩威的感动，已经变得陌生，对于古老的神明，不免会产生疏离与隔膜。即因于此，自《梨俱吠陀》末叶以来，彼族的哲学思考，丧失了进取之动力，虽表面上仍主申述与发扬，但更多用心则转向形式表述。就中土的印度思想来看，宗教家们都致力于吠陀祭祀仪程的整理，相形之下，放弃了对清新率真的思索的探求。注重吠陀仪式的端倪虽然远在此前已经可见，但彼时吠陀诗人所注目者仍主要是能令其激动不已之绝对存在，人们所强调的主要还是宗教的根本教理（第一义谛）。而至梵书时代，则所见者已经只是世俗的愿求企望，宗教之目的已然落到物化境地。一方面，祭祀中的作法日趋细密且沦于繁琐，仪式当中，一举手一投足，皆被赋予特殊意义，结果形成这样的境况：无论是所求之神，还是能求之人，也无论可见不可见之世界，也都依附于祭祀的仪程，因之得以存在。祭祀成为了人们生存的起点和终点。全部的人生观与世界观，都只能从祭祀中得到意义解释，思想完全地被禁锢起来，宗教已经进入一种极端的境地。所以会出现这种情况，除了风土气候的自然变化，还有社会历史的分化与差异。当时的叙事史诗反映出整个南亚印度的大动荡。最为强健的刹帝利无暇注意思想界的创造活动，只能将宗教教学的权利尽悉委之于婆罗门族。而后者作为本来保守的宗教家，通常其所在意的也仅为教权的承传。为此而不惜压制可能导致进步的思想。在繁琐的祭祀仪中故步自封。此恐怕便是当时印度宗教停滞不前的主要原因。

此一时期又谓婆罗门教之确立时代。当时婆罗门教的一般情况，可以用三大纲领加以总结：所谓吠陀天启、祭祀万能、婆罗门至上。作为三大纲领思想基础的，则是婆罗门教僧侣们的教学活动：编纂而非创造宗教典籍。他们所采取的材料均来自吠陀经中的梨俱本集、沙摩本集（以及《阿达婆吠陀》自不必说），而真正拉开这个时代序幕的是《夜柔吠陀》，以及随后出现的梵书的编纂。正是后者，将婆罗门的玄思推向圆熟。以梵书为基础，大量的神学书籍被编纂出来。而所谓梵书，是以《夜柔本集》为依据，全部用散文写成的。其目的在于解说《夜柔吠陀》，但主要服务于吠陀祭祀的实践操作。梵书中的解说，本意是为了让祭祀仪及其象征意义更加显明。为此，在编纂过程中也附上许多相关的事项典故等材料，对于象征神话、仪式背景都有尽悉搜罗、详解说明。也因于此，婆罗门教之体系所以正式确立，正得益于作为其理论基础的梵书的推助之功。至于梵书产生的具体历史年代，大致可以判定为含《夜柔吠陀》之形成在内的公元前1000年至这之后的

500年中。

二、梵书之圣典地位

四吠陀乃根本经典。若以佛教典籍来作类比，吠陀算是教主的根本教说。因此梵书之于四吠陀，犹如佛教当中的论藏之于经藏。具体而论，四部吠陀本典乃是婆罗门教祭祀中的实用手册，而梵书则是对祭祀实践的理论背景和操作程序的解说基础。说得更为直白一些，梵书是各种吠陀本典所附的神学书。因此，从整体的形态来看，吠陀各个支派均有自己的专门论书，是对本派神学加以解说的通则。观梵书之肇始，先有关于《夜柔吠陀》的神学解说发展起来。即是说，起初针对《黑夜柔吠陀》之本集，婆罗门师徒之间为传授仪式作法，得为相关仪程事项作神学理论解释，成系统地汇集起来的解说，便是梵书的雏形。以后陆续地形成为其他三种吠陀编写的梵书。那个时代的“学术”风气，便是编写各种各样的梵书。在此意义上，起初，其本典与梵书尚未分流的《黑夜柔吠陀》，便可以看出其叙述倾向有自本典向梵书转移的痕迹。因此，有理由认为《黑夜柔吠陀》便是最古老的梵书。为什么这样的作品要叫作梵书呢？因为在婆罗门祭祀仪中，有四种祭官。基中充任监督者之祈祷者对于本典做了这样的工作：其将吠陀中的神学知识要点或者称之为“梵”的那部分神圣意义，整理发明出来，汇为一类部集。因此，梵书本义就是有关“梵”的圣书，或者“秘（密）书”的意思。至于梵书自身，对“梵”这个名称的确切意指，并没有任何说明。

三、现存之梵书

原则上说吠陀各个学派均有各自的梵书传世。因之有多少种梵书，就应当有多少的吠陀学派。另一方面，从现在的梵书看，其中亦引用到别的梵书，其中有不少仅见其名而今天已经见不到原书的。所以吾人知道，古时候的梵书及其学派比今时要多得多。时移境迁，古时的学派衰退湮灭，今天犹可见的梵书，仅有十四五部。汇总列于下面：

<table>
<tr><th>本集</th><th>梵书名</th><th>支派</th></tr>
<tr><td rowspan="2">《梨俱吠陀》</td><td>1.《爱多雷耶梵书》(Aitareya Br.)、《阿湿波罗延那梵书》(Āśvalāyana Br.)</td><td>阿湿波罗延那门派（Āśvalāyana）</td></tr>
<tr><td>2.《商羯耶那梵书》(Śāṅkhāyana Br.)、《考斯塔基梵书》(Kauṣītaki Br.)</td><td>考斯塔基门派（Kauṣitaki）</td></tr>
<tr><td rowspan="9">《沙摩吠陀》</td><td>1.《但第耶梵书》(Taṇḍhya Br.)、《二十五章梵书》(Pañcaviṁśa Br.)、《普拉乌达梵书》(Prauḍha Br.)</td><td rowspan="3">但第耶门派（Tāṇḍhya）</td></tr>
<tr><td>2.《二十六章梵书》(Ṣaḍviṁśa Br.)</td></tr>
<tr><td>3.《歌者梵书》(Chāndogya Br.)</td></tr>
<tr><td>4.《供养礼赞乐师梵书》(Talavakāra Br.)</td><td>乾米利耶派（Chanminya）</td></tr>
<tr><td>5.《谱系梵书》(Vaṁśa Br.)</td><td></td></tr>
<tr><td>6.《沙摩分别梵书》(Sāmavidhāna Br.)</td><td></td></tr>
<tr><td>7.《诸天思虑梵书》(Devatādhyāya Br.)</td><td></td></tr>
<tr><td>8.《本集奥义梵书》(Samhitopaniṣad Br.)</td><td></td></tr>
<tr><td>9.《阿尔塞耶梵书》(Ārṣeya Br.)</td><td></td></tr>
</table>

续表

<table>
<tr><th colspan="2">本集</th><th>梵书名</th><th>支派</th></tr>
<tr><td rowspan="5">《夜柔吠陀》</td><td>《白夜柔吠陀》</td><td>《百道梵书》(Śapatapatha Br.)</td><td>瓦恰萨尼耶门派(Vājasaneya)</td></tr>
<tr><td rowspan="4">《黑夜柔吠陀》</td><td>1.《泰帝利耶梵书》(Taitirīya Br.)</td><td>泰帝利耶门派(Taitirīya)</td></tr>
<tr><td>2.《羯陀梵书》(Kāṭhaka Br.)</td><td>羯陀义门派(Kāṭhaka)</td></tr>
<tr><td>3.《伽比斯塔罗羯陀梵书》(Kapiṣṭhala Kāthaka Br.)</td><td>伽比斯塔罗羯陀门派(Kapiṣṭhala Kāthaka)</td></tr>
<tr><td>4.《弥勒梵书》(Maitrāyaṇiya Br.)</td><td>弥勒义门派(Maitrāyana)</td></tr>
<tr><td colspan="2">《阿达婆吠陀》</td><td>《牛道梵书》(Gopatha Br.)</td><td></td></tr>
</table>

此中最为古老的梵书，应当是收入《黑夜柔吠陀》中的那部分，其还未来得及成为单独的梵书作品。其次则是同样也属于《黑夜柔吠陀》的《泰帝利耶本集》后面所附的《泰帝利耶梵书》，以及《沙摩吠陀》的《二十五章梵书》《梨俱吠陀》一系的《爱多雷耶梵书》《考斯塔基梵书》。还有《沙摩吠陀》的《塔罗跋伽罗梵书》(*Taravākara Br.*)，而作为《白夜柔吠陀》的梵书，称为《百道梵书》的，大约是更晚才形成的。另外，后世续出的梵书还有《沙摩吠陀》一系的《二十六章梵书》《歌者梵书》。这两部书又都是《二十五章梵书》的续篇。以篇章数目作为梵书的名称，实际上是假想出来的对于《沙摩吠陀》中歌赞方法和功德宣扬的

总结。而《阿达婆吠陀》一系中的《牛道梵书》，当视为最晚所出。特别需要指出的是，《牛道梵书》虽然已有预言，认为以后将有《三圣火祭经》(*Vaitāna Sūtra*)。但显而易见的是，此经应当是《牛道梵书》之前早已存世的。说起来，《牛道梵书》反而是很晚才模仿先前的梵书编写出来的。所有这些梵书中，无论质量还是篇幅，都以《百道梵书》居于首位。奥登堡曾经认为，全部梵语文献当中，列在第一位的是《梨俱吠陀》，其次则是《百道梵书》。埃杰林（Eggeling）曾经把《百道梵书》中的多篇加以英译，收在《东方圣书》文库中。另外，该梵书的产生地并不清楚。只是从其内容来判断，应当不会产生在同一地方。可以肯定的是，所有梵书都是产生于印度的"中国"地方，即恒河西北为中心的广大地域。尤其是《百道梵书》，其主张祭祀供献的神坛，应该就是俱卢一带。此地在恒河西边。诸梵书之原典的刊行及欧洲语翻译本情况如次：

《泰帝利耶梵书》，密特拉（Mitra）刊行，1859—1862年

《百道梵书》，韦伯（Weber）刊行，1855年

《百道梵书》，埃杰林（Julius Egegling）校刊，载《东方圣书》文库12、26、41诸卷，分别出版于1882年、1885年、1894年

《爱多雷耶梵书》，阿尔弗雷德（Alfred）刊行，1879年

《爱多雷耶梵书》，M.豪格（M.Haug），1863年

《二十五章梵书》，范达特和瓦吉莎（Vandata & Vāgiśa），1870—1874年

《牛道梵书》，M.布隆菲尔德（M .Bloomefield），1912年

《但第耶摩诃梵书》，为《摩吠陀》之一部分，《印度文库》，1870—1874年

《二十六章梵书》，H.F.伊辛格、莱顿（H.F.Esingh, Leyden），1908年

《二十六章梵书》，库尔特·克莱姆（Kurt Klemm），1894年

《阿尔塞耶梵书》，乔治·布勒尔（Georg Buhler），1878年

《沙摩分别梵书》，乔治·布勒尔，1873年

《本集奥义梵书》，乔治·布勒尔，1877年

《谱系梵书》，乔治·布勒尔，1873年

《考斯塔基梵书》，D.伽斯特拉、莱顿（D.Gaastra, Leyden），1908年

四、梵书内容

各种梵书，内容非常庞杂，五花八门，若非经过会通融合，难以摸头着脑。然究其实，此中也还有它的内在一致处。据此而论，可以认为，只要读其中一部，也可以大致知道另外的梵书都说些什么。无论如何，梵书基本内容都围绕祭祀仪而展开。主要的用意在从理论解释和说明仪式的象征意义。因其所涉及的内容非常广泛，包括了吠陀文献中的神话、古昔的典故、传说等。梵书在讨论琐细的祭仪的同时，也会涉及宇宙起源以及世界本原实在这些论题。因此，从梵书的思想内容看，大约属于婆罗门学者对《梨俱吠陀》末期以来发生的哲学思辨以及保守的民间信仰的总结与调和。很有以祭祀为结合点，将高级与低级的宗教观念烩

作一锅的意思。后世的注释家通观梵书全体，从内容上区分了三类。即是：①仪轨（Vīdhi，规则）；②释义（Arthavāda）；③根本含义（Vedānta，发挥义、精髓、结晶）。

五、关于梵书文献的补充说明

奥地利学者温特尼茨（Winternits）所撰之重要的《印度文献·婆罗门教》（*Indian Literatur*: *Brahmanism*）第174页上对于梵书文献的详细说明，引述于次：

> 被译为“梵书”的Brahmaṇa，古称Bandhu，本义为“联系”。其显示出梵书中所有的讨论，一开始只是说明祭祀行为同祭祀中的祈祷者间的神秘联系。直到很晚的时期，“梵”这个词都是被当成“深意的、奥秘的联系”来使用的。

并非所有称Brahmaṇa（梵书）的，都是关于秘义的解释之书，《沙摩吠陀》中有好些虽然也被称为“梵书”，但它们实际上只是Vedāṅga（吠陀的辅助书，其有三种类型）。而那部称为《牛道梵书》的文献属于《阿达婆吠陀》一系，应当是最晚的梵书文献。《阿达婆吠陀》当中原本是没有梵书文献的。M. 布隆菲尔德认为《百道梵书》形成于《三圣火祭经》以后。但格兰德[①]和凯思[②]认为《百道梵书》形成时间比《三圣火祭经》要早。

---

① Galand, *WZKM*, 18, 1904, pp.191ff.

② Keith, *JRAS*, 1910, pp.934ff.

《爱多雷耶梵书》属于《梨俱吠陀》系统，其由40个论议组成，又分为八个“五分”。以往认为它的作者是摩醯陀·爱多雷耶（Mahidas Aitareya）。实际上其人只是本书的编纂者。本梵书的主题是解说苏摩祭，其次解说火祭以及王家祭礼。[①]与本梵书关系很深的其他梵书是《考斯塔基梵书》或名《商羯耶那梵书》的书，后者也属于《梨俱吠陀》一系。其包括了30个论议。前面的六论解说食馔祭（布火、燔祭、朔望及季节的祭祀），自第七论到三十论讲苏摩祭祀仪。内容与《爱多雷耶梵书》大致相当。[②]属于《沙摩吠陀》的梵书有《但第耶摩诃梵书》。[③]另外名为《二十五章梵书》也是《沙摩吠陀》系统中最古的梵书文献，其中载有相当

① 《爱多雷耶梵书》有M.豪格的英译本，孟买，1863年；又有阿尔弗雷德采用萨亚纳（Sāyana）的注释而完成的编辑本，波恩，1879年；又英国学者凯思也曾将萨亚纳的《爱多雷耶梵书》之注释全部英译。该书梵本收入：*AnSS*, No.33，英译本见：*HOS*, Vol.25,1920. 凯思认为《爱多雷耶梵书》很可能比《泰帝利耶本集》中的梵书部分还要古老，当然更早于《斋弥尼梵书》[和《百道梵书》。利比希（Liebich）有讨论《爱多雷耶梵书》中的语言，见《帕尼尼语法》，第23页及以下诸页]。关于摩醯陀·爱多雷耶其人，见凯思的译本《爱多雷耶森林书》（*Aitareya-Āraṇyaka*, Introduction, pp.16ff.）。

② 《考斯塔基梵书》有B.林德纳（B.Lindner）校刊本，耶拿，1887年。即：*ĀnSS*, No.65；凯思有英译本，刊行于：*HOS*, Vol.25, 1920. 其第十章有R.洛佩克（R. Löbbecke）作德译：*Ueber Das Verhaltnis von Brahmanas und Srautasutren*, Leipzig, 1908. 阿帕斯塔巴（Āpastamba）曾经说到过《考斯塔基梵书》，但他的引文来自一部称为*Bahrca-Brahmana*的梵书。此书虽称属于梨俱系统，但却不见于《爱多雷耶梵书》或《考斯塔基梵书》。因此只能认为这部书是并未真正流传下来的《梨俱吠陀》系统的梵书（见凯思前所引书第48页）。关于《爱多雷耶梵书》和《考斯塔基梵书》的批判及解说，可以参见：Galand, *ZDMG*, 72,1918, pp.23f.

③ 刊行本收在《印度文库》（*Bibl.Ind.*, 1870-1874），霍普金斯有对于该梵书的讨论与分析，可见其发表的《伟大梵书中的神及圣者》（*Transanctions of the Connecticut Academy of Arts and Scieuces*, Vol.15, 1909, pp.20-69. 格兰德对此有评论札记，发表于：*ZDMG*, 72, 1918, pp.19ff.）。

古老的传说。特别有意思的，是《祭典之歌》（*Vratyastomas*）及对祭祀仪的描绘部分。[①]再有即是《二十六章梵书》。[②]该书最末部分称为《阿杜达梵书》（*Adhuta Br.*），内容属专论神迹和祥瑞等的吠陀六种释书之一。另外，还有一部较《二十五章梵书》还要古老的作品，名为《斋弥尼耶梵书》（*Jaminiya Br.*，属《沙摩吠陀》系统）。本书值得注意的地方在于其对宗教和传奇的关注。可惜其抄本过于零乱，难以整理出头绪来。至今仍无刊行整理本。因此，吾人对它的了解也极有限。[③]

《黑夜柔吠陀》中的《泰帝利耶梵书》完全就是《泰帝利耶本集》的续篇。所以如此说，因为《黑夜柔吠陀》中已经收录了解释性质的材料，而梵书正是这样的论释解说的汇集本。[④]

而《泰帝利耶梵书》是《黑夜柔吠陀》的后期部分。我们可以看到此中有对原人祭的描绘。此原人祭是象征性的人祭仪式。《泰帝利耶梵书》之十三章说此祭祀，十四章解说苏摩前祭，其中

---

① 本书有韦伯刊行本：*HIL*, pp. 67ff.

② 本书有韦伯德译本：*Zwei vedische Text über Omina und Portenta*, ABA, 1858.

③ 《斋弥尼梵书》中有部分内容被整理刊行，且译成德文。刊行者及德译者是格兰德，参见：*Verhandeligen der Kon.Akad.van Wetenschappen te Amsterdam*, Ind.Ant.13, 1884, pp.16 ff., 21ff., *H.Oertel in JAOS*, Vol. 14, 15, 18,19,23, 26, 28 in OC XI, Paris, 1897, I, 225 ff. *Transactions of the Connecticut Academy of Arts ans Sciences*, Vol.15, 1909. 另外还可以参见：Galand, *WZKM*, 28, 1914, pp. 61ff. “Over en uit Jaminiya-Brahmana”（*Verslagen ei Mededecclinge der Kon.Akademic van wetensch.*, Aft-Lett, 5.1）, Amsterdam, 1914. 对《沙摩吠陀》中的Śāṭyāyana-Brahmana，吾人只知道其中一些引文，主要依据的是萨亚纳的《梨俱吠陀分别》（*Ṛgvedabhasya*）。参见：H. Oertel, *JAOS*, 18, 1897, pp.15ff.

④ 《泰帝利耶本集》已有刊行本，载《印度文库》（1855—1890）以及：*ĀnSS*, No.37. 凯思有专文讨论该梵书。载：*HOS*, Vol.18, pp.lxxviff。

包括有如何制作苏摩酒的指导。有名的《大林间奥义书》正好是本梵书广本的最末一章。

四吠陀的梵书之间如果有所不同，是随其对吠陀本集的描述差别而造成的。例如《梨俱吠陀》系的梵书所突出的是唱赞祭司的作用。其中特别注意到对他所唱赞的诗歌的解释；相对而言，《沙摩吠陀》当中所强调的是咏歌祭司的职责；而《夜柔吠陀》中所突出的是安排祭司位置者的司职功能。从根本上讲，这些祭司在整个仪式过程中都有各自的责任。因此，可以认为不同的吠陀本集中的释说之书，既有专门的中心角色，也有相互间的配合。其总的目标是一致的，但却强调了各类祭司的职责。我们特别感觉吃惊的地方在于：这些文献产生并流传了千余年，如果我们相信传说的真实与可靠，吠陀当中还有一类经典，称为Vaṁśas（谱系）的。例如，《沙摩吠陀》中就有一部所谓的《家谱梵书》，其中记录了从上到下承传了五六十代人的吠陀祭司学者的谱系。尽管这些师尊学者的名字可以一代代地往上回溯，最终可以达到某一位神或圣的身上，通常他们会是大梵、生主或者太阳神。但这些历代的师尊又有着清楚的家族或者家庭。从这里看，很难认为这些是信口胡诌的名称。除了家谱中的举名，梵书当中又往往会指出许多源远流长的学问之家。所有这些事实说明，哪怕是梵书的汇集与编纂，也已经存在了数千年。可以一直回溯到某个久远而模糊的时代。显然，祭祀之学本身是经历了千年以上的历史发展的。①

① 《家谱梵书》曾经列举了祭司学的师尊53代。最初的一位叫迦叶（Kasyapa）。他直接从阿耆尼神受教。《百道梵书》中有四个家系的历史。该书末尾所附的那个家

但吾人若想确定梵书形成的具体时间，则会发现若依据梵书所依从的吠陀本集本身，是不可能理清其时间线索的。有一点可以确信，当祭祀之学得以确立并被祭司们传授时，肯定吠陀本集已经存世了。也许，我们还可以确信，远在梵书中的各种思想汇编起来之前，就已经形成了《阿达婆吠陀》和《夜柔吠陀》中的绝大部分的咒语、诗赞和秘密仪法等。可以揣想，这个时候，《沙摩吠陀》中的多数歌赞也已形成了。正是在这样的背景下，《阿达婆吠陀》及其祭仪本集最终编写完成。与它同步的梵书文献也大致形成。本集中最晚形成的材料与梵书当中最初出现的内容，时间上是一致的。从《阿达婆吠陀》及《夜柔吠陀》的本集看，其中出现的地理名称和社会文化特点，都显示出这种同时代的性质。另一方面，把后面三部吠陀的梵书与《梨俱吠陀》系的梵书比较，也可以看出前三者的相同及它们与《梨俱吠陀》的相异，可以证明，《阿达婆吠陀》本集形成的时代，雅利安人的各氏族已经从印度河流域（《梨俱吠陀》的故乡）移向了恒河及亚穆纳河之间的那个地区。《夜柔吠陀》本集以及所有梵书都提到的那个叫作“俱卢族和般遮罗族的国土”正是此地域。两大氏族的争战成为了史诗《摩诃婆罗多》的核心故事。其中特别是俱卢国被认为是诸神举行

谱，上来便说：“吾等于此所说者来自巴拉瓦伽（Bharadvāji）之子。而巴拉瓦伽之子乃是上承Vatsimandari所传之学的。”接下来，该书的作者一口气举出了40位师尊的名字。还带有他们母亲家的姓氏。这个谱系名单中，只有第45代名叫耶鞠那瓦基亚（Yājñāvalkhya），同时又指出他的老师叫郁陀罗迦（Uddalāka），这个名字我们在奥义书中听说过。而最初的那位名叫迦叶的属于55代之首。其所受的学问来自语言女神。而语言女神的学问又来自雷霆之神。后者的老师则直接就是太阳神。

祭祀的地方。该圣地在沙罗室伐底河与德里沙伐底河间的平原上，在恒河与亚穆纳河的西边。般遮罗族的栖息地在恒河与亚穆纳河间的西北－西南走向的地带。这个地区，尤其是叫多阿伯（Doab）的地方，正是德里与马土腊之间。很久以后，吠陀文献中称它为“梵国”（Brahmanvarta），是称誉于全印度的文明中心。正是在这里产生了婆罗门的律法之书（《法经》），规范了印度社会中世纪直到后来的人伦秩序。此地区不但是《夜柔吠陀》本集和梵书的诞生地，也是整个婆罗门文的发源地。

《梨俱吠陀》形成以来，印度宗教与社会的状况发生了很大的变化。《阿达婆吠陀》和《夜柔吠陀》的梵书中，都可以见到吠陀古旧之神，其地位作用明显在逐渐萎缩，活动范围仅限于祭祀礼仪当中。与此相应，有一些原来名字比较隐晦不彰的神祇，在后来的祭祀仪中变得重要起来。从本集和梵书当中，都可以观察到这种变化。例如，毗湿奴神或楼陀罗神就属于这种情况。最显著的是生主，他被认为中诸神和阿修罗的父亲。

如我们所知，阿修罗在《梨俱吠陀》当中仅仅意味着“神”，在伊朗古经《阿维斯塔》中，它也叫Ahura。在《梨俱吠陀》时代，阿修罗还只是婆楼那神的属性之一种，到了梵书时代，它则成为鬼属。往后的梵语文献晚期，每当言及斗争，总会提出天神与阿修罗的争斗。不过，这些争端又都无关于泰坦神似的战争，不像可以在《梨俱吠陀》中见到的因陀罗神与毗离特拉的争战。阿修罗与天神间的争端在梵书中往往是为了比试谁在祭祀中有更优胜的能力。因为在梵书当中，天神如果想要达到更高的地位，他也必须把自己作为献祭牺牲。因此，牺牲只是手段而不是目的。

但在宗教生活中，献祭牺牲实际上正是信仰的目的。牺牲具有战无不胜的力量，是真正的自然创造力。因此，牺牲才会被等同于生主。梵书中经常挂在嘴边的就是“生主即是祭献，所有诸神都是祭献”“一切有情一切诸天都是献祭牺牲”“诚然，凡有自作牺牲奉献于他的，必能解脱，得生天界”(《百道梵书》，XII.2.3.12)。而精通明学（吠陀学问）的人，即那些能从祭祀术的丛林明辨方向的僧侣，则完全成为了天神。这些僧侣祭司已经构成了一个社会阶层，就是我们称为种姓的那个部分。围绕着他们已经形成了一整套的宗教制度，构筑这套制度的基础工作就是梵书的编纂。文化制度超出了梵书，成为了社会种姓制度。这些掌握解说权的人，也就被称为婆罗门。婆罗门是自称为天神的。《泰帝利耶本集》中明确地宣称：“诚然虽具人身，犹为天神，即是彼等，称婆罗门者。”（I.7.3.1）梵书中对此说得非常清楚：

> 有两种天（神）：天界的天神与人间的天神。后者即是婆罗门，博学而清净者（梵文原文直译是：他们即被称为能听闻颂赞且能复诵颂赞之神人）。由此两种天神，是有两种祭祀：供养天神及供养人神之祭品。后者即指对博学清净者的供养。由祭祀天神欢喜，由供养婆罗门、清净善学者欢喜。由造作两种祭祀，天神与人神令献祭者超生于极乐天界。(《百道梵书》，II.2.2.6; IV.3.4.4)

因四种责任而成就婆罗门：承袭婆罗门之传统，实行婆罗门之义务，履行彰显吠陀学问，以及“令人成熟”（即指因祭献而使人得超生谓之成熟)。与此同时,“成熟之人亦有四种义务于婆罗门之前:礼敬膜拜,不吝供养,不可令婆罗门为难,更不可以害杀婆罗门。任何情况下,王者不可觊觎婆罗门之财产。王者若施婆罗门,其国因之如得祭祀之功德”。婆罗门若损失财产,整个国家也受损失。当然国王也有迫害婆罗门的。但他因此便会失德失福。在王家祭祀当中,婆罗门会对国王说:“百姓啦,此是尔等之王;苏摩是吾等之王。苏摩即是婆罗门。”《百道梵书》于此评释:“因此祝祷,祭司成就王家一切民食。”(意为:王者因之有权利向万民征税并食其税。)万民均需纳税,唯婆罗门得免于纳税。婆罗门因为有王家所需要的苏摩,所以不用向王者供食(《百道梵书》,XI.5.7.1, XIII.5.4.24, XIII.1.5.4, V.4.2.3)。真正的杀生害命之罪,就是对婆罗门的伤害。

若婆罗门与非婆罗门起争端,婆罗门天然有理。因为婆罗门这个称呼的意思,就是“如理如法如实”(《百道梵书》,XIII.3.5.3;《泰帝利耶本集》,II.5.11.9)。由于这样或那样的理由或禁忌,任何人不得触碰禁忌的东西,比如死人用过的土钵陶碗,专供火祭官的奶牛的汁水,只有婆罗门才可以享用。又特别是那些祭祀以后的供品食物,一般人是严禁触碰的。但婆罗门享用它们则属正当。因为“其对婆罗门之肚腹绝无危害”(《泰帝利耶本集》,II.6.8.7)。

按照这样的逻辑,推到极致,婆罗门不单只是天神之外的“人神”,他们已经上升到天界诸神一样的地位。即令《百道梵书》也说:“从仙圣而下的婆罗门诚然俱为神圣。”(XII.4.4.6)后来的《摩奴法典》则说:“凡婆罗门,无论其通于明学与否,都是大神。”它接着还宣称:“婆罗门就是至高之神。”(《摩奴法典》,

IX.317, 319）

最后总结几句，印度人将四吠陀分为两个部分：法学及义释。梵书一开始意在制定个人日常生活中的祭祀规则，同时联系人们的社会义务而添加解释说明。又为增加规则的神圣性而着意于说明祭祀仪式中的动作或声音的功能作用。例如，讨论朔望（月晦月圆）之日，便联系于讨论并规定当遵守的斋戒、义务等，也涉及参加主持祭祀的神官们的责任和义务等。

第二章　梵书的神祇观念和故事传奇

大致说来，梵书中的神祇观念上承自《夜柔吠陀》。这样的神祇观，最初萌生于《梨俱吠陀》中，并随后于《夜柔吠陀》中得到圆熟的发展。梵书之神祇观念，与之前的宗教神明观相比较，表现在以往居于核心地位的自然神的色彩明显隐退。好些在古代地位不甚显著的神明，现在其地位有了上升。与此相应，可以看出自然神逐渐向着抽象原理转换。即是说，作为抽象原理的神明的非拟人形象得以加强。在梵书当中，诸如生主、祈祷主以及造一切主占据了主要的神明地位；与此同时，吠陀的神谱中又允许更多的鬼怪、幽灵等各占有一席之地，例如阿修罗、罗刹以及毗舍佉都依然在民间信仰中非常流行。寻其原因，大约与雅利安人所经历的自然气候变化相关。雅利安人从五河流域移向恒河流域，一路吸收了不少原住民的宗教文化因素，社会上层与社会下层的宗教气氛交相混杂，也就兼收并蓄，终于形成了像梵书这样的思想体系。例如，其中有代表性的蛇神观念，便是这样的文化混合的结果。又因祭祀活动的仪式化程度加深，祭仪中的许多相关器物都有被进而神化的倾向，诸如木石器皿、钟磬鼓铃、祭供食品等都被神格化，歌赞音声及语言更是被神圣化。所有这些都体现成《阿达婆吠陀》信仰及祭祀特色。就《阿达婆吠陀》宗教而言，与《梨俱吠陀》的时代相比，有了更多的拟人特点，原来一味威严的神格有一定的庸俗化倾向。例如，《阿达婆吠陀》当中，像婆楼那这样的司法大神，现在成了可以贿赂的角色；像阿耆尼这样的净洁之神，也蜕变为偶尔的行为不轨。而原先被视为恩惠之神向人类施与光和热的太阳神，如今具有了半个死亡之神的格位。人们相信，太阳的内部有着可怖的"死亡"存在；以往的天国之主阎摩，越来越局限于死亡国度的主人，形象不再像以前那样可亲，倒往往使人觉得可怖。梵书时代，神明观有另一特点，就是人为地把传统的神灵属性加以分割，或者合并。例如《梨俱吠陀》中有光辉之神赞，降至梵书时代，该神被拆分为光辉与身聚两位神（参见《泰帝利耶本集》，I.8.3；《瓦伽沙尼耶本集》，XXIV.15）。一言以蔽之，至梵书时代，神祇观在形式上更加具拟人化的特点，以往的诸神，现在徘徊在圣化与堕落的歧路上。由此而言，梵书时代，人们对待神明，与其说是敬畏有加，不如说是虽有沿袭而擅行改纂甚至新造。《梨俱吠陀》时代人们对于神明的赞叹与恐惧怖畏，现在转变为对神的观察分析，叙述其作用地位与由来。较为极端的例子可以看Hiraṇyapāṇi（黄金手，太阳神异名）这个神名，当初它意指太阳，其意味着阳光直射，无远不至，也就无所不能。而至梵书时代，它仅意味着"黄金之手"，已经非常地物化了。

又至梵书时代，象征主义泛滥，具体的物象被广泛地附会到诸神身上，因功利化目的而将诸神加以分门别类。且后来这个"工作"达到了登峰造极的地步。例如，彼作为天、空、地三界主的苏利耶、伐由和阿耆尼被说成是生主所生的三个儿子（《弥勒本集》, IV.2.12)。再把他们的三个名字搭配到三姓上面，祈祷主成为婆罗门种姓的保护神本主，因陀罗和婆楼那成为刹帝利种姓之护佑之主；而一切天则成为吠舍种姓的护佑本主；只有首陀罗种姓是无依无靠的，他们没有护佑主本尊（《二十五章梵书》, VI.1)。季节之神分司春季与雨季，祖先之神管理秋冬（露期即旱季）；白天有昼神，夜间有祖先神，一昼夜间分为前后，午前与午后各有神值日（《百道梵书》, II.1.31)；与此相类，祭祀的秩序与宇宙的生成过程也被搭配起来。祭祀中的行为特征与万有的出现也相匹配，各有所属。印度社会当中从很早的时候就有将不同事物同一化的认识方法，此风往后愈演愈烈，至梵书时代，抽象之神祇观达到等同一切的地步。例如，把阿耆尼当作遍在一切之神，以地神为营养之神，其所以被同一化，理由正在于大地能生长万物，作物可以滋养生命，故大地之神即是养育之神。同理，阿耆尼火神以热气无所不有，故阿耆尼无所不在，因之成为“遍有”（《百道梵书》, III.8.45, II.4.19)。如是的思维方式 可以将任何主神，若生主之类等同于任何没有感知意识的东西，令人不免怀疑其思考是否健全。但对于梵书而言，此诸释义论事也都属理由正当而充分的原则。

用人世间的行为活动来说明神的性质，是梵书时代神祇观的一种特色。人间有多少生活方式，神明当中就有多少类别。从人的生存本质，来拟人化地说明神之性质，这样的思维方式同后世往世书的意旨有很深的关系。以下是一些例子，它们显示了这种人神之间的类比原理。

（1）悲哀与黑夜。阎摩死后，其妹或妻阎弥大为悲恸。无论诸天众神如何劝慰，阎弥始终啼哭不止，口中还不断喃喃自语："彼于今日（白天）死矣。"诸神于是商量，为使她忘记丧失之痛，应当造出黑夜来。黑夜既成，于是阎弥从黄昏到黎明这个时段便暂时忘记了"彼于今日死矣"的念头。也因为如此，人世间便有了黑夜，而因此黑夜可以疗伤，让人不至始终痛不欲生。(《弥勒本集》，I.5.12）

（2）大山与翼翅。大山是生主的儿子。起初，山岳是长有翅膀的。因此它们能够飞来飞去。而这样一来，便造成了地震不断。这使因陀罗神非常担心。忧虑之余，因陀罗切断了它们的翅膀。而那些被切下来的翅膀便成了天上飘浮的云彩。(《弥勒本集》，I.10.13）

（3）婆楼那与祭祀。人类当初幼小且羸弱时，婆楼那经常出来捕食他们。因陀罗和阿耆尼为了拯救人类，求得生主的允许而将他们藏匿起来。婆楼那找不到可食的人，于是大为苦恼。便向因陀罗神和阿耆尼行贿。行贿的方法就是对他们献供而作祭祀。两神得到了好处，于是不再藏匿人类。(《弥勒本集》，I.10.10）故事虽然说的是为什么最初会有对神的祭祀。但也可以从中看到梵书时期神的堕落，也看到因陀罗和阿耆尼两位神祇的自利自私。

（4）阿耆尼的非法行。阿耆尼在以往曾经做过梵行者。他来到婆楼那家里求学。时值婆楼那外出，家中仅有其妻子独自一人。阿耆尼于是同婆楼那的妻子行了苟且之事。待到婆楼那神回来，阿耆尼向后者告白了罪行。(《弥勒本集》，I.6.12）

作为修行者的阿耆尼居然向老师的妻子作奸犯科，这就破坏了修行的规矩。阿耆尼本来是监视世间道德的神明，此例显然说明其正神的身份已经蜕变堕落。以上所举的事例都出自《黑夜柔吠陀》中的散文片断。[①]而到了后来，在纯粹梵书产生的时期，诸如此类的故事更是频频显现。虽然这些故事产生出来，只是为了说明具体的祭祀何以出现、有何作用，但毕竟其中寓含着值得深刻体味的思想。

（5）那其克塔（Nachiketas）的故事。故事也名为最胜供养祭（Haviryajña）之事。最胜供养指的是不吝惜任何代价，倾其所有财产而向神和婆罗门作献供。有一位叫那其克塔的儿子，向他父亲追问"我命因何而得"的问题。三番五次地盘问父亲，令其不胜其烦。老爹便告诉他：你的命是死神给的，你自己去问他好了。那其克塔于是到死神那里。值死神外出，于是他守候在那里三天三夜。死神回家以后，问那其克塔这三天当中都吃什么为生。后者于是按他老爹当初教他的回答：第一天晚饭，我食子孙；第二夜我食家畜；第三夜我食汝之善业。死神听他这么一说，便对那其克塔非常器重。告诉他可以提出三个要求，一定会让他意愿满足。那其克塔于是说了三个愿望：第一，让自己能够活着回到老爹跟前；第二，让他回家后得大福乐；第三，允许他不再转生，那就是长生不老了。死神答应他的第一个要求，又告诉他如何实行第二、三个要求。具体办法就是实行最胜供养。（《泰帝利耶本集》，III.11.8.1-6）

那其克塔的故事算是对于最胜供养祭的缘由的说明。该故事以后在奥义书中被重视改述，成为奥义书中的重要传奇。值得注意的是，这里的故事似乎暗示出梵书时代已经有了轮回转世的思想。

---

① Schroeder, *Indiens Literatur und Cultur*, s.141-145.

（6）甘蔗王苏那谢帕（Śunaḥśepa）的故事。甘蔗族（Ikṣvāku）诸王中有一位名叫“师子月”（Hariścandra）的。该王因为没有子嗣而郁郁寡欢。他向婆楼那神乞愿，立誓会用儿子向神行祭祀牺牲。于是婆楼那便赐给他一个儿子，名叫“赤红”（Rohita）。儿子既生，神于是要求该王履行自己的誓言。国王内心不愿意，于是一而再、再而三地推诿。先说请等十天，后说再请等到小儿长牙齿；等到孩子牙齿长满，又说要请婆楼那宽限到牙齿脱落之时。虽然一再拖延，但终于到了孩子成年。而且举行元服之礼。正当国王再无法躲过履行诺言时，他那名叫赤红的太子携弓带箭逃入了森林。国王因其对神不守誓言的行为，受神惩罚，得了水肿病。太子闻讯从森林中返家探病。这时因陀罗大神化现为僧人，告诉他不可回家，而唯有往四方游行，作为一种苦修，以消除宿罪。赤红太子按因陀罗的嘱咐在外面流浪了六年。他在森林中邂逅了某婆罗门仙人。其人饥渴交迫，忍无可忍，愿意卖子换食。太子于是用一百头牛交换了婆罗门仙的二儿子名叫苏那谢帕的——该婆罗门修士有三个儿子，其特别钟爱大儿子，所以不忍出让。而他妻子又特别心疼小儿子，所以也不肯将他卖掉。结果只好将第二个儿子卖给赤红太子。赤红心里盘算，可以用买来的二儿子向婆楼那作献供。但婆楼那告诉他，如果用刹帝利的儿子而不是婆罗门的儿子作牺牲，效果更为殊胜。要是那样，就可以接受他的献祭。在祭祀现场担任祭官的是叫“成就友”（Viśvamitra）的。他将苏那谢帕认作自己的儿子，并且预言后者日后会是神官。这样一来，现场便无人敢把这孩子绑到祭柱上去。但苏那谢帕的老爹是个贪婪的婆罗门。他在旁边说：无论是谁，只要再给我一百头牛，我来作捆绑。既得了第二个一百头牛，他自己动手把亲生儿子绑上祭柱；再得了第三个一百头牛，他甚至答应亲自动手，杀自己的儿子祭天。当这婆罗门提刀向前时，苏那谢帕心里做祈祷，求诸神求助。他先是吁求生主的名字，接下来求告阿耆尼，他顺着《梨俱吠陀》中诸神谱的名字祈告，最后呼喊了乌莎斯女神的名。至此，他的祷告开始起了作用。捆绑他的绳子从身上自动脱落。与此同时，老国王的水肿病霍然痊愈。祭官成就友被苏那谢帕的虔诚所感动，当场收养他做自己的儿子。他自己的亲生子本来有一百个。其中有五十个赞成老子收养新弟弟，也有另外的五十个反对老爹收养苏那谢帕。成就友放逐了那反对的五十个儿子，坚持收养了苏那谢帕。

按照解释，这个传奇中所说的五十个不孝顺的儿子，实际上所指的是被雅利安族征服且驱逐的那些案达罗（Andra）人、蓬德拉（Pundra）人、夏巴拉（Śabara）人以及普林达（Pulinda）人、穆提巴（Mūtiba）人的后裔。(《爱多雷耶梵书》，VII.13）

本故事是梵书当中篇幅最大的，也是最有名的，作为宣扬婆罗门至圣崇高的故事。古时候的国王每当登基加冕，都要唱诵这个传奇故事。因此在梵书当中，本故事的末了，总要强调这个结论：若有国王刹帝利，但得听闻本故事，罪业自消。然而有资格宣说本故事的，只有具婆罗门身份的人。同时，受加冕的王，还应向该婆罗门献牛千头。

（7）摩奴的洪水故事。有一天，摩奴在河中洗澡。有一条鱼来到他的手边，对他说："请救我一命，他日我亦当救你。"摩奴捞起小鱼，将它放在小水瓶中。等到它长大又把它放到水池中。再后来，又将小鱼放到大海中。这条小鱼实际上是名叫贾夏（Jhaśa）的大鱼。贾夏在海中向摩奴告别。他对摩奴说："到夏天大洪水就要来了。届时一切有命都将毁灭。我会救你不死。请制造一艘船，届时可用。"及夏天来临，洪水果至。摩奴在天地洪水中登船，来到北方高山。系船于山上的大树。待洪水消退。摩奴徒步下山。至今北方的雪山，犹有"摩奴下山道"。因大洪水一切生命死灭，摩奴欲得繁衍子孙，便修苦行，更作祭祀。一年以后，有一妇人名为伊萝（Iḷā）者，自水中漂来，摩奴与之交合，遂有子嗣。其妇向摩奴言："我名为'福至'，用我作祭祀，汝可得子孙及家畜丰广。"因此遂用福至祭天神，而得子嗣甚众。由此因缘，今日人类得遍布人间，都是摩奴后代。也因于是，今天犹有伊萝祭祀。今日如果有欲子嗣丰广者，当行伊萝祭。(《百道梵书》, I.81)

这个故事也被编入了《摩诃婆罗多》中。其中的贾夏鱼成了毗湿奴的化身。在《薄伽梵往世书》(*Bhāgavatapurāṇa*)中，化现救世的毗湿奴成了非常有名的印度故事的主人公。从某些方面看，这个故事也折射出犹太人的诺亚方舟及大洪水的传说。不过虽然有学者做过这方面的比较研究，吾人认为两者之间联系的证据仍然薄弱。中国人也有大禹治水的故事，其中也有大洪水的史前故事传说。因之，此类故事的真正源头并不明确。

（8）语言及心意的争辩。以往心与语曾作争竞。想要辨明，究竟谁的地位更高。心对语说："我胜过你。无论何事何物，凡我不能懂得的，你必定也不会懂得。汝之所为，仅仅是对我的模仿而已。汝之所行，不过是随我脚迹而已。"语于是回答心："我应当胜过你。无论何事何物，你所懂得的，莫不借我才能表达，才能宣告通白。"语之于心，相持不下，久久争论，于是往求生主神作判。生主判曰："心实胜语也。语者模仿心之行迹，语是接踵而行者也。凡此世间，一切随行而踏迹者，稍逊一筹也。"即因此判，语便败北，废于中途。其衔恨于生主："我因汝判，遂至堕负。再不能为汝负荷供品矣。"因此之故，后世对生主行祭祀，无不低声敛气，皆因语之不肯为生主荷运祭供之物也。(《百道梵书》，I.45.8-12；《泰帝利耶本集》，II.5.114）

此处解释何以行祭祀之时，人们要低声敛气。提出的理由虽然不免牵强，但如果注意到心之与语（思想与语言）的前后内外关联，确也有相当重要的哲学讨论价值。联系到希腊人之逻各斯（Logos）哲学，思想与语言的所表与能表、所指与能指的关系，正是吾人不当忘忽之哲学讨论焉。

第三章　梵书之实践方面

本章原拟讨论者，乃梵书成立时代之婆罗门教之实践层面。亦即当时婆罗门教之修学制度、祭祀制度即婆罗门种姓之社会地位等实际状况。然如详细了解此诸情况，又需把握梵书以后之下一发展阶段的情况。梵书时代之后，是印度宗教文化史上之经书时代。到了经书时代婆罗门教制度才丰富且完备起来。本书第四章将讨论婆罗门教之经书。于此，吾人姑且设此一章目，先作交代，并不展开论述。

第四章　梵书的哲学

第一节　概观

梵书哲学之发生，原本无意追求哲理考辨。其所关心者，只是对祭祀当中之象征含义的提醒。在将各种不同事物作同一化的处理过程中，涉及《梨俱吠陀》末期以来发生的根本原理。其哲学之发生，乃是因为涉及此原理而有所议论。梵书哲学是顺此理路而发展起来的思辨。因之，梵书中所论，往往只是宗教话语。欲从此等繁芜——无论是传奇故事、譬喻修饰——当中，寻出被掩藏起来的玄想思辨，实非容易之事。其叙述之话语如是驳杂，其中高玄义理与低俗迷信交相错杂，纵有高尚的观念，也被浅俗的意象所掩盖，这些皆为一般读者无所适从者。加之相关材料虽多，但都混乱纷纭，若无整理，便会流于茫然无绪。其所叙重复再三、不厌其烦地申说同样的思想，语句千篇一律，往往令有志寻求者，面对不知所云的结论，感到乏味和失望。道森本人，研究了大量的梵书以后，对其产生不少微词。他甚至认为，婆罗门学者恐怕根本没有理性逻辑可言。[①]他评论梵书的原始材料，说

① Deussen, *Allgemeine Geschicht des Philosophie*, I.1, s.175.

它若谓其多，其数量不胜计较；而从质量一面看，若谓言少，真是少得可怜。此诚为透彻之语。然研究印度思想，若非能够不畏冗繁，从容面对，潜心爬梳整理，很难得出其中思想发展之痕迹。其认为追寻思想观念之发生，总不免陷于不断堆积愈往后愈庞杂的材料。但看《梨俱吠陀》以来之印度思想，其在各个阶段中均有主要之观念，亦有枝蔓不断旁出。然寻其基本原理的发展走向，可以看出雏形观念之传递，由吠陀而梵书，由梵书而奥义书的若隐若现之轨迹。然相互关联之思想虽不断延续发展，但可以清楚追寻之前后相继关系仍然难以尽悉指掌。在此意义上，可以认为梵书之哲学思维，具有承前启后之重要地位。若缺此环节，不仅不能了解婆罗门教之一般特征，亦无可知晓稍后之奥义书之价值。细想道森之此种议论，斯诚不为过言哉。说到底，若想把握梵书之哲学思想史特色，只能联系《梨俱吠陀》与奥义书前后考索。换言之，亦必须采用细致耐心之研究手法。才能去伪存真、除繁得简，得到印度宗教哲学思想的发展线索。

以往对梵书的哲学思想加以研究总结的作品，例如道森之《哲学通史》（I.1）外，尚有奥登堡之《梵书世界观》。至若讨论《梨俱吠陀》当中之主宰神代表之根本原理，吾等知道有生主、造一切者、祈祷主和原人四者。到了《阿达婆吠陀》时期，有关主神的思想虽有动摇，但最为根本的生主与大梵仍然保留下来。到更晚的时代，奥义书出世，重大的基本原理，便是梵我同一。可以说，自《梨俱吠陀》以下直到奥义书流行时，生主与梵及我，都是印度思想中的重大原理。此中梵书作为中间过渡，即显示了发展当中的观念转化。由于思维过程中，不断再现相异者同一的结局，导致过渡期间许多原理观念呈现无穷的变化。这种看似不甚稳定的发展中，始终有不变的根本原理的象征出现。即是说，生主与梵及我，其正好代表了前期、中期与后期的核心原理。亦即是说，前期当中，生主占据了与《梨俱吠陀》紧密联系的思想核心地位，中间阶段则有特别的梵之神学原理树立起来；而至后期奥义书纷纷问世时，有关自我的玄思渐渐亦就被抽引出来。《百道梵书》当中已经提出三种原理同一而无异的思想。其说如下表所示：

Prajāpatir eva idam agra āsīt. 起初有生主出显（XI.5.8.1）

Brahma eva idam agra āsīt. 起初有梵出显（XI.2.3.1）

Ātmā eva idam agra āsīt. 起初有阿特曼（Ātman，我）出显（XIV.4.2.1）

按上面所示，起初出显的生主，在下两个阶段上完全可以被梵和自我所替换。当然吾人不可以因此便下断语，说此三者就应当被视为同一原理的思维开端，尽管名称的变换在一定程度上也透露出哲学表述转换的苗头。按道森的说法，这可以视作梵书时代根本原理思想发生变迁的三个阶段。道森这样总结道[①]：

第一期：在梵书时代的初期，《梨俱吠陀》中生主的最高原理地位仍然得以坚持。

第二期：在梵书的成熟期，生主之地位已经丧失，代之而起的是由祈祷主转变而来的大梵之至尊地位。

① Deussen, *Allgemeine Geschichte der Philosophie*, I.1, s.180.

第三期：梵书终期，由《梨俱吠陀》中原人观转变而成异名之梵的阿特曼。由此再得到梵与我的同一，即梵我合一的主张。

这样的三个分期，既是本质上的原理发展，又可以同神话期的生主、神学期的大梵以及哲学期的阿特曼三个观念相应。盖生主作为抽象之神，犹带有神话色彩；梵则在祈祷的抽象化而虽有拟人性质，称作祈祷主，但仍然不失为哲学产物；而称为阿特曼的自我，则已经属于完全抽象的思维结果，因此也就成了纯粹的根本原理。下面，吾等将逐一考察这三个原理。

第二节 梵书初期——生主

生主一名，初见于《梨俱吠陀》第十卷。其为水之创生者，自己又成金胎，生万物并赋予有情生命，故为支配万有的最高之神。在梵书初期，有关生主这样的话题继续下来，而对创造支配的能力活动有了更为详细而具体的描绘。梵书当中有关生主的种种活动不胜枚举。此处仅举一二事例。

《爱多雷耶梵书》（V.3.2）说：

> 生主谓言：我今能作繁殖，或成多数；我自热生起，又因此热成就世界。因创世而成天、空、地三界。彼（热）使此世界温暖。世界温热有三光显。火自地出，风自空出，日自天出。沙摩因日而生。因此之吠陀温热，更令三种光明显现。布鲁（Bhur）自梨俱中现，布瓦（Bhuwar）自夜柔中现，斯瓦（Svar）自沙摩中现。此之光明温热，更令三字（Varṇa）

出现。三字即阿（a）、乌（u）、恩（m）。三字结合，遂得“唵”（om）字。因是之故，人皆称唱“唵唵”之声。唵为在天之主（生主）。生主行祭，布供其物，执之奉之，以梨俱而行劝请者事，以夜柔而行祭者事，又以沙摩行咏歌者事。又以三吠陀之智而行祈祷者事。

又《二十五章梵书》（VI.1）说：

生主谓言：我为多数，我今能繁殖。于是彼见之于苏摩祭。彼取之以作生类。从彼当中所出赞歌，有《諴野呾里》（Gāyatrī，歌手）与之应合。令应合者成阿耆尼神，应合之人即婆罗门。其时为春季。从其胸中所出赞歌名为特利斯特（Triṣṭbh），使与应合者为因陀罗神。应合之人即是王族。其时为夏季。从其股间所出之诗名为贾伽提（Jagati），使与应合者为一切天。应合之人为吠舍。应合之时为雨季。从彼足下所出者为阿鲁斯图泊（Anuṣṭubh）诗词。应合之人为首陀罗，无有使作应合之神。因此之故，首陀罗不用家畜以作牺牲献供，亦无有拟持首陀罗之神。

最初之说法，生主在极高之处。三界的发生都在其下。这样的思想后来有所变化，其中吸收了《梨俱吠陀》的《原人歌》。以现象界之发生是各各出自生主身体的某部分。如此这般的事物发生之说，通常采取散文叙述的方式。叙述形式既然自由，所说的内容也就不受形式限制。当然此中也说不上有多少前所未见的东西。就思辨力的创造性而言，倒是推进不大。寄寓在创世的神话当中的不过是一些祭祀的用语。算是祭祀僧和社会制度创造的相关附会解说。当然这些也还说不上什么哲学的思想。但吾人已经可以从这中间，辨识出以生主为宇宙万有的唯一本原的观念。

《百道梵书》（VI.2.2.1）明白地宣称，生主造作了世间现存的一切。进而又说生主就是一切（V.1.2.10）。《百道梵书》所说的创世顺序与《梨俱吠陀》中所说的不一样。此适说明两者因时代推移而产生的不同叙述。其中所使用的术语也与《梨俱吠陀》不同。《泰帝利耶梵书》（II.2.7）说："于是处生主以形色入于彼等，故人皆成生主之模样。又生主以其名（Nāma）入于彼等，故人皆具彼之名。此处之名色，若自狭义来解说，即指身心。"推而广之，类似于西方哲学中之所谓形式（form）以及质料（matter，材料）。简单地讲，名色便是现象的世界（phenomena）。换言之，生主发动其本体之相。其相若狭，则呈现为人类；其相若广，则呈现整个世界。又从第一例可以看出，生主之创作动力因（efficient cause）即是热。这是《梨俱吠陀》之《无有歌》以后一贯的说法和思想继续。盖虽自经验作观察而得到万物之产生皆有热气而孳生，又联想到祭祀活动中往往借苦行来增进效能。再加上又采用梵书之惯用之同视法——将不同物事作同一性的看待和认识处理。如此一来，个人苦行也就被同一于创造过程，成为创造之动力因。进而若用哲学之思维法，苦行之努力同一于意志，于是生主自能繁殖的意欲（意志）就成为了热的发动。整个创造世界的意志模式由此大概形成。思想虽然朦胧，然亦不失为一种意志论的宇宙创生模式。

以上分析，是取生主创世的例子。显明创造之根本原理产生的思维过程。至于解说这个原理的支配原则，可举的事例实在数不胜数。此时期对于支配原理作拟人化描述的，比如据称，有位于三十天之上的第三十四天之主（《百道梵书》，V.1.2.13），又有位于三界之上的第四界之主（《百道梵书》，IV.6.1.4）等。依此思路，在物质的世界（器物世间），更不用说在一切有生命体的世界（有情世间），诸天、神魔、人兽所有活动都是有章可循的，皆有支配的规律存在。而所有的规律又都服从于根本原理的支配。尤其有意思的是，关于有情世间，这世界中的争论是否应当干涉，由谁来加以干涉的思考。因陀罗、伐由（风神）、阿底提耶相互争吵，要看谁更有这样的管辖支配权（《百道梵书》，IV.1.3.14）；《泰帝利耶梵书》又说火神（阿耆尼）、风神（伐由）和阿底提耶三神相争。第一方都认为自己有权实行祭祀（《泰帝利耶梵书》，II.16）；又人语与心之间的相互争竞，都宣称自己在精神活动（认识活动）中的特殊优越性。末了又由生主加以裁判。又阿修罗与梵天争战，往往诸天反而处于不利地位，需要更高的神明的支持，才能压倒阿修罗。比如帝释天与阿修罗众开战，生主授与他王冠（《二十五章梵书》，XII.13.4）；又天神和阿修罗争执，究竟谁是月亮的所有者，最后的妥协方案是：神领有月亮在白分（从初月即新月到月圆之时）这个期间，而阿修罗领有黑分（从既望即满月到月晦之时）这段期间（《百道梵书》，I.7.2.22）。所有这些事例说明：生主不但是自然界的支持者，又是有情社会中的一切道德的渊源所出。《百道梵书》说（II.4.3.1-5）彼时之一切习惯与信仰无一不是生主指定，其说如次：

> 一切有情趋于生主面前，向其乞求，请为吾等制定生活法则。最初先来者即是诸神，其身着祭纽（Yajña Upavitam），右膝跪地，趋近于前。生主曰："献供之物汝可以食，不死之者是汝之生命力，太阳当为汝之光辉。"其次，有祖先之神前来。其祭纽挂肩，左膝跪于地，趋近于前。生主曰："汝可得食，每月一次。神酒者（Svadhā）乃汝之心力，月亮为汝之光明。"再其次有人类前来。其身着衣物，双膝跪地，趋近于前。生主曰："汝可进食，早晚两回。以汝之子孙，汝可得不死。"又火之光于是汝之光明。再次，又有兽类近前，生主谓曰："无论何物，无论何时，凡汝所见，皆可作食。"因此因缘，世间动物可以不分时辰，随意进食。再次，又有阿修罗近前，生主即以黑暗及与魔力给阿修罗。由是阿修罗得魔幻之力。

梵书时代曾经有过争论：生主究竟是创造之主耶，抑或为宇宙的支配之主耶？随后来之时移境迁，更多的神格属性被附加到生主的身上。《百道梵书》（XIV.12.18）说，生主有两个方面。言诠、思量、筹度可得生主，以及言语不可思虑之生主。这种说法，亦即是后来奥义书时代所描述之大梵原理的属性，即"言诠之梵与离言之梵"的说法的先驱。此种思想，显而易见，将作为本体之原理，以及作为化现之要格神，视为一体两面。然此思想之流变，在于彼人格形态神话难以成为永久之中心原理，终归不得不让位于大梵之纯粹而完全之抽象观念。

生主-梵-我的观念，曾经是梵书所显示出来的思想变迁。通观梵书，其所叙述的体系，往往晦涩而不明白，其实此正是这个时代的思想特点。梵书时代，有不少诸如此类的中心原理，或曰生主或曰梵或为其他的高级实在，有时被当作同格之神圣，有时又超越于同格以上。此等差别适说明其抽象思维尚在不断提升。此处对于梵与生主之相待关系，吾人不厌其烦，权作一总结列于次。

（1）原水。《梨俱吠陀》中有《生主之歌》。其曰：有火生水，胎子漂溺，诸神生命于其中生。今若以金胎（胎子）即是生主，则水与生主为同时存在者。此其为二元论立场；然若以为先有原水，后有金胎漂溺其中，则生主又当从水中出者。此则为原水之说焉。然就《梨俱吠陀》本身来看，诗人之对待生主与金胎，已经附会本体和垂迹化现的关系。已经摆脱二元论之说法。如果仅仅拘泥于字句，当然免不了堕入二元论立场。实际上，自梵书以降，此之两种说法显然有人时时倡唱。先就《泰帝利耶本集》（V.6.4.2, VII.1.5.1）来看二元论说法：

> 太初此世有水。生主因风于莲叶上颤抖。因不能居停而见水漩。水上火生，火旋而成大地。生主遂可立足……

此说的根据是，因原水和风的相互搏击而生出万物。这也是譬拟生殖的观察而得的揣摸悬想。不过，《百道梵书》（XI.16.1）中也有以水为第一原理，生主随后而生的明白说法：

> 于太初时此世尽水。水自作思维如何繁殖。自作思忖令热发动。热发动已则中有金色卵生。彼时犹未有岁（年时）

生出。此卵于水中游泳至一岁终。一岁中间卵中生一人。是即生主。此之生主，于一岁中使作诸生（命）、妇人、牝马、牝牛等皆在一岁中产崽。金卵破则彼等皆失居所。以是卵及彼等皆于水中游泳一岁。一岁终了，意欲发语，因其唱云布尔（Bhuṛ），地自然生；其唱布瓦尔（Bhuvar），天空遂生；其唱云斯瓦（Svar）高天遂生。因此之故，小儿一岁亦能自语，如同生主。

以上是对《梨俱吠陀》以来金胎说之大体考察。其以无生物之水为第一原理，不能算是根本正统的思想，但也为古代印度社会一般公认。其对后世之影响颇为深远。奥义书中之原水说，佛教当中以“服水论师”之名而行于世间的外道，都从属于这个源流。尤其是《外道小乘涅槃论》中，曾经引述其本生安荼论师的说法，谓自水中有金卵生。自其金卵有梵天、祖公（即祖先神）生。此等故事显然来源就是上面的神话。至若《摩奴法典》中的创世观，也是依上面的传说雏形发展起来的。

（2）无。《梨俱吠陀》中的《无有歌》曰：“爱欲者，无与有之关键也。”《祈祷主之歌》曰：“有自无中生。”无乃“未开张未显发之义”（Avyakta）；《泰帝利耶梵书》把“无”当作生主之外的根本原理（*Taitiriya Br.*, VI.1.1）。此中若依本典，天地未有之先，仅有此“无”，其无有存续亦无不断，其发动热，顺序而生出烟火、光、焰、光波、霞、云、海等；再后又是Daśahotṛ（第十劝请者，原名为请神莅临祭坛之神官）生，即是生主出世，成有因他而生成。

（3）摩纳斯（Manas），即是“意”或“心”。《梨俱吠陀》

中《无有歌》说意由欲爱而生，即指其为所生之现象界。后经发展，地位逐渐提高。前说之意与语争竞，究竟谁之地位更高，往生主前求裁判，可以对此情况揭示一二。总之，后世之“意”，与“梵”同格，甚至成为具有更超越地位的原理。《泰帝利耶梵书》（II.29）说“摩纳斯即梵”；《百道梵书》（II.4.2）说“摩纳斯即生主”。大约此诸论断已经显示，宇宙本体之根本原理，必须向心中寻求。此诚为不可轻视之本体论原理。

（4）语。《梨俱吠陀》中称造一切者为语言主。虽然彼时已经认识到语言之力量。至梵书时代，语言本身已经成为独立之原理。尤其是看故事“语意之争”，虽然语之争胜不成，然自他方面说，亦有开拓独立方面之可能。当时还有一种说法，谓生主介绍意与语结婚，遂生出诸神来。此见《百道梵书》（VI.42.7）。又有说：“语作生主之自体，又成第二体。”（《二十五章梵书》，XX.14.2）。由此更进一步，直接宣称语言便等于全宇宙（《百道梵书》，XI.1.6.18）。盖语言被当作祈祷之重要因素。因之其根底上已经潜藏了语言为本体的思想，也即是说，逻各斯的观念也已经呼之欲出了。这里已经可见文法派和弥曼差派的“声是常住”的理论渊源。

（5）岁。生主制作岁的时候。据说也已经先造出日夜。亦因如此，岁又被当作生主的异名（《百道梵书》，XII.16.1–3）中生主自谓：“我依我相以作岁，故人皆谓生主为岁。”盖岁之重要，在于其在此时代中，与年中行事之祭祀密切相关矣。同时，岁又与一年到头之生产相关，故生主便被看作岁时。在《阿达婆吠陀》当中，生主与时（Kāla）完全是一回事。

（6）祭。追本溯源，生主在《梨俱吠陀》中就被当作祭祀之主神。已经有根本原理之神格的祭祀对象。在祭祀万能的时代，祭祀活动本身就等同于生主。《百道梵书》（XI.1.8.3）中生主自谓："我把我相给予诸神，以作祭祀。故人皆称生主为祭矣。"《阿达婆吠陀》中，残馔又与生主同格，正是这种观念的体现。同一部吠陀中，残馔又被说成是Rohita（红暾或赤红者）——拟人化的太阳之神。从太阳信仰的角度看，红暾也是根本原理的位格。《泰帝利耶梵书》（II.5.2）中宣称此之地界，即天地本身也是红暾所造的。

上述思想在古代印度社会中流传了相当长的时间。这样的观念到了后世，仍然时时曲折地有所反映。当然从整体上看，它倒也没有取代生主的重要地位。又其作为根本的大原理，从世界观上看，无论其为语言也好，称其为祭祀也好，都同生主自身并不完全等同。自然，虽有不同的称呼，仍只能视作本体之属性或功能的某个方面之强调性的显示。

第三节 梵书中期——梵

如前所述，种种作为生主替换名称的根本原理不断涌现出来。其既给后世以影响，又恰恰为得逢时代风潮的结果，此过程中，旗鼓大张，成为下一阶段之最重要本体观念的便是梵（Brahman，大梵）之一名。梵是一个承前启后的宗教哲学名称。其本来的意思是"祈祷"。大致说来，祈祷这个信念，所显示的是天意与人意相沟通的途径。因此信念，从《梨俱吠陀》以来，祈祷的巨大作用便成为了举世公认的祈祷主原理。也正是在《梨俱吠陀》时代，人们已深信祭祀有神效，可以支配诸神。循此方向进一步发展，祈祷也就被同一化（或同格化）于根本实在的原理。梵之成为这样的根本原理的哲学，并进一步发挥玄思的光辉，则在奥义书时代。而在此前的梵书时代，根本原理观念尚未普及开来。很大程度上仍然只是萌芽状态的哲学观念。说到梵这个词汇，其词根是bṛh，原始意义只是“涌（现）”“上涨”，也即是因为祈祷活动而令情绪高涨的意思。这种提升自我状态的行为之抽象化，便成为了梵的原初意义。而再从梵所使用的种种场合看，它始终保存着“祈祷”的含义。按道森的说法，《梵语辞典》中Brahman条下共有七种释义：①祈祷；②咒语；③圣语；④圣知；⑤圣行；⑥原理；⑦圣位（意指祈祷者、婆罗门族）。[①]无论如何，七种含义都可以联系到祈祷行为本身。不过正确地讲，此中取代那个“生主”的第一义是“祈祷”。进而发展出来的是第四义“圣知”。而最终成为了第六义“原理”的，正是那个中性的非人格形态的Brahman（其作为阳性名词Brahmān是拟人形态的大梵天神）。虽然从历史发展来看，梵，最初所指的是吠陀时代的“祈祷主”，但一当“主”（Pati）被去掉以后，也就脱去了神话的拟人色彩，成为了一本格的神哲学名词。

此梵因同生主的关联而一步步地发展起来，逐步取代了后者的地位。过程虽然错综复杂，但经历的每一步骤还是大致清晰的。先举一例看梵之尚未完全摆脱从性于生主时的状况：

---

① Deussen, *Allegemeine Geschichte der Philosophie*, I.1, s.240.

布鲁沙即生主，欲自作繁殖而发动热。因此彼即以初生之子（Pratharnaja）而作梵。梵成三智（Trayividyā，三吠陀），是为彼根柢。故人皆称梵为世界之根柢。（《百道梵书》，VI.1.18）

此处的思想：梵之成就三吠陀之义，又以其为世界的基础。因之第一发展时期的梵是生主，作为根本原理之梵尚未分化独立出来。其次，梵之地位有所增进，被视为与生主同格。具体例证可见于《百道梵书》：

生主即梵。无论如何，生主属于梵故。（XIII.6.2.8）

汝即是梵，汝即是生主。（《泰帝利耶梵书》，X.3.1）

此诸说法，大约可以视为调和时期之论调。此期中间，生主观念尚未衰落，梵亦未取得完全独立的尊崇地位。此期以降，生主之外，梵之地位不断上升，最后达到极高之处而获得超验独立的地位。此类例证相当多，例如：

梵生诸神，作此世界，刹帝利种由梵而出，婆罗门更是此中所出。（《泰帝利耶梵书》，II.2.9）

于此世中彼生存，于此世中彼作呼吸。诸有之初生（本原含义），除梵以外堪与其相并者有何谁？（同上）

三十三天皆住于彼中，因陀罗及生主亦住于彼中。世之生类如同搭乘一船，尽皆赴于梵，亦安住于梵。（同上）

另外，又有“梵为最高长上，除梵之外，更无长上能超其者；除梵之外，更无任何长上能在其先。”（《百道梵书》，X.3.5.10）“梵为全世界主。”（XIII.6.2.7）“天地得梵祝佑。”（VIII.4.13）。如是之对梵的推崇尊称不胜枚举。至此，梵之作为绝对原理，掌握有以往生主的一切主权，继承支配所造世界之一切权力已成无可争辩之事实。

言及创造支配，就以梵作根本原理的背景来看，与先前断定生主之权利并无区别。然而，归根结底，类似的看法却是奥义书时期才圆熟发展起来的。至于有关生主的原理，尚有待于更进一步的抽象思维发展。

> 自在之梵（Brahma svayambhū）令热发动。然虽作如是想，从热不能得无穷，由是奉我身（Ātman）于万有，奉万有于我身。由因我身奉献万有，万有奉献于我身。梵因之得最上位，超越万有，主宰一切。（《百道梵书》，XIII.7.1.1）

此处最当注意者，乃是其所说之热亦不能满足一切。这样的说法，首见于吠陀文献。其意思是说，即令修苦行的“热力”，也未必能够随心所欲、愿无不满。若这么看，已看成信仰有所动摇的证据。《二十五章梵书》（VII.6）针对此句而谓：“生主所欲甚多，所以默然存念于心。”这样的解说，则应视为梵书思想的内向发展路径。其次，又应当注意，此处提到的“自我”，是因为言及了本体和现象之相等关系。因此，当把梵书中此句视为梵我论的开端。尤其是当中所说的自身与万有的相互奉献。其虽自形式上看，意在说明祭祀仪，但显然已经不限于万有由梵而生的说法，也是万有向梵归趣的用意。换言之，世界也罢，有情也罢，虽说都是由梵中流出，且又住于梵中，即归趣且收束于梵。至此，梵我同一（Sātmatā）之论跃然而出。《百道梵书》（XI.2.3）谓梵将自体给予万有，遂成就了现象界的现状：

> 太初仅有梵在（中略）彼作诸神，作已又作此世之阿耆尼，作空界之伐由，又于天界作苏利耶以配之。然宇宙中除此现界，犹有更高。与之相配者，除现界之神，犹有高尚之神。恰如此世界中显现之高神支配此世界中众神。彼世界中彼神亦显示，亦支配彼界众神。而彼大梵自彼方世界中隐半界而自谓曰：我将如何而达此世界焉？彼具此两部而入此世界，即具名之与色。万物因之而有恒名，此所谓恒具名也。因此之故，此世界中形之与色充满。形色之与名称，此二系梵成就之两大变化（Abhva，怪物。非妖怪之怪，而谓神秘不可说之怪）。能知此种变化者，其自身乃更大之神秘。形色名称，此二又乃梵之两大魔幻力。能知此魔幻之力者，其自身乃更大之魔力（能令此世界化现出来之能力）。

本体采取名色，遂有现象界发生。如前已说。虽以往通名其为生主，此之引文则不用生主一名。所谓梵之“隐半界”，乃指其自本体而向现象之呈现过程。本体借助名称与形色而呈现世界之事，已如前说。狭义地看，此之存有的显现，若名与身的个体化；广义地看，则是现象界因具有了质料（色）和形式（名）而呈现出来。名之与色被称作“怪物”（神秘），又称“魔力”。这其实是对大梵之创造伟力的赞叹。此中已经暗含后世才有的世界幻影之说。其次，对于现象之复归于梵的情况描述，也使得自我之论更深入一层。其所说者，殆几臻于梵我同格之论调。此即是印度宗教中的香地利耶学说（Śāṇḍilya-vidhyā）的说法（《百道梵书》，X.6.3）：

> 其存有者（Satya），得命于梵。人因梵之意向而具形体。人若离此世，亦凭梵之意向而受生未来。（梵）令阿特曼归命，灵气乃成其质，生命乃成其身，光明而成其形，空（无限）则成其性，如意而赋己形，疾速而如思想；思择正当，具一切香，遍一切处，通于一切世。曾无所语，曾无骚乱。此人其微细如粟粒，如麦粒亦如黍种，如黍之细芯。此金色光如烟亦如焰，而彼之广大过于天、过于空、过于地，亦过于万有。彼之成生命之灵，我则因此向而向彼，死时归入此灵。

有此信念，则于一切无所怀疑，因之便成就香地利耶学说所声称的“诚然如是”。

上来所说的“归命于梵”，显示了吾人之最终理想。而后面之“未来之生”取决于生前的意向，亦即是生前所得的觉悟；又所言“归命阿特曼”者，显示觉悟之功能标准。此处意在说明，住于有情身内放金色光芒之主体自身的“我”，亦同彼包含了大宇宙的大梵，本质上并无任何差别。此之自我，从个人一面来看虽然微小，然从全宇宙看，亦至大而无所不包。此之小我亦即是宇宙大我。

小宇宙之主体完全等同于大宇宙的本体。体即是一，光明无边，无所不照，无所不彻，遍一切处而平安寂静。这也正是现象界与本体界两相等同一如的通道，即通过自我而让两边同一化。一一个别之自我悉归于梵，即是一切个别均消融于同一之我当中的意思。此说正代表了梵书的最高思想。再往前略进一步，也就完成了奥义书所要教导的教义。

第四节 梵书终期——自我

以梵作根本原理的教导，至今仍然是在印度居统治地位的宗教思想。其亦正是印度思想的伟大成果。然其所展现的模样，已经不再只是充盈的神学情绪的习气残余。而是充分发挥祈祷意义之精髓结果。梵之作为抽象原理，其中极大地结合了有关自我精神的内涵意义。换言之，当宇宙原理与个人原理本质同一的思想涌出时，追求梵而贯通自我的思潮开始产生以来。大梵中具有的哲学意义，其开始于其根本原理的能动性。若非印度的玄思家们在梵的神学含义之外对于阿特曼深加考察，则有关梵之根本教义便无由形成。若非如此，哪里有可能见到奥义书中，吠檀多派哲学中的灿烂思想光芒呢？实质上，对于阿特曼的思考，是印度思想史上划时代的事件。其对印度哲学的发展，作为动因，堪与希腊哲学中的苏格拉底学说之地位相权衡。两种观念都标示出两个民族哲学思想的前后期。在那之前的哲学考察，主要在从客观一面来探求宇宙原理，即令人类自身，也被当成客观之一分来看待处理。而当阿特曼哲学一旦发生，作为主观的人之视角，便与宇宙本原的客观接通，由此而出现了前所未有的思想见地。梵我同一说，虽然是奥义书的主题，然前节中吾人所摘引的文字说明：至梵书时代之末期，梵我同一的论调已近圆熟。因之作为奥义书思想的前提，吾人于此有必要略加考察。

上来先看阿特曼（Ātman）的词义。不用说，它有“自我”的意思。虽然从词源学上看，学者间对它的意义多有争论。波特林克（Böhtlingk）和罗斯认为其词根是an（气息）。而韦伯认为应是at（去、行）；格拉斯曼（Glassmann）则认为是av而等于vā（吹、呼出）。此处的种种说法，无论如何，都可以联想到“气息”，从“气息”而可以引出“生气”“灵魂”等。从而，其采取“自我”的含义，又是所有学者可以同意的。唯一持反对意见的大约只有道森。[①]他认为《梨俱吠陀》中，若考察“阿特曼”的意义，明显可以作“气息”解释的地方仅有四处（I及VII中各一处，X中两处）。而且这四处均可属可作新解，将其当成“气息”稍欠妥当。道森的看法与众人不同，吾等于此需要指出。若按照他的说法，《梨俱吠陀》中云“tman”者共有17处，或为Tmanan、Tmanā、Tmane、Tmani等，当作形容词、副词、反身代词的情况都有。此等用法大都不离其原始意义。而阿特曼的意思亦为其中之一，亦是从此而来。其词根系指示代词“a”（即若aham之a），再加上代名词“ta”，意为“此之我也”。强调性的自我称谓，此为Ātman“自我”本出之义。因此，若论Ātman一词之发展顺序，起初其仅为中性指示义，无非区别于他物、他身，反指自身而已。

① Deussen, *Allgemeine Gescichte der Philosophie*, I.1, s.385-388.

由此顺便也可以有强调自身中稍具本质性之我体的含义。先指气息呼吸这样的重要部分，随后则延展至“心（灵）”这样的核心部分，最终又成为真实真性之“自我”的意味。换言之，这里说的“我”之含义变迁，并不似其他学者所说，一开始就可以当成“气息”或“呼吸”。起先它仅指身体的自谓，以后一步步地发展过来。道森用下图显示其演变过程：

自我（Ātman）
身体之全体→躯干之谓→魂、生气→真性

道森的此说，正确与否，虽然也有不无可疑之处。然其语义发展历诸阶段的说法，就“自我”观之形成而言，彼说法可同人的心理内视自我过程相吻合。也与奥义书中的相关论述颇能合拍。从语源学角度看，不失为一种相当重要的假定。奥义书中讨论到自我，有“五种藏”（Pañcakośa，意为五个匣子或五箧）之说。五藏的说法中，前面的四种正是四个阶段，也正是上面的四个意义发展过程。显示出自我概念的历史发展顺序。要而言之，就“真实、实我”而言，联系阿特曼的演变，正反映了印度哲学思想界中的这个重要名词逐渐形成的路径。Ātman（我）之形成，则脱离了历来印度神话中惯见的有关生主或造一切者，乃至梵（祈祷）的祭祀思想之轨迹。目光转到了真正的物之本体或本质上来，称其为真正抽象思维的结晶，应当是非常恰当的。道森称，从抽象的思维水平看，印度人的阿特曼即是巴门尼德的“存在”（To on），或者是斯宾诺莎的“本体”（Substantia），或者是康德的“物自体”（Ding-an-sich），或者是斯宾塞之不可知者（the unknowable）。总之，一切表示绝对者的言词，在这个层面上都与阿特曼相合而相宜，自不待说。

若考察研究此处的阿特曼（我）之思维发展过程，虽说到梵书时代的末期，才形成了阿特曼代表真性自我的内涵大原理。但若论其思想萌芽，则很早就已经是潜伏在吠陀当中的。吾人先已指出，看《梨俱吠陀》之原人观念，其中早就包含有与生气相联系的意思。

观察原人思想之开端，初看起来，其不免幼稚，但若推究此种观念产生的轨迹，从一开始，其就有着寻求自我、安立自我、谋求落脚处的意味。以类比原则而作推导，此亦为寻求宇宙太原之思想途径。这样的思想路子也可以如此加以表述：以身体之全体当作自我，又以此自我作为基础，将宇宙原理拟像而成人格形态。《原人歌》就是这种拟像方式的抒发。循此思路便有以小宇宙等同大宇宙的见解产生出来。顺理成章地，也就有了人之本性等同于宇宙本质，个人实我等于宇宙实我的思想进路。“梵我一如”的结论，就是这样得到的。简而言之，以原人思想作出发点，来对本原寻求作心理学的考辨，自然而然地可以发现，像奥义书中的思想主张的发展路线，是《梨俱吠陀》和梵书当中就已经有所指示的。因此，如果在梵书当中能够见到阿特曼的发生痕迹，当然也就不会是偶然的意外的事了。

《梨俱吠陀》之后的文献资料中，对此宇宙本原的思考可谓非常用力。若看《白夜柔吠陀》中的《后那罗衍那祭歌》（Uttara-nārāyana）（《瓦恰沙尼耶本集》，XXXI. 17–22）及同一本集中的《即是篇》（Tadeva, XXXII. 1–12），其内容已经显示出从“原人”

向“阿特曼”推进的思维路线。另外，《白夜柔吠陀》之附属部分还有一类祭歌，其中也含藏着后来梵书时代才渐已成熟的观念。它们在更早的时候就织入了吠陀诗歌。《泰帝利耶梵书》（III.13）也包含类似《白夜柔吠陀》的语句和观念。而到后来，这样的祭歌则可见于同书（X.1.2–4）中。此中尤其重要者为《即是篇》（收在《瓦恰沙尼耶本集》），吾人依据对它的分析观察可以寻出相关的思想发展路线。

> 彼为一切世界中之神。虽未生之先其托生于母体当中。彼若已生则恒生不死。彼现在人世，遍一切处。（《瓦恰沙尼耶本集》，XXXII.4）

既然说到布鲁沙为一切世界中之诸神，又以布鲁沙托生母体，出生后显现于人间。这样的说法，显然是宣称原人与个人本性同一。若更迈出一步，则不啻宣布布鲁沙不只为万有和人类之生理之身，更为心理活动之原动力。

> 彼于一切物之前生，且化生万物。生主（此处仍指布鲁沙）者，舍其身共子孙而成十六分，其巡游于三界之光（阿耆尼、伐由和苏利耶）（《瓦恰沙尼耶本集》，XXXII.5）

此处所谓“十六分”，批成为生理、心理组织和功能的五知根（Jñānendriya，眼、耳、鼻、舌、皮）、五作根（Karmendriya，手、足、舌、男女根、排泄口）、五风（出息入息、上风、持风、介风），以及心，若略称，则谓心灵也。以原人之自化，不单是个人之灵魂，就是诸神之灵亦禀其分矣。此一自化而化万物之过程，就人类言，先及身体，后及生理和心理官能，其间渐进之顺序甚为明显。与此同时，其又暗示世间万灵本为同一。同书又曰：

> 其逍遥于一切生界、一切世界，其游履所及至一切处、一切方。彼（圣者）到达法则（规律）之初生（Ṛtasya Prathamaja），彼以自己之自我归于彼之自我（Ātmanā Ātmānam Abhisam-viveśa）。（同书，XXXII.11）

此处之“法则之初生”指根本太原作为创造之神之垂迹而化现。太原即是布鲁沙。上之赞颂谓圣者巡游四方，磨冶真智，寻求太原，终发现个人之灵魂自我与宇宙之本原自我根本同一；而对自己的灵魂若加了解即能归入宇宙灵魂。一旦识得此种见地，布鲁沙亦就真正认识了阿特曼。姑且不论此之阿特曼是否就是后来奥义书中所说的真性自我，即令其所指不过是五知根、五作根、五风、意等，其仍然涉及了身体内部灵魂的意蕴。比较之前完全落脚于身体自身的见地，已是进了一大步。不仅如此，即令视其对阿特曼一词的使用，也是值得注意的哲学价值所在。更何况，其还有深入一层的强调：

> 彼之圣者，巡游天地，逍遥而致世界及一切方处之光明界。彼又解析说明世界之规律组织。彼见之（Tad Apaśyat）。彼成之（Tad Abhavat）。彼有之（Tad Āsit）。

此处之“世界之规律组织”即指万有的原理。而此处所说的“彼见之”“彼成之”“彼有之”，即是说的原无而今有的创造而保持的意思。更有原来虽有所作而不能自觉，而今能够见证觉悟自我本性的意思。由于见证自我本性而与宇宙原理同一，便是布鲁沙的自觉同一。这当然也就是后来奥义书的重要观念。“汝即是彼”（Tad tvam asi意为“汝就是那个宇宙原理”）的思想也就包含着后来的“本性安立”的大问题的答案。解脱之成为可能正因为“汝即是彼”中隐藏着这个思想萌芽。

如上所说，本篇直接显示出从布鲁沙而阿特曼的发展走向。循着这样的思维次第，下一步则顺理成章地引出阿特曼观念。而此次第过程中，又不可不说及生气说。盖古代玄思家之内观第一步，通常是观察其具体之人，以作发足之始，思索涉及身体自身，应当知道身体并非人之本质。循自然之理，便会再进一步地推知，究竟吾欲寻求之本质为何。先是关注成为生理活动机能之必要条件的呼吸。此呼吸展开，便是气息之出入。早在《梨俱吠陀》当中，初期便有把气息当作灵魂的说法。前一篇中介绍死后运命的那一章中，已经说到从气息而发生内观的方法。循此内观法而进，最后会达到以气息为宇宙大原理的主张。这样的认识路径合乎人类理性的推移进程，属于自然而然的进步。在《阿达婆吠陀》中已经显示出这样的认识发展方向。《百道梵书》（XI.1.6.17）谓：“生即是气息，是以万物皆是气息。”这句话便是这个思路的展现。尤其《泰帝利耶森林书》（III, 14）更是明确主张此气息说的代表文献。试看下面两个颂子：

彼作运载者，运载自与他。彼之作一神，遍入于万有。
彼负载重荷，又名运载者。亦卸下重荷，独自返故乡。
彼为生死因，又或运载者。又名守护者，人若能识之。
以为运载者，其人得运载。人若得运载，恒久自运载。

以上所说的大意：唯一世界之布鲁沙，恒行于万有当中，成为有情的主体。所谓有情，形体虽然各各不同，但本性则是同一的。若生则共禀一性，若死则同归一气。此种思想正是奥义书中的小我（Jivātman）归于大我（Parātman）的见地之先驱。此处偈颂中说的“知道彼是运载者，亦即得彼运载”的说法，正是前面《即是篇》中的“见彼即成彼”的意思。也就是“汝即是彼”这个印度宗教中固定套话的意思。而如果联系到与Prāṇa和Prusa二者相关的文献来看，则有《百道梵书》（IV.2.31）中说的“彼以郁克提耶（Uktya）作供养，成就不可说之生气，此亦即是阿特曼。无论如何，不可言说的生气，当然就意味着阿特曼。因此，也就是彼之生命”。虽然诸如此类的说法，从形式上看，都是祭祀当中的套话。但它既宣称了最上的生气为阿特曼，则其意思本身是无可怀疑的，也正显示了在认识上它已经达到由生气而过渡至实我的认识阶段。

像这种对于人格本位的观察，以布鲁沙为第一步，生气作第二步，不断向内深入寻求实我。与此同时，它也有向外的寻求功夫。向着现象界的布鲁沙、实在界的布鲁沙努力，直至穷尽个人生气和宇宙生气，如若更进一步，则有可能使对生气和灵魂（十六分）之寻求，达致最终极的根本。也即是说，达到那不可见、不可说的真性实我，亦即阿特曼本身。这样的路径也就是奥义书的自然冥想的态势，是其开拓见宇宙之我的必然思路。印度之香地利耶学说（反身而达致自我的解脱学问，可参见前面本章第三节）认为，阿特曼者小而愈小，大而弥大的见地，正是这样的思想方法。与此类似的有后来的华严哲学，其中所宣称的“小时正大，芥子纳于须弥；大时正小，海水纳于毛孔”，正是此观念的衍生发展。由此可知，到了奥义书时代，阿特曼哲学中的两极会通而得解脱的思想，已经如滚滚洪流，一泻千里，绝非偶然出现的局面。

不过此处的问题处理，与其说是对阿特曼之我的思考，毋宁说是心理考察的结果。然无论如何，作为神学的考察结果而得到的梵我结合，在其思想的终点上仍然是哲学的梵我同一之说。当然从理论上讲，梵之观念涵义与自我思想容易会通，但从文献字句上看，从生主而移向梵就不那么好懂了。因此奥登堡才说，梵之观念与自我观念是各自独立发展的。然当其到达思维顶点时，两者也就自然会合了。[①]吾等略作思考，也可以体会得到：梵之思想与我的思考不可能全不相关、独立发展。虽然梵之观念主要是祭祀哲学的产物，而阿特曼是某种心理活动寻求的结果，但它们又都从属于印度的宗教性质的哲学思维。所以两者交互涉及又各自发展，然而最终会合起来，绝不是偶然和随机的事。当然，话又必须说回来，一方面，梵之作为宇宙原理只是“如如不动”的另一种说法；另一方面，随阿特曼思想之逐渐得势，当时的神学

① Oldenberg, *Buddhism*, s. 30-31.

家便借此势头而发挥了梵的观念意义，以功能作用而结合两者，成就了所谓梵之作为本质而又并不外在于阿特曼的活动的说法。无论如何，到梵书时代末期，梵我同一论的萌芽已经生出，因此香地利耶说的教义形成是无可怀疑的事。以上为对阿特曼思想的发展理路的概略叙述，以下再用图显示：

个人之原理 —— 身体 —— 生气 —— 心（十六分）—— 真我
↑↓
宇宙之原理 —— 原人（布鲁沙）—— 世界生气 —— 世界灵魂 —— 我（Ātman）= 梵（Brahman）

然作穷尽根底之考察，小宇宙等于大宇宙的见地，势必成为吾人自然而然得出的结论。

第五节　轮回说之起源

以下吾人将进入奥义书时代的考察。于此仍有一重要问题须先行思考。这就是轮回思想的起源。吾人所说的轮回，即是“流转”（Samsṛ）的意思——人若死后，灵魂依其生前所作所为，受生于相应的境地。在如是境地中果报若尽，再转生于他处或者也可能不再转生。此种信念，即是轮回说。此亦为奥义书出世之后印度社会中的一般信仰。解决此转生与否的问题，也就成为印度人的宗教和哲学之最高目的。所谓“解脱”（Mokṣa）“涅槃”（Nirvāṇa）“不生”（Amṛta）及“无上界”（Īhśreyasas）都是指摆脱轮回境地以后而进入的永久的不变动的状态。后来的佛陀之所以出家修道，也正是为了实现这个目标。耆那教的创立，也正是为追求这个目的。数论派之产生也是为了从这种轮回中解脱。甚至，吾人若看《摩奴法典》，其中对所谓法则的讨论，也还是为了达到这个目的。有关解脱轮回的思想，泛滥流行如此深广，然若寻求其究竟起源于何时，学者之间仍然各执一见，言说种种。虽然，若从梵书中求解脱观之起源，彼为最恰适之思想材料。盖如前所说，《梨俱吠陀》（X.58）当中已有为死者招魂之种种情况，据此，可谓已有轮回思想，当无可怀疑。而若考察逝者灵魂之转生，自不能仅限于此。所谓轮回观念，吠陀时代则尚未见到流行，不过《梨俱吠陀》（I.164.38）中亦有：

> 不死者与死者同属一类，因受自性缠缚，其于彼方、此方两间游行。此二（死与不死）常有，而向异方游行，而其一能识知，另一则不能知。

显而易见，此处所说，流露出某种轮回思想。故波特林克解释，此二者之相关联则在于轮回去向。可以认为它是轮回思想的雏形。[①]然克实而论，此处所述仍然可以看到其语焉不明。因为如果加以另外的解说，似亦未尝不可。所以吾辈也不必指导它当作的论。大体而言，断定《梨俱吠陀》时代尚未有轮回思想流行，并无不妥。即令彼时真有如此的思考，也还只是并未萌发之种子也。轮回思想，要到后来的奥义书时代，才慢慢显明起来，更晚才呈现圆熟之象。因之，此时代之初期阶段便谓有一种新宗教诞生，便有不当。据此而作概括，将轮回观之原点置于梵书时代也

① Böhtlingk, *Geschichte der Wiss*, 23 April 1893.

就大致恰适。特别需要注意者，吾等既无确实之证据，说话论事便只能大概言之。盖于《梨俱吠陀》时代，对以人自身作主体的考察尚未有充分关注，而到梵书时代，如前所说，追求以生命为中心之思考蔚成风潮，因之人们更为关心死后之运命，与此相关而用心阿特曼之考寻也就成不足奇怪之事。前面所举之那其克塔故事，谓其向死神阎摩请求不要让其再重生的事，在很大程度上就让人不免怀疑，当时之人已有更生于世的观念。又特别在《百道梵书》中（X.4.3.10）有说："如能凭借正确之知识，实行祭祀等事，死后可以再生于此世间，并且可以享受死时所得的供食。"支撑这一说法的，后面当然也是生死更替轮回再来的思想。《梨俱吠陀》当中一方面承认诸天神与祖先神不同，但在实际上，凡叙述他们的活动时，又是将两者混在一起说的。与此相对，梵书当中倒是将天道（Devāyana）与祖道（Pitṛyāna）二者分开来讲的。但很可能梵书中所说的祖道即是此世间，因为它是将再生复来的境界放在祖道上面的。另一方面，吾人既说到轮回，就不可不说业道问题。业道或业的学说认为，人在生前所行的善恶行为总会留下影响力，这种影响力就是"业"。业总会以某种方式依附纠缠于行动者（作业之人），令其受到相应的报偿。业报与轮回是相互联系的成熟说法，虽然它完成于奥义书的时代。但客观地看，梵书时代已经开始流行。《百道梵书》（X.43）谓：

诸神以怕死，因而远避之，想讨好奉祀其他神明。然而如是所为，如何才能奏效呢？于是，生主便教给诸神以祭祀法。于此祭祀中，垒石为坛，又作种种表符，以行祭仪。因此之故，诸神皆得不死。然如此一来，死神则怨而白曰："若皆如是实行祭祀，一切人也都不死，则我所领之职何由履行耶？"诸神皆谅解其意而告之曰："从今以后，唯有脱离身相者可入不死之地，凡欲不死者，惟依智及行，非此不可也已。"

此处所说之"唯智与行"是什么呢？智者与祭仪形式相关之知识；而行者，谓人以往的业力所积。两者相加，决定着人是否有再生解脱（不死）之因。依此，不难想象，这个时期的业报思想已经发展到这样一个阶段：人们的行为（业行）决定其当承受相应的回报。《百道梵书》（X.4.3.1）有如是的思想：

为善者受善，为恶者受恶。作恶之人当受恶生，净行之人还得其净，污行之人当受其污。

再者，宜就《梨俱吠陀》以来之天堂、地狱信仰等，又略作几句赘言。"死者尝于此世，于二道之间火焰中穿过。恶人当即受烧害，而善者则不受害。过此则至于祖先处或日神处。"（《百道梵书》，I.9.1.3）"善人至天国受其妙乐，恶人则至奈落伽（naraka，恶去处）受诸苦患。"（《百道梵书》，XI.6.1）"死后灵魂由天称称量其善恶，因此受偿或受罚。"先不讨论严格意义上这样的受报论与轮回之说如何调和，但吾人当注意到，此处显然划出从天堂到地狱受报的范围。然如前已每每说及者，梵书中并无系统而有组织之轮回说教理，因之轮回问题大体只是片断之议论。至若轮回境界分为几种，相应之业又有几多，受罚的期间如何，灵魂往返的模样如何，特别是与轮回论密切相关的解脱论等，在梵书时代都处于非常不明朗的状态。所有这些要等到更晚的时候，即奥义书时代才有补充。总结起来，轮回思想在梵书时代仍然处在进而被说明的准备阶段。到了奥义书的时代，才有基本的框架结构，而更晚的学派时代的末期，才得完全形成。

以上所说，基本上据文献材料作为佐证。而轮回理论之更进一步成为系统信仰，或者它如何在印度发生和完成，又学者间如何讨论此诸问题，都将在后文中有所交代。大概而言，希腊之毕达哥拉斯、柏拉图辈即有轮回说的主张。而印度人之此类思想，则不似彼等所见那般固执。种种迹象表明，毕达哥拉斯之思想亦曾达于印度周边。外来影响之说理当可信。换言之，把希腊视为轮回思想之故乡，诸学者以之作为了解此说的原因，亦非毫无道理。法国人伏尔泰曾谓：印度地处热带，气候炎热，为健康原因而禁肉食，结果遂有动物崇拜，因之动物界与人类能有伙伴关系及情感，因此又发展出个人之生存因与动物结合而成转生的观念，此为转世再生信仰的成因。不过，动物崇拜之思想在轮回观念尚无之《梨俱吠陀》时代便已经存在，再说印度人之进入热带地域且在轮回思想发展成熟以后，也还有未必尽行禁肉食的记录。因此，伏尔泰的推测显然与事实不尽相符。其次，圣希莱尔（Barthelimy Saint Hilaire）之用数论说反驳伏尔泰，彼说亦未能全然不误。盖虽有种种论据，但数论毕竟出世甚晚，至古奥义书之末后方才形成。不过，又有伽尔比（Garbe）继续戈夫（Gough）之主张，认为印土原始土著即已经有轮回信仰。因此信仰转移至雅利安移民，亦是自然之理。其所举理由如下：只须对野蛮人的死后问题加以考虑，即可得出彼等关于再生或移生的信念。墨西哥之特拉斯坎人相信：贵族若死，其魂化为美音鸟；平民若死，其魂则成虻、成蜂或成虫等低下动物；南非祖鲁人（Zulu）相信人死后，灵魂会成为蛇、蜈蚣、蜂等；婆罗洲之塔耶卡人相信灵魂有水气，像血一样，可栖息在树上；波坦（Pohtan）人认为，他们的酋长死后会成为啄木鸟，因此不可以打杀。依此诸例子作推察，印度原始民族如果有移生再生观念，也不算怎么离谱。雅利安人中的神学家受其影响，也是理所当然的。[①]

此诸假说，无论是肯定或者否定，都缺乏有力的手段做支持。因之，吾人打算以同样流行于下层社会中的业论信仰与轮回说相互对比，试为确认。关于业论，后世学派中异论不少。但若把它当作对某种生理和心理活动的组织总结，将其视为依附于生命的某种潜在势力的说法，倒不见有任何异议。佛教说一切有部中，把业当作无表色。将它放到某种物质性的力量的地位上。其作为哲学教理，如前已说，在奥义书时代，在森林奥义书中尚未有什么神秘意义。吾人以为，此原初思想当是《阿达婆吠陀》时期的信仰。《阿达婆吠陀》中，人若犯罪无论其有意还是无意，均要受到相当的处罚，又以为如法诵读咒文可以除罪。如是看来，当时人们是把人的罪愆当作物质性的存在的。甚至会将他人所犯的罪过，视为有感染性的势力或力量。例如，下面的引文这么说道：

罪兮，你若不舍我，我则弃汝于十字街头。愿汝随他人

① Garbe, *Saṅkhya Philosophie*, s.172-180.

去。（VI.262.2）

若我醒时，若我睡时，所犯罪失，已生未生一切罪过，皆缚木（祭）桩以脱去，如是请恕我其罪。（VI.115.2）

先不说评价这样的思想是否属于幼稚。然其中至少包含了这样的认识：①人所犯罪会以某种残余形式保存下来；②这样的罪愆纠缠着人，非受到相应的惩罚不能解除。此两点认识已经具备了业说理论的基本条件。这是很清楚的事实。如若循此推而广之，使之适应于一切善恶业，将其放到同一个个体身上，则显然成为了该个体的责任所在，同时也贯通于他的过去、未来与现在的联系上。这样一来，也就完成了整个业说理论的框架。不过，《阿达婆吠陀》乃是下层社会中的雅利安人的信仰。此种业说理论或属于上层士族的观念之掺杂混入，或者本身即是下层百姓的信仰。两种可能性都存在，也可并行不悖。正因为如此，若以伽尔比和戈夫关于轮回思想起源的假说，与吾人对于业说起源的推测结合起来看，则可以认为，轮回转生、善恶业报一系列的说法，虽可假设起初在上层士族中无人信奉，然其在下层百姓中总还是有一席之地。且至后来也发展成为全社会信戴的观念。吾人所得出的这种结论，当离事实不会太远。奥义书中屡屡言及：以轮回说的教理，传授给王家世族，而从未说过婆罗门族中亦知道这个道理。大约从这点，吾等能够领悟到轮回说与业论之类在社会哪些阶层中流行的一般情况。然而，若吾人进一步寻问：诸多蛮族都有移生再来的信仰，何以单单印度才形成这么一套完整齐全的轮回理论呢？其根本原因究竟为何焉？于此，吾人结合梵书终期发展起来的阿特曼观念加以考察，对此作一种说明：从一开始，对于自我的考察无非是对生命本质的关心。这种考察也只能从经验上来看人之有命，其实亦同动物之有命一样，并无根本的区别。即是说，认识到人命与动物之命的相同性质，是不需要太费思想力就能达到的结果。举凡一切生物，亦即一切有情，肉体总要死灭，但生命本质之我体则未必如是。假如我体不灭，其往何处寄身呢？必须为不死之我的本质寻求到寄身之处。这是人们思维的自然趋向。加之印度社会当中，本来就具有移生之说与业说。自我本体在渗入进移生再来的思考以后，自然而然就会生出生命本质可以转移的想法，而导致生命本体之转移实现的力量，正是其生前行为（业）的影响力本身。换言之，若能见到同一本性之我，依其业力，在人类、畜生、别的动物等不同形类之间转移。能有这样的观念，则必能达到下一步的认识：诸有情虽然肉体悉有生灭，但自我本质可以在种种不同环境下往来。因此，轮回之说可以说是下层社会的信仰与上层社会的哲学观念两相结合的产物。轮回观之所以在印度流行，而在其他民族中并未受到禁止而不曾泛滥，这与印度思想界的特性相关。此为印度人在梵书终期以降，围绕阿特曼（我）论为中心的思考尤其发达的缘故。

第 三 篇

奥义书

第一章　总说

一、奥义书之地位

梵书当中的哲学思想完全含藏在对祭祀仪式的说明解释里面。这样的哲学思想并不是纯粹的，而只是片断的，有时是感性形态的。也因如是，欲令粗糙的感悟悬想成为有体系的高级思维，则非经过耐心的取舍和提炼不可，否则不能完成其组织化的工作。不过时代推移，认识发展，起先的祭祀主义便不再能够让有识者得以满足。至此，情况便有了倒转，梵书中的祭祀说明本来是从属性的、第二位的，现在它转到明面上来，成为第一位的思想阐发。造成这种变化的原因大约有两个：一是因为梵书时代以来的历史变动，社会经一期动乱后终于稳定下来。受教权束缚较少之刹帝利种姓崛起，地位上升，并因此得余暇从事哲学思考。二是婆罗门教这方面，因轮回思想逐渐成熟，以往祭祀求升天的信心稍受质疑。为求永世之解脱，亦产生不同的思考与尝试。早在《梨俱吠陀》时代便已经养成的穷根究底之思想倾向，到奥义书将兴起时，进一步发扬其冥思苦想的思想特质，又致力于哲理的考辨，以大彻大悟而为最后解脱手段的宗教形态也已经出现。奥义书和称作（吠陀）文学的作品，其实就是这个时代的产物。梵语的文学同奥义书成为这个时代有代表性的思想材料。若论其哲学价值，实足以同柏拉图、斯宾诺莎、康德辈的思想价值相匹敌。而若思考奥义书在印度圣典中究竟居有何种地位，其属于后梵书发展阶段的森林书时期。奥义书本身是森林书的一个部分。举例而言，《爱多雷耶梵书》中有《爱多雷耶森林书》。而《考斯塔基梵书》中也有《考斯塔基森林书》。另外，《泰帝利耶梵书》中也有《泰帝利耶森林书》之诸篇章，如是等等。据萨耶那（Sāyana）的说法，所有的森林书本来是指对修行者森林生活规则的解说。例如，《爱多雷耶森林书》就解说的是森林中的修行仪轨。奥登堡认为森林书是关于秘密教义的文献。其本来就是宗教师尊们在森林中远离人世而单独对弟子讲说的教义，所以称作森林书。但无论如何，森林书之前面部分总还是梵书的内容，此外它中间还搜罗了不少思想议论和冥思苦想所得。奥义书实际上便是森林书的最末部分。（不过要说明一点，《沙摩吠陀》文献中的奥义书却是没有经过森林书的过渡的。它直接附在《沙摩吠陀》系统的梵书后面。）因此，如果作静态的观察，广义地看，森林书和奥义书都是从属于梵书的，从其内容与性质上看，严格地说，没有什么分别。以往吠陀文献注释家们将梵书的内容大别为三类：①仪轨；②释义；③吠檀多（vedānta=veda + anta，亦即“吠陀之终结”的意思）。文字解说形式的吠檀多，其实也就是奥义书。它是对梵书中深奥秘密意义的发挥与总结。下图显示梵书中的这三部分：

梵书 →仪　轨
　　 →释　义
　　 →吠檀多＝奥义书

何以梵书要按照上面的这个顺序来安排呢？通常以为这是出于教学的需要。亦即是说，老师在向弟子们授学，先讲狭义的梵书，然后解说行法仪轨；更联系森林书的内容来深入说明修行仪轨和祭祀法则；最后再解说传授仪式以外的秘密教义。这样的教学法，目的在于显明吠陀学问的终极目标，也就是揭示吠檀多为形式的哲学奥义。实际上，诸文献编纂出来以后，吠陀学问的教学程序，大约也就都是顺着这个路子沿袭下来的。不会有太大的出入。从历史角度看，当初编纂文献的婆罗门学者也应该是依据狭义的奥义书出世的顺序来加以整理的。也即是说，从梵书、森林书、奥义书一路整理下来。一般来说，梵书与奥义书的问世，总是一先一后到来的。如果将梵书产出的年代（其中也涵盖《夜柔吠陀》的那个时代）估定在公元前1000年至公元前700年的话，奥义书最古老的部分应当在公元前700至公元前500年。此估计应该比较客观——若吠陀可以大致分为“知”（Jñāna Kāṇḍa）与“行”（Karma Kāṇḍa）两个部分的话。狭义地看，梵书（也包括梵书中释义的部分）便是“行”的部分。而奥义书则是“知”的部分。作为吠陀学习最终目标的吠檀多所在的奥义书，因此被视为终极道理，直接与解脱联系起来，这完全是合乎情理的事。道森将奥义书之前的文献比喻为基督教旧约，而以为奥义书是新约一类，正好说明了这一层道理。因为旧约意在强调律法精神，而新约则重视伦理建设与净化。联系到奥义书来看，它的意义不也正在于强调对吠陀祭祀主义的过分依赖，同时主张走向对哲学玄思和追求与赞美吗？

二、奥义书之名义

“奥义书”梵文为Upaniṣad，作为复合词，其形式是 upa +

ni + ṣad，意思是“坐在附近”，亦译为“近坐”“侍坐”。其词根是ṣad，即“坐”之义。对此，欧洲学者的意见大都执此意见而不会有太大的异议。但在印度学者这方面，其对奥义的解释多半偏于晦涩。商羯罗以为Upaniṣad的意思是“灭”（灭之词根为sad）。他的意思是奥义书的教义是为了破除烦恼盲暗给人以真知，所以是“灭”，灭烦恼也。其又说或有“近”（sad）义。奥义书引人近于梵智（Brahma vidyā）；学习奥义书，吾人得近于梵也。启动此诸相关词义解说，属于俗说之词源学理论。其实他不过是附会奥义书内容而作的说明，到底不能算真正的语言学说明。加之，针对缪勒和道森，有印度学者指出，从词源上看，Upaniṣad原本就没有“坐”义，因此二氏的解说根本无当，是非常牵强的。当代印度学者那罗衍那（Nārayāṇa）说，《摩奴法典》（VI.29）有释Upaniṣad者，谓其为“坐读”义。然而，本来就算“侍坐”或“坐”是Upaniṣad的本义，但怎么就转变成为了圣典的名称呢？这里道森的解释看来更近于实际。依道森，所谓“侍坐”“近坐”本来与“会坐”（Pariṣad）“集坐”（Saṃṣad）适为相反的含义。“侍”与“近”二者都具有推心置腹、肝胆相照的意义。真正的意思是说，教学之间，师徒之间没有他人，其所授学问唯在老师与弟子之间。这里无可置疑地透露出了秘密义。秘密的内容必须要求有秘密的传授手段。以至讲述手段的经典。这就是因Upaniṣad而引出秘义、秘书及至圣典的过程。[①]诚然，奥义书文献之被当成秘教、秘籍，其证据在奥义书中，这也是可以有文字证据的。试

---

① Deussen, *Allgemeine Geschichte der Philosophie*, I.2, s.116.

看几个例子：

（1）同住一年且有意要拜师从学之直弟子（Antevāsin），不可传（《爱多雷耶森林书》，III.2.6.9）。

（2）此法唯可传长男（《歌者奥义书》，III.2.5）。

（3）自我戒行不全而有亏者不可令诵读（《蒙达卡奥义书》，*Moṇḍaka Up.*, III.2.11）。

（4）亲子或直弟子，若未离欲得清净，亦不可传授（《白净识者奥义书》，VI.22）。

《弥勒奥义书》（*Maitrāyaṇa Up.*）等书中也有同样的禁止，规定在何种情况下不可传授其学。这是颇值得注意的地方。又奥义书中，每每遇见说到Upaniṣad的地方，都会用另外的相近词汇，叫作Rahasya（秘密）；又往往以秘密教义、最上秘密（Paramam Guhyam）等形容词来修饰奥义书。事实上奥义书之教学传授是秘密而不宣于外人的活动。因此若呼之为"近坐与近侍者的教义"，实无不当之处，因此也可以称其为宗教的圣典。

三、正统之奥义书

奥义书究竟有多少种，吾人并不清楚。原则上讲，凡同于梵书而算作吠陀某一支派的作品，无论其是否已经湮没不传，无论其是否属后世拟作撰写，都可以当成奥义书类。总而言之，什么是奥义书，本来就没有统一可循的标准。巴思（Barth）举出的奥义书有250之多。韦伯所举的也有235种。韦伯的奥义书名中，有一种叫《阿拉奥义书》（*Allāh Up.*）的，时间上很晚，内容也涉及伊斯兰教义。又晚近出世的奥义书，那只能称为新奥义书了。因此，对于奥义书只能作具体分别，看其所属是新是旧，是正出还是旁生。一般说来，属于三种吠陀（《梨俱吠陀》《夜柔吠陀》《沙摩吠陀》）的，是较为古老支派的奥义书；而属于《阿达婆吠陀》时代的，应为较新的奥义书。它们比古老的奥义书在数量上要多得多。通常学者均同意，由三吠陀繁殖的奥义书为古奥义，相对地《阿达婆吠陀》系统中的奥义属于较新的作品。今若称古奥义书者，所依据的也就是这个原则。古奥义书存世者今有十一种，具体列表显示如下：

<table>
<tr><th colspan="2">所属本典</th><th>奥义书名</th><th>所属支派</th></tr>
<tr><td colspan="2" rowspan="2">《梨俱吠陀》</td><td>1.《爱多雷耶奥义书》的《爱多雷耶森林书》之3—4册</td><td>爱多雷耶派</td></tr>
<tr><td>2.《考斯塔基奥义书》的《考斯塔基森林书》之第3册</td><td>考斯塔基派</td></tr>
<tr><td colspan="2" rowspan="2">《沙摩吠陀》</td><td>1.《歌者奥义书》的《歌者森林书》之第3—10册</td><td>坦丁派</td></tr>
<tr><td>2.《由谁奥义书》的《由谁森林书》之第9册</td><td>斋弥尼派</td></tr>
<tr><td rowspan="7">《夜柔吠陀》</td><td rowspan="5">《黑夜柔吠陀》</td><td>1.《泰帝利耶奥义书》</td><td rowspan="2">泰帝利耶派</td></tr>
<tr><td>2.《摩诃那罗衍那奥义书》</td></tr>
<tr><td>3.《羯陀奥义书》</td><td>羯陀派</td></tr>
<tr><td>4.《白净识者奥义书》</td><td>缺</td></tr>
<tr><td>5.《弥勒奥义书》</td><td>弥勒道派</td></tr>
<tr><td rowspan="2">《白夜柔吠陀》</td><td>1.《大林间奥义书》，在《百道梵书》本奥义为14章4—9节</td><td>瓦恰沙勒耶派</td></tr>
<tr><td>2.《自在奥义书》，又为《瓦恰沙尼耶本集》之第40册</td><td>瓦恰沙勒耶派</td></tr>
</table>

道森核实过是等内容，并按此诸奥义书问世之时间先后确定如下：

《大林间奥义书》(《白夜柔吠陀》)	散文体
《歌者奥义书》(《沙摩吠陀》)	
《泰帝利耶奥义书》(《黑夜柔吠陀》)	
《爱多雷耶奥义书》(《梨俱吠陀》)	
《考斯塔基奥义书》(《梨俱吠陀》)	
《由谁奥义书》(《沙摩吠陀》)	
《羯陀奥义书》(《黑夜柔吠陀》)	韵文体
《自在奥义书》(《白夜柔吠陀》)	
《白净识者奥义书》(《黑夜柔吠陀》)	
《摩诃那罗衍那奥义书》(《黑夜柔吠陀》)	
《弥勒奥义书》(《黑夜柔吠陀》)	散文体

然须注意者，以上所有奥义书，大体依其产生年代先后排列。至于同类性质之书，未必撰写于同一时代。其中特别是《大林间奥义书》，还有《弥勒奥义书》，若观其中内容，可知是不同时代之思潮汇集。历时甚久，方才形成现在的模样。因之，即令是同一部奥义书，其中往往也有不可调和的矛盾说法。说到底，除非经过严格的年代考订，以及认真梳理这类书中的观念与思想流变，否则不能得到令人信服的结论。以上所列，不过是诸奥义书大体的历史发展顺序。此诸情况，读者当随时记持于心。

四、新奥义书

但观《阿达婆吠陀》系列之奥义书。其中往往有不同于古奥义书的思想旨趣。之所以会如此，乃是因为与其说新奥义书追随梵书而来，毋宁说有一些人或者小宗教团体，其借奥义书之名发表其主张。其所声言与《阿达婆吠陀》未必有什么关系，只是权称其名，借以张其势望而已。估计这种情况下产生的新奥义书，乃是因为当初古奥义书大体具有雏形时及随后一个时期，有不少新思想流行于世间。此后民间学者在搜罗新义组织表述时，便向《阿达婆吠陀》中寻觅其认为的隐秘含义，附会并着力发挥，遂结成新的奥义书。此类新书，表面上看，与前面所说古奥义书完全不同。然须注意者，新奥义书中亦有好些不为学者承认的作品，若其中的《蒙达卡奥义书》、《六问奥义书》(*Praśna Up.*)以及《唵声奥义书》(*Māṇḍūkhya Up.*)，便是吠檀多派大学者若跋达罗衍那(Bādarāyaṇa)和商羯罗不认可的。在正统派的奥义书研究当中，它们被认为毫无价值。总之，新奥义书的特征，既有派别色彩，又反映了组织化的宗教意图。可惜，时至今日，吾人已经看不出，它们究竟具体属于哪一个新成立的学派的主张。因此，比较稳妥的说法是，新奥义书中包含了来自新旧两方面的影响。道森在翻译新奥义书时，从现今印度流行的60奥种义书中挑选了39种。又按韦伯的分类法，它们分列于五类：

(1)纯粹的吠檀多主义(9种)，其中所主张的与古奥义书并无区别。

《蒙达卡奥义书》	《六问奥义书》	《唵声奥义书》
《胎藏奥义书》 （*Garbha Up.*）	《生息火祀奥义书》 （*Prāṇāgnihotra Up.*）	《糍供奥义书》 （*Piṇḍa Up.*）
《阿特曼奥义书》 （*Ātman Up.*）	《绿宝石奥义书》 （*Garuda Up.*）	《一切奥义甘露书》 （*Sarvopaniṣatsāra Up.*）

（2）瑜伽主义（11种），主张通过修习冥想持定而参得本原实在。

<table>
<tr><td>《梵明奥义书》
（Brahmavidhyā Up.）</td><td>《利刃奥义书》
（Kṣurikā Up.）</td><td rowspan="2">《鸡冠奥义书》或《顶上奥义书》（Cūlikā Up.）</td></tr>
<tr><td>《声点奥义书》
（Nādabindu Up.）</td><td>《梵点奥义书》
（Brahmabindu Up.）</td></tr>
<tr><td>《静思维点奥义书》
（Dyānabindu Up.）</td><td>《光明点奥义书》
（Tejobindu Up.）</td><td>《甘露点奥义书》
（Amṛtabindu Up.）</td></tr>
<tr><td>《瑜伽真性奥义书》
（Yogatattva Up.）</td><td>《渡鸟奥义书》
（Haṁsa Up.）</td><td>《瑜伽顶奥义书》
（Yogośikhā Up.）</td></tr>
</table>

（3）遁世主义（7种），以遁世修行得解脱为主张。

<table>
<tr><td>《梵静奥义书》
（Brahma Up.）</td><td>《离世奥义书》
（Sannyāsa Up.）</td><td>《明相奥义书》
（Āruṇeya Up.）</td></tr>
<tr><td>《乞闻奥义书》
（Kaṇṭhaśruti Up.）</td><td rowspan="2">《最上渡鸟奥义书》
（Parama Hamsa Up.）</td><td rowspan="2">《贾巴拉（圣者名）奥义书》
（Jābāla Up.）</td></tr>
<tr><td>《隐栖奥义书》
（Āśrama Up.）</td></tr>
</table>

（4）湿婆主义（5种），将太原实在拟人化为湿婆大神之信仰。

<table>
<tr><td>《阿达婆脉络奥义书》
（Atharvaśirā Up.）</td><td>《阿达婆顶端奥义书》
（Atharvaśikhā Up.）</td><td rowspan="2">《青暴之神奥义书》
（Nīraludra Up.）</td></tr>
<tr><td>《黑暴之神奥义书》
（Kālāgnirudra Up.）</td><td>《唯独不依奥义书》
（Kaivalya Up.）</td></tr>
</table>

（5）毗湿奴主义（7种）。

<table>
<tr><td>《摩诃奥义书》
（Mahā Up.）</td><td colspan="2">《那罗衍那奥义书》
（Nārāyana Up.）</td><td>《最胜我奥义书》
（Ātmabodha Up.）</td></tr>
<tr><td colspan="2">《人狮子－前黄金奥义书》
（Niṛsimha-pūrva-tāpanīya Up.）</td><td colspan="2">《人狮子－后黄金奥义书》
（Niṛsimha-uttara-tāpanīya Up.）</td></tr>
<tr><td colspan="2">《罗摩－前黄金奥义书》
（Rama-pūrvatāpanīya Up.）</td><td colspan="2">《罗摩－后黄金奥义书》
（Rama-uttaratāpanīya Up.）</td></tr>
</table>

所有学派时代的奥义书大抵如上，权举置于此。

五、奥义书集

印度可称奥义书全集的有两种：一为52种奥义书合集，另一为108种奥义书合集。印度学者大都认可的是52种奥义书的合集。不过叔本华所读到的欧卜纳哈本（Oupnek'hat）是50种奥义的合集。大致说来，印度学者公认最重要的奥义书也就是50种上下。收有108种奥义书的那个集子名为穆提卡合集（Muktika），当初形成于南印度，也流行于南印度。南印度人通常以为“百零八”是神圣的数目，所以才编出了108种奥义的合集。大约其背景情况便是如此。

欧洲方面最先翻译奥义书的是法国人安格提尔·杜伯隆（Anquetil Duperron）。他在1801年最先出版了奥义书合集。这个译本也只是欧卜纳哈辑本的拉丁语译本。这个本子在1659年最初由莫卧儿帝国的皇子达罗苏科（Dārā Shukoh）领衔，征集众多梵语学者汇集、整理、翻译，当时所完成者，系由梵文译为波斯文的工作。杜伯隆在1795年发现这个辑本，并将它译为拉丁文（氏虽对此辑本还另有法译工作，然据悉，未见出版）。应该指出的是，此拉丁文译本当初翻译时，虽其译文晦涩，但仍引起相当大的关注。关注者就有叔本华本人。他阅读了奥义书译本，爱羡有加，视为《圣经》。叔本华关于奥义书的知识完全来自这个杜伯隆译本。他自己表示，从奥义书中获得了永世的安宁。下面一段话即引自叔本华：

> 此书（奥义书）为世界上最有价值也最为卓越之书。余因此书而此生深得安慰。此之慰藉，犹当继续到余之生命终结以后。（叔本华之《哲学小品》，II. s. 424）

不过杜伯隆的译本并未包含全部的奥义书辑本。其中译意也多有不雅驯处。即令于此，叔本华仍然呼吁学者宜研究原典，修订并译完此书，以俾利益世间，成高尚之事业。最终，经欧洲的印度学者共同努力，也吸收印度本土学者的襄助之功，世人终见奥义书完全辑本之西译。此中最为完备者，即是叔本华之门下弟子道森所译之《六十吠陀奥义书》（*Seczirg Upaniṣad des Veda*），以及马克斯·缪勒之《东方圣书》中的奥义书译本。前一译本有11种古奥义书和39种新奥义书。当中还包含仅见于欧卜纳哈辑本，而他处未见之10种奥义。缪勒的译本则主要着眼于研究吠檀多经必据的奥义书，一共有11种。古奥义书中未收《摩诃那罗衍那奥义书》、新奥义书中则剔除《蒙达卡奥义书》，但又添加了《六问奥义书》。即是说，缪勒的奥义书译本主要关心的是正统的奥义书类。而道森的德译本则留意的是奥义书思想的发展脉络，只要有关且重要的部分都尽行收载。

此外，奥义书西文译本，除上述两种，从首次问世至本书写作时，又新增加两种。一是美国人休谟（Robert Eanst Hume）的《十三种主要奥义书》（*The Thirteen Principal Upaniṣads*, New York, 1921）；另一则为日文译本《奥义书全集》（九卷本），译者高楠顺次郎即本书作者。高楠的翻译底本即是《穆提卡奥义书》百零八辑本。

六、奥义书思想之原动力

上面所述仅为奥义书形式方面的简介。本论开始以前尚交代：奥义书思想依据究竟是什么。因之于此先大致考察奥义书时代的思想界大趋势。彼之奥义书，从形式上看，属于梵书之一部分，一方面其既是婆罗门思想运动之结果，另一方面也显示了非婆罗门教的思想锋芒。就文献材料作对比检查，如先所述，婆罗门主义之特色体现于认吠陀为绝对权威，以主张祭祀有万能之力，坚持婆罗门种姓应享有绝对的尊贵。对此诸主张，奥义书也都大略承认的。所不同者，其思想发展的倾向是：不断走向对神我真实性的发挥说明。这样的思想倾向发展下去，迟早会要否定前面的婆罗门教主张。先举几个例子看它对吠陀权威性的否认。

《歌者奥义书》（VI.1）说，有阿汝尼（Āruṇi）之子名为悉维塔克图（Śvetaketu）者，从师学习12年，尽得吠陀深义。对于什么才是关于实我（阿特曼）的知识，几为无所不知。同书（VII.1）又说，婆罗门那罗达（Nārada）向军武之神萨那库马罗（Sānatkumāra）历数自己所学的种种知识，其中属于四吠陀的有16种。但萨那库马罗认为，这些学问都不能获得随阿特曼之神我，因为它们与真实的梵我无关，所以也就谈不上学问。因此，萨那库马罗拒绝学习这些东西。连四种吠陀的学科也不一定称得上学问——只因为它们同获得真实自我无关。显然在奥义书的思想倾向中，吠陀其实也无关传统的正直的婆罗门主义。又关于吠陀祭祀，《大林间奥义书》（I.5.16）说，行祭祀者去往祖先界（即轮回界）凭知识觉悟则生于天界（不死界）；又《歌者奥义书》（V.10.11）说，凭信心而笃行苦行者去不到梵界（不死界）；又《大林间奥义书》（VI.2.15）说，因行祭祀、苦行与布施，可入祖先界；凭信心与证真实可入天界（不死界）；又《歌者奥义书》（II.2.3.1）谓学习吠陀而行祭祀及修苦行者得生天界（此仍属于轮回界），唯住于梵者才得不死。诸如此类的说法，流露出明显对往昔通行之祭祀及苦行均有不满，对之亦加以排斥，或认为无效，或以为尚有欠缺，于是彼等另外赋其新义。所有这些说明，此诸主张已经超出了往昔的婆罗门主义。

再看新奥义书的作者对婆罗门师尊的态度，其也不似从前那样抱有绝对服从的态度。可知当时的人们，对宗教导师的信仰也已经动摇。奥义书的主要教导，许多并非出自婆罗门之口，可知参与思想创造的也有其他种姓的学者。《歌者奥义书》（V.11-24）中有五婆罗门就普遍之我的本质而向郁多罗伽·阿鲁尼（Uddālaka Āruṇi）问学。然阿鲁尼亦表示不知道。遂有六人相携前往马主凯耶王（Aśvapati Kaikeya）那里受教；又《大林间奥义书》（II.1）说吠陀学者巴拉基（Bālāki）前往迦尸国（波罗奈斯）王阿阇世处请问梵的教义。该王曰："婆罗门请教于刹帝利，虽古习无有，但余仍愿教示于汝。"因授其学。此中透露出某种信息：梵我不二之智识，国王知了，而有名的大婆罗门学者反而未必知道。特别是《歌者奥义书》（V.3.7）和《大林间奥义书》（VI.2）说，普拉哈瓦拉·斋瓦里（Pravāhana Jaivali）向婆罗门阿鲁尼传授有关轮回的教义。其人最后说道："戈马达耶，汝之告余如是，此之教义，往昔至今，婆罗门世间竟不知晓，正以此故，世间权力道归于刹帝利也。"其言如是，显而易见，奥义书中重要教义或相关事物，现在要由刹帝利来教导婆罗门了。

综合考察以上事实，可以认为，当时人们的内心已经对祭祀主义产生厌倦，而吠陀教学也逐渐地脱离婆罗门之手的专擅。多数婆罗门的学问也只是徒具形式。其拘泥于琐细小节，唯小道是求，无关于宇宙人生之真谛的寻求。致令因奥义书萌生之原动力而推动思想界，悟真求解脱的思想运动所趣，颇得婆罗门及刹帝利王者中有见识者的呼应。对生存意义的问题解答遂成为时代的呼声。也即是说，形式上看奥义书虽然仍属于婆罗门阵营中事物，但令其发展前行的动力却是非婆罗门的倾向。特别是刹帝利王者，对此种发展贡献犹大。以王者通常在教理教义上所受束缚要小，况在太平之世，宫廷即是教学中心，国王作为世间主宰，也有余裕精力，用心解决哲学问题。奥义书时代以后很快有一批求道之王者后裔涌现，绝非偶然的现象。佛教、耆那教的教主都是刹帝利出身。加之此时代似乎也较少束缚，无论庶民还是妇女，都可以参加社会上重大问题的讨论。《歌者奥义书》（IV.4）说到那个有名的“爱真实”（Satyakāma）之小儿的事。其问母曰：“我父是何人？”其母回答：“我与多名男子交接而产汝。若问汝父为何人，实难得知。”及至此子长大，有志于学，遂往师某婆罗门。入门之时，循例老师问弟子种种平时情况。此子俱能如实回告。婆罗门师嘉其正直，以为足证其血脉高贵，因之许其入泮。家世平庸之孤儿，既有志于学，便能为婆罗门断然接受，足见此时代之社会风气。又《大林间奥义书》（II.4）中，奥义书的巨擘名为耶鞠那瓦基亚的欲行遁世而打算把家产尽悉交给其妻弥勒伊（Maitreyī）。然后者不仅不想要家产，反而提出只想知道不死之学。于是耶鞠那瓦基亚与其妻之间有一段互问互答，从而证得唯我主义（阿特曼实我的教义）。同书（III.6）又说，在韦提波国（Videha）的迦拉卡王（Janaka）之王庭。以耶鞠那瓦基亚为中心举行的论道大会上，瓦伽克鲁王（Vācakravī）的女儿名叫伽尔吉（Gārgī）的女子，前后两次出场与大智者耶鞠那瓦基亚往复问难。一位不起眼的帼国之身竟然同世间闻名的大学者问难，在古代社会当中，这也算是惊世骇俗的场面了。此事从反面也证实，当时思想界亦享有自由的空气。要而言之，梵书时代末期，社会上下于寻求安顿心灵这样的事，尽皆倾注热情于追寻人生意义，因此，无论是什么身份的人，都有可能先得证道。如是一来，婆罗门种姓可以向王者请益，刹帝利家亦可能向庶民问道。人们但唯真理是求而不吝礼贤下问。这也算是奥义书时代的一种求知气象。这一点同以往的风习相较，不能不说是大相径庭。但应指出的是，新思想的涌出并不是否定旧的传统。婆罗门历世承传之教义真谛，也在奥义书中得以保存。

七、奥义书之教义组织

奥义书虽为古代思想之精华汇集，然却并非系统化的教义。其只是哲学诗篇的集成而已。从整体上观察，虽其中有相当一致的论点，然若琢磨细节，仍可发现，当中亦有不少相互抵牾之处。若欲将其统一起来形成互恰之理论组织，往往令人感到棘手。跋达罗衍那之《吠檀多经》(*Vedānta-sūtra*)，虽然也可以视为这种组织化的实行，但商羯罗的注释却只能算是差强人意。其中有好多解说，不单生硬，甚至往往牵强。这些注释显示了商羯罗对于奥义书自身的真义，往往视而不见，交臂失之而浑然不觉。因是之故，亦有学者提出，如果把全部奥义书视为一个同质的整体，不加区别地对其作统一化、组织化的工作，恐怕很难取得满意的效果。归根结底，针对奥义书中类同的诗篇，若非深入其中，仔细研读体会，必不能发现真义；若硬性将其分解切割，只是想要达到“系统化”的整齐划一，必然只是损害其原义本真，未可称为得法也。

再者，诸奥义书既为同一时代思潮下的产物，相互之间不仅于道理上共通互补，从文字上看也是相互包涵互有启迪的，或者是相互继承的。即令诸古奥义书本身，其产生的时间也必定有先有后，思想内容当然也有沿袭与承载的可能。古奥义书有时代差异，自身数量也不多，然到底不好等量齐观，根本忽视其内在差别与演化。只是为作统一的思考，不能不权宜地悬置其中的一些抵牾难通处，以求达成大致的理论要点之共通，完成体系的组织化与系统化。如是方法，好处甚多，也容易实行，而令其大体思想显明出来。而如果言及具体组织之法，吾人以为，不外三种。

第一是将古奥义书中矛盾部分摘出，而以相互调和者汇集起来分门别类，各令有属。第二，能动地看待古奥义书，对各部分进行历史解剖，搜寻其间之诸问题发展演变的线索，以求达到一以贯之。而对于矛盾之部分则分别加以说明。第三，预先拟定项目，例如克里斯提安（Christien）、伯努夫（Burnouf）之按哲学题目而设本体论、宇宙观、神学论、心理学等，然后再采录奥义书中材料，加以整理。此之三种方法，皆有效用，而第二种历史观察尤有必要。不过，若没有一二具体问题，凭空便对全体奥义书作历史考证亦无从下手，难以进行。

吾人在本篇之开头，便已经思索过上述办法，因而才设立本体论（梵我论）、现象论（世界神祇论）、终局论（轮回解脱）三个题目。此中既见到共通之思想，也调和相异之见地。从而得到相对简明之奥义书独有的旨趣。在此框架下再来叙述思潮之起伏过程。

奥义书梵文本典

1. *Upaniṣad* (Bibliotheca Indica), Roer. Cowell, Mitra, 1874–92.
2. *Upaniṣad* (Ānandāśrama, Series), 1888–92.

3. *Eleven Atharva Upaniṣad*, Jacob, 1891.
4. *Twelve Upaniṣad*, Tookaram Tatya, 1891.
5. *New Swaller Upaniṣad*, Otto Schröder, 1912.

奥义书西文译典

1. Max Muller, *Upaniṣad* (S.B.E., I.&XV).
2. Deussen, *Sechzig Upaniṣad der Veda*.
3. Hume, *The Thirteen Principal Upaniṣad.*
4.『世界圣典全集』中之"ウパニシセッド集"（九卷本）

本章参考文献

1. Gough, *Philosophy of the Upaniṣad.*
2. Deussen, *Allgemeine Geschichte des Philosophie, 1,2.*
3. Oldenberg, *Die Lehre der Upanishaden und die Anfänge des Buddhismus*, S.56–190.

第二章　本体论（梵＝我）

第一节　本体之寻究法

奥义书虽然因新时代的气运而生，但其所依据的材料仍不离《梨俱吠陀》以来的哲学见解。奥义书的内容虽然相当复杂，但其中仍有始终保持的基础观念。这个一以贯之的思想，无疑就是梵书末期才突现出来的“梵我同一论”。主张这种论点的是吠檀多派的论师。这种观点又被称作“梵我一如论”。这样的观念，其原始形态可以回溯到很久以前。它将世界的本原、宇宙的太原，亦即是梵，视作与人的生命本体之我完全同一。换句话说，“梵我一如论”是在自我当中去寻求宇宙的原理。此之观念，在古奥义书就有不少蛛丝马迹。名目多种，说法不一，但却始终不绝如缕，随时随处可见。这也正是后来吠檀多派的根本立场。以下举几个例子，显明此观念通常的套语名称：

Sarvayam ātmā Brahma（此我即彼我）(《大林间奥义书》，IV.4.5）
Tat tvam asi（彼即是汝）(《歌者奥义书》，VI.8.7）
Aham Brahma asmi（我即是汝）(《大林间奥义书》，I.4.10）
Etad vai Tat（此即实为彼）(《羯陀奥义书》)

此处的Tat即是“彼”，作为实指大梵的术语，如是句式中所显示的，无非是说一切现实中吾等的本性也就是实在的本性。特别是“Tat tvam asi”“Aham Brahma asmi”这两句，它们完全成为几千年来支配印度思想界有名的标准格言（Mahā Vākhyam）。也因为如此，奥义书思想尽管非常复杂，若提纲挈领，只须从自我之本体去把握万有太原这个命题，便可以将所有的印度唯心观念论一网打尽。说到底，自我论是一切教理发展须臾不离的中心问题。不过，奥义书如何展开以寻求自我这个问题呢？

大致说来，约当梵书时代的末期，印度思想界即有反身内求、探索宇宙根本原理的倾向。此一过程的开端，把粗糙的原人论当作出发点，渐渐向内我用功，由生气而心意，亦即“十六分”。此之渐进过程，吾等前篇已有叙述。而至奥义书阶段，其对于自我之寻求，不过仍然继续了之前的方针而已。毋庸置疑，关于内在的实在之我的说明，印度思想界当然还有不少看法，但都同古代的传统不可分离，而且还会重蹈时时向外用力的浅薄意向（《大林间奥义书》，II.1）。再者，即令是那些致力于向内寻求的思考，有许多也仍然肤浅得很，难以超越后来梵书才达到的见地（同前书，IV.1）。然到了奥义书阶段，当时的有智有识者的思考，往往生气勃勃，尽其自心向上仰求，朝着自我观推进，更跃上一大台阶。此中的思想过程，大致可以这么认为，起先，仅仅因为呼吸是生命的原动力而重视气息。但若只是从一理之气上看待自我，即令将其当成本体，到底不能超出人身更上一层，难能涉及本质的精神性的存在，也就不可能达到内在的自我。另外，由呼吸进而及于心的现象观察，先不说它是否达到了本质，真要有所成就，也就只能停步于“念念生灭无有定相”的认识，从根本上说，仍然无法企及被称为“自我”的东西。而自我之存在，肯定在超出此一层面的更深处。哲学思维唯有进到深无可深的地方，才能达到根本实在。奥义书中的思想家，如是探求，层层深入，完全抛弃外在的经验。也只有如此，才能成就纯粹之能动体或者也被称为纯粹能动之主观体。至此才算是达到自我本体。因之，严格地说，奥义书中之阿特曼，正是主体自身的意味。换言之，奥义书所视为恒久常住而不变的实在（Satyaya Satyam），正是柏拉图哲学中的纯粹精神自体。这种自我摆脱了身体（肉体）的束缚，也抛弃了情欲执念，处在一种绝对宁静且不受干扰的境界当中。奥义书的思想家，殚精竭虑，苦心孤诣，竭力想显明的正是这样的信息。《歌者奥义书》（VI.12）中郁多罗伽圣哲教诲其子悉维塔克图，为使后者领悟自我实在，其举有这么一个譬喻：

其问悉维塔克图：“若取尼拘陀树果一枚，其果本微，从果得核，核更细微，更剖其核，而得其芯，又剖其芯，直至无所能剖，所余者何物？”悉维塔克图回禀其父：“至此已经无能辨识知。”郁多罗伽遂告其子曰：“于汝不复能辨识之细微中发生广大之尼拘陀树。”此之细微不可辨识，即是阿特曼，亦即是汝。因此，榕树之荫蔽地面数亩之大，而成自不可辨识之微细种子，犹如经验感官已不能把握之浩瀚宇宙，亦不过生自吾人自身内部，由实我自己而发生矣，对此见地的有组织叙述，在奥义书中有著名的阿特曼四位说或五藏说，其所孜孜以求者，在于指点学人，教导其追寻考察自我实体。所谓自我之四位说，将我等之精神状态分为粗细不同、由外而及内之四种状况，层层揭剥，直至达到自我本质。

此说最早大约可见于《大林间奥义书》(IV.3)中的圣哲耶鞠那瓦基亚。按四位说，吾人之精神状态无非属于四种：醒位、梦位、熟眠位以及死位。人在醒位时，有主客观之相对待，心则受到外物的限制。因此最不自由；在梦位中，心作精神的主宰，虽能随意制作万象，然其所据之材料则仍然是醒时所得的经验。因此仍然不能免除相待性，即依赖性；与前二位相反的熟眠位和死位则不如是。在此二位当中，精神丝毫不受外物的影响，处在绝对的状态当中。因而，此正是自我显示自身本体本相的状态。自我显明自身，完全不存在任何外物及其干扰的境界由是呈现，亦因如此，后二位中尤其是熟眠位被抬到很高的地步，被认为是人们理当争取的最终理想。

这种境地实在而言也是最高归趣、最上安乐、最上世界、最上欢喜(《大林间奥义书》，IV.3.32)。一望而知，上述以熟眠位的状态为最早归趣的说法，虽似有所见，然不过是假托之言，臆想内心深处有不可言说之绝对自我。亦即是说，从知觉状态之醒位，进而想象只有心在活动之梦位，再进一步，由梦中活动之心至无念无想之眠位，逐步接近“实我”，逐渐削弱活动性。这样的意思，在《弥勒奥义书》等被表述为眠位以上另有更高的称之为“大觉位”的另一种“第四位”。

四位说是从“用”(作用、活动性)的方面来寻求自我主体，而从体性的一面不断解剖，层层深入的思辨，则是另外一种寻求自我的途径。其称为五藏说。《泰帝利耶奥义书》中有此说法。其将见我的途径分为五段。每推进一段，都有更进一步的细微显现，直到最后，达到真性自我之本体。换言之，真实自我被想象为有四重包裹掩藏起来，逐层解剖身心组织，由粗而细，便能够将其中藏覆着的自我一时显明。此为五藏说的大概。所谓五藏者，如下所示：食味所成我（Annara-samayātman）、生气所成我（Prāṇamayātman）、现识所成我（Manomayātman）、认识所成我（Vijñāmayātman）、妙乐所成我（Ānandamayātman）。

此中之“食味所成我”，即是因食物所养成的身体，也就是肉体之我的意思；所谓“生气所成我”，是以呼吸之我为主体的意思；“现识所成我”则是指精神现象作为自我的意思。综观自我观念形成的全部历史，其最先产生于梵书时代，后来被《泰帝利耶奥义书》吸收过来，将其完全等同于真性自我的核心含意，认可其为完全的自我称号。第四之“认识所成我”，是奥义书形成之初才有的看法，其教义谓自我之本质潜藏于现识的内部，自我的发现即是主体的显明。不过，承认此说为奥义书根本义旨的作品，若《大林间奥义书》（II.1）中之阿阇世王之对巴拉基传授的梵之真义，云有认识之主（Vijñāna-puruṣa）；又《歌者奥义书》当中，谓识我即是实我。而耶鞠那瓦基亚也一再重申阿特曼即是识成就。因此作为真性实我之本体。虽不需要再作推进，但解剖分析之势头仍然保持下来。《泰帝利耶奥义书》对于被称为识的东西，无论如何都有客观看待的意思。因之才把实我看作不可思议、不可见、不可说的绝对实在本身。从终极理想的角度看，也就不妨安放妙乐（Ānanda，喜乐）的名称。依此说法，此处也显示出把我体当作识的见解。这是吾人不可忘记的要点。要而言之，无论从四位说还是五藏说来看，对奥义书中实我即本体的寻求，都完全是某种内省的揭示过程。其认为身心内部最终存在着某种不可思议、常住不变的灵体，它是一切生理、心理作用的根底。与此同时，此有待于我等回归的真相，正掩盖在诸如此类的生理、心理活动的下边。这么一套说法正是奥义书赖以出发的起点。这也正是我们应当铭记而不可忽忘的关键。

不过，这里也就产生了一个疑问。按奥义书的思路，若在我等的主观内部见到梵的真相，凭什么可以认为此梵之真相一定就等同于内在的灵体呢？彼等思想家何以就相信这外在的梵一定等同于内在的我呢？作为宇宙太原的大梵同仆人主观的实体之我，即令性质同一，难道其体也就一定同一吗？简单地说，梵我同一就体性上言，或就本质上言，都应该是待以证明的吧？如果从本体上看，所谓的“梵”，不过只是纯粹的空名；实有的东西也只能是我之仆人而已。须知，奥义书的根本立场是纯粹观念论的，而且完全是主观的观念论。考诸奥义书，其所量裁事物无不从主观唯心论立场出发。此类例子不胜枚举。例如，《大林间奥义书》（II.1）谓认识主体（Vijñāna-puruṣa）如蜘蛛吐丝，如火溅火星，这是诸神、世界及与一切生类产生的方式。同书（IV.5）又谓，有耶鞠那瓦基亚对其妻弥勒伊说此真义：无论世界还是人类，一切皆可在自我中求得。又该书（IV.4.17）中说，自我因宇宙之主的命令而住于内心的空处（Ākāśa），而且其完全不受善恶之污染，如是云云。又那个特别有名的格言如是说：Idam sarvam yad ayam Ātmā（全体宇宙皆是此我）（《大林间奥义书》，II.4.6）。Sa ya eṣo'nimā; aitadātmyam idam Sarvam, tat satyam sa Ātmā Tat tvam asi, Śvetaketa iti. 彼即是此之微细者……全宇宙皆以此为真相：彼即实在，彼即为我，悉维塔克图呀，汝即是彼。（《歌者奥义书》，VI.87）

像这样的断定，直可视作宇宙幻妄说。若从真谛的一面看，凡我之外，一切皆为不空。无论世界还是他人，甚至神祇诸天，俱都为实有存在。但在奥义书中，此种思想尚未明朗化。这要到后来商羯罗时，才会明确地声称如此。高达巴塔（Gaudāpḍa）著有《曼杜基偈颂》（*Māṇḍūkyakārikā*），彼是吠陀诸学中最先提出唯我论之大胆主张的第一人。据信，自彼以后，奥义书的学者才完全站在唯我论的立场上发挥关于实在的主张。

然须指出，其实主张这种绝对唯我之论的奥义书，仍然是少数（其中典型的也就是《大林间奥义书》和《歌者奥义书》了）。因而，也不能断定凡奥义书都一定持有这样的立场。从整体上看，奥义书中的多数文献仍然认为，在自我之外，还有大梵之我。它们在不同的程度上，仍然承认了客观世界及有情之类的实在性。虽然它们又同时认为，所有这些都是从梵之太原本初当中衍流出来的，或者只是梵的显现。这么来看，它们就是一种万有神教的立场。也即是说，将我作为宇宙原理。把它置于个体之上，而个人的修行作为是逐渐趋进并达于梵位的途径。这样的看法，同前面我们介绍印度人的世界创造观时所讲的一样，也都算不上是什么新颖的主张。不过，如果宣称宇宙大我不离吾人的本性，个人之我的真相呈现，乃是反身内求而顿然实现的，这就不是梵书的看法，而是奥义书时代才有的新思想。这种坚持"梵我同一"的立场只认为，个体之我原本如是，宇宙大梵的原理之名，不过是被给予的；也可以说，在某种程度上，梵我的差别是因为认识觉悟的高下所导致的。若就本质或本体言，二者本来同一。此等说法所主张的是本性上的融合说。后来的奥义书中阿特曼被清楚地分为个人我（Jivātman，生我、命我、生命之我）和大我

（Paramātman，梵之我、胜义我）。特别在奥义书的哲学家商羯罗那里，他将这种主张视为俗谛门（Aparamārtha）的主张，而非真谛门（Paramārtha）的主张。虽然他也对此二者做了会通的工作。无奈奥义书中，这样的俗谛说充斥各处，比比皆是。再加上奥义书的梵我论的思维发展理路，也是朝着俗谛说方向来的。大致说来，如前所指出的（本书第二编第二章第四节），梵书末期的思想，明显地由个人我的原理类推出与其相当的世界本原之理。而到了奥义书时代，此之趋势持续发展，更加专注于寻求本体。一方面反身内观，同时也在其他方向上作相应的推进。依吾等的看法，凌驾于个人之我上面的世界原理之确立，便是这个思想运动的结果。

观《泰帝利耶奥义书》中的我之五藏说与紧随其后的说梵的五相说，两者在叙述顺序上是完全一样的。都是由食而生气、而现识、而意识、而妙乐；与自我为食味所成相应，梵也被当成食之所成，乃至于把自我看作妙乐相应，梵也成为某种高级的喜乐。可以看出，这里的思路还是这么一种固定的路数。不嫌穿凿的话，可参考柏拉图所坚持的理念论，即理念由大脑中向外部世界投射。因此，观念世界之外现为现象界的说法，从根本上看，同奥义书也是一样的。后者则是将个人本性投射出来，其扩大了的投影就是世界的原理——大梵。从思维之理路上看，两间并无殊别。唯一不同的地方，则是就柏拉图言，其理念是各别而众多的，相应于内在的多个理念，便有复杂的外在现象世界。而在奥义书，自《梨俱吠陀》以来就一直坚持一元论观念的立场。究极而论。梵我一体的一元论观念立场，同柏拉图的理念差别也就在于此。按此思路，奥义书思想家同柏拉图的思想方法如有不同，就在于他们并不认为思想的概念同理念可以完全等同。因此，个人之本我与宇宙大梵并不能直接等同。但与此同时，奥义书中的梵我一如的关系，又可以按照理念与概念密不可分的关系来解说。归根结底，梵之与自我，在本质上看，完全可以同一；而从自体上看，又是不即不离的。把握此点，可说是掌握了奥义书的真义。换言之，只要认识者尚在迷界，一一各别的个体我都不能是梵，因为性质有差别的缘故，所以不得不呈现为各别的独立性。而一当领悟到存在的本性，也就能够懂得大我即是唯一之梵，从而汇融到大我之中。透露此种信息最为鲜明的，是《歌者奥义书》（III.14）所宣扬的香地利耶学说。其所说的反身而达致自我的解脱学问，就是这种思想方式的有力证明。（顺便说，《百道梵书》中的“香地利耶学说”已经是后来经过改造与加工的结果。）

《歌者奥义书》的思想要点如下：

（1）就实而论，此之一切即为梵，此之塔伽兰（Tajjalān）当于静中系念。诚然，人因意向（kratu）而得成就，于此世中因意向而成，亦如是而灭，于后一切皆因意向，故于意向不可不加留意。[1]

（2）因现识以成，以生气为身，以光为形，以真实为思维，以真空为自我，是以彼作一切业，满一切愿，嗅一切香，尝一切味，含容一切，于寂默中离忧。

（3）如是之我，即心内之我。自其微小而言，犹过麦粒，亦过芥子之籽实，亦过粟米之胚核。此即为心内之我。自其广大而

① 以后商羯罗将此塔伽兰总结为“出生于彼，没则入于彼，一切生息皆因于彼”。——译者

言，此我大于天、大于地、大于全世界。

（4）作一切业，满一切愿，嗅一切香，尝一切味，含容一切而于寂默中离忧者。此我即心内之我。此即是梵。我等于此死没而于彼处生。

上来所说之梵（Tajjalān=tat-ja-la-an，塔伽兰），意即：由彼（tat）而生（ja）、而灭（la）、而息（an）。其意在提示，梵为宇宙中万有生、住、灭的根本所依原理。进而则说因人之意向而可以得到或不可达的境地。再下来则显示内心之我的真相。向内看，其小可以更小，向外看其大可以更大。小可至于不可见，大可至于宇宙大梵。因之，个人的解脱境界在与梵相融合。梵我之间，二而不二、不二亦二的消息于此可谓尽道无遗。

第二节 本体之性质

奥义书将真我之本质直接当成宇宙本体，或者在个人之我上面树立大我以为本体。无论如何，其都认为本体的性质，即是自我的性质。不管怎么说，奥义书的本体之梵，也就只是自我的扩张而已。于是，了知梵的真相也就必须了知自我的真相。说到底，认识在这里也就成了把握梵我全然同一。

一、消极说（否定法）

康德哲学认为，我们的认识能力仅限于现象界而不可能达到本体界，若不考虑奥义书从一开始就规定了的作为根本原理之本体，其认识论所指的方向同康德倒是有几分相像的。从根本上讲，吾人借言诠所表达的认识或表象的依据，无一不是来自认识活动。如是认识活动，从一开始只能来自主观与客观的交涉。但奥义书所说的阿特曼是纯粹的主观之主体，至若认识的对象，即客观性场合这样的东西，都是不存在的。也就是说，我虽然作为能见能闻者存在着，所见所闻者却是根本没有的。所认识的对象既然没有，那么所谓认识把握真相的认识活动又如何成立呢？《大林间奥义书》（II.4.13）中耶鞠那瓦基亚启发其妻弥勒伊的那番话说：

一切因我而得认识。然谁何又认识我耶？谁何又能得此认识之主耶？

该书中又在教授乌莎斯塔（Uṣasla）时说道（III.43）：

汝并不能知觉（感知活动）的知觉者，汝并不能认识（那认识活动主体）之认识者。

这就等于说，凡人虽以眼睛得见事物，但不能得见眼睛本身。同理，我之作为认识主体本身，是不可能再有另外一个主体来认识我这个主体的。上面书中的这段话的大意也就是如此。这样一来，除了说我为认识之主体，若就此主体的属性而言诠思考的内容，都只是揣测而已，并不真的就是对认识真相的触及。这等于说，只有排除了我们经验的所思所言的一切场合，才有可能显现出自我的真相。例中的耶鞠那瓦基亚对此作了明白的晓示。《大林间奥义书》（III.8.8）中耶鞠那瓦基亚对伽尔基说道：

伽尔基呀，圣者所以名为不坏之物者，不粗不细、不短不长、不赤不湿、无影无暗、不在空中、不在风中、不粘无味亦无嗅。非眼非耳，非语亦非觉，非生力亦非生气，非口亦非度，不在外亦不在内。彼既非能灭之物，亦非所灭之物。

此中所示，亦即同后来龙树所倡唱之“八不中道”。唯因如是，吾人以为龙树思想之胚胎正在奥义书中。此之全然否定的语言，从正反两面，既作表述亦作遮遣，目的只在显示本体。虽其意旨如此，然其手法仍落在经验范围之内。作为经验事项仍然是逐一列举，再一一否定。此种手法，在印度被称为“否否”之法（Neti Neti）。所谓neti，从na iti而来，意思是“曰非”或“说不是”。

二、积极说（肯定法）

但世间任何事物，吾人并不能仅仅满足于一味消极否定。人对于外部存在也还有积极地描述的欲望。就像奥义书中的耶鞠那瓦基亚，其作教诲示人，实际上既有否定性的宣教，也不能一点没有肯定性的正面言说。须知，乍一看来，正反两面似乎完全矛盾。但在实际上，肯定与否定也只是道理的两面。总结起来，对待事物的称呼与描述总有正说和假说二门。一旦实现了正说之目的，便当换一种说法，即从假说的角度重述定义。此等手法，绝非不必。关键在于吾人应当知道两种手法都只是拟说[①]而已。奥义书中以多样的手法来从正面显示解说的例子：《大林间奥义书》

① 拟说者，接近而并不等于实际真实的描述也。——译者

（III.9.28）中说“梵即本体”，即智、即妙乐；同书（IV.1）说梵有六相，即“智识、爱乐、实有、无终、妙乐、安固”；《泰帝利耶奥义书》（II.12）有“实有、智识、无终”等。所有这些名称，其中都包含了正面的肯定性解说意图。而在全体奥义书中贯穿始终并得到后来的吠檀多学者所肯认的实体性正是“实有”“智识”以及“妙乐”。即曰：“梵既是万有的最终实在，又是主观的主体所成，也是万众仰望的最高归趣。”《人狮子郁多罗奥义书》当中将梵的这种属性总结成为格言性的缩略语“有智乐”。沙檀难陀（Sadānanda）的《吠檀多精义》（*Vedāntasāra*）一书直接将其当成梵的定义。一般而论，Saccidānandam 这个复合词由 Sat+cit+ānandam合成，其所表示者为“有+智+乐=我=梵”。此即是Saccidānandam宗教格言的来由。这种思想是新的奥义书出现后的产物，但它无疑又是对正统奥义精神的继承与延续。似此思想内涵，其作为基础材料，以往尚缺少充分讨论。因此，吾等在此结合古奥义书，自三个方面进行必要之考察。

（1）有（sat）。奥义书说“有”虽有时是相对于“无”（Asat=Avyakta，不变不显）而来。后者据称在时间上没有变化。但总的说起来，通常还是将其当成本体之根本有来看待的。《歌者奥义书》（VI.2.1）谓：“太初唯实有，其唯一无二。”（Ekam eva advitīyam）同书（VI.8.1）又说：“人若入眠即归于实有。”又同书（V.8.7）谓：“彼（实体）即实有。彼即是我，彼即是汝。”《大林间奥义书》（V.4.1）说：“实有即梵。”同书（II.1.17）又谓“我乃实有之实有”等。其他的奥义书中也可以相同的主张，其中以我或梵皆为实有的思想，可举譬的实在很多。盖本体之作为其属性一无所知的东西，既已建立便不可怀疑其有，否则这样的根本矛盾也就太过荒谬了。特别是因为奥义书以本体为出发点，认为它是一切现象的根底，是不变而永恒的实在，因此对于本体的寻求才有达到梵我的可能。因之，一切属性都可以否定、可以遣去，而唯有实体这东西是不可以打发掉的。因此，实有性是梵我最为根本的积极性方面。什么东西都可以没有，唯梵我不能没有；任何性质都可以遣去，唯梵我的实有性必须肯定。

（2）知（cit）。说到"有"，无论什么东西若"有"，都仿佛是客观存在意味的。而"有"这东西本身，在奥义书中被当成本体来表述的。一旦成为表述对象，也就有了主观寻求的用意。换言之，"有"本身不外是主体之外的精神性实在。据此道理，所谓"知"便被当作认识的本质。从根本上看，奥义书所说的"梵"，也就是意指认识、识或知的所以然和依据。吾人于此之所以不厌其烦地反复举例，也秉持商羯罗为梵下定义一样的用心。商羯罗认为梵的本位就是"知（智）"。商圣认为知之与有，相待而立，其实从本体上看只是一个东西。此诚完全符合奥义书本意的见解。不仅如此，此"知"之一事，又因为是内部观照作用的抽象概念，从其与自然现象的联想上，便成为光照、光明的运动，因此奥义书中屡发以梵我等同于光明。又此光照显明的功能在一切存在得成为"内导者"（Antaryāmin）（《大林间奥义书》，III.7.23），或被称为六根深处之潜藏识者，又可称为"心内之光明"（《大林间奥义书》，IV.3.7）或称"光中之光"（《大林间奥义书》，IV.4.16），又或可称为"真实之光"（《大林间奥义书》，V.6）、"最高之光"（Paramaṁ jyotis）（《歌者奥义书》，VIII.12.2）、"常住之光"（《歌者奥义书》，VIII.4.2）等。

又特别在《羯陀奥义书》（II.5.15）和《白净识者奥义书》（VI.1.4）上有：

此中无有日、无有月、无有星辰；天上无电光，地上无火光，然彼之触者光辉熠耀。一切皆因彼而沐此光明。

如斯所说，皆为从“知”之观念中脱化出来的说法。又因此说法，可以证明所有奥义书主张的梵我本体之根本属性中，“有”与“知”都是正面的、肯定的、积极的性质。

（3）喜乐。奥义书之寻求本体，并未满足于“知”之要求，其依据对此（喜乐、妙乐）的追求，透露出吾等所仰之最高归趣这一目标。归根结底，权宜的假现的世界并不是最后的安住所。寻求本体也就是为了在现象界后边或其最深处得到安住。通达此境，也就得到最高的妙乐欢喜。梵我本体之正面的积极属性中，妙乐是其中一相。首倡梵为妙乐的是圣者耶鞠那瓦基亚。耶鞠那瓦基亚在描绘自我的熟眠位时这么说：

唯一无二之主观，即是梵界，亦即最高之归趣，亦即最上妙乐，其余一切有情界住此妙乐之一分。（《大林间奥义书》，IV.3.32）

耶鞠那瓦基亚在此所述，意在显示梵界之妙乐广大无边，其中人类、祖先、乾达婆、诸天界、诸神祇、生主与梵都团聚一处。接下来他叙述了梵界的快乐，从人至于梵，快乐的等级、差别简直以道里计。最终，在梵中得到的喜乐胜过人间至福千百亿倍。不过，此诸妙乐的说法，不过是借梵的假名而作某种彰显。此一过程中凝结了无数冥思苦想的成果。梵的思想在《大林间奥义书》中已经臻于圆熟，而于《歌者奥义书》中始用“妙乐”一词而代指梵我。这一观念的发展颇费时日，然终究在《泰帝利耶奥义书》中得以确定。《泰帝利耶书》因受《歌者奥义书》的影响，也说妙乐思维。因之，其在有关自我的五藏说中也谈“妙乐所成我”，同时又宣称“其头即爱，其右胁即喜，左胁即乐；其身即为妙乐”。如是说法，乍看上去，令此分析颇为滑稽，而其所欲表达者是说，整个梵之真相完全是妙乐，而其表达的语言借分别一一重复而作强调。不过此处当提醒读者注意，此之妙乐绝不可理解为苦乐相对之快乐，即是说，其并非离善恶相对之非苦之乐，而乃自足圆满（Āptakāma）、我即欲处（Ātmakāma）、绝弃欲爱而绝无忧虑的去处（Ākama, Śokāntara）这么一些同义语。总而言之，以无有与其相待的，所以才称它为妙乐。一言以蔽之，其为绝对的欢喜，唯此而无他可以譬拟。诸奥义书中说梵，有称其为无欲（Akāma）者、无忧者（Aśoka）、无畏者（Abhaya）、寂静者（Śānti）等，都是没有消极面、没有相待性的至乐。总而言之，彼类似佛教当中所说寂灭涅槃。后者也是积极的无待的喜乐。而在奥义书中，此之极乐、妙乐亦反而被称为无欲、无畏、无忧。《泰帝利耶奥义书》（II.9）说：

由此而转，语言亦病，心亦不能到达。若有知梵之妙乐，无物可以怖畏。

此处强调了妙乐的至高境界是超越语言形式的。

三、梵我的其他性质

所谓“梵为有知乐”，主要是从正面来肯定性地显示绝对本体的属性。与此相关，奥义书中也有多方面对本体性质的显明。这里从奥义书关于范畴的分类可以得窥一二。首先是“唯一”这个范畴。“唯一”来源于《梨俱吠陀》以来的思想传统。例如，诸奥义书中常说的“唯一不二”（《歌者奥义书》，VI.2.1）、“唯一之能见者而非第二”（《大林间奥义书》，IV.3.32），应当是所有奥义书都熟悉的说法与格言。此之“唯一”在《大林间奥义书》（IV.4.19）中被宣告为“当善作记持存留于心。多异者不能存于世。若人以为他异，则从死趣死”。然此之所谓“一”者，依奥义书之精神，并非相对于“或二或三”的那个“一”，而应当视为其中包含了一切多数之绝对的“唯一”。因此，《大林间奥义书》（II.5.19）又宣布：“彼即为十、为千，亦为多数，亦为无边际者，是即为梵。”其次，若从此“一”之状态作观察，如同“妙乐”之定义可以从中推导出来，梵之自体，因其全然无缚而自在，亦可以推导出无垢清净来。《大林间奥义书》（IV.2.4）说：

> 此我为不可得（Agṛhya）、为不朽（Aśirya）、为不执着（Asaṅga）、为无缚（Asīta）、为无恼者（Na Vyathate），亦为无害者（Na Riśyate）。

另一方面，从其他的关系看，梵虽然是万有的根本原理，但其自身又是无所依持的，是无始本有的独立体。而作为梵之衍生结果的万有，因为又不是在其外存在着的东西，以此不得不考虑因果律是否适用于它。若从第一义谛的角度看，不能不说梵是超越因果律的；其次，从时间角度审查，又只能说梵是无始无终且常住而不变的。正因为如此，奥义书中说它是不死、不坏、不朽、常恒、无限的用语比比皆是，随时随处可见。所有这些说法无非显示其是超越了时间的。最后，若从其所占据空间的体量大小来看。梵在奥义书中的解说则是摇摆不定的。大致说来，如前已经指出的，奥义书将其当作本体并作解剖式的探求。因之既从我之内部也从外部宇宙云作观察，从而赋予它或微细或广大的体量。总体上看，奥义书逐渐加重了它在广大方面的分量。例如《大林间奥义书》（II.5.19）谓其无边无际；《歌者奥义书》（VII.24）谓其“广大”，用“无限”含义作为梵的性质，最终也就形成了无限、广大、伟大、普遍等的套话。虽然在相关场合皆不忘记其出发点，但与此同时又没有放弃从细微方面来作观察的倾向。比如，前面提到的《歌者奥义书》中的香地利耶学说可以作为证据。要而言之，以本体极小，小至细微无间，因之无从得见。所以，若将其视为超出空间（无有体量），也是合情合理的说法。所有的这些特质描写，都从肯定与否定两面巧妙地显示了本体的性质。以下简单举几个例子。《羯陀奥义书》（II.18–22）曰：

此能知之主不生不灭，亦不从其生，亦不因其成；此太古之主不生而长住、恒有，身虽死而自不死。我者微而极微、大而极大，潜藏于一切有情胸中，为无欲无忧者。从神摄理，见我之伟大，虽坐一处而能远游，虽卧一隅而又遍切处。……在身中而非即身，在动中而自不动，知自我广大不动，是以贤者无忧。

总结以上所述。要言之，作为本体之梵超越时间、空间及与因果，因此是绝对的实在。从经验的角度看，所谓"不然不然（非此非彼、不是这不是那）"算是语言所能企及的底限。然而作为根本上只能加以揣摸想象的实在，此之自体只能是绝对妙乐的精神实体。若从肯定一面想象其性质，便是"唯一""常恒""遍通""自由""满足"等。其所具之真正意义已经逾出了吾人的思考及努力范围。所有这些观念的内涵，大体说来，是与斯宾诺莎的实体相对照而加以发明的结果。

四、拟人化的写像

上面所说的梵之观念，完全是对于纯粹原理的梵的观察。此外，对于梵又有人格化的（拟人化的）写像，即是说把梵当作人格神（Īśvara，自在天）来看待的。盖自《梨俱吠陀》的生主观念以来，拟人化看待本体的势头一直存在着。这是因为仅仅将其视为冷漠之本体原理并不能满足人们的心理需要，对于神的拟像化所得才能给宗教提供渴仰的对象。此即为对梵作人格化写像的意义所在。自然，这也是奥义书的基本立场。虽然吾等亦只是作为副产品加以考察，但如果忽视而放过对此过程的思考，吾人则不能了解，后来为什么会产生那些关系重大的思想观念。关于梵的形象，先有《歌者奥义书》（V.11–24）说到普遍之我，其曰：

> 天是其头，日是其眼，风为呼吸，虚空乃是其躯干，水是其体液，地是其足，祭坛是其乳，祭筵是其头发；家主之火是其胸，祖先火（Anvāhārya-pacanāgni）是其意；供养之火（Āhavanīyāgni）是其腹。

如斯文言，从根本上看，不过是因袭《梨俱吠陀》上的《原人歌》，因此属于泛神论角度来作的对梵的拟人化写像。其以身体各部分比拟大梵就是证据。又《夜柔吠陀》系列中的奥义书描写梵的拟人活动，可以看作这种思维过程的进一步发展之产物。而到了《白净识者奥义书》中则更能见到明显拟人的描写。以下摘引奥义书中的一两个颂子说明：

> 彼作一切亦知一切；彼即自性亦即觉者；为时之时，为具德者，为全知者，是自性（自然界）和自我（有情）之主，是三德之主。彼即是轮回、系缚、停住与解脱之因。（VI.16）
>
> 彼为常住之常住者，思想之思想者；彼虽是唯一然能令多众之人满足。此之本因即神。此为理论和实际探求之可能依据。若能知此，便离一切系缚。（VI.13）

作为世界的创造者和支配者，作为人类命运的掌控者，作为一切人众之愿望满足者，其具有显著之人格面貌。在活动当中又体现出人格身份。依据其拟人活动，可以看出梵之与大原理不同的地方；又其已然成为礼拜的对象，呈现出神人的差别。此等关系可以参照犹太教的人神关系。《羯陀奥义书》（III.10）中梵被称为大我,《白净识者奥义书》(III.19)中他被称为“大人”。在此他被视为相对于“命我”之个体自我的根本原理之神化。此种拟人趋势的进一步发展，梵则成为了男性化了的梵天，完全体现出人格形态的创造神意向。这种倾向还可以视为《阿达婆吠陀》系列的奥义书、毗湿奴奥义书中的神格拟人化进程。

第三章　现象论（梵之显相）

第一节　本体和现象之关系

奥义书之寻求本体，其动机与《梨俱吠陀》之穷根究底的精神一脉相承。玄冥之思本身就是玄思的精神目标，也即是企图获致解释宇宙万有的基础之动力。然依吾人在前章中所说，此种本体论的思量，说到底主要是缘于无穷追求之玄思能力的延伸，指向对超越性之梵的追求，或者就是先验理想境界指导下的哲学解说，两者之间，其实很难加以明白之区分。

吾人先自梵这方面来作考察。又因为现象在此问题上相互交涉的缘故，便依据奥义书中的种种说法来讨论本体与现象这两者的关系。此处所说的现象，乃指奥义书中所言及的天、人、动物、植物之有情界，以及地、水、火、风、空五大所成的器物界。

上述这些名词都是奥义书中的通用语。总体上可以概称为“此之一切”（Idam Sarvam）或“一切有”（Viśvam）——奥义书时代尚没有今天吾人所称的“宇宙”一词。总之，所有的事物都立于梵的从属的对待关系上，而万有事物的生灭也都一无例外地依存于大梵。这是奥义书一般的立场。此之立场明显地可见于关于梵的定义。《歌者奥义书》（III.4.14）的塔伽兰的固定套语，也已经出现在《泰帝利耶奥义书》（III.1）当中了，其曰：

由此而万有生，所有生者依此而息而死。所有死者亦归于此所。此即是能知之梵之谓。

然而，更进一步，质问这样的依从关系凭什么理由得以建立，则恐怕奥义书也未必有现成的答案。吾人所想，像这样的观念，大致可以列出三种理由。

第一，观念论的看法；第二,万有神教的看法；第三，实在论的看法。无需赘言，奥义书中的看法大致也就是观念论与泛神论的结合。分开来讲，便如下文中的陈说。此中第一的观念论理解，便是把梵当作完全主观的原理，因此从它可以引出“万有皆唯心所造”的立场。

关于这样的见解，吾人虽然在前边已经说过两三个例子，于此，吾人再引一个例证以作总结。《爱多雷耶奥义书》（III.3）说：

识所成我即是梵，亦即是生主、因陀罗，亦即是所有诸神；是地、水、火、风、空五大，是举凡一切之细微之物，亦是一切混合之物之彼此种子；卵生（Aṇḍaja）、胎生、热生、芽生，马、牛、人像，其他一切有气息者、能飞者、行走者及不能动者（植物），是等受识之支配者，因识而建立者。此世界受识所支配，因识而得建立者，皆是其因。识即是梵。

上面的说法，借《华严经》的说法，叫作“应观法界性，一切唯心造”的意思。也即是叔本华所说的“世界即我之表象”的意蕴。依据这样的立场，本体与现象的关系也就是一种形之与影的关系。克实而论，其末了也就归向现象迷妄论的结局与倾向。后来商羯罗的主张，也正是这样一种见解的发展结果。

第二种看法属于万有神教的立场。它把本体视为泛神的根本原理，现象不过被看作样式而已。梵于是被分为真相与显相两边。真相就是本体，显相就是现象。《大林间奥义书》（II.3.1）已经区分了这两个方面，列表如次：

显相	具体（Mūrtam）	应死（Martyam）	稳固（Sthitam）	此有（Sat）
真相	无体（Amūrtam）	不死（Amṛtyam）	游移（Yat）	彼有（Tyat）

《泰帝利耶奥义书》（II.6）有相同的思想表达，其说法如次：

显相	此有（Sat=Vyakta）	有表（Niruktam）	有住（Nilayanam）	有识（Vijñānam）	存有（Satyam）
真相	彼有（Tyat=Avyakta）	无表（Aniruktam）	无住（Anilayanam）	无识（Avijñānam）	非有（Anṛtam）

以上两部奥义书[①]的真显二相的说法也许并不完全一致。其观察的出发点略有差异。但其认为真相与显相均出自梵，都是依梵而立的说法，根本精神也是完全一致的。而且此处同斯宾诺莎

① 参见《宗教百科全书》，第458页，条目：Ibn Rushed Averros。——译者

之实体为神（Natura Naturans，无因而有、非所生而永恒）与自然（Natura Naturata，有因而生、有生而永恒）为两种流出的说法相似。颇有《大乘起信论》之区别真如为不变与随缘二者的意味。依据这里的立场，本体与现象的关系就类似水与波的关系。两者间不但是同一的，也是相即不离的。这样的立场便是“此诸一切实即是梵”（Sarvam khlav idam Brahma）的态度。这属于奥义书中最一般的立场与见解。

第三种所谓实在论的看法，指认为万有由梵而生并受梵的支配。与此同时，梵又给予万有以独立地位。换言之，等于说起初梵造作或流出万物，而后万物与梵皆各别存在。这种思想带有二元论的气息。代表这种立场的最古老文献有《大林间奥义书》（III.7.3–23）所说有内导者：

> 住于地上而与地异，地不知之（梵）而地为身体。自其内在而支配地者，即为汝之我，即为不死之内导者。
>
> 住于精子而与精子异。精子不知之而以精子为身体。自其内在而支配精子者，此即是汝之我，即为不死之内导者。

盖此段所述，谓梵（我）潜藏于万有内部而支配万有。梵我与万有异体而在的意思。盖奥义书之寻究我之本体，以为我在心理和生理组织之内在，而且为原动力，使动于个体活动过程的根源。作类比的推广，宇宙之产生与运动也是梵我内在发动之结果。《大林间奥义书》（III.8.9）曰：

> 因此之常住者之命（令），日月在中，天地安立，秒时、日夜、年时各别以生；因其命也，河流、雪山东西走向；又因其命，人作布施赞许，神则嘉许祭祀牺牲，祖先亦歆享供物。

又《泰帝利耶奥义书》（II.8）、《羯陀奥义书》（VI.3）曰：

> 对彼生恐怕恐畏而吹风，对彼生恐畏而耀日，对彼生恐畏而有阿耆尼，对彼生恐畏而有因陀罗，以及有第五之死神奔走。

以上所说，即为治理管理者之梵，及与被治与被管理之万有的相待关系。自然，这里的万有由梵赋予其实在性是不容怀疑的立场。因此，这里的本体与现象的关系，恰似父亲与儿子的关系。儿子当然因从父亲而出生并受父亲的支配，但儿子毕竟有独立于父亲以外的实在性。万有对于梵的从属并不会取消其自身的实在性。这样的关系是非常明显的。此种认识立场可以稍稍参考犹太教的立场。后世的罗摩罗阇（Ramaraja）之局限一元论的立足点正是这样的见地。而它适于商羯罗的不二论在意蕴上恰好形成对照。以上所述是一种现象从属于本体的立场。但未必就是奥义书中唯一的立场。不过无论如何，梵既是万有产生的质料因（Pradhāna = material cause），也是动力因（Nimita = efficient cause）。这种情况可以用蜘蛛结网来打比方。蛛网的丝由蜘蛛吐出来，又支撑着它的身体，并构成了它的控制区域。这也正是梵之能够依其自性清净、唯一不二之身体，而投射出杂多变化，成就造化现象世界的原因。大概言之，奥义书的思想中，已经存在着如是的倾向：所谓现象界本身即是被动而局限的所在，亦即是苦痛不绝的所在，其仅为如梵那样的理想境界衍生出来的。此种由上而下的衍生是相当难解的事情。跋达罗衍那的《梵经》当中，称此衍生的过程为某种游戏所为（Lilakai Valyam）。以此观点来看奥义书中的见地，大致可以得窥其中奥秘。例如有这样一种说法，太初之世，仅有梵一个人，他感觉到非常孤独与寂寥，所以才发动了热而形成了种种的事物。此种动机所作，颇类似小儿因无聊而做游戏，心理动机是一样的。不过此种说法，梵的所为，若当作拟人化的描写则再恰当不过。而如果视为纯粹的精神原理的展开倒未必恰当。当然，若将此种情况下的梵，仅仅视为智的活动游戏的譬喻说法，其中也有充分的道理。这里可以看到，对寻求创造来源的动力因的关注，奥义书对此是颇为在意的。惟其如此，稍后的《白净识者奥义书》中才推陈出新，提出在梵的内部本来具有无明的力量。也就是说，在梵之内原本即有觉悟之“明”以及“无明（迷惑）”这两个东西。迷之无明是现象世界所以变化产生的原因。《白净识者奥义书》（V.1）谓：

明与无明乃无始无终之存在，是即为最高之梵的所有。

此处所言，无乃宣说，梵之为吾人悟时无差别而平等之本体面目，同时亦为吾人迷时便沉沦于杂多且变化现象界之信念耶？循此思路，则可以复归于梵的自身，也就是先认理想之我为梵，亦为清净无垢，因之也就必然引出与梵同一之令人惊异的结论（此处可以参见天台四明之性善性恶之论矣）。再看《大乘起信论》其中所谓以“忽然念起之元明为真如缘起的根本”一说，不就同此是一回事吗？如此看来，所有一切彻底的观念论一元哲学，都采取了相同的手法来解决必然要遭遇的困窘。彼之说法，无非是说幻力或魔力同样也是梵之衍化变现出世界的动力因而已。梵之根据魔力发动梵之做游戏而造世界并没有什么区别。唯凭恃魔力的活动稍带有几分恶而已。因此，它同无明更加近似。而此魔力，早在《梨俱吠陀》时代便已经列在神的伟力当中了。不过是勉强用以指谓其虚幻而已。《大林间奥义书》（II.5.19）中引《梨俱吠陀》（VI.47）中因陀罗大神凭其魔力分身游戏的句子，说明梵之衍生杂多现象的理由。而《白净识者奥义书》（IV.9-10）中则明白地宣称：自然界的幻化过程中，梵就是那个魔法师。此之教义，经过《阿达婆吠陀》一系的奥义书进一步发挥，在商羯罗那里成为哲学教理。不过，除了它自身的比拟含义，从哲学上看却无太大的思想推进。简单地说，奥义书为满足一元论哲学的要求而将现象世界附属于梵之本体。另一方面，以因为厌恶现象世界的杂多变化而不得不将梵之自体剥离出来。因此，世界衍化的动力因的说法，充分显示出这种思维构造的苦心。这也算是一种两顾兼得的解决途径吧。

第二节　现象生起的次第与种类

一、现象生起的次第

无论本体与现象是何等的关系，万有由梵衍生出来是没有疑问的。因而关于这一衍生的顺序，奥义书中显然不肯花多少功夫来加以叙述。《梨俱吠陀》以来的大梵展化说作为古代模式而延续下来。后世凡说现象界之从梵衍生的都蹈此说，并未见新的解说方式。其原因不外乎：对奥义书而言，其揭示梵我本性一如才是根本目的。关于现象界的"科学"说明，不管怎么样，其用意都只是其次的、第二位的。也因为如此，后来的吠陀学问，包括奥义书的思想叙述，都不会想到要澄清最古老的奥义书中就已经包含着的种种观念冲突，如何在思想上融通与调合，不是冥想家们的兴趣所在，他们采取视而不见的态度，因之完全不足为怪。说到底，无论奥义书中讨论的是什么，都不会超出梵书的议论范围，其哲学的基本立场也都只是沿袭古说而已。不过，梵之衍化的说法，也是更晚的跋达罗衍那的重要话题依据。在讨论奥义书中的现象论时，梵之衍化的理论也就成为不可忽略的传统材料。与此相关，关于古代的梵之衍化开展的一套说法，奥义书在承袭中又加以不少的发挥，尤其是在表述那些重大的哲学思考时。奥义书在对梵之开展作反复申说，所强调的正是本体与现象虽然相互对峙但性质却根本不同。另一方面，它又反复强调两者之间的本质同一。如何调和这两者的同而不同的矛盾关系？奥义书所采取的手法只能是从能生与所生这两者的联系上来考察其主从的关系。除了"生成"（Werden）这方面的关系，奥义书的玄想家们通常只能回避其本体与现象的其他可能联系。也即是说，作了坚持本体因为某种方式而衍化出现象，即除了用能生与所生的自然关系附会到本体与现象二者上面，思想家们也找不出还有什么办法与道理来说明：何以本体与现象二者间既相同又不相同呢？新柏拉图主义者认为观念界与实在界两者间，是某种分泌的关系。黑格尔主义者也以为存在（Sein）与非存在（Nichtsein）属于生成的关系。两家其实都采取了同样的手法。在此意义上对于奥义书的本体与现象的思想发展考察，从思维形式上看，仍然处在古代神话的水平上，虽然不可否认，其间有一些重大的哲学意义产生。可以证明吾人持此态度立场并非无据的，有以下四段出自奥义书的说法：

（1）此时世界尚未开展,而后渐有名色分化。阿特曼入于名色而潜隐其中，如刀之入鞘，如火潜藏在木中，且遍满一切处。(《大林间奥义书》，I.4.7）

（2）太初，唯彼独存。彼乃唯一者、不二者。彼谓："我欲成多以繁殖我。"彼即作火，由火生水，由水而作地；"我乃命我入此三元素（地、水、火）使名色而开展。"(《歌者奥义书》，VI.2.3）

（3）我作思忖"我欲成多以繁殖我"。彼即行热作此一切而自入其中。(《泰帝利耶奥义书》，II.6）

（4）太初于此世界中但只有我。彼我思忖"我欲造世界"。遂作世界。又造银河、空气界及死（地）与水……彼我思忖"彼等若离我如何得存在？我若入于彼等，如何？"因此之故，彼我即破生类头顶而入其门。(《爱多雷耶奥义书》，I.1；I.3；I.1）

以上四段文字，显示吠陀系统的创世说，逐渐详细。第一段，我借名色而开展，又说自我潜藏于名色当中；第二段说自我作三元素并自陷其中又开展名色。第三段谓自我自作宇宙并进入其中；第四段谓自我不但是创造世界、造作天空及大地之宇宙神，且从有生类的头上顶门而入胎，成为个体的灵魂我。所有这些叙述的立场，总起来可以视为一种，即《爱多雷耶奥义书》之宇宙观。按照此宇宙观，阿特曼所造的宇宙其上下两边为水所环绕。其中间的上部是光界，下部是地界，有日、月、火、风、木、方、死七神加以守护，又应七神的要求而阿特曼作个人界。七神在此界安住，即眼、耳、鼻、舌、身、意及脐七者。由阿特曼统领这七种官能。自顶门进入个人界并安由此住其中云云。由此清楚显示出这样一种思考，即小宇宙和大宇宙相应的观念。个人界为小宇宙，外部世界则为大宇宙。而一我（唯一之我）分别贯彻两个世界。此即为统一的宇宙观。

综合考察此诸说法，实在之梵，作为现象，显示出三种样态。第一，梵为世界之支配神。大梵造作世界以后，为支配它而进入其中，因之被称作梵天或者自在天。此等人格之神与柏拉图所说的造化神大略相当。《梨俱吠陀》以来，作为第一原理的神是世界的创造者与支配者，于此不外乎显示出持续不坠的意识倾向，始终坚持了某种人格化（拟人化）的有神论信仰取向。不过据实而论，此中作为人格神位的梵天神与作为第一原理的梵，究竟是一还是二，反映在语言形式上并不清晰。但若将它当为本体看待，似乎也都可以说得通。因此之故，吾人为方便起见，已经在前面本体章中加以叙述。同时在彼处也省略了对于器物界和有情众生界的考察。

二、器物的世界

从奥义书的立场出发，所谓器物世界是有情世间轮回的舞台。舍此，器物世界也丧失其存在意义。先来看器物世界的构成要素。《歌者奥义书》(VI.2-5)谓："起初，梵作水、火、食(即地)，由此古三者更生出名色界。便以此三要素作三分。"

这里的三要素说，算是奥义书中最古老的原素论。而若依据《吠檀多精义》等解释书，现实中的物质并不就是所谓的原元素(Urelement)。现实物质界得由三种元素构成。即是说，现实的地元素构成比例，有两份地、一份火及一份水(2∶1∶1)；而现实的水的结构比例，则由水、地、火三者，按2∶1∶1的份额构成；而现实的火，也由火、水、地三元素，按2∶1∶1的比例构成。果如其然，可以说这是物质起源混合说的开端。以后的佛教说一切有部所认为的地、水、火、风四大成自坚、湿、暖、动的主张，也就很可能是从这里引申出来的。三种要素进一步发展，便成为五元素的说法。五元素是《泰帝利耶奥义书》中最先宣布出来的教理。该奥义书(II.1)中谓世界之衍化发展：第一步是由梵生出空，由空生出风，由风生火，由火生水，由水生地。五元素说很有暗示器物世界由此产生的意味。这种见地认为衍化过程中每一上位的元素都包含了下位的元素。因此，它与完全的混合说仍有一定区别，称之为分化说较为妥当。跋达罗衍那的《梵经》采取的便是分化说的立场。

但据此见地，此诸要素又如何配合而形成一切物质的呢？奥义书对此似乎未有任何更深入的考察研究。因此，吾等看不出清晰的表述。再者，由这些要素构成的世界，其状态其地位，除前面吾人言及的《爱多雷耶奥义书》中略有说明，再没有其他的任何资料。但大致说来，依据《梨俱吠陀》以来的信仰，人们都承认天、空、地三界的实在性是没有问题的。而到后来当劫说形成以后，认为世界或者时期（劫）等，过一定阶段便重新回到梵当中，然后再次由梵书中衍生发展出来。这样的信仰逐渐变得强大。世界周而复始、循环往复的观念其实在古奥义书中仅为不甚明显的表述。因此，后来的劫说可以视为古奥义书中萌芽的成熟。《歌者奥义书》（III.14.1）中的“塔伽兰”的教义，可以在许多地方都看得到。例如，《瓦阇沙尼耶本集》（III.2.8）说：“此宇宙由神发生亦消融于此。”《白净识者奥义书》（Ⅲ.2）说：“彼保护者造化万有，最终又收摄万有。”不过到了后来，在佛教中，在《摩诃婆罗多》或《摩奴法典》中已经成为固定的“成住坏空”的说法。

三、有情众生界的成立

此处所谓“有情界”，是指现实的生物尤其是人类之属。若依奥义书，有情的范围其实非常广大。上自天人下至植物都包含在内。通常有情界的中心便是人类。而人类的本体之我与作为宇宙本性的大我之间的关系，前面已经说过，此处不再讨论。简而言之，奥义书中关于此种关系的说法虽是多样化的，然大体可以归结成两个方面。一方面，其作为本体保持着优越地位；另一方面，其作为生物之自我在现实中发展存续。奥义书的观察点无非就是这两种。《羯陀奥义书》（IV.4–5）将此二者表述为广大遍在之我（Mahāibhvātman）和尝蜜味之我（Jīvamadhvadātman）；同书（III.1）又将此二者显示为光影二重我（Chāyātapru）;《白净识者奥义书》（VI.6-7）引《梨俱吠陀》诗句："两友拥有一树，一人见树，一人味之。"《弥勒奥义书》（VII.11.8）说："大我因真相与幻相之经验而分为二。"因而，梵是现实中有情存在的（条件）基础，而同有情的生理、心理的身体发生关系。而说到底，作为本体存在的梵，一方面组织有情身体，另一方面又以命我的主体而进入身体。有情个体的生成存续应当这样看待。《歌者奥义书》（VI.2.5）谓梵起初作地、水、火三要素。又自己以命我形式进入其中。以下，将此三要素作为构成因素列表以显示有情的生理及心理的器官演化：

粗	地、粪	水、尿	火、骨
中（不粗不细）	肉	血	髓
细	意	生气	语

其他说法还有一些，但与上表相似的有《羯陀奥义书》（III.4）。其谓梵我包含了心和根，因而成个体之我（Bhoktṛ，食者）。《弥勒奥义书》（III.1-5）中说大我之成就有我的缘由。并且解释此生命之我的个体有五风三德。也即是作为生理器官之五风与情绪变化本身之喜、忧、暗三德。盖奥义书的思想家以此为出发点，把人的身体亦即生理和心理的组织，当成自我个体的器官，与此同时，他们也跟柏拉图一样，把肉体器官视为自我的牢狱，从反面来宣说否定肉体的教义。依据他们的主张，自我在身体中的居处即是心脏内部的"小空处"。他们称之为hitā或

者Suṣumṇa，并且认为该处被众多血管有组织地环生包围。因为如此，奥义书中的思想家认为身体中心脏最宝贵，把它称为梵城（Brahmapura），也称为白莲花，将其视作圣处。我之身体器官，其中的粗大部分是所谓四大所成的肉团身，其为因生死而或得或失的部分。《泰帝利耶奥义书》所称的食味所成即指这个部分。此为粗身，其内部后世也发明了相对的细身术语，认为其完成是微细精细的组织体（Sūkṣma Śarira）。除非得到解脱，自我便永远地被禁锢在身体的器官内部，是其不能分离的器官或功能，此即是生气、根和意。此中的所谓“生气”本来指“呼吸”的意思，其活动功能逐渐扩大以后，泛指所有的生理作用。起初，森林书中将它分为入息和出息（《泰帝利耶奥义书》，III.14.7；《爱多雷耶奥义书》，II.1），后来到了奥义书时代，以称其为介风，以作调和。介风为控制入息与出息的机能（《大林间奥义书》，III.1.10, V.14.3《歌者奥义书》，I.3.3；《泰帝利耶奥义书》，I.7）；又更增加了上风（Udāna）、等风（Samāna，消化风）二者，因此也就同五风的说法取得一致（五风说可见《大林间奥义书》，I.5.3, III.9.26；《歌者奥义书》，III.13.15, V.19–23；《泰帝利耶奥义书》，I.7；《弥勒奥义书》，II.6）。即是说，生气起初只是从生理活动方面来观察，主要指呼吸活动，以后才逐步扩大观察的范围，便有了“首风”（Mukhya Prāṇa）的称呼。而彼《泰帝利耶奥义书》中所谓的“生气所成我”，则指的是包藏在生理和心理器官当中的自我。此处相对于五风层面的生理器官和机能，有更进一层的内部组织机能，即称为根的心理器官。眼、耳、鼻、舌、皮是知根，亦即是认识器官；另有手、足、舌、排泄口、生殖器官是作根，亦即意志作为的器官（五风、五知根、五作根。《吠檀多精》70—112颂有总结叙述，可以参见）。奥义书的思想家更将此知根与作根放到认识作用的统摄下，由与意志作用相关的意管理。“意”之器官（意根）与其他的诸根又都处在同一层面。此“意”起初在梵书中先表示梵，代表大原理；而在奥义书中，经常用来表示“我”。后来才分化成为身体器官之机能一种。《泰帝利耶奥义书》当中的“意所成我”——以意打头而包括知根与作根在内的“我”，就显示出这样的演化过程。意之所成的我，因具有种种活动功能的器官，作为现实当中的有情生物，其呈现出来的是受各种不自由所束缚的相状。但若论及本性，其又未丧失纯净无垢的根本性质。因此《弥勒奥义书》（III.2）将其譬为莲上的露珠，谓其虽然处在污泥当中而犹未被污泥所染。《泰帝利耶奥义书》中的所谓“认识所成、欢喜所成”者，实质上所指的是包含在当中的完全不受习气影响的梵性（之我）。此我也就是安住心内的认识主体，其为不可见、不可闻的有情之本体。

如是而言，我之个人状态便有四种位：醒位、梦位、熟眠位和觉位。此中的醒位说五风及十一根均在活动的状态；梦位中则十种根（感官）停止活动，唯有五风和意仍在活动。《大林间奥义书》（II.1.17, IV.3.21）则认为在此位中真我已发现了自身，因此，此位为最上位，称其能见、自主、自照等。但从字面上看，此诸功能以熟眠位作绝对境地并不太合适。形成最晚的《弥勒奥义书》，则认为迷妄被打破才能成立觉悟位（觉位），以为觉位才是第四位。虽然《爱多雷耶奥义书》（I.3.12）已经可以看到前三位悉被称为眠位，似乎《弥勒奥义书》之前已经形成了相对于熟眠位为最上位的不同意向，甚而至于可以宣称这是确信无疑的事。但明确地宣布成立第四觉位的，仍然得以《弥勒奥义书》为开端。此位即是解脱之境，正与彼五藏说中的欢喜所成我、发挥其自相的境位相当。而新奥义书中的《唵声奥义书》将四位的名称改为普遍位（Vaiśvānara）、光照位（Taijasa）、慧位（Prajñā）及第四位（Caturtha）。

第四章　归宿论（轮回论、解脱论）

顺着前面的叙述过程，吾人对于现象界尤其是现象界中有情众生的终极归宿作了考察，形成了归宿论（Eschatologie，末世论）。概括地说，有情的命运归宿无非有二：一是继续其现在的模样而作现象的延续，另一则是复归于本体状态。前者称为轮回，后者便是解脱。因此，所谓末世论问题，归根结底，便指向的是轮回论和解脱论这两大部门。而奥义书则称此两个部门为“无明”与“明”，有情若进入明位则可以得到解脱；而在无明位中则只能陷于轮回不已。因此，轮回论又称为迷界论，而解脱论便可称为悟界论。

第一节　轮回论

印度的轮回思想之兴起，大约在梵书时代的终期，与自我论差不多同时出现。这一点，吾人在前面已有过交代。然“轮回”之作为不可移易的思想观念与教理被一般大众宗奉，则是进入奥义书时代才有的事。即是说，轮回思想是奥义书思想家玄想冥思的结果。特别是系统的轮回观，又有待于其作为基础观念的业说理论的形成。对于业说哲学含义的发挥，贡献最大的当是奥义书时代初期的玄想哲学家如耶鞠那瓦基亚等辈。《大林间奥义书》（III.2.13）有阿里塔巴伽（Ārtabhagā，意为Ṛtabhagā家的儿子）寻问耶鞠那瓦基亚：“人若死，语归于火，气息归于风，眼归太阳，意归于月，耳归于方处，身归于地，心归于空，毛归于草，发归于木，血及体液归于水，然似此之人究有何物遗留于此焉？”耶鞠那瓦基亚回答他：“请握余手，似此问题不可于大众中谈。唯可传语二人间也。”于是二人相携至他处共话。而此二人所问答之话题是为“业”，其所赞赏者亦仍“业”也。书中说：“此诚不虚，善循善业，恶生恶业。”此则说明当时社会已经有业的理论，然未被整个婆罗门社会所认肯，人们以为其只是秘密之教理焉。然另一方面，此中也透露出如是哲学化之信息：对于善恶之“业”的习力深信不疑，早已成为刹帝利种姓学者们的通识。而婆罗门种姓中仅能秘密采用。吾人认为，此种哲学化的理由，其议论的核心乃是自我论。自我论之展开有两方面：一是心理学意义的，二是伦理学意义的。伦理学层面的讨论，是在善因善果、恶因恶果的道德基础上作考量权衡。概括起来说，“业”说理论所以成立，不外乎依据有情众生的善恶行为来说明其招致的行为（业）的结果。虽然整个说起来，轮回界依据的是无明——因无明而有，但在具体各别的有情身上，其根本的无明性质相同。若一经发动，有情众生的善恶程度是不一样的，因此也才会有不同的苦乐与祸福差别。诸有情的本体之我虽然常住，但其所作作为的余势却又通行于过去、现在、未来这三世。接受报偿是果熟蒂落的事，若业因不得果不会中止。这样三世因果的说法也就成了必然之理。善因善果、恶因恶果所强调的道德必然性，也正是康德学说的论点之一。康德认为吾人不可忽视的道理要求，必然地关系到对神的认肯，以及未来的信心。自我论的第二个方面是心理学层面上的。具体到各别的有情众生，其本能与性情生下来就各各不同。吾人在前面说过，虽然众生的心理与生理组织相同，但若就具体个别的人言，脾性气质还是先天就有差别的。先天差异的形成，其基础仍然落在前世的经验行为上。气质的差别也取决于这些行为的余势。以下引述奥义书中的文句加以说明。《大林间奥义书》（IV.4.2–5）中耶鞠那瓦基亚为说明轮回相状的话可以看出生理与伦理这两方面的理由：

……（人于死时）心之尖端发出光来。借此光亮，我或经眼或经顶门或经身体其他部分而脱逸出来。彼既脱去，生命亦随之而去，一切生命器官亦随去。彼为意识者，一切意识之物亦随去。此时之我为智与业及前生智（Pūrva-prajñā，指前生中的经验）所捕获。

恰如尺蠖从一叶端渡至另一叶端，以作捕获。我亦如是，摇落身体，脱此无智（经验世间），渡往他端（另外的身体与世间）。

恰如金匠，取一雕物，更铸新雕，再造好型。此或成祖先，或成乾达婆，或成诸神，或成生主梵天，抑或成别他有情。

……人之或言或行，随得种种地位，似此行动有似此所得，因以有未来之生。此诚为善业之人成其善，恶业之人成其恶，净行者得其净，黑业者亦得黑。故曰：“人皆为欲所成。因欲有意向，因意向而作业，因作业而得果。”

此中当注意者，尤其是最后一句，即“人皆为欲所成”的含义。欲是动机，其决定着意志取向。意志又决定着行动，行动决定了果报。此诸前后的必然性正是奥义书所陈述的意志论。又上面引文说到轮回的范围，其涉及人、天、鬼神、一般的生类，对照其他的奥义书中同类思想，可以总结为大体三类：天道、祖道及第三道（Tritīyam）。天道即是《梨俱吠陀》以来所宣称的诸神的住处。到梵书时代，天道的地位已经大大下落。又特别是奥义书，其中说哪怕鬼神，如果迷悟于自我之智识，也还是同迷界的众生一样没有什么分别的。哪怕是生主或梵天也仍然会进入轮回。不过有的时候，奥义书也有说往昔天道为光明中之光明最上界。此之天界即是（有）见而不死常恒之位。但总的说来，天道一般仍然落在轮回界范围内。第二位祖道是以人类为中心之境，人因其善恶或重回世间或进入天道（《大林间奥义书》，VI.2；《歌者奥义书》，V.10.3–10）

上述两道大概而言属于善业所趣之道。至若第三道，属于恶人的归宿。《歌者奥义书》（V.10.8）专门言及此境。虽然通常也有以为其就是兽道的，不过跋达罗衍那的《梵经》认为应当取地狱义。虽然其真正的所指不太好确定，然视为人天之外的恶道大致合理。《考斯塔基奥义书》（I.2）《歌者奥义书》（VI.9.3）当中，祖道与第三道被归为一类，不同于天道，是蚊蚋、鱼、虫、鸟、狮子、猪、虎、蛇和人的趣处。由此，还有一种范围更大的声称，植物也被说成是有命者。《羯陀奥义书》（V.7）说有情，把米、麦、草、木、胡麻、菽等也囊括进去。所有这些有情之属，除了天部，依有情出生的环境状况，又可以要作下属分类，若植物便属于当中之一。《爱多雷耶奥义书》（III.3）所表述是胎、湿、卵、芽四类，又称四生说。胎生谓从母胎而生，若人若兽；卵生，如鸟如禽；湿生（Svedaja），如同蚊蚋所生，被认为因湿气才萌生；种生［Bījaja，亦称芽生（Bījaja）］，如同草木之生，皆借种子发芽长出。

略而言之，此为三道四生。上至神界下至植物界，凡此所有都在轮回范围之中。以天、空、地为三界之舞台。是因善业而生于善处，亦因恶业而生于恶处。无有侥幸能免此报应者。盖因前业相应遂有今世受果，而今世所作业亦成引生后果之因。此之关联如同锁链，其间无有一环空缺。此说法又称为轮回流转。说到底，此之名称依然描述的是同样的过程。“流转”与“轮回”都可以是saṁsāra，此语来源于sam + sṛ，亦即“流动而回转”的意思。然此之说法，在奥义书中所以令人焦虑不安，乃在于处于苦痛之中，思索何由打破桎梏而得出焉。盖因吾人本性原不如是，虽为妙灵欢喜之梵，却自无始以来假现为旅泊，假现之旅无有片刻休歇，何人心甘情愿淹没在其中？思索至此，印度特有之厌世情绪渐兴渐盛，自不足怪矣。《大林间奥义书》（III.7.23）深作叹息者，唯有阿特曼可以成为不死，其余一切都只能处于究迫境地。奥义书以理想之我与现实中困厄之我相形对照，欣彼而厌此之情绪跃然溢出。至《弥勒奥义书》等书时，则完全宣称此世界为苦世，此身体为苦身矣。归根结底，轮回思想与厌世情绪有密不可分之关联。因此，脱离苦界要住本性，得永久安乐的方法，只能反身内求而不可外向焉。

第二节　解脱论

奥义书之目的在于解脱。其思想家立言千百，思虑万端，都只是为达到解脱的方便。至若解脱，本来系一消极观念，不过是挣脱束缚的意思。从积极之一面说，仅仅是将因迷恋而被遮蔽之烦恼我，从假现之系缚下解放出来，恢复或重新安立本性。与昔时生天观大相径庭之理想，从一开始便在奥义书中凸现出来。因此，奥义书之最终理想也就无意于其他，而只是专注于发现真我真性。若详细地说，除了发挥人人皆本具之Saccidānanda（有－智－喜）的本来面目，此外再无其他妙处。此外，也无须向别处用工使劲。由此奥义书便产生来自第一义谛的方法，也就无须别的任何不思议修行。简而言之，吾人只须悟了本性，即唯一不二的梵便可称充足。《羯陀奥义书》（VI.12）曰：

> 从语言、思虑、见闻皆不可得阿特曼，而仅由“彼即我也”，可得彼我。除此之外，再无他道。

由是说来，唯有直下承当可以把握彼我，得到解脱。又《蒙达卡奥义书》如是说：

> 彼之知最高梵者，将欲成梵自身（Sa yoha tat Parambrahma veda Brahma eva bhavati）。

奥义书之编撰，完全是为了服务于吠陀的宗教目标。其将智慧置于首位之思辨哲学，也仍然只是一种手段，目的是为了完全地把握梵本身。然此当注意，所谓智慧，与现实界的知识经验全无关系。它只是某种离语文、离思虑的我智（Ātma Vidyā）、梵智这样的绝对者。不管用什么方法通达吠陀学问的人，都会将梵智视作仅仅是某种名称。从梵智中若引出任何实际运用反倒成了障道因缘。另外，宗教祭仪和世间的道德守则是相对之善，仍然落在轮回界中，并非解脱的本途正道。换言之，在奥义书中间，道德劝善以及仪式操作，都算不上第一义谛。在此意义上，奥义书中所说的知梵拜梵之事可以说仍然是知世间常情、循世间常理，如是而已。这就像后来禅宗和尚所主张的：大彻大悟的同时，无须断裂能所两边，而只要契符当体的意思。此之理解，当完全符合吠陀原来教旨。《羯陀奥义书》（I.2.23）所言：

> 因吠陀因智解因学问，皆不可得阿特曼。唯有选择阿特曼自身，方可得入（梵性）。阿特曼于彼显示自家本性。

此种说法所透露出来的信息，诚已道破吠陀之根本途径。然欲达此识梵之域，仍要经历一定的修行过程，积累身心体验。亦因于此，奥义书才并未完全排斥世间的道德崇尚以及通俗之祭仪作法。尤其是强调人之意向作用，即人因其意志指向而对梵的追求。按圣者香提路耶和耶鞠那瓦基亚的主张，意向（动机意志）与解脱直接相关，是实践中须臾不可忘忽的东西。

在此意义上，奥义书列出了修行的伦理条目。《歌者奥义书》（III.17）谓有苦行、布施、正行、不杀、实语此五大修行义务；《大林间奥义书》（V.2）以为有制禁、布施和自励不退为神声（神的要求）。作为普遍的要求，以教导应该实言实语和自励不退懈。作为在家者的义务责任，不能让自己的家族绝嗣，不能损害自己的身体健康，不可以对于神和祖先的祭祀礼拜懈怠，不可慢怠对于父母师尊的如神般的敬重，要保守家财，求神关照自己也关照他人（《泰帝利耶奥义书》，I.2）；又《摩诃那罗衍罗奥义书》（VXII）列举了世间的宗教道德与虔诚生活的十二项要求。其为真实、苦行、自制、寂静、慈善、义务、生育、火、火祭、祭仪、思念、遁世等。其中又特别地指出“遁世”是解脱道非有不可的要求。盖遁世思想已经包含了“除自体形骸外一切皆可舍弃”的不执着，唯此方可剥掉遮蔽真我的烦恼的教义。

将所有这些义务要求统一组织起来的制度便是Aśramā（学苑、修行仪、修道轨范）。这也就是四行期的制度。出生上等种姓者至一定年龄便需要入庠，拜师学经和吠陀祭法。结业归家，成为家主，主要的责任是治家理财（Gṛhastha），生儿育女，延续子孙，保持供养神明和祖神；及至老年，便应该适时引退，归栖森林，且修苦行，研究哲理，渐渐悟道。过一种保全形骸、不贪其余的游行生活（Sannyāsin）（此内容后篇再讨论）。此为兼顾在家及我的遁世又期于直接达致真我的正修行法。又彼禅定、瑜伽法。禅定、瑜伽两语有时合称，有时分别使用。而两种情况下都指身心结合一处、不动不摇、静作内观的心理锻炼。此法自奥义书中期以降，成为最重要的修行手段。盖吾人欲从自身内部寻求本体，必须外绝诸缘，专注内观，作为内在精神之自然趋势。此种方法，自《梨俱吠陀》以来，一直是苦行之基本内容，亦是古代冥想家所能采取的基本手段。因后面还会涉及此之修行法，在此权且略过。大体而言，思索者当在远离人器之森林、河滨、洞穴等场合，端坐而调息，令心集于一境，系念秘语唵声，以其为梵之表征。

求达于某种恍惚状态。据信即可以趋近于梵。

系念于梵之种种行法，念念不坠，使垢腻烦恼渐渐微薄，真智终得自然开发，遂至克服前世以来之善恶业力，因此也就可以享受未来世之果报。种种业若尽，便能完全断绝无明，从而得解脱之果。《羯陀奥义书》中如是说：

> 思爱欲而追逐者，因彼爱欲生于彼此之处。抑爱欲而扩张阿特曼时，已于此世中去一切爱欲烦恼。（III.2.2）
>
> 无论何人，若见高且深之我，胸中不受缚，去所有疑惑，其业遂得灭。（II.2.8）
>
> 河水注归大海，名色遂失。如是圣者亦离名色而汇入最高之自我。（III.2.8）

也就是说，若到了解脱境，便应当除尽现象界中的一切习气，完全消灭了彼我分别。至此唯有同一之大我显现。据此意味，完全发挥了奥义书的解脱观。但是，也在奥义书中，在叙述解脱者的灵魂如何经种种过程而达于天国时，仍然体现出颇有个人色彩的见解信仰。例如，《大林间奥义书》（V.10）中，谓死者于世间经风、日、月，然后入于没有寒暑之世界，而止住于无有期限的年月中间；《爱多雷耶奥义书》（III.4）谓死者离开此世去往天国，得满足一切欲求而进入不死。因此，此诸说法都仍然顺着《梨俱吠陀》以来的天国思想系统来谈其解脱观。这是以从俗的态度看待有情解脱的状况。就是到了很晚时期，到吠檀多哲学派别形成以后，也仍然保留有这样的看法。

最后，若问有情如果得到解脱，此之业道轮回的世界又是何等模样呢？奥义书中没有相关的说明。但若遵循此处的思辨精神，应该说，此之世界也同样消融在大梵的自体当中。无论如何，总不能说在有情轮回的世界之外，还有另外的存在意义。然而，若云实际，则虽然有一个有情得解脱而其他的犹在迷而未脱中，则相对于是，此之世界依然是现象相续而并未完全消散。

第五章　结论——奥义书之思想矛盾

前面几章，吾人特就奥义书之思想作总结介绍，凡所发语，尽量持平，所做结论亦力求不失偏颇，然吾人亦不得不承认，其中仍有不少疏漏及叙述欠明了者。话虽如此，就实而论，奥义书自身确也有许多矛盾及混乱之处。苟若以公允持平为期，无论何人，恐怕都难能将诸见众说，尽熔于一炉，而无漏算，令其形成一井然有序之体系。例如，奥义书中之阿特曼，一般而论，人皆以为其为一世界原理，与此同时，此阿特曼又是个体存在之原理。一方面，说其本性就是清净无垢，有时也说它纯具本善而忽视其恶；又一方面，将其描绘为不动而寂静之根本原理；然另一面又谓其为展开万有之动力的原理。尤其在本体与现象密不可分之关系上，既说一切皆为梵，现象界也是梵之一分；另一方面以否定其作为现象界的真实性，以为其只是梵之真相受到遮蔽而陷入迷妄的结果。像这样的自相矛盾，奥义书中其实不少，若要面面俱到、百般调和，实得兼顾。是等现状，若以一人之见加以总结，若期以一网打尽而又圆满融洽者，到底难得成功。不免让人生出异议。以是之故，吾人针对本体论、现象论和归宿论，将所不同见地一概记载下来。盖如先所说，奥义书之形成，乃是无数思想家，往往历经许多代之思想产物。如此说来岂能谓为自然而然之产物焉？然当注意者，此中种种矛盾，既非偶然，亦非故意捏造，所有矛盾抵牾，一一皆有相应来由。即以吾人所见，若对自我之见解，所以纷纭种种，亦缘于其立足点不同，而观察有异也。因此才有前面所说之种种混乱杂然的看法。如能从其立足点加以分析，相应地吾人也能对奥义书中的矛盾有简明了解。因此之故，依吾人所见，奥义书中关于自我的见解，立场大致有三：第一，从理想面着眼；第二，意在说明解释；第三，承袭传统而来。也可以说，以自我作根本目标的立场，属于向上一路的观察。此为第一种见解；而以自我作为第一原理，在此基础上说明万有现象的根源的，属于反本溯源的倒退观察，此是第二种见解；更有第三种见解，其方法跨涉前面两门，而对古传统中的回归自我之说加以观察。此三种情况，吾人本书前面已有多处随时论及，此处再以简单语句重述前面的结论而已。

一、理想之见地

从梵书时代终期至奥义书兴起，印度哲学之思想家采取一种内观的精神取向，即把阿特曼当作衍生出人类之本体，同时又视其为不受任何事物束缚之独立精神。因之阿特曼又有人类之最高理想的地位。换言之，人只是在现实中呈现为精神与肉体的结合。印度学者以为肉体对精神有遮蔽的作用，所以现实当中精神的本性无从彰显。如此，摆脱肉体便成为一种理想。玄思家关于自我的四位说和五藏说，都正是达致此种理想的过程显示。从这方面来看，彼等玄思家也成立了暧昧而不自觉之二元论，默认自我以外的物质（肉体）之实在性，但又仅以精神之自我为追求对象。此实为奥义书思想的基础和出发点。而后的思辨则完全立足于此。此中对自我之关注，直接发展的结果便是对于唯一之大我作为理想追求目标。盖若依前述之二元论立场，不免在认识上设想有自我之外的他我，于是成为多我并存的局面。奥义书的思路是此恰恰相反，其主张的是自我个体的扩张，并最终让自我统一于大我，亦即融归梵我。因之，这样的努力之趋向目标，为一种上行的理想实现。此处之大我（真我）虽然具有宇宙论的意义，但在本性上与个体我并无不同。也正是从此层面上说，以我为全智全能，亦可宣称其或纯净不垢，或寂然不动。一言以蔽之，奥义书的思想家，把自我定位为理想的追求。达致自我亦即是达到梵我的本质。这对他们而言，完全是合理的思路。无论如何，其理想的目标，便是剔除了所有的不完全和不完满之后的实在本身。因此，正是在此层面，大我与宇宙的关系，恰如理想之个我与身体的关系。同样地，本于那种暧昧而尚未自觉的二元论，彼等盛赞大我至于其极，甚至忘却了现实世界的存在。然后，在显示如是立场时，吾人应当注意。奥义书的玄思家并未完全彻底地抽空现实世界。诸如《大林间奥义书》和《歌者奥义书》这样的古奥义书，其哲学立场就多少是二元论的。

二、立足于解释说明的立场

虽然奥义书之思想家把真我与大我当作吾人孜孜以求的理想目标。但与此同时，出于哲学思维之要求的自然趋势，彼等的思想也并不停步于此目标跟前。更进一步。彼等又将其视为万有发生之根本原理。亦即是说，起初被当作终极原因来寻求的自我，受哲学思考的驱使而后又归结到了质料因和动力因上面。即是说，先是进取的向上门的立场，而后又是向下一门的态度。这种物质世界的流出，现实地看，是以观念之作为本体而以现象界当成影像，思维的过程是自上而下的；然而，需要指出，奥义书中在自我观上存在种种矛盾。其世界发生的问题也就正在于此。总而言之，一开始放弃了现实世界来成立理想之我；而在消极智倒退门的途径上则重新捡回了那个被抛弃了的世界，以说明理想之我的衍生开展功能。其自相矛盾正在于此。假设奥义书从来就坚持二元论的立场，那就根本无须考虑现实中万有存在与否，也就不用援引《梨俱吠陀》中一贯的诸多说法来求得圆洽。因为其固执于一元论的立场，才引出有关现实中现象界不能自圆其说的困难。正是因为如此，彼等玄思家转移到用真我来说明问题的立场。倡唱万法唯心的观念主义，以大我作为根本大原理，借泛神论见解来摆脱理论困境。然而只要坚持理想与现实的对立，认理想之我为清净无垢的安稳处，对其憧憬不已，同时又憎恶现实世界，认其为窘困之存在界，则只能陷入左右为难、顾此失彼的理论困难。无论如何，以现实为一切唯心造的话，清净的阿特曼如何变现了不清净的世界，到底成为说不清的问题。同理，即令以大我作为理想模式，虽称本质上为Saccidānandam的一一主体如何复归于其本性，也是一桩难以说得通的事情。唯有奥义书坚持认为自我清净无垢而又固执于一元论的立场，就不能说明白何以现实世界会有罪恶、不善与束缚等原罪。于此，针对奥义书思想渐次发展的情况，吾人认为从一开始，从理论起点上，奥义书就是自我矛盾的。让人吃惊的是，正是书中所坚持的“梵即是我”的命题，已经涵括了根本的妄与真这两个方面。奥义书的一切见解正在于其立足于“梵既是善也是恶”的上面。以后的数论哲学兴起，其采取了坚决的二元论立场，排斥大我，承认个体我为众多，也承认物质原理之实在性，便完全避开了奥义书的理论困难。从数论的立场上说明宇宙产生与续存的顺序，从道理和语言上讲就要符顺得多。要而言之，奥义书中之自我观所以有明显的矛盾，就因为其向上门中的见地完全以事实上的二元论作为预设前提，而其倒退门则武断地以一元论立说。其自相抵牾的根源便在这里。

三、承袭传统而来的立场

以上所述分别为理想的见地与说明解释的立场。两者均为奥义书中特有的核心思想。此外，奥义书中还有一种叙述立场，其虽然与前面两种不无交涉，但所承续主述的仍然是《梨俱吠陀》以来的关于根本大原理的立场。此种立场在奥义书中随处可见。举例而言，其宣说我即是梵时，将其说成是宇宙的人格之神。此神看上去，跟人是一样的。有意志且能够制定种种计划，这些都显示出古代神话传统的痕迹。尤其是作为万有根本原理的热，其活动所行便是世界的渐次展开。像这样的说法与最早期的奥义书的中枢思想不甚相容。虽然不相干却又被后来的梵书完全接受过来。这当然便是对于传统蹈袭的结果。

如是而言，奥义书中论我有三种立场。与此相应，种种见解无论如何复杂，均可以归结到这三点上来。不过，此中的三种立场不是各别而单独的思想潮流，也不是分流的三支而不相混杂、没有任何交涉。以梵我为理想是立足的根本，从这个立场来说明世界，同时又兼顾古来的神话传说。理想的说明与古来的传闻交织在一起，看似杂乱而又有其主干。奥义书中的思想家本来就不是有组织的哲学玄思家，其胸中的哲学思辨往往只是灵光一闪，其议论主张也是随感而发，自不可能成为井然有序的理论叙述。要之，彼等不过是抒发感叹的诗人；另一方面，即令是同一位作者，随其所在的时间与处所不同，其心境与态度，以至于思考看法也都难能前后一致、严整一体。因此，同一种思潮、同一立场、同一问题在奥义书中便会有不同的叙述与说明。此过程中便会有自相抵牾的地方。只是到了很晚期，到商羯罗大师出世时，才将奥义书立场拟为真谛门与俗谛门两者。大师本意是借真俗二门说来融通奥义书中的矛盾说法。此虽为一种巧妙的处理方式，然亦未必能够完全奏效，真的实现其圆融会通之目的。看来，其也仍然是不得已的方便手法，而当进入吠陀系统的学派时代，奥义书中的种种矛盾便突显成为争论的中心。一方面，其引立了各家学派之门户见解；另一方面，在奥义书时代末期，种种义理，纷呈竞现，莫衷一是。虽有诸学派之兴起，亦有诸疑见泛滥，更有唯信仰主义的抬头，于是形成了下一个时代之哲学与宗教的别样精神风貌。

第四篇

经书

（婆罗门教之实践方面）

第一章　总说

前已指出，奥义书之兴起，是对梵书时代严重形式主义的反抗。然此看法亦只显示当时社会思潮之一个侧面。吠陀宗教中的根本思想是以解脱为目的，哲学思辨不过是副产品。宗教的实践方面，即仪式的操作才是宗教生活的实质内容。从此意义上看，吠陀经典之宗教发展大势，更无意于走向只是哲学的玄思。即令在奥义书出世以后，吠陀宗教依重传统形式主义（制度与祭仪）之古风，始终也就保存下来。所以能够如此，固然是婆罗门种姓之固守传统的习气使然。但与理论不同，婆罗门教在实际生活中更重视的是仪式制度，作为其观念象征的仪式，从形式上看，更为一般民众所习惯也愿意遵从。而婆罗门教因为要保存其在社会中之既有地位，也必须坚持其古来的宗教规矩和制度。规矩与制度同大众的关切性显然也超出了宗教哲学的玄思。自奥义书之终期到学派时代的开初，婆罗门学者在仪轨方面的确也开拓甚勤。其完成了对于四种姓的义务和宗教祭祀制度的相当系统的叙述。也正在此时期，讲论婆罗门教实践科仪的风潮一时盛行，因之形成了宗教教科书。此种风气之形成原因，一是婆罗门子弟顺从古来传统，接受宗教教育之必要性；另一则是面对新兴的宗派涌现，异说蜂起，为保守传统而不能不巩固其阵脚。从文献史的发展看，此类教育婆罗门子弟的教科书多为短文和散文形式，专称为“经”（Sūtra），意为“经书”。此类文献数量不少，且风行一时，故形成了吠陀文学史上的一个特殊时代——修多罗（经书）时代。Sūtra的本义是“线”，其字根便是siv（织）。以修多罗作经书之名，本意是说有这么一些简单的语句，可以概括教义大纲的内容，它们像是一根线将花朵或者宝石颗粒串缀起来成为首饰。修多罗这样的文体起初是为了方便记忆才制作编写起来的。这种文体可以回溯到很古老的过去，当时的经典还只能口诵口传、以心记持。因此这样的语句非常简短，也不会有注释。其文意也不会是一目了然。因为只是考虑记持的方便，所以语义也比较晦涩，真义给掩蔽起来的此类散文大量涌出，也是那个时代的特征。所以会如此，是因为婆罗门教中，仪礼制度相当繁多复杂，讲述已经不易，记忆尤其困难。为学习者的方便，才特别编写了这种文体。这是修多罗产生的原因。以后修多罗这个名称在中国被称为“契经”，这倒是符合原本的含义。义净在他的《南海寄归内法传》中对修多罗有专门的注释和说明，也非常恰当。

总之，婆罗门教发展到了经书盛行的时代。依马克斯·缪勒的估定，经书时代约当公元前六世纪至公元二世纪之间。此期间，作为吠陀经典的附属文献大量产生出来。当然，从根本上讲，严格地划分历史时段是不太可能的。学界通常遵从缪勒的意见，接受这个分期名为经书时代。换句话说，此期当中，婆罗门的述文学者已经完成了奥义书的思想创作。注意力开始转到了对思想的表述和阐释。所谓经书便是这样的思想活动的最先产物。因此，就经书而言，年代虽新但很有可能在它们祖述的旧典中掺入了后来才形成的信仰与思想。而它们依据作思想发挥的东西又仍然只是梵书时代以来的制度与仪轨。除了在个别细节上不能称作顺古，总体上它们仍然是传统婆罗门主义的声音。总之，从表面看，梵书一方面开启了续出奥义书，另一方面又促成了经书的完成。而后者则是对婆罗门教礼仪制度的表述和说明。因此，经书虽然是学派时代的产物，但它又当看作广义的吠陀经典之一部分。正是由于经书对婆罗门宗教的实践行仪的讲习考究，古代婆罗门教制度才终得完成。

吾人先于前面第二编（梵书部分）设立“婆罗门教之实践方面”一章，然未加具体说明。今就奥义书第一章终了和本章开始前作一总结，以践前约。说到吠陀文献史，不能不立马感受它的保守性而缺乏时代感。从吠陀经典的内容结构看，其中并无当时实行的宗教祭祀的实况纪录。从吠陀经看不出当时的社会风俗习惯。吠陀经典不提供这样的材料。

属于吠陀的经书可以分为三类：其称为法经、天启经和家庭经。法经专讲四种姓的义务与社会规范，关系到印度古代社会的日常生活的规定。天启经意在说明婆罗门祭官（祭司）所掌管的祭仪程序。家庭经则讲的是家主们在日常生活中家庭祭仪的知识。三种经文合起来称作劫波经（Kalpa Sūtra）。一般说来，吠陀的不同支派都各有一套完备的劫波经。而所有这些经书的作者都假托了某位古圣仙人的名字，借以表明它们是古时的圣仙对于吠陀传统的裁定，也显示其来源于神的启示，因此具有无可争辩的神圣性。即是说，经书实际上是婆罗门学者对于古传统所作的说明以及对祭祀仪轨的裁定。所以这么说，是因为婆罗门教自梵书时代以来，已经历了相当的变化，在不同的时机与场合的实际操作中，仪式过程已经有所调整，或有了新的说明。解释说明当然是更晚的祭祀学者们对传统的继承与衡量。在婆罗门祭司们，经书被名为传承（Smṛti）。此是相对于吠陀本集和梵书之被称为天启而来的命名。所谓梵书，其中也包括了奥义书。不过必须指出，天启经的内容是早在《夜柔吠陀》当中就已经有的。正因为如此，它也被认为属于天启。又因为师徒之间各有系统，也因为流行的地域不同，所以各个学派当中宗奉的经书内容也是不一样的。还必须指出，承传经书的学派以及本集同梵书源流也不一定吻合。因此，依某一本集的学派并不一定就有相应的特别的经书（很有可能，当初各派曾有自己的经书，但后来却逐渐佚失了）。又同一本集也可能配行另外一个本集的经书。惟其如此，便有了不同的支派和门派的名称。前者指依据同名本集和梵书的流派，后者指经书流行时代宗奉具体经书的门派。

接下来，吾等来看现存的经书。原则上每个门派都各自有三类典籍。门派既多，属于门派的经书自然更不少。然而实质上，迄今已有相当多的门派湮灭不存，自然其所宗奉的经书已不可知。因此，门派各有三类经书的情况事实上也不相符合，现存的经书也并不都普遍流行。今依前述内容，列表如次，大体说明尚存的经书状况：

吠陀本集	经书时代之门派	经书名称
《梨俱吠陀》（两家）	（1）商羯耶那门派或考斯塔基（Kauṣītakin）门派	《商羯耶那天启经》（*Śāṅkhāyana Śrauta Sūtra*）
		《商羯耶那家庭经》（*Śāṅkhāyana Gṛhya Hyasūtra*）

续表

吠陀本集	经书时代之门派	经书名称
《梨俱吠陀》（两家）	（2）阿湿波拉耶那（Āśvalāyana）门派	《阿湿波拉耶那天启经》（*Āśvalāyana Śrauta Sūtra*）
		《阿湿波拉耶那家庭经》（*Āśvalāyana Gṛhya Sūtra*）
《沙摩吠陀》（三家）	（1）马夏卡（Maśaka）门派	《阿尔塞耶劫波经》（*Ārṣeya Kalpa Sūtra*）
		《戈比罗家庭经》（*Gobhila Gṛhya Sūtra*）
	（2）考杜马（Kautuma）门派	《拉提耶那天启经》（*Latyayana Śrauta Sūtra*）
		《戈比罗家庭经》（*Gobhila Gṛhya Sūtra*）
	（3）罗纳耶尼耶（Rāṇāyanīya）门派	《德拉喜衍那天启经》（*Drāhyāyaṇa Śrauta Sūtra*）
		《伽迪罗家庭经》（*Khadira Gṛhya Sūtra*）
		《乔达摩法经》（*Gautama Dharma Sūtra*）
《黑夜柔吠陀》（七家）	（1）阿帕斯坦比耶（Āpastambīya）门派	《阿帕斯坦比耶天启经》（*Āpastambīya Śrauta Sūtra*）
		《阿帕斯坦比耶家庭经》（*Āpastambīya Gṛhya Sūtra*）
		《阿帕斯坦比耶法经》（*Āpastambīya Sharma Sūtra*）

续表

<table>
<tr><th>吠陀本集</th><th>经书时代之门派</th><th>经书名称</th></tr>
<tr><td rowspan="14">《黑夜柔吠陀》（七家）</td><td rowspan="3">（2）喜罗尼耶科欣
（Hiraṇya Keśin）门派</td><td>《喜罗尼耶天启经》
（Hiraṇya Śrauta Sūtra）</td></tr>
<tr><td>《喜罗尼耶家庭经》
（Hiraṇya Gṛhya Sūtra）</td></tr>
<tr><td>《喜罗尼耶法经》
（Hiraṇya Sharma Sūtra）</td></tr>
<tr><td rowspan="2">（3）波达耶那
（Baudhāyana）门派</td><td>《波达耶那天启经》
（Baudhāyana Śrauta Sūtra）</td></tr>
<tr><td>《波达耶那法经》
（Baudhāyana Sharma Sūtra）</td></tr>
<tr><td>（4）颇罗堕阇
（Bharadvāja）门派</td><td>《颇罗堕阇天启经》
（Bharadvāja Śrauta Sūtra）
（未出版刊行）</td></tr>
<tr><td colspan="2">以上四个门派属于泰帝利耶支派</td></tr>
<tr><td rowspan="3">（5）马那婆
（Mānava）门派</td><td>《马那婆天启经》（Mānava Śrauta Sūtra）</td></tr>
<tr><td>《马那婆家庭经》（Mānava Gṛhya Sūtra）</td></tr>
<tr><td>《马那婆法论》（Mānava Sharma Śāstra）（即《摩奴法典》）</td></tr>
<tr><td>（6）羯陀（Kāṭhaka）门派</td><td>《羯陀天启经》（Kāṭhaka Śrauta Sūtra）</td></tr>
<tr><td rowspan="3">（7）拜伽那萨
（Vaikhānasa）门派</td><td>《拜伽那萨天启经》（Vaikhānasa Śrauta Sūtra）（片断）</td></tr>
<tr><td>《拜伽那萨家庭经》
（Vaikhānasa Gṛhya Sūtra）</td></tr>
<tr><td>《拜伽那萨法经》（Vaikhānasasūtra Dharma Sūtra）（后世拟作）</td></tr>
</table>

续表

吠陀本集	经书时代之门派	经书名称
《白夜柔吠陀》（一家）	瓦阇沙尼耶（Vājasaneyin）门派	《卡提亚耶那天启经》（*Kātyāyana Śrauta Sūtra*）
		《帕罗伽罗家庭经》（*Pāraskara Gṛhya Sūtra*），又名《卡提亚耶那家庭经》（*Kātyāyana Gṛhya Sūtra*）、《瓦阇沙尼耶家庭经》（*Vājasaneyin Gṛhya Sūtra*）
		《卡提耶法经》（*Kātīya Dharma Sūtra*），又名《瓦阇沙尼耶法经》（*Vājasaneyin Dharma Sūtra*）、《帕罗伽罗家庭经》（*Paraskara Gṛhya Sūtra*）
《阿达婆吠陀》	此系不分门派	《三圣火天启经》（*Vaitāna Śrauta Sūtra*）
		《憍尸迦家庭经》（*Kauṣika Gṛhya Sūtra*）

简言之，一门派具有完备三典的情况并不多。缺一典甚至两典的门派不在少数。又，即令三典齐备，然仍缺少一部劫波经作提纲挈领的情况也有。即使有了劫波经，其实也仍然只是形式勉强完整，而内容不算齐备的门派也已经有所发现。例如，阿巴斯坦比耶和喜罗尼耶科欣这两门派仅有名位而无经典之实。所以会如此，大约是因为现在所见的整齐经典不是当初的本典。一开始虽可称经典齐备，时日既久，难免没有散佚，故有勉强补辑凑数。虽然如此，即令某派对其三典重辑再补，也已经顾及不到当初的轻重主次之标准。如是一来，甲派与乙派之间，同一种类之经书，内容上看，不免产生较大的悬殊。有的门派，虽称三典齐

备，但其经书的区分界限甚不确定。有时在法经中插有家庭经之解释条目，又有的在家庭经中混有天启经的内容，存在好多桃李不分、张冠李戴的状况。再者，此诸经书中何为最古，孰为新出，哪个门派流行于哪个地区，往往也都是乱麻一团；学者之间，意见纷纭，充满臆测之词。时至今日，依然没有确定的结论。要言之，婆罗门文明乃当时全印度之产物，其中心地在恒河上游之中国地区。尤其在南方案达罗国流行之婆罗门教诸派别，在公元前六七百年至公元前四五百年，相互呼应，各各制作自家经书，时至今日，此种情况也仅可预测而不能不含糊其辞矣。

各门派当中承传之三典，其法典最为重要，乃是维系婆罗门教社会所必需之伦理所在。正因为如此，法经门类之讲习研究，直到后修多罗时代依然盛行不辍。形成许多综合性的法论。其中极负盛名的法论有《瓦悉斯塔法论》（*Vasiṣṭha Dharma Śāstra*）、《摩奴法论》（*Mānava Dharma Śāstra*）、《毗湿奴法典》（*Viṣṇu Smṛti*）、《耶鞠那瓦基亚法典》（*Yajñavalkhyaṛ Smṛti*）。尤其是《摩奴法典》，其依据马那婆门派已佚失之法经又综合诸家法经而编成，其中并非只讲法规，往往也有哲学论见。学者布赫勒尔（Būhler）云此经撰于公元前一二世纪，其行世甚为久远，直到近世，英印当局于制作印度法律制度时仍多所参照。

法经、天启经和家庭经三典，直接成为广义之吠陀经典之一部分。从形式上看，三典是吠陀本集在实际应用中的辅助手段。因此称其为辅助学问诚属恰当。须知，在婆罗门学者看来，此之三典，被奉为一般通行伦理之原则依据。当初的三典亦曾被称为“吠陀分支”。因此，本典在开始处，作为序言总要交代其作为吠陀分支的名称和性质等。在前面的列表中可以看到，连同劫波经在内，吠陀的分支有六种。

（1）《要义题记》，即编纂者对本典本篇之主题所作的介绍。

（2）式叉（Śikṣā）是吠陀的语音学（phonetics）。其所教授者是吠陀各经的发音和连读方法。此门学问的名称早在《泰帝利耶森林奥义书》（VII.1）就可以看见。后来它发展成为独立的一门学问，形成《分别语集》（*Padapātha*），亦称"一切圣集之读法之总集"（此标题的字面意义为：如何分读各语词不用连读的吠陀经）；其次，已形成了《派别音声经》（*Pratiśākhya Sūtra*）。这是梵语语音学之集大成者。吠陀本集当中，《夜柔吠陀》有一部音声经，《阿达婆吠陀》也有一部音声经。马克斯·韦伯谓《语集》和《派别音声经》均为生活于公元前四世纪时的梵语学者帕尼尼之前的作品。[①]此说甚允当。

（3）《毗伽罗那》（*Vyākaraṇa*）是吠陀之文法书。文法之作为一门重要学问，其萌芽最初可见于梵书、奥义书等当中。然作为一门学科独立出来，始于公元前五世纪，先有学者耶斯伽继有帕尼尼之贡献。由有《毗伽罗那》而梵语文法始得确立。也因斯学，吠陀分支之本书成为迄今为止世界上最早之文法学典。为一般研究文法及语音学所不可或缺之重要著作。后来为帕尼尼文法书作注释者，最有名的是波檀迦腻（Patañjali），其书称为《大注》（*Mahābhāṣya*）。该书的本文和注释见证了梵语语法的成立和发展途径。

---

① Macdonell, *Sanskrit Literature*, p.266.

（4）《尼禄多》（*Nirukta*），亦名《词源训诂总汇》，是吠陀之注释书，特别是吠陀当中古来被认为难解的语句都有说明解释。本书以前面言及之耶斯伽等人作品为基础。因之其内容应为耶斯伽之前时代的材料。被称为尼干途（Nighaṇṭu）之五部圣典中，前三部讲解意释散见于吠陀中的同义异形词汇及语句；第四部对最称难解的语词语句作注释。第五部则是对吠陀神话所作分类，此书实际上成为耶斯伽编纂其十二卷本《尼禄多》的基础。其《尼禄多》列为吠陀分支之一。

（5）《阐陀》（*Chandas*），此为研究吠陀韵律的学问。此诸研究散见于梵书、奥义书以及吠陀经。特别是其中的《梨俱吠陀》之派别经之后三章，尤其是《梨俱吠陀》的商羯耶那一系之天启经中讨论最为详细（VII.21）。独立的韵律学研究著作被称为《阐陀经》（*Chandaḥ Sūtra*）。据称，作者是名为频伽罗（Pingala）的婆罗门学者。但研究判明该书实为后世某无名氏所撰。[①]

（6）《树提》（*Jyotiṣa*），意为天文学。吠陀中有此学问，盖其经中的祭祀所需。若新月若满月之祭，若雨季若旱季之祭祀，均需要先定天候，以测气象，是以非有天文学知识不可。此学问因之亦成为吠陀学问六分支之一。然吠陀之天文学，起初则受希腊星相学之输入影响。在印度亦经历相当长期之发展，方成为一门新学。同天文学之产生一样，因吠陀祭祀中之建立祭坛之需要，亦形成数学一门。数学亦是吠陀学问之一分支。不过吠陀诸学当中，此《数学经》载入阿巴斯坦比耶门派的劫波经中，而不是单

① Macdonell, *Sanskrit Literature*, p. 267.

独的一个分支。

此外，类似吠陀支分的作品还有《补遗书》(*Pariṣiṣṭa*)、《索引书》(*Arukramaṇī*) 等圣典。补遗书是对劫波经的补遗，其本意是要说明经中不甚明白的地方。例如，阿湿波拉耶那门派的家庭经中，有随附配行的《阿湿波拉耶那家庭补遗书》；而《戈比罗家庭经》也有随附之《戈比罗集补遗书》(*Gobhilasamgraha Pariṣiṣṭa*)。至于索引书，其中特别指明了吠陀本集的赞歌的来源与作者，诵出者是谁、歌赞的是哪一位神、其所采用的音律为何等。现存的索引书各类颇多，其中最有名的是传为卡提亚耶那（Kātyāyana）所撰的《总索引书》(Sarva Anukramaṇī)。

又有类似于吠陀分支的一种学问，称为“副吠陀”(Upaveda，优波吠陀)。首先是《阿由吠陀》(*Āyurveda*)。“阿由”，本义为“寿”，此种学问相关于生理、病理、治疗、解剖等。因之，《阿由吠陀》是一种医学书。相传其作者为印度医学之祖迦拉卡(Caraka)。实际上，此类医学书颇为繁多，古新皆有，总名《阿由吠陀》。

第二类称为《陀菟吠陀》(*Dhanur Veda*)。Dhanur本义为“弓”，此处代指一切武器。因之本书属于一般军事书。传此作品最初由名为一切友的人撰出。

第三种副吠陀之书为《乾达婆吠陀》。系有关音乐与舞蹈的教学书。盖乾达婆原指天上的乐师。此四种书虽然同吠陀并不一定有密切关系，然吠陀经典中总或多或少时有语及。其中医学吠陀的学问，以前在介绍《阿达婆吠陀》时已经言及。实际上，所有副吠陀的学问都是《阿达婆吠陀》一系的产物。

以上所述是有关吠陀之附属典籍和学问的介绍。言及于此，吾人不禁联想到吠陀之对于印度民族实在有令人惊叹之重要意义。在印度人看来，天上地下的学问均源于吠陀，只能以吠陀为其基础。虽听上去不免牵强，然印度民族于此说法深信不疑，加以顶戴。彼等坚信，离开吠陀，既无正道，亦无有学问可言。社会、家庭、人生亦不存在矣。后世神学家宣称，吠陀者，先天地而有，即令天地坏灭，吠陀依然长存。其主张如此见地，不遗余力。

然而本篇所讨论者，未能及于劫波经以外之诸问题，并非吾人认为其不重要，实在因为本篇用意仅能顾及专门说明婆罗门法规及其祭祀仪轨也。

本章参考文献

① *Sacred Laws of Āryans*, *S.B.E.*, Vol.II & XIV.
② *Manu Dharma Śāstra*, *S.B.E.*, XXV.
③ *Gṛhya Sūtra*, *S.B.E.*, Vol.XXIX & XXX.
④ Weber, *Indische Studien*, Vol.X & XIII.
⑤ Jolly, *Recht.und Sitte*.
⑥ Hillebrabdt, *Ritual Literatur*, p.266.

第二章　律法

若从婆罗门教之见地出发，吾人日常生活中一切都有宗教含义，无论平时的规矩、社会的风俗习惯、个人的权利和义务，都是由神而作出的规定。仅就此点而言，婆罗门教与犹太教是一样的。其宗教都强调了生活中的律法原则。修多罗三典，都关系到律法规定，对它们的研讨讲求也主要在法经的学习当中。法经之“法”，印度学者认为，正是对日常生活中行为的规定。盖所谓法者，主要是“规律”之义，亦即是应当尊奉的习惯、道德、规矩。按这种说法，讨论此等事务的法经，题目相当广泛，不独为今日所谓的法律事件，更有宗教行持的要求。总之，当初雅利安人所必须遵守的日常生活规范，都毫无遗漏地被网罗其中了。尚需说明者，整个说起来，此诸规定涉及雅利安人全社会。具体而言，又有对其中的四个种姓阶级的各别规定。以下分四个项目研讨。

第一节　四姓之职制

说到四姓区别，起初虽只意味着胜利者雅利安族和被征服者非雅利安族的区分，继后进一步发展的结果，则在雅利安族内部也产生分化，随职业区别而出现社会阶层划分。此等社会变迁，前面已经言及。文化积习久远，遂至衍为成见，最终形成信念。四姓区别竟至被认为超越历史的先天规定。如是说法，最初的萌芽可见于《梨俱吠陀》晚期。《梨俱吠陀》第十卷中《原人歌》说，起初由原人之头生出婆罗门，由原人之肩生出刹帝利王族，又由原人之腿生出吠舍，由其足生出首陀罗。可知社会四姓分化即产生于此期，而后经过《夜柔吠陀》时代，再又进入梵书时代，一路发展下来，社会阶层分化更为剧烈，相应确立为等级划分鲜明的种姓社会。又尤其到《二十五章梵书》成立时，该书提出四大种姓各有保护之神。婆罗门种姓之守护神为祈祷主，而刹帝利种姓信戴因陀罗－婆楼那为保护神，吠舍种姓之保护神为一切主。只有首陀罗种姓没有专属的保护神。

要而言之，社会当中自上而下，种姓越低，其所宗奉的保护神威力也渐减弱，到了首陀罗种姓，则连守护之神也都缺位了。这正好显示四种姓制度在宗教上的反映。至若法经所论，其所依据的是同样的宗教精神，其根本用意也正在为各个种姓寻求严格区别的权利和义务规定。极有可能，在经书时代，因佛教等见解兴起，又有外来种族入侵印度，社会当中的种姓分隔信念也开始动摇，固守起来相当困难。从经书的论释中也可以看出，婆罗门种姓正在为挽救其地位衰颓的趋势而不遗余力。

四姓制度的最上层是婆罗门种姓。此之社会特殊阶层，所以尤其尊贵，权力主张的来源是宣称自己是当初诵出《梨俱吠陀》的诗圣之后裔。据信，此之诗圣家族，后来分出七大圣系。最尊贵之种姓所以叫婆罗门，大约最初因宗教司祭者主要领有之责任是祈祷。婆罗门亦即祈祷（者）的意思。

在法经时代，宗教司祭者自称是梵天的长子（第一儿子），所以称为婆罗门。在宗教活动中，婆罗门决定着人神之间的沟通，因之权力极大，几乎就是活在此世间的神本身。《夜柔吠陀》系之《弥勒本集》（I.4.6）说："神有两类。受供之诸神，及接受布施之人神（指婆罗门）。"《摩奴法典》（IX.317）说："无论有无学问，婆罗门都是大神。"这就像无论是不是与祭祀有关，火总是火一样；因此婆罗门有很大的权威，哪怕国王也不可以对婆罗门任意支配。比如王者之家就不可以向婆罗门征税等。比如《瓦悉斯塔法典》（*Vasiṣṭha Śāstra*, I.45）中，有婆罗门竟向名叫苏摩的王者宣称："地上所有的王，无论是谁，其地位都不及婆罗门。"在这样一个连国王也不能不仰仗神事的时代，一般庶民的地位就更是低于婆罗门种姓了。后者掌握了交通神的特权，占据着万民头上的优越地位，自然享有无人能够挑战的地位。

不过，话说回来，享有此等强大权力地位的婆罗门，又只能以德性清净为前提，否则便没有资格专擅特权。《百道梵书》（IV.2.5.10）说："祭祀如同通往天上的航程。在此过程中，哪怕一个婆罗门祭司有罪，即因他一人，船也会沉没。"《商羯耶那家庭经》（II.23）规定了只有这样的婆罗门才能享有祭祀中的特别资格："音声要好，形象端正，年耆而有智慧见识。道德坚固，素有善行。"该书又宣称，若参与祭祀的婆罗门不清净，祭祀仪绝然无效。而《瓦悉斯塔法典》（III.1）这么严厉地说道：

婆罗门若不学不教授吠陀，又不保护圣火，即是首陀罗（Ⅲ.1）。又说（Ⅲ.4）：若婆罗门不知吠陀不成圣行，其所在村邑当受国王科罚。此村邑亦是盗贼滋生之处。

因此，梵书时代以降，社会上极为强调婆罗门的责任与梵行修持的成就。法经当中，反复申明的都是这一套道德主张。而且愈往后来，其愈成为重要的宗教义务。其结果便形成了三种负债的说法。这种主张认为，任何婆罗门种姓的成员，自其出生便负有三种债务。今生此世必须偿还这种天定的债务。这三种前世宿命的债务是：

（1）其对先圣负有学习吠陀的债务（Ṛṇa）。

（2）其对诸神负有应作祭祀的债务。

（3）其对祖先负有应维持宗族、继世传家的债务。

（《泰帝利耶本集》，XVI.3.10.5；《百道梵书》，XVII.2.11；《波达耶那法典》，XI.9.16.4；《瓦悉斯塔法典》，XI.4.8）

而按后文中将要读到的婆罗门之四种行期的制度，其所成立正是为了偿还这三种债务而作的一种设计。从梵书时代以降直到法经时代，婆罗门学者所讨论的都是与之相关的法规及其修养方法。

此等权利和义务，按法经作者的看法，整理成为“六行”（Ṣaṭkammānī）——婆罗门应当持行养成的六个方面（《乔达摩法典》，X.1–2；《波达耶那》，I.10.18.2）：①学习吠陀；②教授吠陀；③为自祭祀；④为他祭祀；⑤能作檀施；⑥能受供养。

这六个方面，前三者为义务，后三者则是权利。而其中所说的正当实行施受，借布施物品养命存身是婆罗门最受重视的生活方式。大致说来，接受布施是婆罗门的特权，一如国王的特权是可以征收租税。

依据这样的道德义务，除非婆罗门自身具有高德洁行和世间的重名，否则不能得他人的丰厚布施。法典又规定，婆罗门在其所得布施不足以维持其家族的生活时，还可以从事家业或者商业（《乔达摩法经》，X.5–6；《阿巴斯坦比耶法经》，I.7.20.9–16）。

其次，关于刹帝利种姓的权利和义务。刹帝利指国王首领一族，也指一般的武士阶级。在教权与王权还未有判然分野的吠陀时代。虽然也有叫王族（Rājanya）的，但刹帝利作为通名是在四种姓制确立以后。此名的来源是Kṣatra（亦即主权、王之权利）。因此“刹帝利”的称呼，是“有主宰权”的意思。此处之主宰权主要指的是管理政治、统领军队的权力与职业责任。起初，在祭祀事务为一切事物中心的时代，有主宰权的王者精神上仍然需要从属于婆罗门，因之只能居于次要的地位；到了奥义书时代，刹帝利之精神生活已经不大为婆罗门特权所拘。而到更晚一些时候，即经书时代，刹帝利中间也已经涌现出不少的伟大宗教导师。

由此意义上看，到经书时代，刹帝利王族不仅在世俗权力上，就是在精神事务当中，亦超越了婆罗门优先权。因之，若联系到佛教出现后的情况看，其所陈述的四姓地位先后，便成了刹帝利、婆罗门、吠舍以及首陀罗。不过在法经当中，虽然仍要满足古制的要求，但看法经作者的态度，他们显然对于刹帝利王族是保持有充分敬意的，尽管其时王者的地位尚未凌驾于婆罗门的头上。按法经作者的说法，刹帝利一族有三种义务，即学习吠陀、学习为自己的祭祀以及乐行檀施。不过，这样的义务和责任也都是婆罗门以下的各个种姓都适用的。

因此，刹帝利还有专门的义务——保卫国家和人民。《波达耶那法典》（I.10. 18.3）说："拥有武器，保护有情众生的财产，施行善政，是其应有的义务。尤其是赴身战场，拼死作战，更是刹帝利最重要的义务与最高的荣誉。生前克尽职责，死后必得生往天界。"因此，刹帝利种姓平时虽也有学习吠陀经典的，但练习武艺、熟悉刀枪、射箭、御乘也是被强调的。这就像婆罗门种姓必须熟悉吠陀经典与祭祀之术一样。

法经当中，有关刹帝利之权利和义务，特别设置有国王一章，详细加以讨论，并列有通则。其就国王的施政和创制，备悉论讨。虽然不能说很完全，但也多方考论，足见重视之意。总之，国王之任务在保护宗教（婆罗门教）和令百姓人民能得安养，维持社会稳定。《瓦悉斯塔法论》（XVIII.7）谓："王应了解诸国法规，能知部属家族之区别，使四姓各族各各履行其应尽义务。"

为达此目的，国王应当接受宗教训练并亲自履行宗教责任，延请学德优胜之婆罗门做国师，选拔品格才能优秀之大臣，制定切实可行之法规，权衡政策法令之利弊善恶。《阿巴斯坦比耶法经》（X.10.25）认为，国王应当设王宫于首都，宫前应立迎宾馆，又应在王宫南侧建立会堂。迎宾馆用作安顿宾客，特别是有学有德之婆罗门；至若会堂，主要是聚前三种姓的民众于中使得安乐。迎宾馆提供饮食和卧具，集会堂中有舞蹈和游乐设施，以满足贤圣及人民的需求。法经中关于社会安宁和平的设计令人惊叹。从其议论观之，其政治出发点悉以民众为本位，绝非东洋一流之专制鼓吹。其征收赋税的标准，是随各行各业，从其营业收入中提取六分之一至二十分之一《乔达摩法经》（X.20–27）。能够享受如此宽政待遇的不但是婆罗门，还有妇孺、老弱、病残。

又所有征收的税金，其开支尽在保护人民安定社会之事务上：支付官吏之薪资，人民之福利设施，供养婆罗门，救济残疾，抚恤战死者家属，如是等等。国王只能在前述开支之余享用赋税，作宫廷用度开支（同前法典，X.28–30）。国家刑罚也立意于公正严明，帮助无辜者，惩罚有罪人。法度施行尽量公平，不许可有人营私舞弊。凡有裁决，须有证人凭据，先明事实，再援用相关法规。《瓦悉斯塔法论》（X.40–43）说，若国王有过亦当受处罚，王若要得豁免，亦得先行断食一昼夜。若于他的指导者，即帝师本人，则当断食三昼夜。这是因为弟子犯过，其师亦当谢罪。与此相应，若有枉法裁断令无辜者蒙冤，帝师得实行苦行，国王本人则三昼夜不得进食。令无辜受罚则须承担责任，似此观念颇有今日进步之法律精神。

要言之，按法经之观念，国王应当视己为天下人之公仆。此种说法颇近乎古时中国人之君主应当做尧、舜、禹、汤的意思。但这样的思想显示已经是很晚历史时代的理想君主。姑不认在《梨俱吠陀》以后不久的时代是否真的存在这样的理想，但仅看婆罗门学者作此法规设计，其初衷至少是希望在理想社会当中推行的。此属于从宗教中引出的政治善意，当是没有疑问的。

再其次，是吠舍这个第三种姓的责任义务。吠舍可称为古代印度社会中的平民阶层。其主要从事农、工、商的生产劳动。“吠舍”之词根应为viś，意为“家居”甚或“人民”的意思。从字面上看，有类于日本的“町家”或“百姓”。

按法经中的规定，此类百姓不可以学习吠陀，也不能自己操作主持祭祀。但他们同前面的两个种姓一样，有义务向婆罗门僧侣实行布施。以他们的社会身份，吠舍可以从事农、工、商、牧乃至货贷行业（《波达耶那法典》，I.10.18.4；《乔达摩法典》，X.10.49），这样的行业也是世代相袭的。他们可以积蓄财产，但作为百姓，其也应履行纳税缴租的义务。该种姓的道德义务，也有纳税缴租作为一种考量。至于吠舍如何履行种姓义务，法经中有许多地方都有讨论和规定。似此规定学有不少。恐烦，于此从略。

以上三大种姓，主要的差别体现在社会职业上面。三个种姓都是雅利安族，又都被称为再生族，意谓除了父母给的第一生命，此外又都有可能得到宗教上的第二次生命。此第二生命便是再生。因为有资格再生，使前面的三大种姓同第四种姓首陀罗区别开来。后者是奴隶种姓，完全被剥夺了公民权。

按照法经的要求，首陀罗种姓只有一个义务，那就是劳动干活，服侍前面的三个种姓。他们不许可从事独立的营生，只能老实地服从头上的高等种姓。法经中反复强调了他们必须忠实与柔顺，认为他们没有权利礼拜神明、读诵吠陀赞歌。与前面的三个种姓不同，首陀罗属于一生族，顺为他们是没有宗教生命的。他们是宗教救赎达不到的贱民。又须指出，法经等对首陀罗的种姓义务及责任有相当严峻的要求与规定。《乔达摩法典》（XII.47）说，若首陀罗听到有人在读诵吠陀时，必须堵塞自己的耳朵；又如果首陀罗私自读诵吠陀经文，其舌糜烂；又若蓄意记诵的话，其身体必受伤害。

首陀罗只允许享有一种宗教义务，即在贫病交加中可以口诵“南无”。对于首陀罗，他们头上的三个种姓都可以教训指责，上三种姓与首陀罗间不存在平等交接之可能。如果有这样的“平等”发生，便会污染高贵种姓的身体。一句话，从理论上讲，雅利安社会当中，首陀罗的宗教权利是完全被剥夺了的，他们受教育和牟利营生的权利也是被取消了的。不过，从经书中反反复复地强调和重申这些禁令，可以猜测到，经书时代的社会当中已经每每有首陀罗违背了这样的禁令。这就反映出，低等种姓的力量在那个时代已经有不同程度的增长。

此外，又可以从《四种姓论》序言中看到法经对于妇女地位和本职所作的规定。在《梨俱吠陀》时代，（同种姓当中）妇女与男子的地位是同格的。当时甚至也有制作《梨俱吠陀》赞歌的女性歌者。尤其是那位名为阿多莉（Atori）的姑娘，简直可以视为当时女性诗圣的嫡嗣之人。她的诗作读诵起来，让人觉得当数吠陀本集中前列的词章。吠陀赞歌当中已有“随妇之夫”的说法（《梨俱吠陀》, X.145）。本集当中还有女性嫌弃其丈夫的抱怨语句。另外，虽不能说《梨俱吠陀》时代的当时社会一般风俗就是一夫一妻制度，但说这样的婚姻制度当时比较普遍，也许并不离谱。而到了后来的《夜柔吠陀》时代，妇女的地位则明显可以看出已经下降。贬低女性的语句已不罕见。

到《弥勒本集》（I.10.11）时，其中说“女子不信”，又说“女人污秽”（I.10.16）。又说“骰子、女子和睡眠，三者都会污秽神祀”（III.6.3）。总之，女性已经被社会边缘化。此时代，夫妇虽仍然许可在家中有相同的地位，妇人也可以随丈夫同往祭祀场所，甚至也可以在一旁观看丈夫行祭。但更早时代的平等权利显已丧失。

再往后，至经书时代，妇女地位更加跌落。法经规定，不论生于何种姓中，女人都只能是男性的依附，不再有独立的身份。"幼时听父亲监护，出嫁后听丈夫监护，老年时则由儿子监护。所以妇人不宜独立。"

法经中经常引用的民间谚语，往往都属此类（《波达耶那法典》，II.2.3.45；《瓦悉斯塔法典》，V.2）。法经当中是公开主张一夫多妻的制度。它经常说的就是婆罗门应蓄三妻，刹帝利可蓄二妻，吠舍和首陀罗则才是一夫一妻。上等种姓中的妇女，其权利更是明显地受到削夺。因为要强调上等种姓的妇德，所以更加强调妻子对丈夫的绝对服从。尤其可悲者，按婆罗门的家法：如果做妻子的在一定年限内不能生育男孩，就会遭受休弃，被逐出家门。

《波达耶那法典》（II.2.4.6）谓："若十年不孕，或十二年中只产女婴，或十五年未能产子，其妻出。"要之，此同中国的"三从七出"之社会风俗。婆罗门教中所以立出这样的规定，使妇女完全沦为男子的依附，丧失独立人格，不过就是为了强调这个社会对于传宗接代和后嗣不绝的需要。仅就此而言，哪怕上等种姓的妇女，其与首陀罗种姓也是一样的低贱。印度的俗世社会，认为女人的见识同首陀罗并没有高下之分。后者本身就是愚顽不冥的代称。按经书规定，杀死一个女人，与杀死首陀罗同罪。

当然，从另一面看，似乎也可以说对女人有宽容的地方。《乔达摩法典》（XVIII.20）规定，女子若至出阁之年，父亲当为其择偶婚配。若不然，经三月后，女子可以随其自意择夫离父家。此似乎可以认为是允许自由择婚之意。又若妻子与他人私通，若非种姓跨越淆乱之极恶罪过，不可处以极罚。至下月，若经水复来，即可认为已经洗罪。《波达耶那法典》（II.2.4.4）谓："妇女有特别之除秽法。其每月经水复来，即可洗秽除罪。"猜测这是以受胎与否作为成立通奸之罪证。

再者，关于公元前300年顷兴起之社会风俗，即所谓贞女自焚以殉亡夫的恶俗，虽经吾人遍稽全部法经及法典之论谓，均未见有何痕迹。与之相反，倒是可以见到许多允许寡妇再嫁之规定。《波达耶那法典》（II.4.4）和《乔达摩法典》（XVIII）甚至宣布，丧夫之妇人，在一年内不得饮酒，食蜜、肉、盐等，不得在家外抛头露面。一年以后，若愿生育，许其同亡夫之兄或弟或亲族交接。然应至多生两子为限。

又《乔达摩法典》曰："若夫外出六年不归且音讯，其妻与人私通不以为罪（前面缘起说有某婆罗门为学习吠陀离家往外国从师，12年未归）。"如是说来，即令非常严苛之法经，其中也有不甚严厉之规定。究其根本，大约仍属担心某一家族因无儿子而绝嗣，遂至祖先之灵没有后人祭祀，因之不得不网开一面，折中而作委屈之计。尤其联系到法经来看，其本来从理论上对妇女的贬抑无以复加，竟然许可妇女作此非常之事，此必是因为受到"人伦之重，无过祭祀"的考虑所主导的缘故。

第二节　再生族通常所遵循之四行期

如前所述，四种姓之间有不得逾越之界限。上三种姓属于再生族范畴，享有共同的宗教生活特权和义务。为完全体现此等权利和义务，很早便为彼等设计了专门的修行仪法。后来的经典将它们总结成为四种行期。即是说，有宗教修行权利的种姓，一生中可以分为四个阶段履行其权利义务。此种修行称为Āśramā，其本意为“修行”，最初指修行处所。因一生当中的四个阶段，其所修行的处所不一样，各各相异。四个不同的修行场所，也代表不同的四个时期。四行期亦称Āśramā。最先用文字把这四个行期确定下来成为法规的是《乔达摩法典》。但《摩奴法典》则是汇成大观的集成之作。须知，四个行期的有关具体规定并非成于一时，有的是后来逐渐明确起来的，有的时间上很古老。四行期的说法在《夜柔吠陀》中已经可以见到。到了奥义书时代，基本制度大体形成。起初说四行期主要是婆罗门种姓的修行权利与责任。到了法经时代，四行期理论有不少发展。修行的权利和义务也扩展到了前面的三个种姓，即适用于所有的再生族三个种姓。至于所谓四行期，指的是第一梵行期、第二家住期、第三林栖期、第四遁世期。

第一期之梵行期，亦即所谓学徒期。出生以后成年之前，至一定年龄，男孩取得父母同意，要拜入师门，以弟子身份学习诸艺，积累修养。此一时期，学习的主要目标，在研习吠陀，并掌握祭祀中的仪轨方法。从身心两面接受宗教锻炼。而精神成长是男孩修学的主业。作为宗教学徒，学童必须诚笃地侍候老师，敬重老师的家眷；坚守不淫戒，断食蜜与肉类；早晚看护圣火，夜里睡在地上；为供养师尊而走村串邑、户户乞食。在朝夕相处的随师学习生活中，必须做到解行相应，无有懈怠。最终养成特异的宗教人格。这中间体现的传统价值观是婆罗门种姓应该偿还的三种先天债务。首先，学徒对师尊有不可推卸的还债义务（其他的两种则是向神明和祖先还债）。从少年至青年的吠陀学习期需要持续12年。一般说，这12年只能通解一部吠陀；如果要精通四吠陀，这个学期便是48年。真要达此目标，就必须立誓终生修梵行，矻矻用功，夜以继日，不能中断。学习期间，修行者可以但不必始终追随一位老师，转投多师是许可的。这类长期修梵行者称作“终世修行者”（Naiṣṭhika）。印度所有的婆罗门大学者，多半都要经历这样一个漫长而艰苦的修学过程（《阿巴斯坦比耶法经》，I.1.1–7；《乔达摩法典》，II；《波达耶那法经》，II.1.2；《瓦悉斯塔法论》，IV）。

第二期之家住期。梵行期的学徒生活结束以后，回家成为家主，过世俗的持养家庭的家主生活。这样他就被称为居家者（Śālīnas，家主）。此期间他的主要职责是婚娶成家、生儿育女，延续家世令香火不绝。当然作为世俗生活的一部分，他也要经营家族生业，以告慰祖先在天之灵，具体地保持家庭中对诸神和祖先的日常祭祀和供养。法经当中，关于家住期的规定涉及婚姻之法、夫妇关系义务、如何举行对神与祖先的祭祀等，还有日常起居饮食的细则，包括待人接物的礼仪，更有其所属种姓应该持守的责任本分。然此诸事理，有的前面吾人已经言及，有的后面介绍天启经、家庭经时还将言及。虽然此诸职分未必与未来世之果报直接相关，然若家主循此规矩，持身严谨，生活正当，则显然已不只是关系到现世的意义。此中强调的家族责任，正反映出婆罗门族对祖先和众神的负债义务。履行此诸责任即是婆罗门来此人世的宗教义务之一。总之，家住期的家主是在履行其偿还此世间应担当的责任本分（《阿巴斯坦比耶法经》，I.1.1–7；《波达耶那法经》，II.24；《乔达摩法典》，IV）。

第三期之林栖期。至此，家主已近年老。大致已履行完毕家住期中家长的责任和义务。于是，其应当让家业于长子，将家产分配给儿子们。择一高朗之地之森林，往其中隐居。这样的隐退者便是林栖者，有的也称为Vaikanāsa（掘根者，意即掘根而食）；有携妻离家的林栖者称为Sapathīka（携妻者），独自离家的称Apathīka（无妻者）。林栖中的前家主已经不再服侍和主持祭祀神与先祖，其注意力完全转到种种个人的苦修。历尽身心锻炼，他准备迎接未来的彻底觉悟。林栖者身着树皮或鹿皮，散发长爪，仅以林中的果实、树皮或草根等果腹，并且时不时作断食自禁。印度所谓之森林书、奥义书，大部分都是林栖时期修行学者的思索成果。其如何修行的教法也是这样生活实践的成果（有关此期修行之参考资料，此处略去，其出处同于第四期，即遁世期之法经等来源）。

第四，遁世期此期中的实行者又称为比丘（Bhikṣu）或行者（Yati）或游行者（Parivrājaka），亦称沙门（Śrāmaṇa）等。其居无定止，任身云水，遍历四方。此等行者，初时仍有责任和义务以祭祀生主，相对而言，此属于小规模之祭祀活动。游行者可以不再操持其他的祭祀活动，一心只为自己的最后解脱努力。他剃除须发、身覆薄衣或赤裸身体，持有手杖和滤水器，置乞食袋（亦名头陀袋）中。此外，遁世期的行者不能蓄有任何财物。其不能有固定的栖身之处（久居一处也是某种贪心）。进食完全仰人施与不为享乐，但求系命而已。遁世者应当遵守的戒行，《波达耶那法典》

（II.10.18）有所规定，其举以五则：①不害物命；②作真实语；③不盗人财；④能行忍耐；⑤离欲而生（活着而没有任何欲求）。此种艰苦生存意在保持寂静无为，以免除内心之任何骚乱与不安。为此，其不可贪恋而久居，必须日栖一处，即树下、石上、草中或者路旁，而且往往只能一宿为限。其所乞食要有意回避肉类、蜜粮等；其若欲进入村邑，只能在黄昏以后。其所乞食，七户为限，纵无所得，亦不可再乞。人若不施，不敢为愤。一切毁誉、褒贬皆能置若罔闻，视死若生，任运存活，一心等候解脱之期来临。《阿巴斯坦比耶法经》（II.9.21.10）说："其所存活，无火无家，无乐亦无护。唯诵吠陀，常守静默。出入聚落，仅为乞食系命。现世无有顾虑，遍历世间一切境，不贪生天之想。"遁世之行者持守的规定，包括守雨安居的律仪。盖逢雨季，虫蛇既多，游履不便，恐怕行动致杀生，故有择止一处权作栖息之规定。此等修行规定后来亦被佛教和耆那教奉为模范。婆罗门教中所强调的行持守则，若五戒、雨安居、无欲清净、游行乞食，成为古代印度宗教当中的行为通则。在佛教和耆那教，对于四种行期修行法，除不取前三种外，而对游行期亦同样重视。世尊本人与耆那教大雄，都曾在世间漫游和行乞。仅以此种行持看，他们与婆罗门族中的终世行者并无多少不同。关于不同宗教间的苦行比较，雅各比在《东方圣书》第22卷（导言，第xxxiii页）中有详细讨论（可参考之文献资料：《波达耶那法典》，I.10.17–18；《阿巴斯坦比耶法经》，II.9.25；《乔达摩法典》，III；《瓦悉斯塔法典》，X）。

此四行期制度，虽然说起来仅为前三种姓的事，但主要还是婆罗门族的理想生活模式。实际生活中，若要严格加以实行，刹帝利、吠舍且不必说，即令是婆罗门族中也不是人人都可以做得到的。客观地讲，大部分人能够实践的，也只是第一期和第二期。另外，所谓四行期的各阶段，也只是理论的划分而已。实际而论，即令林栖期与遁世期也多半不容易清清楚楚地加以区分。从各种法经看，混同两个修行阶段或将二者前后倒置的也很不少。《波达耶那法典》（II.10.17.1–6）当中关于遁世者的资格，就有不同的说法。按那上面的讲法，行者有从梵行期直接转入遁世的，又有说若丧妻方可实行遁世的，也有说林栖者进而修持游行遁世的。然一般而论，家住期至少须17年，要等到儿子长大能够独立持家开始尽婆罗门族义务，老迈的家主才能考虑自己的修行。这也是《波达耶那法典》的主张。换言之，只要家住期的责任完成了，就可以出家遁世。林栖期倒也不是非有不可的过渡。又《乔达摩法典》（III.2）中明确地列举了四个阶段，它们的顺序是梵行者、家住者、比丘和林仙（Vaikhānasa），这里提到了林栖与遁世，次序就是颠倒的。如是看来，虽然开始的梵行期和家住期有明确的区别，但林栖期与遁世期的分别成立是以后的整理与补充。因之在先后顺序上不免有模棱两可的地方，所以到了《摩奴法典》才算最终确定下来。四行期的规定是后来补充的说法。既然它们只是婆罗门族的一种理想人生，在实际生活中，付诸实现时总不免会打折扣。

第三节　种姓之分化论

婆罗门族相信，四种姓的区别是太初以来就由神所规定的，后世绝不可以人为地加以改变。如果四姓之间的界限淆乱，也就违背了神的意旨，就会引起社会的动乱。这是婆罗门教至为忌讳的事。然而人类的生活并不单单是受制于某种先天规定的。须知太古之初，并未有种姓划分。以后社会分化才演进出种姓制度。种姓制度的成立，是为了不使社会各个阶层之间的婚姻混杂，令各个阶层各守本分以尽职责。再后，社会进一步发展，各种职业的分化在所能免。四姓之间，职分业务跨界者不可能杜绝。加之，自彼以降，人民迁徙之事自不可免，亦有外来人口相与杂处。这种形势下面，原来人为规划的地位、职业等身份区分已是捉襟见肘。仅以此四个种姓来框定人类社会的基本结构，显然不能适合复杂的社会分层。以是可以认为婆罗门族的社会历史观相当粗疏，也脱离现实。因之，法经的作者才绞尽脑汁，在竭力维护旧四姓制度的前提下，多方筹度，曲尽委婉，目的是要理清已经混杂了的社会各阶层。从根本上说，法经的不同作者之间，对现实社会状况的说明，也是相互抵牾的，种种解释五花八门，目的只有一个：努力维护既有的婆罗门种姓制度。以下从法经中采摘一些言论，以显示所谓社会种姓的复杂。

总而言之，为保证种姓的纯粹性，原则上只有同一种姓中的男女才能通婚。即父母均属同一种姓，才能生出种姓不曾改变的子嗣。但法经的作者也不得不承认，如果是上种姓男子与别的种姓的女子所生的孩子，仍可以继承父辈的种姓身份。例如，婆罗门种男与刹帝利种女、刹帝利种男与吠舍种女通婚，其子嗣的身份可以按父辈的继续。《波达耶那法典》（I.8.11.6）这样总结说："同种姓或交种姓的妇人所产子，其与父同姓。"但若婚配的情况与此有异，则显露出法经作者们的良苦用心。以下为《波达耶那法典》中所列举的婚配与种姓继承的复杂情况：

男	婆罗门	婆罗门	刹帝利	吠舍	首陀罗	首陀罗	首陀罗	吠舍	吠舍
女	吠舍	首陀罗	首陀罗	首陀罗	吠舍	刹帝利	婆罗门	刹帝利	婆罗门
子	安巴斯塔（Ambha-ṣṭha）	尼沙达（Niṣāda）	邬格罗（Ugra）	车匠（Ratha-kāra）	摩迦陀（Māga-dha）	克沙特里（Kṣattṛ）	秽多、制革、屠宰（Caṇ-dāla）	木匠（Āyo gava）	车夫（Sūta）

男	安巴斯塔	安巴斯塔	邬格罗	韦提希（Vaidehika）	尼沙达	首陀罗
女	韦提希	邬格罗	克沙特里	安巴斯塔	首陀罗	尼沙达
子	逆自然者（Pratilomakā）	顺自然者（Amulomaka）	做狗食（Śvāpāka）	细篾工（Vaina）	福舍族（Pullasa）	野鸡族（Kukuṭaka）

此处所举例子，显示了不同阶级与职业者之间因婚配引起的种姓混淆。所以出现是等情况，乃因社会中的贱民或从事贱业者的存在是不可否认的现实。上表中的韦提希人和摩迦陀人都不是雅利安人种，而是土著民（摩迦陀地方的居民大都不信婆罗门教，这一点可从揣测而得知）。尤其令人觉得滑稽的是，《乔达摩法典》（IV.21）说的衍婆那（Yavaṇa）人应是希腊移民后裔了。但经上说他们是刹帝利与首陀罗男女的混血后裔。按法经规定。一切混杂了种姓以外的血脉的都同属于首陀罗族，是被剥夺了宗教权利的人。

一方面，宣布四种姓的血统是先天确定了的；另一方面，考虑到社会职业对阶级地位的影响，法经又不得不承认种姓身份因职业而有所改变。《波达耶那法典》（II.1.2.1–8）列举了因后天的原因而丧失祖传种姓的不同情况：例如出海经商、偷盗婆罗门的财产、与人争财产而妄语作伪证、为妄语作证、出卖作物种子、服侍于首陀罗等；又《瓦悉斯塔法典》说，婆罗门种若令圣火断绝，或忤逆师尊，或随顺异端，或售苏摩草，均会堕入下等种姓（I.23）。又若不随婆罗门族学习吠陀，为首陀罗服侍；或者卖肉、卖盐，或者假称自己是首陀罗，都是要遭受严厉谴责的罪行。又法经中虽然不曾明白宣布，然若就其所举例子来看，下等种姓（这里不包括第四种姓首陀罗）虽然不曾修习上等种姓的作为，但如果履行了上种姓之人的职分，同样有机会提升自己的种姓地位。不过法经中也说，此类种姓上升的事，通常在修行者本人一代难以实行。身份的转变是到后代才能得益的。这当中除了所犯宿罪、宿业需要清偿，积累功德又是不可须臾懈怠的。如果子孙后代也能继续努力，最终有可能种姓阶次上升。（既然不是一代人中实现的事，那就也只能是一种说法而已。）与此相关，《乔达摩法典》（IV.2.2.23）则说："人之种姓的改变总须七世。凡下移上迁无不如此。然若能虔敬本师，也有五世可转者。"总而言之，或经七世或经五代，即可能由婆罗门身转为刹帝利，或由刹帝利身转为婆罗门。简而言之，后世的所谓四种姓，已经不再是最初时代的社会分层。实际上，由于社会职业的进一步分工，使得种姓社会内部也复杂化起来，四种姓的界限不再像原来那样固定不移，法经时代在一定程度上显示了这种历史变化。

第三章 祭祀仪礼

如前所说，重视祭仪法则乃是婆罗门教的纲要之一。按这样的表述，稍稍夸张一点就可以说，彼等眼中认为：人生一世，生活中的任何一个环节都是与祭祀息息相关。人生历程当中的任何一个阶段，无不同预定的神学意义程序相联系。活着就是履行宗教责任与义务。日常生活当中，平时有种种行事，每月有新月和满月时的专门祭祀，每年还有例行的年祭；除了年、月、日中的行事，每每还有一些临时的祭仪；又还有数年一度的大祭。在私人生活当中，一生中许多重要阶段，也有一定的礼仪要履行，从这个意义上说，婆罗门族的生活中无有一日不行祭仪。仅从此点来看，可以说在世界各民族当中，再没有比婆罗门的祭典仪式更加频繁与密集的。而婆罗门教能够从古到今依然保持如此完备，也是一件令人感到非常稀罕的事。

婆罗门教祭祀虽多，但大体可分两类：即天启祭事与家庭祭事。家庭祭事者，主要是涉及家庭中成员的祭事，通常都是一些惯习常例性质的宗教事务。经书时代形成的家庭经便都与此类家庭宗教活动相关。至若天启祭事，主要是为了敬拜神灵、祈祷求福的活动。这些活动仪程多半是自《夜柔吠陀》以来就已经确定下来的，属于纯粹的宗教祭祀。基于吠陀经，此类活动只能由婆罗门祭司来操作。这也正是“天启”的意思。规范这类祭祀的经典叫作天启经。对于经书时代的家庭经与天启经，以下吾人择最重要的加以说明。

第一节 家庭之祭典

家庭祭典总称为“净法”（Saṁskāra，清净法）。此语来源于sam+√skṛ，意为“完成”，由此布得成清净神圣的意思。更进一步，也指净法、圣礼仪等。家庭净法大部分属于风俗仪礼。在很大程度上是由古时保存下来的风俗。这些风俗当中有的也有同欧洲古代风俗相似的，例如婚姻仪式。斯腾勒（Stenzler）就认为婆罗门教的结婚仪同古代罗马人和德意志族的婚礼有相同的地方。[①]而所有的祭仪都带有禁忌的排斥与退伏的性质。向神祈求保护自己的家族，希望家族繁荣、事业成功。对于所有这些案例的研究很有人类学的价值。家庭的净法又有两大类：从怀孕托胎到结婚算是一类，婚后作为家长的男性要主持的祭祀又是一类。先说属于人生周期的十二种礼仪。它们又称十二净法。

（1）受胎式（Garbhadāna）。古代印度人视生儿子为意外之喜。在彼等眼中，儿子是自己的身体在未来世中的继续。不仅如此，自己若死了，灵魂难免遭到种种厄难，那时只有儿子的供养才会有帮助作用，也才能拯救灵魂。《波达耶那法典》（II.9.16.6）说：“其因儿子征服现世，其因孙子以得不死，其因曾孙得生天界。”受胎仪是

① Hillebrahdt, *Vedische Opfer*, s.2.

为新婚夫妇作祈祷，希望早点怀孕。这个仪式在新婚的第四天。《商羯耶那家庭经》（I.18.1）认为此种祭仪是在新婚第四天，别的家庭经说在新妇月经期终了的那天。吾人猜想，这样的祭仪在每个月都会有举行，直到新妇受孕为止。此之仪法大致过程是，开始由夫妇共同饮用乳糜并且共同用乳糜供养神祇。与受孕有关的神祇有阿耆尼、伐由、苏利耶、阿利耶曼、婆楼那、普善、生主、萨维斯塔里等十位。这一过程中要对诸神一一加以唱赞，也有相关的祈愿咒文。目的是祈求神明为自己扫除不利的精灵。仪式的后半段，丈夫对着妻子唱诵咒文。据说其中有"汝即乾达婆之口"一句。然后夫妇交接。合欢终了，丈夫再次唱咒，算是仪式的尾声。唱诵中有："地之孕阿耆尼，天之孕因陀罗，如是伐由之住地胎，如是我亦置胎子于汝胎藏中。"（《商羯耶那家庭经》，I.18-19；《阿湿波拉耶那家庭经》，I.13；《帕罗伽罗家庭经》，I.12；《大林间奥义书》，VI.413-23）

又妊娠后第四月，要行护胎的祭式，称为护胎仪（Aluvalobhana, Garbharakṣaṇa）；另外还有祈祷胎儿平安的祭仪。不过，家庭经中不细说其内容过程，因之吾人对具体细节不甚明了。

（2）成男式（Puṁsavana）。若妇人怀孕三月，有仪式祈祷胎儿成男身，此谓成男式。具体仪程是选择吉日。至期早晨孕妇沐浴更新衣，东向而坐名为达尔巴（Darbha）吉祥草的坐垫上。丈夫立于妇座后，以手抚摸孕妇脐腹，口念咒文"双男密特拉-婆楼那"（《弥勒梵书》，I.5.1）如是二三回，更取大麦一粒，谓"汝即是牡牛"，置妇身右；又取二粒豆，谓"乃汝睾丸"；共一乳滴，使孕妇吞下。又于此际，将苏摩枝吉祥草嫩芽捣烂。又取圣火烧燎过的祭柱上之炭灰少许，吹入孕妇右鼻孔。（《戈比罗家庭经》，

II.6；《伽迪罗家庭经》，III.2；《喜罗尼耶家庭》，II.1）

（3）分发式（Sīmantonnayana）。成男式以后一月，应行分头发的仪式。照例孕妇沐浴更新衣。在家中圣火右侧铺设牡牛皮之座。行仪式时，她坐牛皮上。其夫向达特利神行供养。诵吉祥咒。又为妇人分发。用以分发之具需有三者：一是带白点之豪猪之刺；其次，茅草和达尔巴草各三束；第三，带未熟之乌昙钵罗果（Udumbara）的树枝。分发毕，夫遂作大宣言（Mahāvyāhṛti），亦即是咒文。其咒曰："Bhūr bhuvaḥ svaḥ。"把未熟的乌昙钵罗果置孕妇头发内，束发作结。当行此仪时，在旁的乐师以琵琶琴奏乐，另有女人歌唱其侧，其声欢快。又于此际，应向苏摩神作祷，求其降福惠于人间。同时还要宣布求神赐福的地域。地域之名往往是某条河流，盖因印度人相信河流有施福降惠的功德，因之某一条河也决定着胎儿的善恶命运，自然也与其能否顺利降生有关。（《商羯耶那家庭经》，I.22；《伽乌达马家庭经》，II.7；《喜罗尼耶家庭经》，II.1）

（4）出胎式（Jātakarman）。①孕妇临盆之时渐近，将雇产婆，先得拂除恶魔罗刹扰乱，须对种种神明作供养，相应也要念诵种种咒文。届时需用新桶盛清水，取桶中一滴水洒孕妇头上；又用图兰梯（Tūryantī）吉祥草置妇脚下。丈夫手抚妇人身体，口中诵"如风吹拂"咒文。此之名为安产式（Kṣiprasavaṇa）。②及妇生产，若为男婴，父对子吹气息三口，依三吠陀式用金匙喂新生儿以蜜汁、乳酪。口中念言："我以娑维德利神所作蜜酪之智慧与汝。唯愿诸神守护令汝于现世得百年寿。"此之谓授命式（Āyuṣya）。③又父以口附儿耳边，低声告曰："娑维德利神与汝聪明，萨罗室伐底神与汝聪明。”更轻触儿之两肩，唱曰：“石兮斧兮，无上金兮，汝生为子，汝即吠陀，寿保百年。”此即为授智式（Medhājānana）。④然后为新生儿剪脐带，又行新生后之初浴。唱曰：“我为汝解死（Mṛti）之轭。”置小儿于产妇膝上。母为儿授初乳，先右乳后左乳。是谓授乳式（Stanapratidhāna）。（《拜伽那萨家庭经》，II.2–3；《喜罗尼耶家庭经》，II.2–3；《阿帕斯坦比耶家庭经》，VI.14–15）

（5）命名式（Nāmadheyakaraṇa）。此祭仪通常在出生后第十日举行。届时，夫妇及新生儿三者沐浴，着新衣，于神前作供养，祈得长命多福。向神高声呈报新生儿新起之名。印度人起名，一定寄寓父母对儿子未来的希望。起名时，有二音节或四音节的称呼供父母选择。名字发音前宜浊音，后则应为涅槃点（不详所指），此音节宜含半元音。若是男孩，其名字中所含音素宜为偶数；若是女孩，宜为奇数。又若是婆罗门家姓氏，通常在名字后连缀以Sārman，如名为Visṇu（毗湿奴）的，便称为Viṣṇu-śarman；若是刹帝利家族，则名后缀以Varman，如称拉克希米（Lakṣmi）者，则名为Lakṣmivarman；若是首陀罗则名后缀以Gupta，如名为Chandra-Gupta（乾陀罗·古布达）。如是等等。又除对世间公开的正式名字，还有唯家人尤其是仅仅父母才知道的私名，称为Guhyamnāma（隐密之名）。这种私名是一生下来就由父母给取之名。所以要有隐匿的称名，是为了怕被人加害，施以厌咒之术。因此除父母外人不可能得知私名。（《阿帕斯坦比耶家庭经》，I.15；《商羯耶那家庭经》，I.24；《伽迪罗家庭经》，II.4.30）

（6）出游式（Niṣkramaṇa），即新生儿初次出家门的祭仪。通例是婴孩出生后第四个月方行此仪式。父母携抱小孩出外游行，其风俗颇类我日本之宫诣初礼（参拜寺社）的风俗。然此风俗在印度一般并不强调，故此从简，不作赘叙。

（7）养哺式（Annaprāśara），即初进食（非指哺乳）之仪式。婴孩出生后第六个月行此仪式。若希望此儿将来得富贵，可使食羊肉；欲令其得名望，使食鸟肉；欲其聪慧，令其食鱼；欲令其身体强健令食米饭。无论进食何物，均需以乳、蜜和而食之。又于此仪式过程中。要唱诵祈祷子孙繁荣、家族富贵之咒文。（《商羯耶那家庭经》，I.2, I.7；《阿湿波拉耶那天启经》，I.16；《帕罗伽罗家庭经》，I.19）

（8）结发式（Cuḍākarman）。此之仪式代表婴孩期结束而进入孩童时代。此仪式举行的时间，若是婆罗门子，应在出生后一年至三年；若是刹帝利，在第五年；若是吠舍族，在第七年。行此仪式的场所，就在家中圣火处北侧，罗列盛有米、麦、豆、胡麻之容器。祭仪当中，母坐西侧，子坐母膝上。身边置新器皿，中盛有新鲜牛粪和莎西（Śaśi）树叶。其父持吉祥草一束坐母子南侧。准备停当，父以清水湿幼童头发，自左边而右边，再分吉祥草为三，置孩童右侧。口中唱咒，以刀剃除头上周边外缘头发。将所剃发放在莎西树叶上，连同树叶递给儿母。母再置牛粪上。如是将儿头上右侧头发剃三四次，再将左侧头发亦剃三四次，仅留下头顶中央头发。再唱诵咒文，祈祷儿童安全。拭刀。再由理发师为孩童束发，其式样一如是家风格。（《商羯耶那家庭经》，I.28；《帕罗伽罗家庭经》，II.1, II.2；《阿湿波拉耶那家庭经》，I.17；《伽迪罗家庭经》，II.3）

（9）剃发式（Keśānta/Godānakarman）。孩童稍长年岁，将行之仪式为剃除头顶四周头发以及髭须。行此仪意味着童稚期已经结束而成年矣。类似我日本之元服仪式。行此仪的年龄，婆罗门子是年十六，刹帝利族为廿二，吠舍族子为廿四。然行此仪时，一般童稚均已经处在学习期。因此亦须取得老师许可，此亦是剃发式之常例。此之仪法，大体类同于结发式。许多家庭亦有将剃发式与结发式视为一样，简单举办的。若有相异者，唯童稚期结束多一个段程，即剃除髭须也。(《商羯耶那家庭经》，I.28.19；《阿湿波拉耶那家庭经》，I.18)

（10）入法式（Upanayana）。此为四行期之第一初阶。即因此仪式而成为梵行者矣。在雅利安族属于最重要的大典。彼等所以称为再生之族，皆以有此仪式作为表征焉。新生命亦因此而有。以是所有婆罗门教家庭经对此仪均有详细述说。今列其节目如下：①入法时期。婆罗门族为出生后八岁（也有从入胎算起的，则为出生后第七年）至十六岁，刹帝利族则在出生后之十一岁至廿二岁，吠舍族则在出生后第十二年至廿四年。如果经如是之年岁而始终未行此仪，则被视为失权之人（Patitasāvitrikā），亦即失去了唱赞娑维德利神之权利。因之也就被称为浮浪者（Vrātya），即是说，其人已经被从再生族中开除出去了。②入法衣带。入法者须选吉日着正装新衣，携束脩薪21根行拜师礼。入法之人仅限于再生族之三种姓。种姓不同，衣着亦不同。婆罗门子学童衣黄赤色，外着羚羊皮，又以文者草（Muñta）三折而束腰，携波罗奢（Palāśa）木杖，经木祭缨（Yajña-upavīta）饰身，自左肩而右肩悬佩，若覆袈裟。刹帝利子学童衣淡红色，外披斑点鹿皮，用弓弦作衣带系腰，自左肩而右肩悬挂乌昙钵罗祭缨。吠舍族子学童衣黄色，外披山羊皮，拄毗罗婆（Vilva）木杖，亦悬挂毛织之祭缨于肩。③入法式礼仪。先有前祭，礼终，则师于圣水北侧东向立。两手掬水，入法弟子亦两手平伸，掌心向上，接其师所掬手中水，缓缓滴下。师再握弟子手，拇指相扣，唱曰："我手把汝手，娑维德利神把握于汝手。阿耆尼神乃是汝师。"令弟子仰面向日。师为作祈："娑维德利神作汝之梵行者、护佑者。"又使弟子诵《梨俱吠陀》赞歌（III.8.4）之前半阕，谓"今来正装少年"。师自左而右绕弟子行。末了，师抚摸弟子，自两肩而下，直至心部。边抚边唱诵赞歌之后半阕。弟子清扫圣火四周，默然焚一片薪。最后，以手抚触火焰，似掬火气自抚其面三次。口中唱曰："我今以光明为自灌顶。祈念阿耆尼、因陀罗、苏利耶神等赐我以智慧力量。"尤其要祈求的，是阿耆尼火神的消化吸取之力。为此愿，屈膝下蹲，拥抱师足，乞师授自己娑维德利神歌。师则把握其手，教其诵唱。初时，师诵一字弟诵一字；次则师诵半句弟子诵半句；至最后，弟子随育全句。此之娑维德利神歌又名为《諴野呾里》神颂（《梨俱吠陀》，III.62.10）。

此之神颂，据《摩奴法典》说，全吠陀中此为最高赞歌，至为神圣，早晚唱赞，有大功德。若念千遍，能除最重罪。因此之故，人凡唱赞此颂，手中应持百八念珠。若在西藏，此为摩尼咒，在日本此为真言咒。唱赞持念以用此串珠也。师向弟子传授此颂歌毕。又为弟子系圣带，并教授以平时修持的方法。告弟子曰："汝是梵行者。（如同）饮水，常辨师教，精勤努力，日中勿眠，信师不疑，以学吠陀。"自此仪式后，早晚随师学习，至少经十二年。所学内容，为诸吠陀及诸圣行，备如前说。（《喜罗尼耶家庭经》，I.1；《阿帕斯坦比耶家庭经》，II.20；《摩奴法典》，II.46）

（11）归家式（Samāvartaṇa）。学习期满，弟子离师家。先应沐浴，以行归家仪。仪式当天，清晨日光犹未照至人之身体时，便行沐浴。行祭祀仪之前，要为圣火加薪。将归家之梵行者端坐圣火西侧，此前已经剃除髭须，在浴室中阴面墙下宽衣解带，请梵行同学为自己洗浴，清水漱口，齿木刷牙，更衣佩戴耳环，作必要之涂香；正身面对镜子，收拾好鞋、伞、杖等用具。事毕，天犹未明，静默无言，环拜诸方神明，自东而南、而西、而北，也拜诸星辰。再辞别同学、同修，登车归家。为归家者行沐浴礼者，称洗浴者（Snātaka），是已经毕业的前辈学长。担任此之洗浴仪者，当守诸多禁戒：不观歌舞，不作歌舞，不作夜行，不作疾走，不临井边，不爬树不登高；不攀折草木，不作裸浴，不作暴言，乞食为命；其不仰视太阳，亦不临水照影，不在空地及耕地撒尿，不着染色衣裳；每有出门，不会东张西望，沿途能够救济一切生命；其与万有友善，如是等等。

（12）结婚式（Vivāha）。梵行期结束而归家，当行人生之大礼即结婚式。此之规矩全印度大致相同。然对婚礼法仪，经典中所述却有种种。《瓦悉斯塔法论》（I.28–35）中列举了六种；《乔达摩法经》（IV.6.13）、《阿湿波拉耶那家庭经》（I.6）等说有八种。这八种是：①梵婚（Brahma Vivāha）。最上神圣的婚礼，由父亲新手为女儿装饰，又为新郎洒水净地。②神婚（Daiva Vivāha）。父亲亲手为女儿装饰，又参加祭司们主持的祭事。③生主婚（Prajapatya Vivāha）。新郎、新妇皆宣誓共守婆罗门法规的婚礼。不过，也有仅由父亲训诫儿子和新妇，嘱其遵守法规的仪礼。经典中也未明确说这就是叫作生主婚的。④圣婚（Arṣa Vivāha）。这种婚礼新郎会得到女方父亲所赠的牝牡两牛。⑤乾达婆婚（Gāndhāva Vivāha）。男女相互爱慕而成之婚姻。即如今日所谓自由婚姻。⑥阿修罗婚（Āsura Vivāha）。用女方父亲的金钱所买得之婚礼。⑦卑舍茶婚（Paiśāca Vivāha）。趁女家不注意诱拐其女儿之婚姻。⑧罗刹婚（Rākṣasa Vivāha）。杀害女家亲眷且不顾女方悲痛而强迫之婚姻。此八种婚姻，若阿修罗婚是再生族所为可视为正当。大致而言，前面四种可以称作正当，后面四种属于不正。而最为邪恶者是第七、第八两种，被斥为非法。然若就梵语之"婚"而言，其词源就来自"运去""抢走"之意。以此判断，太古之时，婚姻之完成，非诱惑即是抢夺也。

按家庭经所说，其六种婚姻中没有上面说的梵婚。但其婚姻的原则含义是在《梨俱吠陀》当中就说到的。《梨俱吠陀》（X.85）中唱赞月神与太阳神成婚时，便以为其礼法就是雅利安人的婚姻模范。其后时移境迁，这样的婚礼更成为尊贵之事。又若依礼法，即令新郎、新妇都属同一种姓，还得对他们的主婚人的种姓身份有所讲求。婆罗门族之间的婚姻，主婚人至少应有三个以上的婆罗门；同样，若刹帝利之间的婚礼，主婚者应有同种姓至少两人。而如果是为吠舍与首陀罗种姓间主婚，则只须有一位相同种姓的主婚人。理想的模范婚姻，前提必须是男女种姓相同。又若构婚之事，就先由男方之婆罗门出面，继由男方族长出面，向女家通聘。媒妁之人先往女家，在堂前西侧坐，向女方家长述说求婚之意；坐在对面即东墙下的是女方家人。听其申聘后，问待聘之女子意思。若蒙允许，女家便以器盛花、米、果物及金等出。媒妁之人或求婚之家的家人，以手搅和器中所盛之物，也有作摩挲者。一边唱祝愿咒文。最终又以盛器置女子头上，继而是宣告两家婚约之事已定。

行此仪时，新郎向新妇之父亲献上结纳之礼。若为婆罗门之家，送上牝牛；若是刹帝利，献上土地；若为吠舍，以马匹为献（《商羯耶那家庭经》，I.14.13–15）。另外，《阿毗达磨法蕴足论》第一上说有七种妇。此足可参考。至若结婚当日，新妇在傍晚时分以香水洗头，着新衣，坐圣火侧，供养阿耆尼及苏摩等十一位神。又由八名幸运女（婚礼之侍伴姑娘）作服侍并唱歌伴舞。歌舞是式前祭之一部分。式前祭在新郎来迎亲前完毕。至时，新郎沐浴也着新衣，在其家数名幸运妇女之陪同下来至女家。先送新衣给新妇，再唱诵几种固定的短诗。诗句皆出自《梨俱吠陀》第十卷之第85篇。新妇在圣火后坐定，男家捧供养物祭神，如是供养神祇三四回。供养当中，新妇父亲便唱“对她公婆，敬若王皇”（《梨俱吠陀》，X.85.46）。再执刀在手，以刀尖在新妇头上比划。盖其意在告女，自今出嫁不再归家之意。继之，新郎以右执新妇右手，又唱“我今为福捉汝之手”（《梨俱吠陀》，X.85.36）。又作宣言：“此之我耶，彼之汝耶，此我天耶，彼汝地耶。彼汝丽侪（Ṛc，光辉、供养、恭敬），此我莎曼（Sāman，诗句、丰富、丰饶）。汝之于我，如斯忠实。”

随后，新郎手牵新妇自火旁起立，引至一块预先由祭司阿阇梨安置之石块边。一面口中唱道“来踏此石兮，如石坚固兮”。使新妇右足踏其石。继之，新夫妇相伴，作绕圣火之仪礼。绕火行三匝。新妇捉米洒火中，其唱曰：“唯愿我等亲族得福，唯愿我夫偕我寿长，是娑婆诃。”而后夫妇相伴向乐、向北各行七步，其意为夫妇从此亲缘永固。继之，新妇随夫登牛车。车由二白牛牵引。

牛车来至夫家。于是夫家也有种种咒文唱赞，恐烦于此省略不赘。至若礼仪，也有现成规定。礼仪中之重要而值得一说者，如向良善殷实之家请借一小儿。使小儿坐新妇膝上。此为祈愿将来夫家人丁兴旺、子孙繁盛之意。（夜深）夫妇相与仰拜北斗，以作誓言，求夫妇百年永好，情爱不渝。又要祭祀男家圣火，供养诸神，也求福运亨通。然依古礼，新人之间或三日或十二日皆不可合衾共枕，也不可睡卧床榻，只能席地作眠。夫妇卧躺时两人中间要放置一根大木棒，所称是为防止乾达婆为害。乾达婆是淫乱好色之神。古代雅利安族也不免有此禁忌。

以上所述是从受胎式至结婚式之十二仪礼法式。其为吠陀家庭仪礼中之最重要部分。今吾等只能作一般通叙，提供大概说明。吾人设想，若能更进一步作详细探讨，又以其同他国民族之相应风俗作比较，当能显示人类学研究之更多信息及其价值。

另外，结婚成家后，新婚男子便作为家长进入家居期（家住期）。此后之35年间——男婴降生、12岁入学、24岁学成归家，其都是家庭祭祀之主持者，也是家中大小事务之决断人。《百道梵书》（XI.5.6.1）说家长之日常操持有五种祭事，即神祭（Deva-yajña）、梵祭（Brahma-yajña）、祖先祭（Pitṛya-yajña）、万灵祭（Bhūta-yajña）以及人祭（Nṛyajña）。神祭者，祭祀诸神仪式。梵祭者，读诵和研究吠陀学问。祖先祭，祭祀祖先慎终追远。万灵祭，供养鬼畜之灵。人祭，有关于婆罗门救济穷人、作世间善行之祭仪事务。家庭经之主要内容主要是讲家庭事务中有关的此诸仪礼法事。其中重要的便是这五种祭事。说起来，婆罗门教中的一切祭祀活动都与此一种祭事有关。（《乔达摩家庭经》，I.1.24；

《阿湿波拉耶那家庭》，III.1）

较为复杂的婆罗门教祭祀仪程，自然只能由祭官来执行。但由于这些仪式与家庭日常生活关系密切，故有不少的祭事也要由家长自己来操作。后面这一类称为调理祭（Rāka-yajña）。调理祭在此的意思是指所有供养神灵的食品都是在家里制作的。上供食品都在家中灶火上烹调，以投入火中经燔烧而奉献给神。家庭祭事之被称为调理祭的来由便因于此。不过家庭当中行此祭祀的场所通常在家内火灶安置之处，通常称为家火（Avasthayāgni）。该处算是家中内坛。经过一段历史时期，以后便分出又一处圣域。那里才是圣火或名祭火的安放处。它指的是住宅外建立的一个小屋，屋内设置圣火（《帕罗伽罗家庭经》，I.42；《卡提耶那天启经》，XI.16）。尽管传统认为天启祭中三火为至要，但家中祭事，也仍只有一火灶而已。第一新家庭之圣火，以夫妇新婚后第四天设灶，照例，设火坛须延请婆罗门祭司，由祭司选址，洒水净尘，再敷涂牛粪。然后是定方位、划线造炉。先以阿拉尼木（Araṇi）两片钻木取火。也有从家畜丰饶的吠舍种姓之邻家灶中取来火种的。在火灶近处掘一方坑（长方形）作为祭坛。坑底下巴尔希草（Barhis）。草上置神座或用作供物之坛。似此筑圣火坛的要领，大约远自《梨俱吠陀》时代即已经确定，代代相沿，无有变异。家中的圣火祭坛处是家庭坛城，凡诸家祭皆在此举行。早晚的日常上供，年中各类行事，如先所述之十二种净法都与此圣域不可分。

定期举行的最重要家庭祭事有七种：满月祭（Pārvaṇa）、舍罗尼祭（Śrāaṇī）、阿湿波月祭（Āśva-yuji，双马童祭、七月十五祭）、阿耆尼续年祭（Āgnahāyaṇi）、制怛罗月祭（Caitrī，春二月十五祭）、（满月后）八日祭（Aśṭhakā，祖灵祭）和祖先祭（Śrāddha）。所有七种又都合称为七调理祭（Saptapārayajñāḥ），算是所有家庭祭祀中的典型代表。对这七种家庭祭事，所有的家庭经都有详细的说明。

（1）新满月祭。即每月初一及十五的新月和满月之日都有的祭祀。由各家家长主持。形式上讲它是天启经中所说的新月供养仪（Darśaputṇamāsau）之私密形式，同样的新月供养仪有大众的社会祭仪。此之仪式主要是用自家烹调的米、麦等食物供养本家族所尊奉的神祇。献给神的供品放在吉祥草垫上晋供。第一位神上供四撮食物。行此仪时要唱诵“为得神之欢心，我今上供物品”。对于阎摩神和阿耆尼神的供养最重要。要专门向他们献上两碟乳酪（ājya）。新满月祭的目的在求家内平安繁荣，子孙继嗣久长。（《阿湿波拉耶那家庭经》，I.10）

（2）舍罗尼祭。此祭在七八月间（印度太阴历五月间）于望月举行。当此之时正为雨季，蛇虫危害频繁。因之此祭意在祈求能够远避虫害。于时在户外设坛建圣火，以油煎炸豆麦，再和以酥油，以奉献于神。（《商羯耶那家庭经》，IV.15；《阿湿波拉耶那家庭经》，I；《帕罗伽罗家庭经》，II.14）

（3）阿湿波月祭。此之Āśvayujī本为星座名，意为“马轭”。祭事在七月举行，本月也在雨季中。当月圆之十五日，作乳糜以供养因陀罗、因陀拉尼之男女神，以及双马童（阿湿波之孪生神）、兽主、商羯罗神等。祭献当中要诵咒。咒曰：“物有亏缺，至缺而满，莫使不满，长住久持。”又照例要以捆缚起来的母羊及夜间所产一对羊羔，考其用意，为祈求家畜繁荣也。

（4）阿耆尼续年祭。印度太阴历之九月名为末伽始罗（Mārgaśirṣa）月。末伽始罗本为星座之名。时在每年太阴历九月，古时为十月，后世为一月。中国历法称孟冬时节。行此祭事，在末伽始罗月望日，满月之夜。旧时历法，此月过后为新年伊始，故此祭称为续年祭。此祭用意在祈求春、夏、秋雨季和冬期四时有序且风调雨顺。祭事中亦诵咒文："今夜年之影，我因作祈拜，愿得命长久，余荫颁子孙；夏冬春雨，四期调顺。逢秋之期，莫遭危险，唯原是等季候，皆得神作佑护。保吾等民，世寿百年，是娑婆诃。"

此夜一过，翌日则入金秋。故此祭求十月之期可得丰收。亦因于此，后世竟将本祭混同于新年之祭。祭事之期男女长幼皆着新衣，打扫庭院，装饰家屋，焚香除秽，以麦饭投圣火中，以飨诸神。又祭仪中间，家长在室内绕行，自左而右；又在圣火侧之石上置水瓶供品，行种种禁厌、祝祓之仪。寻其用意，与我日本逢新年伊始所行之"七草式"或元日之"若水式"颇为相类。（《阿湿波拉耶那家庭经》，II.3；《帕罗伽罗家庭经》，XIX.3；《喜罗尼耶家庭经》，II.17）

（5）制怛罗月祭。是祭仪之举行在印度阴历之春二月，约当西历之三四月间。属于仲春二月之祭。此月满月之日行此祭。届时，将食物捏成动物形状，以作献供。所祭祀之神明为因陀罗、婆楼那及星神（Nakṣatra）。然此祭事，到家庭经时代已经衰落，故家庭经中罕有提及。（《商羯耶那家庭经》，IV.10）

（6）八日祭。本祭式名之字面意义为"第八日"，意为本月月圆之日之后的八日，月圆之日为十五，第八日即是第二十三日。通例此祭在冬期举行三至四次。据《伽塔纳家庭经》（III.3.28），此之祭式可在岁祭即续年祭之后之三个月之任一月举行。在当月满月之日以后第八天举行（《阿湿波拉耶那家庭经》，II.41）。若碰巧岁祭之当月第八日行此祭，则祖灵祭在是年中则有四回。无论如何，此诸祭事一般在冬季举行是没有疑问的。八日之祭，特点是食物丰盛，祭中有甜食糕点、米饭、什锦饭、乳糜、水果菜蔬等供品。此外，在第二个或第三个祖灵祭日，要杀牝牛作燔祭牺牲，以飨诸神及祖先。一般风俗，祭主自己也因此食肉。不过，此之祭式当中，受供者除神灵外尚有哪些神灵，在家庭经时代便已经模糊了，学者间因此意见纷纭。《阿湿波拉耶那家庭经》（II.4.12）举有种种不同说法："（所供养者）或曰为一切神（Viśvedevāḥ），或曰为阿耆尼神，或曰为太阳神，或曰为生主，或曰为夜神，或曰星神，或曰岁神（Saṁvatsara），又或曰是祖先，又或是祭家畜（神）。"大约行此祭事时，正当一年中之休息期，所祀之神杂多，其颇类我日本之镇守祭。其事亦在正月间举行，又颇以娱乐为意也。

（7）祖先祭。每月新月及满月之日（初一及十五）举行此祭事。后世称之曰"奉饼祭"（Piṇḍapitṛyajña）的祭祀之家庭版。行此祭祀有多重目的，或求愿遂，或为还愿或谢罪（《阿湿波拉耶那家庭经》，IV.7.1）。此之祭事的主持，通例要求延请德学兼备之婆罗门祭司数名，以为非彼等而莫能招请祖先来受飨也。届时婆罗门坐祭坛，先为其铺设达尔巴草草垫并奉以洗足水。另外又以器盛安伽水（Arghya），以安伽水洒草垫上，一边唱道："父兮，此为汝之安伽；祖父兮，此为汝之安伽；曾祖兮，此为汝之安伽。"如是唱毕，更献饮食、香花、灯明及衣服等。再唱"唵，室伐达（唵，惟乎尚飨）"。至此礼毕。（《阿湿波拉耶那家庭经》，IV.7）

以上所说，皆为家庭经所叙之诸祭事大要。此外，家庭经中还说及户外之新筑祭坛、祭法以及乘车乘象之仪礼规矩种种，恐烦从略。最后介绍者，为经中所述之人生最终末途的仪礼也。若言葬仪，其中诚须强调三火为要。三火乃婆罗门祭司之功能要点。通常也以三火作天启经之题目。三火之根本性质也可以从家庭经中相关祭仪见到。此处在《阿湿波拉耶那家庭经》有详细介绍。

葬仪（Antyeṣṭi）自梨俱时代以来葬仪一直受到重视。《梨俱吠陀》第十卷第18首赞诗应为描述当时标准葬衣之诗。其格式与同卷之第85首赞诗完全一样，但后者为结婚仪式之赞歌。若研究赞歌，可知梨俱时代的葬仪有两种：土葬与火葬。《梨俱吠陀》第十卷第15首赞诗中有称亡灵为火焚者与火不可焚者；又说，火焚者宜行火葬，火不可焚者宜行土葬。然时移境迁，火葬日益成为正统葬仪。至梵书时代尤其至经书时代，火葬已成标准葬礼形式。《阿湿波拉耶那家庭经》和《摩奴法典》上说，唯小儿和路人之亡才行土葬，常人亡故皆行火葬。盖世人皆信火神阿耆尼乃为运送供物至天上的使者，也负责引导亡灵升天。当初佛将涅槃，阿难曾问葬送的仪则。佛回答可按转轮圣王规格办理，也就是聚薪点火焚化遗体。以此观之，火葬当时已经成为正规公葬仪法。《阿湿波拉耶那天启经》（VI.10）和《阿湿波拉耶那家庭经》（IV.1–5）上说的也是火葬仪。

安置死者，首先得准备葬地（Śmaśāna，尸摩奢那）。葬地宜在住家之东南或西南方向。通例是选择一面南的斜坡，于坡顶凿穴。葬穴长度与宽度均为成人之两臂距。穴深则为由大拇指至小指尖的长度，称为一拃。又以此之方穴中心设三个紧相联结之火炉。即说东南方面的火为供养火（Ahāvanīyāgni）、西北家是主火、西南是南火（Dakṣiṇāgni），其上特别各各积薪（可参见下文中之“三火”说明）。与此同时，也为死者作下葬前准备事宜。比如为其沐浴、剃除须发毛爪等，又为着新衣及冠带，又有祭供之鲜花、酥酪等。但经书上未明言是否有入殓之棺木。揣想其情，应有随宜之方法。待下葬时至，即以牝牛之车载死骸行往葬地，车后随有将被燔祭之牝牛，或有随将作燔祭之牝山羊；去往葬地途中，送葬之人皆披散头发，悬垂祭缨，且作恸哭。到祭场，司祭之婆罗门祭官绕葬穴三匝，洒水并唱曰：“行耶去耶，且离于此耶。”（《梨俱吠陀》，X.1.49）洒水之际，送葬者自牛车上抬死者下，置黑山羊鹿皮上，再移入穴中。其间，死者之妻蹲踞穴之北侧。祭官对寡妇唱言：“夫人兮，请起耶，莫舍生者世间。”此时死者之弟暂代其兄。扶寡妇起身。此仪盖担心亡者带走未亡之妻眷。继后之仪式，至今犹可得见：从死者胸前取去其手执之婆罗门圣笏（Sphya）；若死者属刹帝利种姓，则取去其所执之弓弧；若吠舍则取去秤具。撤去是等象征物，以摆上种种祭具。祭具分置于四肢和躯体及五官。于时宰杀将要随祭作火燔之牝牛和公山羊，以其腹中网膜置死者关上和口上，以其肾脏置死者手中，随唱曰：“离去兮，萨罗曼子之两足犬。”（《梨俱吠陀》，X.14.10）于时，祭官将供养之酥酪等投入南火。也唱：“致敬阿耆尼、致敬伽摩神、致敬阿努马提神。”三堆圣火上作燔祭时均唱念神之名号。大约此时投火供养之诸神都是死人所往方向的引导者。三圣火持续之间，祭官反复唱念：“去耶，去耶，且行往古道。”（《梨俱吠陀》，X.14.7），有间，祭官再作宣言：“一切生者、一切活者，当与死者作别耶。”（《梨俱吠陀》，X.18.3）一旦闻祭官作此宣告，会葬之人皆掉头而去，不能四顾张望。归途中在预先备有水处自除身秽，并抛弃在葬地时所穿戴之衣物。更衣而静坐在路边。等到日沉西天，天黑以后，才能还家。再以石头、水火、牛粪等为自家除秽。盖水、火、牛粪通常被认为有清洁之功能。而之所以要触摸石块，那是因为它象征了城堡、山峦，可以令交通断绝，不让亡魂来干扰（与此相类似之意，可以参见吾国古事记神代卷所记，伊邪那岐命用千引石堵塞黄泉比良坂，作一记号以作伊邪那美命后来之追迹。又尤其特别值得一提者，时至今日，犹有参加葬礼后回家者在窗台上置一小石块之习俗）。

又会葬之人，归家当夜，按习俗并不举火烹调。是夜晚饭或是前一日所准备，或从他处购买。又之后三日中间宜断食盐；此后十日，亲戚故旧复集，往拾死者遗骨，此时之仪式谓之拾骨式（Asthi-sañcayana）。拾骨之时，静默不语。又只能以拇指和无名指捡拾骨殖。捡拾之顺序为自足而头。所集得之遗骨放在一瓶瓮中再埋葬入土。入土时又唱言："汝当行往汝之地神母亲矣。"（《梨俱吠陀》，X.18.10）此后三个月间，据信死者之灵，亦即亡者（Preta，鬼魂）仍然盘桓世间；经三月后，方肯去往祖先所在处。届时应行供饼祭（Sapiṇḍīkaraṇa），让亡者与祖先共享。再一年后，为亡者垒石为墓。墓称石坛（Śmaśaraciti）。也有筑土为坟者，坟称Loṣṭaciti。而通常所说之"尸摩奢那"（Śmaśāna），兼有葬地和塔庙两个意义。[①]此词根源含义不甚明了。估计由Aśmaśāyana之"石坛"义转过来。此说为劳曼（Royman）揣测，然颇合乎情理，亦大致不错。在中国，Śmaśāna被译为"寒林"，弃置或停放尸体的地方。而相当于"葬

① Hillebrahdt, *Vedische Opfer*, s.2.

场”的词汇称为“尸陀婆那”（Cītavana）。

至若说到丧葬种类，《梨俱吠陀》分为两类：火葬及土埋。到《阿达婆吠陀》时代，葬式有四种：埋葬（Nilkhāta）、投弃（Prāsta）、火葬及暴弃（Uddhita）（《阿达婆吠陀》，XVIII.22–25）。再至后来之四世纪成书的《金七十论》（卷上）说：“父母师尊死去，遗身若烧若没。”这就多加了水葬一法。玄奘《大唐西域记》（卷二）曰：“送终殡葬其义有三：一曰火葬，积薪焚燎。二曰水葬，沉没飘散。三曰野葬，弃林饲兽。”再次确认了水葬一法。然而综合所有这些葬式，若水葬、埋葬、投弃、暴弃等，究竟何种情况下采用何种葬式，不甚明了。大约印度一般以火葬为通行习俗。更详细的说法则不得而知。

又前面序说中所言及之“贞女”，在此略说几句。所谓贞女，指与死去丈夫作殉葬之寡妇。寻究起来，古代印度是否有此制度和习俗，实不能判明。征之典籍文献，无有确证。吠陀经、梵书、经书中均无有言及。从常情察度，恐怕远古时曾有以人为殉的蛮风，至后世此风渐颓渐息。以吠陀为例，到婆罗门教典籍形成之时，社会中已经罕见此种殉死之法。虽不敢说完全绝迹，然的确只能偶见此种遗风。其已经不再是通常的社会习俗了。祭仪当中，有赞歌唱曰：“夫人起立兮，勿离生者世间。”又唱：“是诸生者，皆离亡人。”以是可知，此仪式无非是让亡者亡去，独自行往彼方，不要生者陪往的警告。话虽如此，斯种蛮风陋习即令衰殁，难说特别场合犹有复现者。例如，早先在垂仁天皇时代，就曾经下令禁止殉死。然至今日，若硬要搜寻此风不绝之例，恐怕也不可断然谓无。以印度自身来说，公元前316年顷，按当时希腊和罗马人的记载，说它确实有夫死而妻子随殉的风俗。①即令我日本国亦曾有殉死之风俗。但那只是君臣之间的事。印度之殉死只发生在夫妻之间。此之风俗，说来也并不来自婆罗门之教义。倒是受佛教兴起影响，因慈悲重生的佛教教义而令社会上殉死的风气衰弱下去。但婆罗门教后来复兴，而此风也就因之重炽。究其原因，以后来之人曲解吠陀文句，捏造夫死而妇殉，蹈火而亡乃真妇道的一套主张。此处所说的典解吠陀，以下即举一二例。如讲葬仪之《梨俱吠陀》第十卷第18篇赞歌，第七句中有Agre一词，其意思是“于初时分”，但因其与Agneḥ（在于火中）形似。后来之人有解“初时妇可登坛”一句，使成“妇当赴于火坛。”然依霍尔（Fizt Esward Hall）之报告，像这样的故意曲解，其始作俑者可以上溯到十五世纪之罗睺难陀（Raghu Nandana）。②1829年，当时统治英国之殖民政府曾下令严禁此恶劣风俗。彼时犹有一些婆罗门学者基于歪曲的解说而向殖民当局提出抗议，认为贞女在印度文化传统中自有高尚价值。然英国当局不为所动，仍然采取断然措施严加禁绝，遂使此风逐渐寝息。

第二节　天启祭典

天启祭典是由专职祭官所主持的祭祀礼仪。在《梨俱吠陀》

① Grimm, *Ueber das Verbrennen der Zeichen: Abh.der Berliner Academie*, s.261, 1899.

② *J.R.A.S.N.*, pp.183-192. Max Muller, *Essay on Comparative Mythology-Sellected Works*, I, p.338.

和《夜柔吠陀》中已经说到，有这样的古仪。不过从形式上看，我们所挑选的这类经典都相当枯燥乏味而且繁琐，研究起来也颇棘手，了无趣味。事实上如果想了解婆罗门教的本质，如果有的人对于其中的秘密行仪感到有兴趣，如果光凭吠陀天启经典来获得相关知识，肯定是费力而不讨好的。虽然如此，吾人在此亦仍作一概略介绍。

如前所述，天启祭典与家庭祭典不同。如果寻求其间的明确差异，大致可以归结为下面两点：①家庭祭典中所有仪式的主持者是男性家长。而天启祭典中的仪式，得由专门的婆罗门僧官来操持。家长只能作为祭主（出钱的功德主）参与其事。他的任务是提供祭典所需的物资，并向婆罗门僧官作布施。仪式当中之操控人，只能由婆罗门司祭担任。②行家庭祭典仪式，圣火仅有一坛。而作天启祭典，则须有三坛圣火。吾人下面对天启祭典的解说，也就围绕祭官、祭主和圣火这三个关键要素加以解说。

一、祭官、祭主和三圣火

前已说及，祭官制度在《梨俱吠陀》时代业已达到相当成熟的地步。至梵书时代随祭祀仪进一步完备，仪轨制度更趋复杂化，哪一种祭事由哪一类祭司和僧官主持，具体的仪程如何开展，都有详细的规定。例如，火祭规定有一名行祭人，而置火祭和新满月祭这两类祭事则需要四位僧官：行祭者、点火者、劝请者以及祈祷者。按照为个原理，越是复杂的祭事，参与神职人员便越多。像苏摩祭这样的，《阿帕斯坦比耶家庭经》（X.11）和《阿湿波拉耶那天启经》（IV.1.4以下）都说除了四神官，还有他们的助手即称辅祭的参与，每一名神官配三名辅祭。固定的神职人员达到16位。祭官制度的配搭标准如下：

<table>
<tr><td rowspan="3">劝请者
（Hotṛ）</td><td>宣词者
（Upavaktṛ, Matrāvarṇa）</td><td rowspan="3">咏歌者
（Ugdatṛ）</td><td>初咏者（Prastotṛ）</td></tr>
<tr><td>请者（Acchāvāka）</td><td>除者（Pratihartṛ）</td></tr>
<tr><td>压石赞者（Grāvastut）</td><td>赞酒者（Subrahmaṇya）</td></tr>
<tr><td rowspan="3">司仪定位者
（Adhvaryu）</td><td>伫立者（Pratiṣṭhatṛ）</td><td rowspan="3">祈祷者
（Brahman）</td><td>次祈祷者
（Brāhmanācchamsim）</td></tr>
<tr><td>导者（Neṣṭṛ）</td><td>点火者（Āgnidhra）</td></tr>
<tr><td>赞酒者（Unneti）</td><td>拂秽者（Potṛ）</td></tr>
</table>

所有这些祭官的职务，因不同祭事，也各有一些变化。此处吾等以苏摩祭为主略加解释：四祭官中的劝请者在祭典开始时，先唱《梨俱吠陀》赞歌，祈请神灵莅临祭场；其助手中之宣词者也称为传令者的，会承当其一部分劝请职能；至于请乞者则受命于劝请者，向其他的祭官传达请饮苏摩酒的指示或作问讯；而所谓压石赞者，任务是对压榨苏摩汁的石头作赞叹工作。主要的第二祭官，称为咏歌者。他的任务是唱赞《沙摩吠陀》赞歌，包括对神明和苏摩汁的赞诵。其助手中的初咏者，是指开始时引领唱赞的人（领唱）；而称为除者的，任务是把压榨苏摩汁的石头移开；另一位称赞酒者的，任务是对苏摩酒作护持并作祝祷祈愿。

主要的第三祭官即行祭者，一面低声吟唱《夜柔吠陀》的祭词，一面主导仪式的进行。其助手中称伫立者，依据仪式进程安置各种祭物供品；称为导者的助手负责引导主家（出钱操办祭事的功德主）的夫人入场；盛酒者则负责让苏摩酒器保持盈满。最后是第四主祭官，被称作祈祷者。他是整个祭仪全程的主导者和总监，人称“大导师”。其必须具备三部吠陀经的完备知识，深谙吠陀天启祭祀的原理。他的助手中，次祈祷者（Brāhmanācchaṁsin=Brāhmaṇātsaṁsin）是重要的辅助祈祷人，其职责主要在诵唱因陀罗赞诗；至若点火者，责任在点燃祭火；而所谓的拂秽者，任务只是撇去苏摩汁中的浮沫渣滓，让它看上去清澄。

所有这些祭官，应当精通祭事仪程自不必说。原则上还应当是德智兼备的神职人员，才足以交通神明。经书中屡屡说到，学识与德行两不相亏，才能保证事半功成，否则祭事难免差错，神不喜悦，如是，祭祀仪典也就无效。

不过，祭祀是否有效，倒也并不完全取决于祭官自身。祭主（功德主）这一面也应有所讲究，准备工作也颇须慎重。总而言之，祭官与祭主之间又像是君臣关系，又像是父子关系。祭主必须绝对听命于祭官的指示。既要发自内心的恭敬，又须不吝供养，要做到有求必应，不可稍有吝啬。如果不能服从祭官的用意，或者对祭官态度轻慢甚至侮蔑，则不仅祭事完全无效，而且也大大损伤祭主的信德。因此，祭主的最重大义务是令祭官满意，为此他必须慷慨布施。凡是祭典上所说的物资准备，都不可以打折扣。例如《百道梵书》（IV.3.43）说，苏摩祭要求功德主布施一百头牛；《爱多雷耶梵书》（VIII.20）说，（王者登基）其即位式

（Rājasūya）时当布施千头牛和土地；而《卡提亚耶那家庭经》说，帝王登基当布施两万头牛，而灌顶式则应布施十万头牛，如是等等。从根本上讲，虽然诸如此类的说法带有印度人常有的夸诞之风，但涉及祭事，越到晚近的时代，布施的数额也就越来越大，此倒也并非全是虚夸之辞。因此，布施若丰厚，功德便更大；布施若不足，祭事不顺当，功德也大受损。这也就是当时人们的信念。又凡有大祭典，除了专门供养祭官，后者自身也有功课要讲究。例如，临到行祭前，对祭官有专门的斋戒祓除仪式要自履行，非此不能净洁身心。此等修行皆是事关重大的功课。再者，依据将要举办的祭典之规模大小，还有不少具体的修行要求，所有这些加行之法，不可稍有怠懈。总之，这些修行仪轨，根本在于令通神者身心安宁和清净，为此祭司不能装饰打扮，更不得寻欢作乐。对彼等言，必须禁断酒肉，戒绝男女情交，自是一般通则。若有必要还须保持静默，不可稍出声息，更要绝食斋戒。特别是在举行苏摩祭这样的仪式时，作为其净洁之法，要持修许多苦行，若做不到这些，祭典定然无效。

又，如果具备以上充足条件举行之祭事典礼，最能得享大功德的，究竟是祭主家族还是祭司神官呢？经典上对此所说不一，自古以来，多有争论。专门研究祭祀的学者有尤其复杂的说法。通常而言，主张祭主家更得利益的意见居多。

其次，来看祭场。与家庭祭祀之以家内为仪式空间相对，天启祭典之场所则多半在户外举行。而随祭事的类别有差，场地也大都相异。一般而论，定期所行的祭典大抵在固定的室内场所，而葬礼及苏摩祭等，因属于临时性的时间场合才举办，除少数场合，大多数都在露天举行。所有的天启祭典，如前已说，必须事先在行仪式的场地建立三圣火。这是天启经典上的要求通则。《梨俱吠陀》时代，印度尚未有建立三火的正规制度。但降至《夜柔吠陀》时期，则已经有规定：逢大祭必当设置三火。盖随此祭事分化发展，相应之制度也逐步变得繁复起来。

所谓三火，指家主火、供养火和祖先祭火。最后的祭火也称作南火。此中的家主火主要是为了向诸神作祭品供养，操作的人都是婆罗门祭司。此之火灶呈圆形。供养火在家主火之西侧，呈四方形。向诸神作祭献的供品都投掷在这个火灶中。而奉献给祖先的供品则投于祖先火中。祖先火灶呈半月形。因其位于家主火的南侧，故亦称南火。针对三火，要设立祭坛。祭坛或位于三火中央，也可以三火各立一祭坛。即是说，因三火而设的祭坛或为一处或为三处。还有一种情况，临时举行祭事时（如行葬礼）在三火之外另设一火舍。火舍之火，顾名思义，也就处在室内。因此，有的情况下，仪式的场地上，三火各有火舍。三火舍之间设立一祭坛。总而言之，就天启祭事言，祭典场所并不统一。不过，不管如何，若无三火，天启之祭绝对不能称作如法齐备。

如是，天启祭典，种类颇多，然就其性质言，可以分作两类：供养祭和苏摩祭。所谓供养祭，以动植物作供养，此之奉献或多在室内举行。又因供品是加工烹调过的，某种意义上就很像是烹饪食品的供养。至于苏摩祭，除了有动植物食品的供养，还有专门的榨取苏摩汁以代献于神的仪程。此一仪程在苏摩祭中场面极大，因此属于极隆重的仪典。

二、供养祭

经书中所说的供养祭有许多种，然从根本上看，其大分为七种：①置火式（Agniyadheya）；②火祭（Agnihotra）；③新满月祭；④初穗祭（Āgnayaṇa-iṣṭi）；⑤四月祭（Cāturmāsya）；⑥供兽祭（Nirddha-paśubhanda）；⑦行愿之祭。此祭典为绍特罗摩神举行。后者往往即指因陀罗神。

（1）置火式。新婚成家之家主初设家火：与此同时又以告示于公众的方式。在宅院内，住宅之东面设立三火舍。所谓置火式也就是为此三火舍而举行之仪式。通常，建立三火舍的仪式所择吉日在结婚满一月的最后一天。不过亦有以婚后新月第五天为吉日的。行此祭，行祭者先在自家屋内面对家主火灶作五种祓仪。

①三次为灶台拂除尘土。②用新鲜牛粪三次抹平灶面。③用圣笏在灶台之上方自东而西，或自南而北引三根线。④用拇指和食指拭去线上的尘土。⑤洒水三次为布好的线作清理。

随后在灶膛生火。火种或自他处取来，或自两松木片钻取。生火之际，男女主人侍户外，坐此火舍外东墙下。待日落时分，先诵专门的经文后方可进屋。然后家主引火舍中火出屋。引火前，先于火灶西侧。其妻自南面进屋与夫并坐。此时行祭者向家主夫妇授火并作教诲，告诉其今后长敬家火、保存火种的道理。是夜，家主夫妇彻夜坐火炉旁，并添薪续火，以待于翌日行祭者来火舍撤火。如此，置火之仪式当费两时日方得完毕。[①]（《阿帕斯坦比耶

① Eggling, *Śatapatha Brāhmana*,I. s.274-276。

天启经》，VI；《卡提亚耶那天启经》，IV.12.4.7；《阿湿波拉耶那天启经》，II.11）

（2）火祭。面对三火，早晚行此祭。仪式中投酥酪等于火中作供。仪式由祭官作主持。（《阿湿波拉耶那天启经》，VI II.2-5；《卡提亚耶那天启经》，IV.12）

（3）新满月祭。若家庭祭之新满月祭与此祭典相重合，一并举行。天启祭之新满月祭是相当隆重之典礼。至于如何确定日期，吠陀学者多有争论。大体而言，太阴历之初一及十六日矣。行此祭式历时两天。头一天为预备祭，次日则为本祭。若云预备祭，时在新满月之日前一天，亦云布萨日（Upavasatha）。为此祭典，祭主家夫妇应有加行功课。例如，是夜家主应该在火舍中卧地而眠（佛教当中的布萨日便是这个祭日的变形）。次日，即本祭之日，清晨先祭火坛，在南火坛行前述之五种净祓。再由家主火移火到此南火坛。此仪称移火式（Agnyudharaṇa）。

其次再由司祭者或家主本人自家主火灶中取出燃薪，在三圣火坛中各投两根燃薪。投第一燃薪时，口唱："阿耆尼耶，因我祈祷而发光。"（《梨俱吠陀》，X.128.1）投第二薪时则默然无语。此即置薪式（Agnyanvādhāna）。随后祭官唱诵种种咒文，又向诸神及祖先作各种供养。其中，满月祭之主供神为因陀罗，而新月祭则主要供养祖先灵位。

如是行供，至本祭之日午后，祭主夫妇以米麦和牛乳酥酪（此亦被称为断食日之食品，即斋日食）。是日日落以后，祭仪才算完满。此之祭典，以月亮之盈昃为期，完全服务于祭神和祭祖，属于例月之祭仪。新满月祭又往往附带进行别的祭祀，视其与何种时日相重。盖因印度祭典甚多，故有每于新满月祭时，酌情而伴行他祭仪者。此祭典之仪式，主见于《夜柔吠陀》，其余几种吠陀经也多有所言及。基于此等经典，德人希尔布兰德撰有《古代印度新满月祭》（*Dasaltindische neu und Voll Mondsofter*, Jena 1880.）一书。[①]（《阿帕斯坦比耶天启经》，I.3；《卡提亚耶那天启经》，II.3.4；《阿湿波拉耶那天启经》，I.1）

又祖先奉饼祭，同屋内的祖先祭相应者有户外的祖先祭，其行祭之日在新月祭本祭日之下午。新月祭仪式场在南火舍。户外之祖先祭（即祖先奉饼祭）在南火舍外南侧举行。先须挖掘三个土穴，穴中铺达尔巴草，彼为祖灵莅临处。准备停当，并得祭官允许，祭主便可请阿耆尼神召请祖灵，并曰："苏摩之友的祖宗耶，请从古道来，给我们以富贵。"作此语时，左手把水瓶，注水于穴中，连呼祖宗名，口称："请洗净请洗净。"盖印度习俗，客人来家，供礼之一便是提供洗足水。然后，取出饼来，分为三次，分置三穴。再称："祖宗，此为奉汝之饼耶。"如是供养，礼毕，祭主再称曰："请祖宗循古道归耶。"此语既出，供礼便告结束。若祭主之妻盼欲生子，可趁此刻食供祖后之飨饼。据说极为灵验。（《阿帕斯坦比耶天启经》，I.7-10；《阿湿波拉耶那天启经》，IV.3.5）此祭仪属于新满月祭之附属仪，不必另加七供养之任一。

（4）初穗祭。此祭祀以新收获之作物向诸神及祖先供奉。若自新获作物之供祖灵，亦称尝新祭。此之祭仪一年三回。秋季

---

① Schroeder, *Cultur und Literatur*, s.98-109.

奉新获米之奉米祭（Vrīhi-āgrayaṇa）。春季亦即雨季中奉新麦及稗之奉麦祭（Yavāgrayaṇa）。夏季又有供奉竹之实的奉竹祭（Veṇuyaveṣṭi）。享用初穗祭中新米祭的神明有因陀罗-阿耆尼、一切神、天地神；而另外两祭（麦祭及竹祭）则是为了供养苏摩神。(《阿帕斯坦比耶天启经》，VI.292；《阿湿波拉耶那天启经》，II.9；《商羯耶那天启经》，III.12）

（5）四月祭。每年三次的祭祀，亦即第四个月举行一回。此祭祀仪典分别举行于春期、雨季、秋期之初。其在春分（二三月之交）时祭一切神；季期中阿萨达月（六七月间）之婆楼那祭；秋分（十至十一月间）时之萨迦荼祭（Sākamedha，此名词源不明）。盖其大意在随季节推移分别向诸神及祖先献供作物，求其能够厚赐后代令得繁荣。此三祭祀节日皆向马鲁特献供。后者是暴风雨之神。以暴风雨同季风相联系而对农作物有大影响也。

此祭祀节日，逢献供于一切神时，祭主夫妇皆着新衣。向马鲁特神献供时用新米饭，向一切神献供时有酥酪作供品。供养婆楼那神之祭礼，祭主夫妇在仪式当中要更换新衣，仪式本身也较复杂。而供养因陀罗-阿耆尼供饭；向婆楼那神要供养酥酪和羊（具体是祭官之行祭者主持），而对于马鲁特神亦献上酥酪及羊（具体操作者是祭官之伫立者。此之祭礼的特点之一为祭主之妻作悔罪仪）。其仪节如是：祭仪将终，伫立者之司祭辅助走近主妇。其已在家主火边静坐。伫立者向其发问“有否情夫”。妇人若无，则答之“无”。当此之时，往复数次盘问，妇人则高举手中蒿枝。据信，若妇举高蒿枝而说伪言，其将遗害于此之家人，而其情夫亦不免被祸。妇人告白之时，祭官使主妇呼叫马鲁特神之名，向西方而头低俯。仪则规定，当此之时，其夫不可开口发声。

萨迦祭当日，午前祭诸神，求其庇护家中牲畜，尤其牛群。午后向祖先行祭，所以亦称祖先祭。又供养阎摩，此也是重要节目。又供养二母神（Tryambaka），即楼多罗神。供养仪是献上食品并诵咒文，祈其远离家畜，勿伤人类。

除以上供祭又有所谓农具祭仪（Śunāśirīya）。Śuna意为“犁头”，śirī为“犁”。此祭意在求农作物丰盛。供祀农具的意思是为行厌咒术令农具有兴利除害的功能。至于行农具祭仪的时日，天启经未有明言。但《百道梵书》上谓在萨迦祭后即可。（《阿帕斯坦比耶天启经》，VIII；《卡提亚耶那家庭经天启经》，II.15）

（6）供兽祭。此之供仪中要用到许多动物作牺牲。重要之苏摩祭中有此专门祭祀作仪程。但天启经上认为这是单独的祭仪典礼。其他的经书则把供兽祭看作七供之一。行此祭仪之通例，亦同新满月祭之做法一样，要向阿耆尼神、因陀罗神及苏利耶神和生主等献供羝羊（公羊）。照例，此祭亦有预备祭和本祭之日。费时两天。有时亦有省略预备祭而径直举行本祭者。这种祭祀便是当天结束。此之供仪较为复杂，此处仍大略介绍一二。

仪式场地俱在郊外，亦须先设三火祭坛。用波罗奢树干立祭柱。其他尚需准备多种祭具。至于献供的牺牲有羊等物，先用和有香料之清水洗过，用绳索系在祭场边。仪式开始时牵入祭场。此时祭官与祭主列队次第入场，队列后是献供的牺牲。在祭场当中，令捆在祭柱上之牺牲动物，头向西边，足向北面侧卧。屠宰者用双刃刀，但只能用其中一刃屠杀。事毕，行祭者接过双刃刀，用另外一刃切割祭供之动物。分解的供品再加入调料贮于罐器中，用以供神。

行此祭祀之目的，通常为祈求丰年，也有退散怨敌令其降伏的意味。此中厌禁的意义甚重。又此祭典假有临时性质，所以总在郊外举行。也可以附在苏摩祭典过程中同时举办。按经书中的说法，其列举了苏摩祭中之种种物事，即冠此名。(《阿帕斯坦比耶天启经》，VII.11.16；《卡提亚耶那天启经》，VI；《阿湿波拉耶那天启经》，III.1–8）

（7）绍特罗摩尼祭。此祭之供神称为“绍特罗曼”，其指因陀罗大神。但受供养的神明兼及阿湿波、莎罗室伐底神。而此祭仪的特点是专一用酒做献供。酒为米酒，因此它也被视为另一种苏摩祭。此祭之仪式有两类：分别称为考基利（Kaukilī）祭和伽罗卡（Carakā）祭。前者是单独的祭仪，后者是王家即位仪式的一个环节。绍特罗摩尼祭通常历时三天。

第一日，从一头奶牛挤奶。将奶汁与酒混合，再研磨一种名为米萌（Śaṣpa）的植物，撒在乳酒当中，再用来祭祀阿湿波神。第二日，取两头乳牛之乳和酒搅成乳酒，亦撒以麦萌（Tokman）的植物碎末，用以献供莎罗室伐底女神。第三日，则用三头乳牛之汁和酒，成乳酒而掺以烧米（Lāja），用以献供因陀罗神。此祈愿祭之性质也类似于供兽祭，有临时性质，属于吠陀祈愿仪之一种。往往婆罗门求名誉、刹帝利求战胜、吠舍求富贵，都会行此祭典。(《阿帕斯坦比耶天启经》，XIX；《卡提亚耶那天启经》，IX.72；《阿湿波拉耶那天启经》，III.9）

三、苏摩祭

早在《梨俱吠陀》时代，已经有向诸神及祖灵奉献苏摩神酒的风习。其奉献仪式愈往后世愈复杂。而在经书时代，苏摩酒作为饮料在日常生活中更趋普及。与此相应的是，宗教生活中，以苏摩酒为中心的仪式，变得完整起来。向神敬奉苏摩成为立大誓愿、抱大志向者的表达方式。然而，由于苏摩仪式规模较大，场面铺张，实行起来颇为繁复，且开销惊人，若非特别的志愿和特异的人物，很难实行这种祭祀典仪。通常，举行苏摩祭是临时性的，不是年中例行节日仪典。

苏摩祭通常没有固定仪程。通例以七会（Saptasaṁsthāḥ）作为代表。除开以上所说的各种供养祭，实际上实行的所有祭祀都可以称苏摩祭。因之印度学者有一种说法："一切祭祀，若其不在供养祭中，则必在苏摩祭中。不在苏摩祭者，必在供养祭。"按这个说法，定义虽然模棱，而犹大致不偏。大概而言，本书讲的是调理祭、供养祭，这里将说苏摩祭，也算是一种分类法。此处指出苏摩祭的一般特征：其铺张豪费为重要特点。以苏摩酒献供为中心的一类祭式，分为以下八种。

（1）阿耆尼赞祭。此祭为纯粹形式的苏摩供祭。供品仅用苏摩汁。此祭之用意在以酒供神。祭名来自仪式当中所要唱赞的歌咏。本祭典名称若直译应为"火之赞"，简称"火赞"或"火祭"。《卡提亚耶那家天启经》（VII.1.4）说此祭在春季举行，而《百道梵书》（X.1.5.4）说是一年当中任何一个时候都可以举行。大致观察，因为苏摩植物之新芽在春分时萌发，因此新春之后的新月或满月之日都适合举行本祭仪。再考察本祭仪的注意事项。第一是如何延聘祭官。前面已说，一般祭典，参与操作之祭官不过五六人。但若是苏摩祭典，有时祭官多达十六人。

本祭仪的第二法则，规定如何选择祭场。祭场宜清净之地。其东面应有茂密之森林，大树成荫是重要条件。其下应有溪流，再向东或东南应为一坡地。又掺兑苏摩汁之清水从来自阳光不能直射之地方汲取。汲水之时辰又必须是清晨第一缕阳光初现之时。

第三要点是祭主应有相当的宗教修持。欲行此大祭，祭主夫妇要在祭场先行修建修习之处（Dīkṣaravimita）。在仪式前作或三日或四日或十二日甚至一年的斋戒清修（具体修习时间应有多长，诸经主张不一）。此处之Dīkṣa指修习。在此期间应剃除须发、修剪指甲，还得禁欲禁足。实行诸种苦行。据说，如果能够坚持严峻的修持，便会有更好的祭祀效果。此种苦行，至极者足以将人弄到奄奄一息。注意事项之四，建立前日祭，即预备祭。此日参加之全体祭官到位，准备入场。

建立三圣火坛。三火皆为大祭坛。在祭场西端之东建一小屋。屋内地面立六灶（Dhiṣṇya），旁边挖四穴。其中二穴置臼台。然后是购买苏摩植物之仪式。如婆罗门有苏摩新芽卖。祭主出一头牛之值，以履行购买仪式。买下来的苏摩新芽，运到小屋内。此购买仪的末了，要行以羝羊祭献于神的仪式。仪毕，其夜祭官与祭主均须在小屋中宿，以通宵保持苏摩芽。此夜名为大夜（Mahāratri）。第五注意要点，至大祭头日，是名“榨取日”（Sūtya-aha），是榨取苏摩汁的仪式日。榨取苏摩用石头先将苏摩芽捣烂成浆，再滤取汁液。早、中、晚三次捣烂苏摩取得汁液以作对神的献供。《梨俱吠陀》第十卷第112诗篇上说，若晨早取汁，趁其新鲜而奉献因陀罗神。日间所取得苏摩汁，也虔诚地供奉于因陀罗；黄昏时取得之苏摩汁以供养莎罗室伐底神和一切神及祖灵。此祭一日之间三次献供于诸神及祖灵，故其称为终日祭（Ekāha）。

又须注意者是早晨取苏摩汁当在天亮之前。取得苏摩汁时，所有祭官各司其事，悉作料理功夫。其间随时赞唱相关咒文。其咒文有长达一千颂者。同时尚需为因陀罗和普善神献供米饭及烧米。等旭日东升，曙光初现，祭官与祭主各就其位，或赞叹神明或唱赞咒文，于是正式进入苏摩献供之仪程。榨取苏摩汁液的场所就在前面提到的小屋。在屋内将苏摩芽及清水放进臼内捣碎。将取得的汁液灌进特定之容器，再用羊毛细筛过滤。去掉杂质的苏摩汁再灌进苏摩桶（Droṇakalaśa）。负责过滤的是祭主自己。他在过滤时，旁边的歌咏祭者和拂秽者不断地唱诵清澄歌（Pavamānastotra），祈使苏摩汁变得清澄。

如是，终于取得清澄之苏摩汁。再将汁液同酥酪、牛乳等搅和，分注于杯盏中，在祭官之辅助下献供于神。不过，就实而论，此之献供苏摩的仪式。也已经是正式祭典的一部分，属于重要环节之一。另外，白昼之间榨取苏摩汁之仪程同早晨榨取的仪则略有不同。但其功能完全无异。故此从略不赘。至于黄昏时之榨取仪式，涉及种种不同之工具。苏摩汁酒，有的投入火中，有的与人分饮；同时祭主还要向祭官作布施。仪式的末了，以祭主夫妇更换新衣为标志。（《阿帕斯坦比耶天启经》，X.13；《卡提亚耶那天启经》，VII.10；《三圣火祭天启经》，XI.24）。

阿耆尼火祭属于苏摩大祭仪程之首。苏摩祭之七祭，分别还有前火赞祭（Atyagni-ṣṭotra）、十六祭（Śoḍasin）、力饮祭（Vājapeya）、彻夜赞祭（Atirātra）、水赞祭（Aptoryāma）、称赞祭（Ukthya）等。然而后面六种祭祀礼也都类似于阿耆尼火祭。纵有差别，亦极细微。此处仅对力饮祭略加介绍。

（2）力饮祭。此祭祀在古时无论何人均可以举行。以后演变成为国王之宗教特权。行此祭祀，最引人注目之处在于其对“十七”这个数目的推崇。仪式过程中所有用具均为十七之数。此祭祀中，国王充任祭主。其头戴金冠，引十七张弓发箭矢以确定祭场。其次用十七辆战车并驰奔竞以，以决出获胜者。祭主即国王本人的车乘为三头强健骏马的战车。三马并列有若电驰，最终是国王胜出。祭场上又摆放十七个苏摩酒桶和十七个酒杯。仪式中节目之一是购买酒桶或酒杯。

又或搭一看台在祭场上，祭主夫妇即国王和王后均立台上。行仪时国王先仰头看天，后目光俯视地面，寄寓天上、地下我为一统国主的意思。再后国王走下看台，于台前立，着黄金履，于扶手椅上坐，受婆罗门灌顶礼。此时婆罗门祭司一手扶黄金椅臂，而唱念苏纳舍帕仙人故事（Śunahśepa，吠陀中加持圣王的仙人名。其又为阿季伽尔塔（Ajigarta）之子，《爱多雷耶梵书》中主人公）。故事终了人人三呼，称赞被灌顶者为“一切王”或“王中之王”。

又作十七种祝祷辞。当此之际，祭主国王作大布施，给牛百七十头、衣十七袭、车十七乘、象十七头、黄金十七堆，凡物皆为十七之数。此之祭仪当初缘何而起，今日已不可得知。奥登堡的《吠陀宗教》认为，所谓力饮祭本意为通过畅饮苏摩酒的仪式而获得极大力量。[1]（《阿帕斯坦比耶天启经》，XVIII；《卡提亚耶那天启经》，XIV；《阿湿波拉耶那天启经》，IX.9）

（3）即位式。国王登基时行此祭仪。本祭典如同阿耆尼火祭。祭典进入正式仪程前，祭主亦须修持加行作准备功课。此期间国王身着红色衣服。至于其即位仪式，分为公开及隐秘两个部分。吾等所知仅为公开部分。当此时，国王从婆罗门祭司手中接过一弓三矢。口中随念咒文，然后朝四个方向大步阔行。四向行毕，又来到灌顶器跟前，其侧铺有虎皮垫毯，王背对灌顶器立，身后是象征恶魔之头颅状黑燧石。祭主打破黑燧石，足踏碎玻璃，受婆罗门祭司灌顶礼。又当此之际，为增加灌顶礼效力，扩张王之威势。国王亲戚先于此时在祭场中，祭火之北侧拴有百头牛。王自乘车，突入牛群，以弓端触健硕头牛，口中朗声宣告："是诸物等，皆我捕归。"（《阿帕斯坦比耶天启经》，I.8；《阿湿波拉耶那天启经》，IX.34；《卡提亚耶那天启经》，IX.1.3）

（4）马祠。《梨俱吠陀》时代已经就有此祭典。起初，此仪式并不专属于国王。当初，无论何人只要有实力，均可举行这样的仪式。盖因此仪耗费甚巨，常人则无力承担似此的开销。古昔之时传闻，凡有想做天下霸主，征服世界的强悍之人，都应当实行马祭祠。当然，历史上记录行此马祠的，也有不惜与四方为敌、野心勃勃、好战而不惧杀伐之辈。所以称马祠，大约因为马匹是战争中重要力量。其马军通常极其剽悍，往来如疾风，足以表现军事征服者的力量与气势。为此专门要行马祠。马祠也称马祭。

---

① Oldenberg, *Religion des Veda*, s.415.

行此祭除了炫耀军威，也有求得神灵眷顾的意思。向神明表达敬畏，自然是为了得神的加持。接受马祭之牺牲的神明，除了生主这样的，也主要是因陀罗这样的，总之与军武之事相关。[1]

行此仪式，准备期是一年甚至好几年。为此，须先挑选一匹马作牺牲祭品（亦有说需要牺牲百匹马的）。祭献之马匹，需要先洗刷干净。洗马之际，令贱民扮魔鬼立于侧。又须杀一犬。犬为所谓"四眼者（眼睛上方额上各有一白斑）"。投所杀犬于为马洗足之水中。同时诵念："无论何人，若害马者，因陀罗神，必与重罚。"随后，令一贵族少年牵此马于郊外，面向东方驱其入野。一岁之中，任其漫游旷野。而此一年中，祭主国王虔心斋戒作种种加行，以为马祠作预备。

一年既过，先举行三日之苏摩祭，向神献供各类兽。至马祠当日，将作牺牲之马装扮修饰，拴于祭柱旁边。正宫王后来至马旁，祭官用一块布覆在王后及祭马上，并作嘲笑之语。此谓为二者（王后及马）披浴衣。此是古时咒法之一种。此中象征意义究竟若何，今日已不能得知。随后，祭官与祭主实行祭祀仪，种种作法，种种咒诵。最终屠马作祭献而施行火燔之供。火燔牺牲前，照例先杀一野山羊。野山羊亦须作燔祭。与此同时，参加仪式者皆作畅饮。所饮酒亦是苏摩。又作唱赞祝福，而后礼毕。(《阿帕斯坦比耶天启经》，XX；《卡提亚耶那天启经》，XX；《阿湿波拉耶那天启经》，X.6）

（5）奉乳祭。此祭仪中用不涂釉之陶罐为牛乳加热，然后供

① Oldenberg, *Religion des Veda*, s.473.

奉阿湿波神。起初它可能是独立的祭仪。以后逐步成为苏摩祭的附属仪程。烧制土陶罐的黏土取自供养火祭场东边地中。行献供仪时，陶罐置一银板上，位于供养火之东侧。四周置炭火。加热时先于罐中放酥酪，再注牛乳及羊乳。加热至沸腾后，再南供于阿湿波。奉乳仪式大致如上。(《阿帕斯坦比耶天启经》，XI.2.5；《阿湿波拉耶那天启经》，IV.6.7；《商羯耶那天启经》，V.7)

（6）火坛祭。此之祭典历时一年。启建之日在颇勒具那月（Phālguna，太阴历二三月间）黑分之初日（或曰为阴历一二月之间摩伽月的新月之日）。整个祭祀仪程将会持续一年，至第二年的同一天，方告圆满完毕。启建之日的仪式，由婆罗门祭官主持指导，先作五种献祭牺牲。作牺牲的畜物，其头埋在供养火坛之下，身体则都抛入水中。从启建之日起，天天有仪式，不可中断。尤其是供圣火的日常祭仪，更是殷勤备至。

行此仪式，需要在称为“乌加”（Ukhā）的火钵中燃起旺盛的大火。祭司双手平端火钵。高低均可，但须平稳。大步阔行，来至祭台跟前。置祭台上而后加以礼拜。供圣火以后，一年中间，日日保持。一年后，用建祭坛之砖石砌大火灶，保持祭祀功能。祭坛设在火场中央，长宽各40尺。火灶为四方形，连同其基础必须用一百零八块砖石砌成。火灶砌成，从前面所说火钵中引火种来。然后作燔祭供养。唱诵咒文祝祷，完成仪式。(《阿帕斯坦比耶天启经》，I.4；《卡提亚耶那天启经》，XVI.18；《阿湿波拉耶那天启经》，IV.1.21)

火坛祭虽然在《夜柔吠陀》当中已经有所提及，但关于其具体之起源仍然不明确。恐怕在其形成之初，深受发源于印度西北部之锁罗亚斯德教的影响。锁罗亚斯德教即有其特别的祭拜火坛的风习。后来婆罗门教接受了这种风俗，便成为了重要的仪式。[①]释迦牟尼时代，佛陀曾说到有事火婆罗门，大约他所说的即是这里所讲的供养火坛的勤行者。

（7）人祠。《夜柔吠陀》中有关于人祠的说法。吠陀文化很久以后仍然有这样的说法。所谓人祠属于苏摩祭之一种。盖太古时代曾有以人身作供牺之事。文明渐进，祭祀当中已经换成了替代的物品。除了某些特殊的场合，通常不会再用人来作献祭。人祠之法，亦类似于马祭，程序大致一样，不同者，是以人而不是以马作为献祭的供品。

《卡提亚耶那天启经》（XXI.12）说到了这种以人作为牺牲品的祭祀,又说只有婆罗门和刹帝利两种姓才能实行这样的祭祀。其中谈到俗世此等祭祀，所要的花销会达到马匹百头、牝牛千头。关于献供牺牲的方法，经书中说法不太一样。或谓人祭之牺牲者系自投于火，又说是祭祀末了，礼拜太阳，然后独归深幽老林，不能再回到人世间来。恐怕后一种说法的可能性要大一些。所以行此祭的动机，亦同行马祠一样，都是为了获得很大的福报，被认为是某种大成就的。（《阿帕斯坦比耶天启经》，XX；《卡提亚耶那天启经》，XXI.1；《商羯耶那天启经》，VI.10）

（8）一切祠。此之祭祀仪最早也可见于《夜柔吠陀》时代。行此祭祀之人通常欲往山中修行隐遁，因此抛妻弃子，舍离世财，一心以供养神灵及祖先为务。一切祠因此是弃世修行者的预备功

① Hillebrandt, *Vedische Opfer*, s.161.

课。几乎印度所有的隐遁者（Sannyāsin）事实上都是按照这一途径实行离家求真的努力的。此之祭典在经书中往往可见，事同寻常。(《卡提亚耶那天启经》，XXI.2；《喜罗尼耶天启经》，I；《商羯耶那天启经》，XVI.18)

以上两节所举，涉于婆罗门教之主要祭祀仪典。至于祭典仪式，颇为繁复琐细，若非经过具体之考辨，便不能充分认识婆罗门教之实践规则及象征含意，自然亦没有资格从学术上对其宗教礼仪加以充分讨论。最后，从总体上对所有这些祭典的目的作一总结，吾人以为，大致可以得到以下三四点结论。

第一，之所以行祭祀仪礼，是为了现世得成功之利益；第二，也祈望经此诸仪礼可以让死者重生天界；其三，向神表达感谢和求福的意思；第四，祈望能够因此诸祭典而洗清祭主的罪过。此中第一与第二点最为重要，算是吠陀祭祀的最基本动机。《拜塔那经》（*Vaitāna sūtra*）中对于祭典的种类和所需的物品，以及行祭所得的利益和功德都有列举。兹录于下表中，作为本章的总结。①

祭祀仪及供物	所得功德	祭祀仪及供物	所得功德
火祭	生天上界	献供新乳之祭	满一切愿
献供熟酥	得强力	献供酪	得美貌
奉献乳糜	多有子女	奉献胡麻油	得美貌
献供粥	得土地	奉献米粒	得力量

① Schroeder, *Cultur und Literatur*, s.120–121.

续表

祭祀仪及供物	所得功德	祭祀仪及供物	所得功德
献供苏摩酒	得精神轻快	奉献肉类	得好地位
献供清水	得长命	作新满月祭	得万种福乐
累年长祭：类似新满月祭，连续十五年作献祭	多有子女	桑伽罗祭	得家畜兴旺
萨干普拉塔耶祭	得福乐无边	伊达祭	得家畜兴旺
一切军祭	多有子女	绍那伽祭	得厌咒力
瓦悉斯塔祭	多有子女	天地神祭	保地位牢固
初穗祭	多有食物	供牺祭	福乐无边
向阎摩献白兽	得健康、生祖先界、儿嗣	向工巧之神特瓦斯特里献雕刻马	多有儿嗣
火祀本祭：苏摩祭之环节，仅献供苏摩酒	得福乐无边	称赞祭	得家畜兴旺
力饮祭	得无限支配力	即位灌顶祭	得无限支配力
终夜赞祭	旅行得平安	行马祠	得福乐无边
行一切祠	得最上位	作无限供养	得无限愿满

印度的历法

古印度历法与星象学关系密切，显而易见，其与吠陀学问有深密关系。《阿达婆吠陀》晚期已经有明确的历法记载。估计口头形式的吠陀经典在公元前2500年左右已经存世，而公元前1200年已经有梵书出世。明确的天文历法与梵书相俱而生，都在《阿达婆吠陀》晚期。而《阿达婆吠陀》的衍生作品据说直到公元前五世纪都还有产生，此时代已经到了佛教产生前后。

据《考斯塔基梵书》，一年应该有春、热、雨、秋、寒、冬六季；还有一种分法是将一年分为冬、夏、雨三季。《爱多雷耶梵书》记载，每年为360日，12个月，一个月为30日。但实际上，月亮绕地运行一周不足30日，所以有闰月的说法，印度纪年又有一年13个月的说法。

至于一月当中，月亮的盈亏、圆缺又是重要的观测依据。因此印度阴历历法中的月初和月尾两种计算法，一种从满月开始，称望终月；另一种是朔月开始，称朔终月。望终月从十五开始渐至三十日；朔终月自初一开始，渐至十五月圆日。前者相当于中国夏历的黑月，即十六至三十日。后者相当于中国夏历的初一到十五日，称白月。

历法虽然是以月亮观测为中心，但月亮与太阳和其他星座的相对位置也很重要，整个天幕上，印度人最早划分了二十七星宿。这是将黄道作二十七等分的结果。二十七宿的名称最早出现在《考斯塔基梵书》中。在史诗《摩诃婆罗多》里面也有二十七宿说，具体排列与梵书中有异。

古印度的星象学和历法制度，在四五世纪后，发展成熟。中印之间因佛教而交通频繁，印度历法对中国有很大影响。唐朝的《开元占经》即翻译了天竺历法。七世纪前后的印度历法非常先进。

印度历法节气参考

<table>
<tr><th rowspan="2">六季</th><th colspan="3">十二个月</th><th>阴历配当</th><th rowspan="2">阳历</th></tr>
<tr><th>天竺月名</th><th colspan="3">《西域记》和《宿曜经》</th></tr>
<tr><td rowspan="2">渐热
Vasanta</td><td>一月：制檀逻月（Caitra）</td><td>角月（卯）</td><td rowspan="3">自正月十六日至四月十五日</td><td>二月</td><td>三、四月</td></tr>
<tr><td>二月：吠舍佉月（Vaiśākha）</td><td>氐月（辰）</td><td>三月</td><td>四、五月</td></tr>
<tr><td rowspan="2">盛热
Grīṣma</td><td>三月：逝瑟吒月（Jyaiṣṭha）</td><td>心月（巳）</td><td>四月</td><td>五、六月</td></tr>
<tr><td>四月：安沙荼月（Aśaḍdha）</td><td>箕月（未）</td><td rowspan="3">自四月十六日至七月十五日</td><td>五月</td><td>六、七月</td></tr>
<tr><td rowspan="2">雨时
Varṣa</td><td>五月：室罗伐拿月（Srāvana）</td><td>女月（未）</td><td>六月</td><td>七、八月</td></tr>
<tr><td>六月：婆达罗钵陀月（Bhādrapada）</td><td>室月（申）</td><td>七月</td><td>八、九月</td></tr>
<tr><td rowspan="2">茂时
Sarad</td><td>七月：安泾缚庾者月（Āśvayuja）</td><td>娄月（酉）</td><td rowspan="3">自七月十六日至十月十五日</td><td>八月</td><td>九、十月</td></tr>
<tr><td>八月：迦拉底迦月（Kārttika）</td><td>昴月（戌）</td><td>九月</td><td>十、十一月</td></tr>
<tr><td rowspan="2">渐寒
Hemanta</td><td>九月：末伽始罗月（Mārgaśirṣa）</td><td>觜月（亥）</td><td>十月</td><td>十一、十二月</td></tr>
<tr><td>十月：报沙月（Pauṣa）</td><td>鬼月（子）</td><td rowspan="3">自十月十六日至十二月十五日</td><td>十一月</td><td>十二、一月</td></tr>
<tr><td rowspan="2">盛寒
Siśira</td><td>十一月：磨噶月（Māgha）</td><td>星月（丑）</td><td>十二月</td><td>一、二月</td></tr>
<tr><td>十二月：颇勒具拿月（Phālguna）</td><td>翼月（寅）</td><td>一月</td><td>二、三月</td></tr>
</table>

第五篇

奥义书末期之学派开展

第一章　诸学派兴起之原因和种类

前面几篇中，吾人叙述了古代印度思想发展的概况。其中所依据的材料包含了吠陀本集到经书这样的产生于婆罗门阶层中的思想典籍。其中最主要的是称为天启经的那个部分。天启经的时代，吠陀中表达出来的思想仍然属于集体性质而并非个人的思想特征。一般而论，典型的婆罗门教的信仰，应当是雅利安人中间自然发生起来的观念，至少在最初的时代无法知道谁是这些观念的具体创始人。这种情况下，自然也就不能根据这些观念来区分出主义和纲领，更不好划分出不同的学派。勉强地说，印度之有婆罗门教这个正统的宗教信仰之名，是相对于后来发生的非婆罗门主义而得名的。婆罗门教的名称，自身说不上具有多少内在的统一性。只是随时移境迁、社会变化，先前杂然混存的思想逐渐有了分化而相互区别开来，到了奥义书涌现的那个时代末期，才出现了持有不同主义与信仰的教派。随此风潮，以往散漫的状况逐渐地系统化起来。因其所在的地域而形成了相互独立的团体。实际上，此之学派呈现的朝代，恰当印度文明史上之第三期以后；而从文学（文献）史的角度看，此时正在梵书时代以后。从历史编年的顺序看，其开端在公元前六七世纪；再从地理范围着眼，又是立足于恒河流域附近之中土地带这个文明中心向四周渗润扩张。婆罗门教文明逐步向恒河下游渗透，最后才遍及印度全境。从来人们所说的后吠陀时代（Post-vedic Period），广义地可以涵盖此时期。自此以降则为后吠陀时代。若以佛教为标志，前一段称为前佛教时代，后一段则是佛陀时代。换言之，及此时期，印度思想迎来一大转向。因此，若考究此时代，更为恰当的判断是，与其说它属于古代史的，毋宁说属于中古开端的研究。不过，从另外一面看，这样的气运转向，也仍然没有脱离古代变迁范围。对古代思想，前几篇章中已经有所总结。此处虽然仍属于概览性的古代思想史叙述，但也不是画蛇添足的作为。为让读者诸君对古代印度的哲学宗教思想以及后来的发展趋向，先有一个大致的了解，相信以下的叙述定然会有所裨益。

首先，若谓学派发展，先当探求导致其发展的原因。吾人以为，此原因大概可以归结为二者。第一，被称为“吠陀终结”的奥义书中的自由思想。前者吾人已经指出，奥义书之产生，从根本上讲，是以刹帝利族为主在社会当中推展开来的思想活动。其思想的深处已经潜藏了许多非婆罗门的观念。尤其是如果从教理思想的角度看，可以发现许多难以调和的矛盾。归根结底，这些自相冲突的性质不会始终保持下去，它们总会转为自由思想的表达，或迟或早地出现思想分流，形成不同思潮。这种结果从一开始就是注定的。后来的诸多学派兴趣，虽有其内在的根本原因，而直接或间接地表现成为奥义书的气运结局和思想沉淀。这正是思想运动的发展过程与结果。第二，奥义书思想的分流取决于当时印度社会的实际状况。大致说来，至公元前六七世纪顷，印度的形势是这样的：雅利安人努力地逐步南侵，势力渐抵于德干高原南侧，甚至直抵海滨。已然可以同隔海的锡兰岛相望。今天从《罗摩衍那》的史诗吾人可以得出这样的文明史发展的鸟瞰。史诗不过是文明向南推移的诗化表现而已。由于文明活动的区域扩大，此文明圈内各地的具体特点依然要保持自身，这就造成了地方化和多样化的雅利安文明。与之相应，也就出现了差别的甚至迥异的吠陀思想分化。新颖的见解立场频现当然不足称怪。加之民族势力扩张，文教郁然而兴，学术门类各各深入，寻究堂奥的意图应运而生，旁异的思想层出不穷，一时呈现了多样化的局面。可以设想，彼之促成奥义书产生的时代气运，亦就推动了诸多与奥义书运动并无直接关系的思想派别。后者经不同的传承，在不同的地域，次第涌现出来，也是自然而然的趋势。总而言之，因为这两重原因，自公元前六七世纪顷开始的二三百年间，便是学派时代的初期。这期间各个学派或独立生长，或相互砥磨，也都共同发展，蔚然而兴。构成了印度思想界的一大转向之风潮。不过，以上仍然属于大而化之的说法。究真而论，更进一层地扣求诸学派之兴起、相互的关联、内在的发展脉络，则仍然是非常困难的课题。所以会如此，若仅就学派时代初期的思想态势而言，以吾人所可凭借的思想材料，实在难以称为详尽可靠的论述。虽然多方搜集，曲尽穷幽探赜之功，但仍不免流于大概言之，仿佛之论矣。

于此，对于诸种材料的说明。首先，若依据奥义书圣典考寻史料，上继古奥义书的乃是新奥义书。后者属于《阿达婆吠陀》之文献范畴。按科尔布鲁克、那罗衍那和道森对于奥义书思想倾向所作的分析，彼等认为奥义书产生时即已带有分派之色彩。其中可以看出纯粹之吠檀多主义、瑜伽主义、遁世主义、湿婆主义和毗湿奴主义的思想特征。即是说，依彼等学者的看法，古奥义书发生分化以来，产生的系统大致有个潮流。不过依吾人所见，若不看其产生的年代，像湿婆主义、毗湿奴主义这样的潮流更像是古奥义书系统之外发展起来的有神论思想。吾人所以作此等断定，听起来似乎更加合理。又尤其是从佛教、耆那教、正理派等思想潮流中，则完全看不出与奥义书有任何直接的承续关系。换言之，如果仅凭新奥义书的思想基础，则不可能穷尽当时兴起的各个学派及它们之间的思想联系。又吾人在叙述前面章节时，说到马克斯·缪勒博士和其他一些学者曾认为的，婆罗门教义的系统化，大致在公元前六七世纪至公元前一二世纪。如是说来，婆罗门教义之组织化和系统化的结果便应当视为学派时代的产物了。然而若就其思想内容仔细研究，真正能够看到的是佛教、耆那教、古奥义书与当时世俗信仰之关联。总体上看，占主导地位的仍然是梵书时代的思想，而当时社会中存在的诸多派别的情况其实依然不甚明了。另一方面若考虑于此时代崛起且至今仍然保存丰富之原始佛教圣典，对于当时佛教之教学情况，不仅可以详细了解，且还能揭示耆那教等所谓异端的初期状况。进而还可以对彼时代之思想大势多有体会与感兴。联系到奥义书，尤当注意之关键的地方在于：佛典当中并未有奥义书的名称，但又不可以谓佛陀不曾受到奥义书的影响。可以肯定者，奥义书乃是佛教思想之远因缘也。比方说，奥义书中的梵当成了佛教里面的中性而非人格的原理。但在佛典中，从一开始，梵天就是人格形态的了。如果说非人格形态向人格形态的转化，是神化的亦即拟人化的过程结果，则必然得到这样的结论：奥义书晚期与佛教形成初期，时间上如果有一定的重叠，则不必为两者之间缺乏思想桥梁而焦虑。再者，从另一方面看，若两者在时间上有所重叠，则以往所说的佛教产生于古奥义书终期之后的说法，也就无须寻求过渡的思想材料。说到底，两者之间究竟属于何种关系，眼下极难确定。极而言之，仅凭原始佛教之史料，对之前的印度奥义书哲学作一判断，推测其或有或无，都是相当隔膜之论断。再者，历来中国与日本的佛教学者，都以为数论派、胜论派、正理派的问世，先于佛教之前，且对此假定深信不疑。然若看原始佛教史料，姑不论胜论派与正理派，就以数论派言，西洋学者都认为：并无证据可以证明彼诸学派一定是前佛教时期的思潮。除此之外，对诸多重要派别尚需进一步加强研究，而仅据原始佛教史料，到底难以探得当时的宗教和学术之大体情况。

不过此等史料阙如的遗憾，近来有所补益。现代学者中有致力于印度叙事诗《摩诃婆罗多》的研究者，认为其中已经揭示出自古奥义书至学派兴起之间的变化状况。此之学术研究成果的确值得重视。《摩诃婆罗多》据信产生于梵书时代。其故事中心是潘度国（Pāṇḍu）同五王子与俱卢王子之间的战争。史诗中的故事描绘了这场印度史上的大战乱。此中的叙事诗篇，囊括了传说（如是语）、说话（叙事）和史传（往世之事）。又由于最古老之奥义书中已经有传说史话的名称，因之，很有可能，这么一种类型的历史故事流传于更早的时代。中间经过了若干岁月，篇幅渐次增加，最后达到十八章品，总有十万颂，成为举世无双的宏大诗篇。至于《摩诃婆罗多》诗篇的准确形成时间，吾人今已无能判定。至少在公元前四世纪，大学者帕尼尼已经记录了本诗篇中的部分故事情节。[①]又缪勒曾经从跋达耶那的《法经》（I.78.10）中援引过一个颂子，借以证明大约在公元前四世纪便已经有《摩诃婆罗多》史诗的雏形行于世了。不过，这样的历史叙事诗篇，与通常称“物语诗篇”（Kāvya，犹言故事创作）的体裁不同。它中间含有多种文献成分。这中间有相当多的当时宗教哲学的思想内容。特别是其中的第五章《长生篇》（Sanatsūjatīya）、第六章中的《薄伽梵歌》和第十二章中的《解脱法品》（Mokṣadharma），以及第十四章中的《模仿歌》（Anugītā），是最重要的思想材料。此之四部内容曾由学者道森德译并作刊行。书名曰《大婆罗多中的吠陀哲学书四篇》（*Vier philosophie Texte des Maha-bhārata*）。从此四篇文本的内容看，其中既有古老的祭祀主义，也有鼓吹非祭祀主义的新说；有吠檀多风格的论议，亦有数论派、瑜伽派和有神论倾向的主张。所有这些都可以视为当时宗教哲学思想的反映。仅以此作判断，大可以将本诗篇看作对历来诸学派的思想主张与立场的调和。这样的说法是达尔曼和道森都竭力主张的。彼等又力图论证应当从本诗篇中寻求古奥义书向诸学派过渡的轨迹。彼等认为，从文体风格看，《摩诃婆罗多》的语言来自吠陀文体（也包括了古奥义书的文体风格）以及梵书文体的中间阶段。从宗教观念一面来看，一边是确认吠陀的神权地位，重视四种姓的阶级制度；另一边也可以看出非吠陀主义渐兴，也主张四姓平等。再从哲学倾向上看，古奥义书中的吠檀多主义情绪，渐次让位于数

---

① Hopkins, *Religion of India*, p.350.

论派、瑜伽派以及有神论的主张与立场。从实际生活中看，往昔的宗教形式主义与仪式主义，被佛教等精神逐渐冲淡。与此同时，显示出伦理上的实质性进步。①若果如其然，《摩诃婆罗多》不失为解决本问题最重要的史料。据此，吾人不但能够追寻正统诸学派（Āstika，印度吠陀思想之正统派）之思想，也能因此把握异端学派（Nāstika，非吠陀系统的其他思想主张）的发生与发展路径。

然依吾人意见，颇疑《摩诃婆罗多》诗篇果真形成于帕尼尼之前。此之结论犹待证明且不说，更兼诗篇中言及之柬埔寨、中国（Cina）、衍梵那（Yavana，希腊）等名称，都只是公元纪年以后才有的名词。再者所谓的吠陀哲学书四篇中的其他学派，显然有先入为主的猜想成分。归根结底，道森辈所以告诉吾人的学派时代初期之状况，极不严谨之处甚多，难不令人生疑。恐怕《摩诃婆罗多》之思想，既有学派成立之前者，亦有学派成立以后之成分。而诗篇中的咏诵内容，只可部分代表有神论一派的思想。如是看待《摩诃婆罗多》，当离其本来面目不远。

对如上材料细加审读，可以发现甚多暧昧模糊之点。其中仍有不少相互抵牾、缺失有机联系之处。归根结底，对于古奥义书至诸学派兴起之间的发展脉络，依眼下掌握之史料，尚无从追寻清晰的轨迹。此之棘手正是研究印度思想史令人困惑的地方。无论如何，吾人若欲过此一关隘，除了仔细考量，慎作思辨，也无其他选择。此即谓曰：古奥义书中虽有其内在思想动力，造成后来的开展分化，但后来的印度思想体系原不囿于古奥义书。古代

① Deussen, *Allgemeine Geschichte der philosophie*, I.3, s.1–109.

思想往往蛰伏于民间，与宗教信仰密相联结。此外又受到其他因素的影响，例如随文明地域之扩张，思想观念及信仰亦会播扬四溢。与此同时，在一种大文化氛围中，因种种不同局部地域特点，本地化思想也有发生。其间气质相投者自然暗合，不相投者则发生摩擦、抵牾、变异，最后形成独立派别。是以自古奥义书以后，派别蜂起，各拥习见。今若以一言而加总结，便是：学派初起之时，正值全印度思想界革新之大气运流荡冲涤，各地或有联结或自独立，形成种种学派。自宏观一面看，此之总体气运背后，积蓄了千余年的思想。其播扬之范围，达于德干高原以南。幅员既广大，而古代交通又不便，思想传承只能口耳授受。似此情况，整个思想大潮，即令在同一地区也不可能循某种单一之途径流播。若无分流与变异这事，必然违情背理，难以晓解。因此之故，以人群之居处不同，主义与信仰便会有差异。其中有乐于向前探求者，亦有甘于保守者，有乐于接受异见并作调和者，亦有采取拒斥反对立场者。此一过程中，不免党同伐异，最终凝结下来，形成不同之学派。从此角度来审视诸派之兴起，应当是符合历史自然发展过程真相之见解。在此意义上考察，自然尚不能发现诸派之间的有机联系。然而亦正因为如此，吾人才谓其为当时之某种独立思潮。其于此种立场，吾人参酌学者间种种意见，针对学派时代开启以来之二三百年间历史状况，凭借史料，勾画出当时印度思想之大势如下。

（1）正统婆罗门的潮流。梵书时代之形式主义延至奥义书涌出的时代发生极大动摇。不过，出于惯性其依然在社会中拥有相当的支配力量，固守着其三大纲领。那种认为奥义书的兴起即从根本上动摇婆罗门教教义的说法乃是绝大之误会。因此，吾人也就绝不可谓：佛教才兴起，婆罗门教即已偃旗息鼓。另一方面，婆罗门教受当时分化的气运的促使，出于对新的教派力量之对抗的需要，也在此期间进行一定的理论重建工作。其结果就是一些婆罗门书的产生。前已指出，家庭经、天启经和法经都是这个时期编纂出来的。再者，从公元前五世纪至公元前四世纪，即从耶斯伽到帕尼尼，梵语文法体系上基本得以完全。作为一种辅助手段，梵语语法的权威性也就维护了吠陀经典的权威。大致可以设想，正是在这个时期，所谓的“六吠陀分”（Vedāṅga）全部完成。又特别是其中的马那婆一派的法经，汇集了作为主干的诸种法典的精粹。而《摩奴法典》的成立更为吠陀宗教体系增添了世界观与人生观的说明。缪勒说，到公元前后这段时间，佛教因得到阿育王的皈依，几成印度全境的国教。然此时的婆罗门教依然处于隆盛地位，继续在民间张扬其信仰。联系到前面所说的社会大背景，这样的盛况不难理解。换言之，吾人完全可以如是猜测：诸派别的兴起一方面固然是因为人们不满意婆罗门教的形式主义，但另一方面也可以认为婆罗门教作为国民信仰，仍然占据着主导地位，是其他的宗派所瞻望的旗帜。成为衡量和裁判所有别的婆罗门教甚至非婆罗门教流派的标准。虽因民族扩张，信仰婆罗门教的部落和民族向四方迁徙扩散，然其以往的中心地仍然是俱卢地带，所谓的“中国”腹地。但《摩奴法典》中称此地名为梵转之国（Brahmāvarta）。

（2）有神论的思想潮流。家庭经和天启经产生的时代，到底也还是流露出婆罗门教的衰颓之象。其有艳羡古昔时代人们对诸神的虔诚和信奉的意思。气候风土有所变迁，社会人情也与往昔不再一样。古时的神祇到当下已经不再是同样的神格。民众当中也因为各各尊奉不同的神明而区别开来。比如，因陀罗大神也不再是以往的雷霆之神，他现在成为了帝释天，是军武之神，身边簇拥着众多妻妾和嫔妃；生主以往是抽象的原理，现在却已经拟人化成为了人格神；苏摩不再是酒神，转化成了月神；又尤其是名为一切神的，他现在成为了工匠们专门的保护神。更有吠陀时代还不甚有名气的财神俱比罗，现在已经得名为毗沙门天（Vaiśravaṇa）；而那位叫吉祥天（Lakṣimī）的女神，也有了新的神格特点。总而言之，所有往昔的神明现在都已经明显地取得了拟人的身体、性格和脾气。神格的拟人化，正是一切俗世信仰的民众宗教的特征。由此吾人似乎可以联想到，佛教所称的梵天、帝释天，指示了它同民众信仰的关联。然而就在此相关的通俗多神信仰中间，产生了一种新的倾向，其中树立某位伟大神灵的至高地位，以其为信仰皈依的中心。再将制造与支配世界的能力赋予这位大神。与此同时，从神学上倡导对他的绝对遵从，赋予他掌控一切的大能。这样的宗教思潮发展起来，便构成了有神论的思想运动。这就直接成为了后来印度教的思想源头，酝酿了后来的不同派别。这样的信仰主义思想倾向，尽管早就包含在《梨俱吠陀》时代的思想活动当中，但当时仍然有浓厚的哲学思辨气息。而现在的有神观念之崛起，只是为了适应民众的信仰要求。这个有神运动的中心是三位最强有力的神格，即被称为毗湿奴的那罗衍那，称为湿婆的大自在天，以及名为大梵的男性化的梵天。其中崇拜湿婆、毗湿奴的信奉者最多，成为主流宗教，其流派尤其多而盛。彼之《摩诃婆罗多》诗篇中，虽说到种种奉神的教派，然在有神论的潮流当中最具有代表性的文献，正是其中的《薄伽梵歌》这个圣诗。德兰（Deran）谓此诗篇完成于公元前四世纪。正是这个诗篇将有神论的虔诚主义信仰推向顶峰。

（3）哲学的潮流。前面两股潮流无论如何都属于保守的俗世信仰的分野。而真正继续了奥义书的思辨纵向以哲学玄思为主要活动，酝酿出哲学学派的，还有不少的思想运动。上承古奥义书的有新奥义书范畴内的五大潮流。它们都带有显著的学术派别色彩。作为源出于古奥义书的思潮，它们又都带有多多少少的异端倾向。其中最为有力的一支便是数论派。数论成立之初，又有借鉴其教学法而将奥义书中的观念重新加以解释组织的。后面这一派称为瑜伽派。数论派和瑜伽派都形成于学派时代的初期。又有与此思想系统有不可分关系的究理派，即称作胜论派和正理派。此两家的兴起大略也在此时，当无疑问。除此之外，更有从先前时代延续下来的一些小的哲学思潮，到这时发生变形，或者崛起，或者重组整理，独立分化，崭露头角。它们纷纷发表主张，声张权利。其中值得特别提出的，有属于帕尼尼文典派的追随者，其提出的主张称为“声为永恒存在”。以语言为永在的语言哲学，极为相似于后来的弥曼差派哲学。弥曼差派出于维护吠陀经典的权威性，认为背诵吠陀经典的语音就必有永恒的功德。

（4）非吠陀系的潮流。上述三大潮流当中，唯数论派可说是非吠陀一系的学派。其余的任何一家都在广义上同吠陀有或此或彼的联系，以至于到了后来，它们都会自命为吠陀的正统派别。然时移境迁，大势所趋，终于有旗帜鲜明地否定吠陀教权和反抗婆罗门主义的思想涌现出来，并且成为了当时社会上风头颇健的思想角色。对于这样的思想运动，最初于何处露面，在哪些人群中大受欢迎，吾人今天尚无确实的材料可以证明。然若从佛典当中追迹，种种迹象显示，它起源于恒河东岸及其下游地区的摩揭陀国。以当地为中心，非吠陀的思想向四方扩展。佛陀时代，摩揭陀国已经成为了所谓的“六师”宗教团体活动的根据地。其中有的团体领袖惯于玩弄极端的诡辩术，主张现世追求享乐，否认传统吠陀的神格地位。那些被称为“顺世论者”的，就是这种思想的代表之一。他们鼓吹物质主义、快乐主义，以破坏传统的方式反抗婆罗门教。又六师中间，有名的尼犍陀子是力行耆那教的修持的行者。种种证据表明其活动期开始很早，远在佛陀化世之前。该派创教的祖师是筏驮摩那（Vārdhamāna），属于刹帝利种姓。尼犍陀子反对吠陀主义，力主宗教改革，属于相当强劲的思想异端。盖整个恒河东岸及摩揭陀地区如斯之非吠陀的思想倾向，若寻其思想萌发的源头，从地理上看，其与名为俱卢之中心地相隔甚远，婆罗门教主流文化虽然存在但流于表面化。当地民间早已对婆罗门教之形式主义有疏离之感。又这一地区的刹帝利族力量强大，其未必甘愿久居于婆罗门族专权之下。因缘际会，有从迦毗罗卫城来摩揭陀国游学之太子，在这里成长为大圣释迦牟尼，并创造了非吠陀系的佛教，促成印度思想界之一大变迁。

以上所叙之四大潮流，可以大致显示学派时代初期的概况。然就实际而言，此种派别潮流分类，颇欠精确。此中既有虽摄于四大潮流之一而具体情况不明者，亦有对其情况虽有了解而无从归属为何种流派的思想。因之，不可谓吾人所列之四大潮流就是恰适的分类。按佛教的传统说法，佛典中称有九十六种外道，又说若自其主张见解论，有六十二见。此等说法，虽然说不上有多少确当，但仍可以令吾人从中得窥当时之状况——学派蜂起，异端竞呈。加之吾人依据外部材料所透露出来的纷纭意见，完全可以猜想，此之时代的思想气象，其多样性、趣味性实难一一道尽。惟其如此，时至今日，学界研究仍然多有阙如，未能达到深入层面的精细了解。虽然，吾人仍须勉力而为，对诸派思想作概要之论述。

第二章　诸学派之共通思想

自其根本而言，学派竞起对立，乃是因为各种主张自是非他，对其主义周延辩护，因之形成相异之思想体系。特别在印度，自古以来就有随意表达所信解主张的自由权。爰至学派时代，各家学说纷纷自逞其说，而见地殊特且不惜采取极端立场者亦屡见不鲜。然若究其内里，自其目的而观之，无论主张若何，无不以现实处境为暂假之束缚。而认解脱烦恼、出离现实，最后得以安住真性为终极目标。异说之途虽多，然终有同归之乡。此亦是奥义书时代以来印度思想之一大特征。因之可以说，若以这样的解脱观为中心，思考其努力方向或立足点最终落在何处，则无论何家何派，归趣都大致相同；达致目标的方法与手段，也都相去不远。此中多数立场、主张、见解，其实在奥义书当中就已经被提出来甚至被确定了的。自然也有的观点主张，在奥义书中还比较含混，而到稍晚的学派时代才变得清晰化与明朗化。不管怎么说，不同派别建立其学说，维护其教理，最终组织成宗派的过程，也就是学派时代之所以百家学说竞相呈现的历史结果。依此过程而作概括总结，也就是梳理自奥义书时代到下一时期的印度思想特征的工作。此中除了对顺世论者的界定稍有差异，而其他的所有流派无不遵循着同样的思想脉络。

（1）出发点。先看诸家思想的出发点。在印度，无论什么样的思想和主张，但看其初衷都源于厌世的倾向。此世间既被看作假设暂有，也就带有根本的虚假或虚幻性质。因之对它的弃置不顾也就是理所当然的事。求真慕实之人目光自然就会放到更高一层的美好境界。所以吾人说，厌世观是解脱观的前提所在。厌世且求得解脱是印度思想的基本特征。若以现实与理想相对立，则自然会欣求理想之乡，对非现实的美好目标憧憬不已。两相对比，自然生出现世不如未来的厌恶感。若看《梨俱吠陀》时代的文献，无论其中表达什么样的感受，都带有乐天气息，当时尚未有厌世倾向。而时间稍稍下移，到《夜柔吠陀》时代，关于隐遁修习的记录渐多，从中可以读出相当一部分人已经生出了厌世的情绪。时人对现实世界的厌倦情绪方兴未艾。再往后，到梵书时代，随四行期的修行制度建立起来，从其中的林栖和遁世两个阶段来看，婆罗门族已经将厌世和弃世当成了伦理义务。再往下一时代，到了奥义书时期，理想界与现实界更成为强烈的对立。厌此而欣彼的情绪日益强烈，逐渐成为了时代的思想倾向。尤其需要指出者，自表面上看，即令奥义书中间，时间上较为古老的那部分材料，虽未表现出明显的厌世情绪。但如果审视其内心的声音，仍然可以体会到其对现时世界的失望与厌恶。尽管这样的情绪还非常含蓄与隐蔽。但到了奥义书中期这样的情绪便表面化与公开化，尤其在《弥勒奥义书》出世时，它上来就强调了其厌世观。该书（I.3）中的大车王（Bṛhadratha）就对圣者萨伽耶尼耶（Sākāyanya）这么说：

> 圣者，骨皮、筋络、髓肉、血液、泪痰、粪尿、胆汁、脂肪所成之身体，有何可乐耶？快乐、憎恶、贪欲、诈伪、恐怖、瞋恚、嫉妒、爱别离、怨憎会、饥渴、老病、死悲，诸恶充满，此之身体有何可乐耶？

其言深沉痛苦，冲击肺腑，震荡心魄。印度民族随逐渐迁徙而拓展生存空间，进入南方热带世界，那里自然环境酷烈，厌世情绪易得多数思想家共识。至此时代，生存艰难是一般人不言自明的事实。佛陀出家之动机，耆那求道的目的，都寄寓了离苦得乐的愿望；若在数论派，其学说之出发点正在脱离三苦。而吠陀系和非吠陀系的学派，也都无不是想超拔苦难，获得解脱。甚至就是那些算是比较注重现世间的经书法典——例如《摩奴法典》——的作者，若深究其思想观念，也可以发现其仍然无法摆脱此类厌世的情绪。大致说来，无论何人，但凡其寄心于理想之乡，神游于真境实界，必然会多少产生厌世情愫。更何况在印度厌世已经成为理所当然的人生态度。轮回之说萌生于梵书时代，成熟于奥义书当中，轮回与业道的理论在进入学派时代以后，成为世所公认的真理。说到底，对于无休止的轮回的嫌恶，对于艰难的生存现状的厌弃，都以厌世作为归途。不过，轮回说之作为印度的思想特质，并不可以当作解脱论的当然前提。究竟要采取什么样的手段才能脱离苦界、跳出轮回呢？围绕这个问题各家提出了不少解决方案。将各种宗教学说区别开来，这些方案有的说要如是如是修行，有的说解脱首在树立信心，也有的说要保持深究的哲学思辨力，明理自能证真。总括起来，可以说解脱在于借实行哲理而实现，也通过哲理实行而增胜；信仰要诉诸理性，知识又因信仰而受到熏染。一句话，通过所谓知行合一、智信一体就可以达到目的。对此，各个学派宗支都是认可的。正是在这种意义上，印度的思想，其哲学与宗教之间的界限变得极为模糊。此下再来看印度诸宗教学派处理问题的方式，究竟有多少共通之处。

（2）本体论（自我论）。学派的划分，既然以哲学上的本体论立场来作衡量标准，再回过来强调学派间的整体共通性，当然是不适当的。但无论什么样的学派宗派，皆不可回避本体立场这一基本问题。即是说，哲学的本体立场，联系到对自我的态度，涉及自我论。广义地看，如何看待自我，便是如何看待生命本身。在古奥义书中，这是思辨的问题中心。各家各派依据其对生命的态度，可以区分出各种见地立场。虽然吾人无法断定哪一家哪一派解决了这个问题。但就他们自家而言，又都无不共识对自我的态度才是决定轮回与解脱问题的关键。换言之，无论是轮回还是解脱轮回，归根结底，都离不开对生命存在状况的解说与思辨。以生命自我为中心的宗教哲学，自然绝对无从脱离对自我论的思考。话虽如此，但看原始佛教，因为其主张无我，对任何的自我论，都会持反对的态度。实际上，无我论不过是自我论的一种，从逻辑上说，不能同自我论不发生任何联系。到了大乘佛教阶段，显而易见，在本体论立场上，自我仍然是问题之核心。离开自我论，宗教哲学的讨论依然无法进行。此处吾等并非讨论佛学，但作为一般的逻辑原理，总需要稍加明确哲学问题的根本。要言之，印度的形而上学，其发展与流变始终不会离开生命之自我这个中心问题。

（3）器世界观。印度诸派哲学当中，有从本体论出发，最终否定了宇宙论的。然最低限度，所有各派从世俗之见的立场来观察器世间（物质的世界），仍然普遍承认此世界的相对实在性。首先，就器世间的存在意义言，其充当了有情众生的轮回舞台。各宗派哲学对此应当没有异议。虽然都在一定程度上承认有器世间，而有的视物质世界为迷妄的结果，有的则认为它是实在的物质原理的衍生物。无论属于哪种情况，它总还是世间众生立足的世界，总是有情众生栖息的立足处。从生命现象的继续来看，它都是应当肯定的实有之境。就此而言，诸派哲学大致没有异议，他们也都承认其实在性的。但说到此器世间如何构成的话，其构成元素就有一定的讲究。《泰帝利耶奥义书》以来，通常印度人都会主张“五大说”，即物质世界由地、水、火、风、空构成。当然也有的人会主张“四大说”——世界基本元素是地、水、火、风四大所成。四大说较五大说，被抽去了“空”的元素。于此吾等姑且不讨论，不同的派别对于这些元素的配合及结果产生的性质有不同的说法。但至少我们可以找到其共通的地方——世界被认为是由或四或五种不同的基本元素组成的。又关于此器世间的种类与性质，从《梨俱吠陀》以来就存在不同的讲法。这中间《爱多雷耶奥义书》讲，此世界上、中、下三层都被水所环绕。而在此上、中、下三界的外侧都有日月等守护之神。到了学派时代，三轮的名称保存下来，得以沿用，但对三界的描述却有不同。这里要特别提到须弥山（Sumeru）或叫妙高山的。这个名称在学派时代才出现，但它很快成为了举世公认的世界中心。起初它指的是北方的喜马拉雅山（雪山）。人们相信山中有诸神的净土，后来随神话一步步发展，雪山成为了宇宙的中轴。往世书中多有关于须弥山的神话。说它的山巅是金色的梵城，山腰周围又有八个护世者之城（Lokapala）。其中就有毗湿奴和克里希纳神的世界。学派时代的佛教认为，须弥山被大海和大洲环绕。山底下是奈落伽世界（地狱）和饿鬼界。须弥山的上方是天界和色界，山的上方还有佛国净土。《摩诃婆罗多》（XII.182）说器世间中间有大莲花。花之中心有上达天庭的神山，即迷卢山（Meru=Sumeru）。大梵天在山顶居住，从那里造出了世界万有。佛教认为须弥山四周有七海七金山（所谓九山八海便是加上铁围山、须弥山和须弥海的结果）。山腰之东、南、西、北有四大部洲。各大洲都有人居住。无论如何，印度人关于须弥山的观念，最初是半神话和半地理考察的奇异混合物。随其世界观的发展，逐步形成有组织的系统说法。而这样的观念，无疑是学派时代才构造出来的，也就成为当时公认的世界观要素。

若详细追究劫波说（Kalpavāda），其实各个学派之间出入较大。又关于世界之存续期是长是短，多有争论。有说无始无终，有说有始无终。总之，世间经历一定时间就会破坏消灭再生，如是循环往复。此为劫波之说。此在古奥义书中仅有名目而无细说，尚处萌芽状态之中。及至学派时代，方才明确起来。寻其理论基础，盖为古代创造说与业说调和之结果。世界创造之观念乃梨俱吠陀时代以来的定说，而因为业说，又有轮回无尽的循环，造就了世间众生生生不绝的大舞台，虽然轮回与无始无终的创造说有诸多难以融通的矛盾与不合理之处。于此唯一可以融通的说法是，此创世之前并非廓然无物，而乃破坏之后的重新建立。大体说来，劫波说有四个发展阶段。按《摩奴法典》（VIII.81）和《摩诃婆罗多》（VII.232.25）的讲法，首先人间界就有随道德水平的逐渐走低而寿命渐短的四个时期，其被称为Kṛta（四点）、Tretā（三点）、Dvāpala（两点）和Kali（一点）。大约此处的点本来是指骰子上的点数。四个时期是自上而下不断减退的。第一个时期（Kali）乃是人类社会的黄金时代，这个时期人寿有四百岁。社会中有完善的道德正义。此之时期持续了四千年。第二个时期（Dvāpala）社会稍有退步，人寿也就减到了三百岁，此之时期持续了三千年。第三个时期（Tretā）道德进一步向下退堕，人寿减至二百岁，这个时期也只维持了二千年。第四个时期（Kṛta）则正当《摩奴法典》和诗篇《摩诃婆罗多》的时期，人寿更减至一百岁。道德颓衰更为不堪。不过，到此时期，世界并不以坏灭告终，而是逆向而反行，向着三点、两点和一点上升。所以，这样的至极而返，周行复始，人类社会已经经历了四千个来回。此种说法与希腊神秘教之传道师恩培多克勒（Empedocles，公元前490—前430年）所宣说的教义差不多。他也认为世界的状态就像钟摆，在盛盈至极的爱之球和同样盛盈至极的恨之球之间往返。所谓循环四千回是按婆罗门教的时间计算的。它只相当于大梵天神的一天而已。这一天当中，梵天入睡，一切都融入了梵中间，世界于是坏灭而终；然后，梵天从睡梦中醒来，世界重新展现了浩渺广大的样状。对比佛教当中的相似时间观，取代梵天的创造主是业说基础上的四劫观念。世界在成立期即成劫当中呈现，然后它经历了续存期，即是住劫，最后又经历被破坏而消灭殆尽，于是陷入空劫。此中的成、住、坏、空四个时期，人类社会的道德状况与寿命福乐也是相应增减的。这同婆罗门教的讲法一样，但更加夸诞而惊人，也要更加细密。想必佛教的四劫之说，虽然来自印度古来的传说，但却经过了佛教中的一流大德之手的思想重组。不管怎么说，劫波的讲法在学派时代已经大体形成，而且它也是那个时代各家学派大体都共认的。

必须指出，后来的往世书担起了新职责。它对世界的形态和成坏之间的人类社会都加以详细的描绘。但不管如何说，在学派时代的初期，婆罗门教的成、住、坏的时间观是大体形成了。

（4）有情观。此处所说的有情指所有一切落在轮回界内的有生之属。一般说来，讲到人生观，即如果考究印度人的人生，一般都是广义上的，即把对其他生物的生命的态度也包括进来一并考虑（但在实际上，考究的中心不可能离开人类本身）。对于有情的考究也有待于对自我论的主体考究。因为后者不是讨论学派时代诸宗派的立场的重要问题。不过，要想取得诸派别对此中心问题的共通思想，总不免会涉及有情众生的心理、生理及有情分类等。先看有情的身体组织，它大致可以分为两类，粗身和细身是通常的二分法。细身即是作为主体的灵魂身，也叫细微身。粗身即所谓肉身，亦即地、水、火、风四大（粗物质）所成的身体。粗身随生死的不同情况而或得此身或失此身。像这样的观察，其实在古奥义书中便已经相当圆熟了。但一整套术语表达则完成于学派时代。大抵到此时代，学派之间有了相互区别的专门语汇。高唱无我之论的佛教，其上座部当中所成立的中阴身（Antrabhāva）的说法，就充分体现出这种观念的一般影响。又从心理方面来考虑，如何看待心的主体呢？虽然不同学派有不同的

此瑜伽方法相并而行者，有对神通的信仰。各家各派对于神通妙用无不企羡慕求。神通是修习瑜伽禅定达至醇熟的表征。

（6）终末观（终极观）。以上所说的轮回观、善恶观算是对吠陀宗教之出发点的介绍。对它们的讨论，并不是本书的根本目的，所以在此只能打住。而吠陀宗教发展到学派时代，则已经成为了圆熟的大众信仰。此信仰的终极目标，便是脱离现实界而达到所谓不生不灭的境地。但此解脱风光，又不能不与吠陀本体观相映照。因此，此时代之诸宗学派因本体观不同，其对于解脱过程和手段的描述也有差异。有的认为这是某个人格之神控制和干涉所决定的，有的认为解脱就是对生存意志的否定（修行苦行便是此途之一），还有的认为解脱的目的在于达到个人精神的独存（复归于自我），更有的认为觉醒之人的终极目标，应是在宇宙的唯一实在当中实现自我（即自我消融于大梵）……，各种说法，不一而足。然若就实现大觉悟后的境况言，他们对解脱终极景象的描写则是共通的、一致的。即是说，凡达到这样的境地，便是不生不灭、绝对安稳、常恒不变、超绝时空。一句话可以说尽此种状态——语言道断、心行处灭、无上妙乐。这是所有各家各派都共同肯认的。

以上所述，属于学派时代诸派各家的学说主张之共通点。若加以具体而细微的整理，恐陷于不胜枚举之冗繁，吾人只好暂付阙如。至于此诸学派如何各逞其智、尽现精彩，唯望读者诸君请俟于将来，吾等另撰他稿，再行禀报矣。

西文和梵文术语译名表①

Abhaya 无畏者

Abhicāra，Jātu 诅咒术

Abhicārikāṇi Kṛtyāpratiharaṇāni 驱魔克制怨敌法咒

Ābhu 原子，种子

Abhva 变化，怪物

Acchāvāka 请者，劝请者辅祭

Acecines 杰那布河（希腊名）

Adharaṛha 地下之家

Adharāt 下方

Adhiṣṭhṣṭānam 基点

Ādhītya 阿底提耶，太阳神

Adhvaryu 四祭官之一，行祭时负责主导议程并安排各祭司的位置

Adhyāpana 教授吠陀（婆罗门六修持之一）

Adhyāyas 论议，吠陀议题

Adhyāya 吠陀学习（婆罗门六修持之一）

Aditi 阿底蒂，无限、太一、根本物质、母神

Adri 苏摩石，岩（岩状云）

Advaita 不二论，商羯罗的学说

Aghanya 不可杀者

Āgnahāyaṇi 阿耆尼续年祭，七调理祭之一

Āgnayaṇa-iṣṭi 初穗祭

Agnicayana 火坛祭，婆罗门、刹帝利及吠舍的行愿之祭

Agnidagdha 火葬

Agnīdhi 点火者，吠陀祭司

Agnihotra 火祭仪，每日火祭及每年四月火祭

Agnistoma 阿耆尼火祭，阿耆尼赞祭，苏摩祭之火祭

Agnisvāha 致敬阿耆尼

Agniyadheya 置火式

Agni 阿耆尼，火神，火、火光

Agnyanvādhāna 置薪式

Agnyodheya 火祭日

① 此部分由译者制定。

Agnyudharaṇa 移火式
Agṛhya 不可得
Aham Brahma Asmi 我即是汝，出《大林间奥义书》
Ahi Budhnya 深渊之龙，蛇之神化形象
Ahimaṣa 不杀，无害
Ahi 凶龙
Ahura Mazda 阿护罗·马兹达（波斯古神）
Ahura 阿护罗，波斯古经中称鬼之名
Aindra 因陀罗神，阿因陀罗
Aitareya Brahmaṇa《爱多雷耶梵书》
Aitareya Up.《爱多雷耶奥义书》
Aja Ekapada= Rohita 独腿之山羊=太阳，红者
Ajata 生出
Aja 不生，山羊
Ajigarta 阿季伽尔塔，《爱多雷耶梵书》主人公 Rājāsūya 即位式，国王登基祭仪
Ājyam 酥油
Ākama 绝弃欲爱
Akāra 不坏
Ākāśātma 以真空为自我
Ākāśa 内心的空处
Ākhyāna 说话，叙事
Akṣara 不坏
Allāh Up.《阿拉奥义书》，很晚期之奥义书
Aluvalobhana 护胎仪
Amavartata 出现
Āmayācārika 行为规定
Ambha-ṣṭha 安巴斯塔（种姓下分），父婆罗门、母吠舍
Ambha 水
Amosa Spenta 圣不死会（波斯神族）
Amṛtabindu Up.《甘露点奥义书》
Amṛtatvasya-Īśāna 主宰不死者
Amṛta 不生、不死甘露
Amṛtyam 不死
Amśu 阿姆夏；苏摩蔓草，月亮
Amulomaka 顺自然者（种姓下分），父安巴斯塔、母邬格罗
Amūrtam 无体
An 气息（词根）
Ānadam 妙乐，出《大林间奥义书》
Anādvān 牡牛
Ārambhaṇam 所依
Ānandamayātman 妙乐所成我，五藏说中之五种层次的自我之一
Ānandasya-mīmānnsi 妙乐思维
Ānanda 妙乐，奥义书中本体性质
Anaṇī 松木片
Anantam 无终，《泰帝利耶奥义书》说梵之性质

Ananta 无限
Anaryan 非雅利安族
Anatam 无终，无限永恒，出《大林间奥义书》
Aṇḍaja 卵生
Anda 金卵，音译安荼，即卵义
Andra 案达罗，人
Aṅgiras 吠陀之火祭僧，事火僧
Aṅgira 安吉罗（吠陀家族之一）
Aṅgras 安吉拉斯派
Anilayanam 无住
Animism 泛灵信仰
Aniruktah Prāṇah 不可说之生气
Annaprāśara 养哺式，一种祭仪
Annara-samayātman 食味所成我，五藏说中之五种层次的自我之一
Aṇoranyah 微而极微
Anquetil Duperron 安格提尔·杜伯隆（法国奥义书学者）
Anṛtam 非有
Anṛta 非秩序
Antrabhāva 中阴身
Antarikṣā 中间界
Antaryāmin 内导者，《大林间奥义书》所说之自我
Antevāsin 直弟子，亲传弟子
Anugītā《模仿歌》，《摩诃婆罗多》第十四章
Anuṣṭubh 诗词
Anus 吠陀时代五族之一
Anuvyākhyāna 字书（古代印度的学术门类之一）
Anvāhāryapacanāgni 祖先火
anvāharyapacana 祖先祭火
Apām Mapāt 水子，神名、水神之子
Apāmārga 牛膝草
Aparamārtha 俗谛门
Apārā 无边际
Aparigraha 离欲
Āpastambīya Gṛhya Sūtra《阿帕斯坦比耶家庭经》
Āpastambīya Sharma Sūtra《阿帕斯坦比耶法经》
Āpastambīya Śrauta Sūtra《阿帕斯坦比耶天启经》
Āpastambīya 阿帕斯坦比耶门派
Āpas 原水，水
Apathīka 无妻者，不携妻流浪修行者
Apo Oṣadīḥ 水与植物界
Aprāṇa 入息
Aprathetām 开天辟地
Apsaras 阿布沙罗斯（水中女精灵）
Āptakāma 自足圆满
Aptoryāma 水赞祭
Aptya 含润
Apvā 魔神阿仆巴
Ap 水
Aramati 信心（拟人化的神名）

Araṇi 阿拉尼木，祭祀中要钻木取火的木片
Āraṇyaka 森林书
Araṇyānī 森林女
Arāti 贫乏（拟人化的神名），贫乏神，穷神
Arghya 安伽水
Ārjava 正行，正生
Arṣa Vivāha 圣婚（吠陀经中的神圣婚礼）
Ārṣeya Br.《阿尔塞耶梵书》
Ārṣeya Kalpa Sūtra《阿尔塞耶劫波经》
Ārtabhagā 阿里塔巴伽，意为Ṛtabhagā 家的儿子，《大林间奥义书》中人物
Arthavāda 义释，说明解释，音译为阿达婆说、梵书内容三分之一
Arthavāda 释义（事说），梵书内容三分之一、论事情说法轨的理论
Arukramaṇī《索引书》
Āruṇeya Up.《明相奥义书》
Āruṇi 阿汝尼，《歌者奥义书》中人名
Aryaman 阿利耶曼（吠陀六神之一），意助持友人
Aryan 雅利安（族名）
Āryavarta 雅利安国
Āsādha 季期中阿萨达月，六七月间
Aśaḍdha 安沙荼月，四月
Āśah 空间，空
Asaṅga 不执着
Asat 无，无有
Asclepias Acida 攀缘性植物，此指苏摩
Āśvayuja 安泾缚庾者月，七月
Asikṇi（Candrabhāgā）杰那布河
Aśirya 不朽
Asīta 无缚
Aśoka 阿育王，无忧者
Āśramā Up.《隐栖奥义书》
Āśramā 修行，修行期
Aśṭhakā 满月后，八日祭，祖灵祭
Asthi-sañcayana 拾骨式（吠陀葬仪一部分）
Āsthyāgni 家火
Āstika 正统诸学派，印度吠陀思想之正统派
Asu 生气
Asunīta 引导生气者
Asunītī 灵魂（拟人化的神名）
Asurahan 杀阿修罗者
Āsura Vivāha 阿修罗婚（吠陀经中一种婚礼）
Asura 阿修罗，波斯古经同源的名称为Ahura（阿护罗）
Āśvalāyana Br.《阿湿波罗延那梵书》

Āśvalāyana 阿湿波罗延那派
Āśvalāyana Gṛhya Sūtra《阿湿波拉耶那家庭经》
Āśvalāyana Śrauta Sūtra《阿湿波拉耶那天启经》
Āśvalāyana 阿湿波拉耶那门派、阿湿波拉耶那派，（经书时代的学派，阿湿波罗耶那是吠陀五家学之一）
Asvamedha 马祭，亦称马祠，国王所行之大祭
Aśvatha 菩提树，阿伐陀树
Āśvayujī 阿湿波（星座名）
Āśva-yujī 阿湿波月祭（双马童祭、七月十五祭）
Aśvin 阿湿波，双马童、孪生神
Ateya 不盗
Atharvan 吠陀之火祭僧
Atharva-pariṣiṣṭa 阿达婆帕利悉斯陀
Atharvaśikhā Up.《阿达婆顶端奥义书》
Atharvaśirā Up.《阿达婆脉络奥义书》
Atharvā-aṅgirasas V.《阿达婆吠陀》
Atharvaveda Saṁhitā《阿达婆吠陀本集》
Athavar 阿达婆，事火僧、事火祭司
Atirātra 彻夜赞祭
Ātma Vidyā 我智
Ātmabodha Up.《最胜我奥义书》
Ātmadā 灵
Ātmakāma 我即欲处
Ātman Up.《阿特曼奥义书》
Ātman 阿特曼，我
Ātman 灵魂，我身，自我
Atri 阿底利（梨俱中仙人名，吠陀家族之一）
Aṭṭakavagga 八颂品
Atyagni-ṣṭotra 前火赞祭
Aurora 奥罗拉（希腊神话中霞光女神）
Autrikṣasthāna 空位
Avare 下层
Avasānam 乐所，居处
Avātam 气风
Avesta《阿维斯塔》
Avidhyā 无明，无知
Avijñānam 无识
Avyākṛta 未开展
Avyakta 不变异、未显发
Ayana 供养天地神、天地神祭
Ayodhya（Oude）阿瑜陀（史诗中地名）
Āyo-gava 木匠（父首陀罗、母婆罗门）
Āyurveda《阿由吠陀》（医典，从吠陀中衍生的有关生理、病理、治疗、解剖等的研究）

Āyuṣyān 长生健康仪法咒
Āyuṣya 授命式（一种祭仪）
Āyus 生命

Bādarāyaṇa 跋达罗衍那（人名），《吠檀多经》的作者
Bālāki 巴拉基，《大林间奥义书》中从阿阇世王受梵义之人
Bangale Bay 孟加拉湾
Barhis 巴尔希草（祭祀中要用的植物）
Barhis 祭筵
Barth 巴思（奥义书学者）
Baudhāyana Śrauta Sūtra《波达耶那天启经》
Baudhāyana 门派波达耶那
Beās 比亚斯河
Bhādrapada 婆达罗钵陀月，六月
Bhāgavatapurāṇa《薄伽梵往世书》
Bhaga 跋伽，太阳神（女性）
Bhaiṣajyāni 治病咒文
Bharadvāja Śrauta Sūtra《颇罗堕阇天启经》
Bharadvāja 颇罗堕阇
Bharata 巴罗达王，婆罗多，巴那达
Bhārūpa 以光为形
Bhava-Śarva 给予生死者
Bhikṣu 比丘
Bhoktṛ 个体之我，食者
Bhṛgu 布赫利古（同火神阿耆尼密切相关的祭祀僧）
Bhūḥ 地
Bhūman 广大
Bhumiṁ Caturbhṛṣṭim 四方界
Bhūmī 地界，地母
Bhuṛ 布尔，地
Bhūtaṁ, Bhavyaṁ 既生界与未生界
Bhūtasyapatir ekaḥ 万有独一主
Bhūtavidhyā 妖怪学
Bhūta-yajña 万灵祭（《百道梵书》说家主日常操持之五种祭事之一）
Bhūti 物魅精灵
Bhuvar 布瓦尔，天空
Bhuwar 布瓦
Bījaja 种生
Bikṣu 比丘
Bloomfield M. 布隆菲尔德（英国印度学及吠陀学学者）
Böhtlingk 波特林克（梵语学者）
Brahma Svayambhū 自在之梵
Brahma Up.《梵静奥义书》
Brahma Vidyā 梵智
Brahma-ātma-aikyam 梵我一如
Brahmabindu Up.《梵点奥义书》
Brahmacārin 梵行期，梵行者
Brahmācarya 梵行
Brahmān 大梵天神
Brahman 祈祷者（四祭官之一）

Brāhmanācchamsim 辅祷者，祈祷者之助手

Brāhmanācchaṁsin=Brāhmaṇāt-saṁsin 次祈祷者，辅助祈祷人

Brahmaṇaspati 梵天主，智勇兼备之祈祷神（祈祷主异名之一）

Brahmaṇaspati-sūkta《祈祷主歌》

Brahmaṇaspati 梵天主，祈祷主

Brāhmaṇa 梵书，梵书篇

Brahmaṇa 婆罗门种姓

Brahmanvarta 梵国

Brahman 祈祷、祈祷人（祭司名），梵，祭祀中宣告神降与否的祈祷者

Brahmapura 梵城

Brahma Sūtra《梵经》

Brahmāvarta 梵转之国

Brahmaveda 婆罗门吠陀，婆罗门学

Brahmavidhyā Up.《梵明奥义书》

Brahmavidya 祈祷学

Brahma Vivāha 梵婚（吠陀经中最神圣之婚礼）

Brahma-yajña 梵祭（《百道梵书》说家主日常操持之五种祭事之一）

Brahmā 大梵天

Brāhmī 婆罗米文（亦称梵文）

Bṛhadāraṇyaka Up.《大林间奥义书》

Brhadratha 大车王，《弥勒奥义书》中的人名

Bṛhaspati 祈祷主

Buddhāta 醒位（奥义书哲学中谓人的四种存在状态之一）

Bühler 布赫勒尔（德国吠陀学学者）

Burnell 布耐尔（德国吠陀学学者）

Burnouf 伯努夫（法国印度学学者）

Būtātman 有我

Caitra 制檀逻月，一月

Caitrī 制怛罗月祭，春二月十五祭

Cakravartin 转轮圣王

Cakṣuṣaspitā 眼识之父

Caṇḍāla 旃达罗，秽多、制革、屠宰（父首陀罗、母婆罗门）

Candragupta 旃多崛多

Carakā 伽罗卡

Caraka 迦拉卡（印度医学之祖，传为《阿由吠陀》之作者）

Catasraḥ pradiśaḥ 四极

Caturbhiṛṣṭi 四极之界内

Cāturmāsya 四月祭

Caturtha 第四位（《弥勒奥义书》中表述眠位以上之大觉位）

Caturvarṇā 四种姓阶级制度

Caturyoni 四生说

Chānda 旃陀

Chandaḥ Sūtra《阐陀经》（独立

的韵律学研究著作）
Chandāmsi 咒词
Chandas《阐陀》（此为研究吠陀韵律的学问）
Chaṇḍogya Br.《歌者梵书》
Chandogya Up.《歌者奥义书》
chandus 咒语
Chanminya 乾米利耶派
Chaos 原初混沌
Chāyātapru 光影二重我
Chenāb 杰纳布河
Christien 克里斯提安（印度学学者）
Cina 印度古时的中国名
Cinvat 青瓦特桥（吠陀中通往冥界的奈何桥）
Cītavana 尸陀婆那，葬场
Cit 知
Cratu 意向
Cuḍākarman 结发式（一种祭仪）
Cūlikā Upaniṣad Up.《鸡冠奥义书》或《顶上奥义书》
Cullāvagga 小品

Dadhe 创造
Dadhikrā 达提卡（圣马之名，太阳神化身）
Dadhyāśir 酪，酥酪
Daeva 恶神（波斯名）
Daiva Vivāha 神婚（吠陀经中的神圣婚礼）
Daiva 占卜学
Dākṣāyaṇa 累年长祭
Dakṣa 达克沙，势力、力量
Dakṣiṇāgni 南火
Dakṣinas 人神祭品
Dakṣiṇā 哒儭（布施物品）
Dama 自制
Dāmyata 制禁，禁欲
Dāna 布施，慈善
Dārā Shukoh 达罗苏科（莫卧儿帝国皇子，欧卜纳哈《五十奥义书》的编纂赞助人）
Darbha 达尔巴草（祭祀中需用的植物）
Daśahotṛ 第十劝请者（祭坛神官之一）
Dasaltindische neu und Voll Mondsofter 古代印度新满月祭
Dāsa 魔鬼达莎、达莎族
Daśa 十（数词）
Daśupati 兽主
Daśya 达莎（族名）
Dasyu 达西耶（族名），魔鬼达莎
Data 布施，慈善
Dayadhva 自励不退，努力不退失
Der blinde wille 盲目的意志（德语）
Deus 罗马的神
Deva ekaḥ 唯一神

Devajanavidyā 仙学
Devalokas 天界
Devaputre 诸神父母
Devasu adhi deva ekaḥ 独一真神
Devas 神（立陶宛名）
Devatādhyāya《诸天思虑梵书》
Devavidyā 神学
Deva-yajña 神祭（《百道梵书》说家主日常操持之五种祭事之一）
Devāyana 天道
Deva 提婆，天人，天神
Dgnidhra 点火者
Dhamani 祭供，住所，所适宜
Dhanur Veda《陀菟吠陀》(吠陀中衍生出的军事书，一切友传为作者的人撰出）
Dharma Sūtra《法经》(有关伦理规矩，三种经书之一）
Dharma 法，规律义、律法，义务、伦理规则
Dhātā 创造者
Dhātri 乳母，奶妈
Dhātṛ 达特利（吠陀中创造维持宇宙的神，规范者，维持者）
Dhiṣṇya 六灶
Dhyāna 禅定
Dīkīa 净洁之法
Dikṣaravimita 修习处，加行处
Ding-an-sich 物自体（康德的术语）
Divaṁ，Pṛthivīṁ 大地
Divyani 天火
Divya 天分
Doab 多阿伯（地名）
Drāhyāyaṇa Śrauta Sūtra《德拉喜衍那天启经》
Drang 内在的力
Dravida 达罗毗荼人
Droṇakalaśa 苏摩桶
Dṛṭdvati 德里沙伐底河
Dṛti 大桶或皮囊
Druhyas 吠陀时代五族之一
Dūta 使者（阿耆尼异名之一）
Dvāpala 两点，骰子上的点数（梵书中原始的大劫说阶段）
Dvāpala 第二时期（梵书中原始的大劫说阶段）
Dvija 再生，新生
Dyānabindu Up.《静思维点奥义书》
Dyauspitar 吠陀神，天父
Dyaus 天
Dyāvāpṛthivī 天地，天地神
Dyusthāna 天位
Dyu 光辉（Dyaus之词根）

Eggeling 埃杰林（德国吠陀学学者）
Eka Draṣṭa Advaitah 唯一无二之能见者（出《大林间奥义书》）
Eka Eva Advitiīya 唯一不二（出《歌者奥义书》）

Ekadṛṣṭādvitah 唯一无二之主观，无待的主体
Ekāha 终日祭
ekajāti 一生族
Ekam Eva Advitīyam 唯一不二
Ekamartya=only one mortal 唯一应死者
Ekāyana 政治伦理
Emanation 分泌
Emanatious theorie 分泌说（新柏拉图派的世界发生说）
Eros 爱洛斯（希腊欲爱之神）
Eschatologie 归宿论，末世论
Etad Vai Tat 此即实为彼（出《羯陀奥义书》）
Etaśa 埃塔夏，太阳车之牵引马

Fetishism 物偶崇拜，拜物教
Final Cause 终极原因

Galand 戈兰德，德国吠陀学学者
Gandharva 乾达婆，乐神
Gandharva Veda《乾达婆吠陀》（有关音乐与舞蹈的教学书，副吠陀之一）
Gandhāra 犍陀罗（地名）
Gandharva-nāgara 或 Gandharva-pur 乾达婆城，亦即蜃气楼台的异名说法
Gāndhāva Vivāha 乾达婆婚（吠陀经中之一种婚礼）
Ganga 恒河
Garbha Up.《胎藏奥义书》
Garbhadāna 受胎式（一种祭仪）
Garbharakṣaṇa 护胎仪
Garbha 胎子
Gārgī 伽尔基（《大林间奥义书》中智慧女之名，瓦伽克王的女儿）
Gārhapatryāni 家主火（婆罗门家中有三火灶，家主火灶为其中之一）
Garuda Up.《绿宝石奥义书》
Gāthā 歌赞
Gaudāpḍa 高达巴塔，吠陀哲圣
Gautama Dharma Sūtra《乔达摩法经》
Gautama 乔达摩（《梨俱吠陀》中的仙人）
Gavāśir 牛乳
Gaviṣṭi 战争
Gāyatrī《誐野呾里》，献给娑维德利神的颂歌、歌手
Gmā 地界
Gobhila Gṛhya Sūtra《戈比罗家庭经》
Gobhilasamgraha Pariṣiṣṭa《戈比罗集补遗书》（吠陀本集的赞歌的来源与作者等说明）
Goldstücker 戈尔德斯达克（德国吠陀学学者）

Gopātha Br.《牛道梵书》
Gopā 守牛者，国王
Gotama 乔达摩
Gotama 瞿昙（婆罗门祭司家族姓氏，义为“最上牝牛”）
Grāma 村邑聚落
Grassman 格拉斯曼（德国梵语学学者）
Grāvastut 压石赞者，劝请者辅祭
Gṛhapatī 家主（阿耆尼异名之一）
Gṛhastha 治家理财
Gṛhya Sūtra 家庭经（有关家族祭祀，三种经书之一）
Griffith 格里菲思（《阿达婆吠陀》英译者之一）
Grīṣma 盛热，夏
Griṣṭha 山住，苏摩异名
Gṛitsamada 格里萨马达（吠陀家族之一）
Gṛṣṭī 云，牝牛
Gujrat 古吉拉特（地名）
Gupta 笈多王朝
Guru 老师，上师，师尊

Haṁsa Up.《渡鸟奥义书》
Harahvati 哈拿富瓦底河
Hariścandra 师子月
Hatar 吠陀祭官
Haug M. 豪格 · M.（德国吠陀学学者）
Haviryajña 供养祭
Havis 供物
Havyavāhana 运传之神（阿耆尼异名之一）
Helios 赫利俄斯（希腊之太阳神）
Heos 赫俄斯（罗马神话中霞光女神）
Hillebrandt 希尔布兰特（德国东方学者）
Hindustan 印度斯坦
Hiraṇiyapāṇi 黄金手（太阳神异名）
Hiraṇya Garbha 金胎
Hiraṇya Keśin 喜罗尼耶科欣
Hiraṇya Gṛhya Sūtra《喜罗尼耶家庭经》
Hiraṇya Sharma Sūtra《喜罗尼耶法经》
Hiraṇya Śrauta Sūtra《喜罗尼耶天启经》
Hopkins 霍普金斯（德国吠陀学学者）
Hotar 亦作 Hotṛ，吠陀祭官，劝请者
Hotṛ 劝请者（四祭官之一）
Hṛdantarjyotis 心内之光明
Hṛd 心脏，心
Hvare 赫瓦勒（古波斯太阳神）
Hydaspes（Bidaspes）杰赫勒姆河（希腊名）

Hydraodes 拉维河（希腊名）
Hyphasis 比亚斯河（希腊名）

Ida 伊达祭
Idam Sarvam Yad Ayam 全体宇宙皆是此我（出《大林间奥义书》）
Idam Sarvam 此之一切，一切
Idam 现世或此土
Īhśreyasas 无上界
Ikṣvāku 甘蔗族
Ịlā 伊萝（人名）
Imāni Bhūtāni 世间诸有
Indian Literatur, Brahmanism 印度文献 · 婆罗门教
Indra-Agni 因陀罗 – 阿耆尼
Indra-Varuṇa 因陀罗 – 婆楼那
Indra 因陀罗，雷霆之神，帝释天，毗里特拉哈
Indriya 根
Indus 印度河
Īśāna 司配者，伊奢那（意自在者、操控者）
Īśa Up.《自在奥义书》
Isitapurtena 无愿不满，无有愿望不能满足
Īśvara 自在天
Ithihāsa purāṇa 史传（古代印度的学术门类之一）
Ithīhāsa-purāṇa 传说史话，如是语往世书
Ithīhāsa 传说，如是语

Jābāla Up.《贾巴拉奥义书》
Jacobi 雅各比（德国东方学学者）
Jagati 诗
Jalāṣa-bheṣaj 施安稳药者
Jamadagni 贾马达格尼（《梨俱吠陀》中的仙人名，彼为斧者罗摩之父）
Jambu-dvīpa 阎浮提洲
Jamini 斋弥尼派
Janaka 迦拉卡（韦提波国王）
Jana 氏族，族种，起源
Janitā 能生者
Jañjida 坚吉达树
Jārayuja 体生
Jaritārah 祈祷者
Jātakarman 出胎式
Jātāni 万有
Jātaveda 知生者（阿耆尼异名之一）
Jāvātman 有命之我，命我
Jhaśa 贾夏（人名）
Jhelum（Bihat）杰赫勒姆河
Jīvamadhvadātman 尝蜜味之我
Jivātman 个人我，生我、命我、生命之我、小我
Jñāna-kāṇḍa 知分，智显部分
Jñāna 智识，《泰帝利耶奥义书》说梵之性质
Jñānendriya 知根

Jyaiṣṭha 逝瑟吒月，三月
Jyotiṣām jyotis 光中之光
Jyotiṣa 树提，（从吠陀衍生出来的天文学）

Kaivalya Up.《唯独不依奥义书》
Kālāgnirudra Up.《黑暴之神奥义书》
Kāla 时
Kali 一点，骰子上的点数（梵书中原始的大劫说阶段）
Kālidāsa 迦梨陀莎（古代印度诗人、戏剧家）
Kali 第一时期（梵书中原始的大劫说阶段）
Kalpa Sūtra 劫波经
Kalpavāda 劫波说
Kāma 欲爱
Kāmadeva 欲天
Kāmadughāḥ 如意牛
Kāma 爱或欲爱（拟人化的神名）
Kāmesthi 吠陀祈愿仪式
Kaṇiṣk 迦腻色迦王
Kaṇṭhaśruti Up.《乞闻奥义书》
Kaṇva 甘婆（吠陀家族之一）
Kapiṣṭhala Katha S.《伽比斯塔罗羯陀本集》
Kapiṣṭhala Kāthaka 伽比斯塔罗羯陀派
Kapota 鸽子（阎摩的信使之一）
Karaṇayūha 派别论，吠陀学派别论
Karma 业，业道
Karmendriya 作根
Karthika 秋分时，十、十一月间
Kārttika 迦拉底迦月，八月
Kasmaidevaya 光辉之神赞，《梨俱吠陀》中的赞歌
Kasmai-sūktal《金胎歌》,《伽斯迈歌》
Kasmai 光辉，神名
Kaśyāpa 迦叶波（龟，婆罗门家族之一），迦叶波（《梨俱吠陀》中的仙人名）
Kātaṇa 伽塔纳（家庭经）
Kāṭhaka Br.《羯陀梵书》
Kāṭhaka Saṁhitā《羯陀本集》
Kāṭhaka Śrauta Sūtra《羯陀天启经》
Kāṭhaka 羯陀门派
Kātyāyana Gṛhya Sūtra《卡提亚耶那家庭经》
Kātyāyana Śrauta Sūtra《卡提亚耶那天启经》
Kātyāyana 卡提亚耶那（有关吠陀总《索引书》的撰者）
Kaukilī 考基利（祭仪）
Kauṣika Gṛhya Sūtra《憍尸迦家庭经》
Kauśika Sūtra《考尸迦经》
Kauśika 考尸迦（婆罗门祭司家族

姓氏）
Kauṣītaki Up.《考斯塔基奥义书》
Kauṣītaki Br.《考斯塔基梵书》
Kauṣītakin考斯塔基门派
Kautuma 考杜马（与罗纳耶尼耶同为《沙摩吠陀》学两家，学派虽异，所依圣典无甚差别）
Kavayah 圣者
Kāvya 作话诗篇，犹言故事创作
Kāya 身聚（神名）
Keith 凯思（英国印度学学者）
Kena Up.《由谁奥义书》
Keśānta/Godānakarman 剃发式（一种祭仪）
Khadira Gṛhya Sūtra《伽迪罗家庭经》
Kharoṣṭhī 佉卢文
Khyber 开伯尔山口
Kṇāva 克那瓦（黑夜柔学派）
Kolaria 科拉利亚人
Kravyād 食尸者（毕舍遮鬼异名）
Kṛcchra 苦行（帝师为得神异而作的修持）
Kriśanu克里希纳
Kṛṣṇa Yajur 黑夜柔
Kṛṣṇa 暗黑
Kṛta 四点，骰子上的点数（梵书中原始的大劫说阶段）
Kṛta 第四时期（梵书中原始的大劫说阶段）
Kṣam 地，地上
Kṣatravidhyā 军事学
Kṣatrya 刹帝利
Kṣattṛ 克沙特里（父首陀罗、母刹帝利）
Kṣā 土地
Kṣetrasyapati 地主神（各家皆有保人畜平安的小神）
Kṣiprasavaṇa 安产式
Kṣurikā Up.《利刃奥义书》
Kukuṭaka 野鸡族（父首陀罗、母沙达之后裔）
Kumārīla Bhaṭṭa 库马立拉（婆罗门教哲学家）
Kuru-kṣena 俱卢国，俱卢地方
Kuśa 茅草

Lāja 烧米（祭祀品）
Lakṣmī 吉祥天
Latyayana Śrauta Sūtra《拉提耶那天启经》
Lilakai Valyam 游戏所为，游戏所成
Logos 逻各斯（希腊哲学术语）
Loṣṭaciti 坟

Maātarā 母亲
Macdonell 麦克唐纳（德国吠陀学学者）
Madhyadeśa 中国，中土

Madhyamāh 中层
Mādhyandina 马地衍第那（黑夜柔学派）
Māga-dha 摩迦陀（父首陀罗、母吠舍）
Maghavā 博施之主
Māgha 摩伽月，十一月，磨噶月
Mahāvibhvātman 广大遍在之我
Mahābhārata《摩诃婆罗多》
Mahābhāṣya《大注》（波檀迦腻撰）
Mahādeva 大天，摩诃提婆
Mahāpuruṣa 大人，伟人
Mahāratri 大夜
Mahātmā 大我
Mahato Mahīyah 大而极大
Mahā Up.《摩诃奥义书》
Mahāvedi 大祭坛
Mahāvyāhṛti 大宣言，祈祷胎儿平安之咒文
Maheśvara 大自在天
Mahidas Aitareya 摩醯陀·爱多雷耶（印度吠陀学者）
Mahimānaḥ 具势力者
Mahiman 我之伟大
Mahimā 伟大
Mahī 洪大
Mahmud 马赫穆德（阿富汗回教王）
Maitrāyaṇa Up.《弥勒奥义书》
Maitrāyana 弥勒义派
Maitrāyaṇiya Br.《弥勒梵书》
Maitrāyaṇiya Saṁhitā《迈特拉雅利耶本集》
Maitreya Saṁhitā《弥勒奥义本集》
Maitreyī 弥勒伊（智者耶鞠那瓦基亚之妻）
Maleblannche 马勒布兰希，即万有即神观
Manas 力用，心识、思念、现识、心魂、心意、有识、意识
Mānava Dharma Śāstra《摩奴法论》
Mānava Gṛhya Śūtra《马那婆家庭经》
Mānava Sharma Śāstra《马那婆法论》（即《摩奴法典》）
Mānava 马那婆，法论学派
Maṇḍala（书）册
Māṇḍūkeya 曼杜基派
Manomayātman 现识所成我（五藏说中之五种层次的自我之一）
Manomaya 现识以成
Manual 摩奴（人类始祖）
Mārgaśirṣa 末伽始罗月，九月
Marīchīḥ Pravataḥ 高天光明
Martāṇḍa 马丹达，太阳鸟（太阳家族第八子）
Martyam 应死
Marusthala 马尔斯他拿沙漠
Maruts 马鲁特，神话中亦指楼陀

罗（Rudra），湿婆异名
Maśaka 马夏卡
Mātariśvan 摩多利首（持天火到人间之神）
Mātrā 材料，质料
Matsya 马兹耶（婆罗门家族之一，本义是“鱼”）
Māṇḍūkyakārikā《曼杜基偈颂》（吠陀哲圣高达巴塔的自我论宣言）
Maurya 孔雀王朝
Max Müller 马克斯·缪勒（英国宗教学者）
Maya 愤怒
Māyā 幻世界，幻影之动力、魔力、幻力
Māyin 魔法师，幻师
Mayūkha 橛，木铲，竹片
Medhājānana 授智式（一种祭仪）
Megasthenes 麦加斯梯尼（到过印度的希腊使臣）
Menandros 弥南德洛斯，弥兰陀王（希腊名）
Meru=Sumeru 迷卢山，大梵天居住此山顶
Microcosmo 大宇宙
Microcosm 小宇宙
Milinda 弥兰陀王
Mithira 密提拉（密特拉之波斯名）
Mitra-varuṇa 密特拉－婆楼那
Mitra 密特拉（姓氏：印度吠陀学学者；友：白昼之神、早期吠陀六神之一）
Modus 样式（拉丁文）
Mokṣadharma《解脱法品》(《摩诃婆罗多》第十二章）
Mokṣa 解脱
Monsoon 季风
Mṛta 死位（奥义书哲学中谓人的四种存在状态之一）
Mṛtiyu 死亡，死神
Mūjavat 穆贾瓦特（山名，盛产苏摩之地）
Mūjavata 山生（苏摩异名）
Mukhya Prāṇa 首风
Muktika Up.《穆提卡奥义书》
Muktika Upanisads 穆提卡百零八种奥义合集
Mūlaprakṛti 自性根本
Muṇḍaka Up.《蒙达卡奥义书》
Muñta 文者草
mūrtam 具体
Mūtiba 穆提巴

Nachiketas 那其克塔（人名，奥义书中的人物）
Naimittikā 吠陀祈愿仪式
Naiṣṭhika 终世修行者
Nāka 穹窿（合天界与空界之混一区域）

Nakṣatra-vidhya 星学
Nakṣatra 星神
Nāmadheyakaraṇa 命名式（一种祭仪）
Nāmarūpa 名色，差别相，现象万物
Nāma 名
Nanaspati 森林之主
Nārada 那罗达（《歌者奥义书》中婆罗门名）
Nārakaloka 奈落伽（地狱异名）
Naraka 奈落伽，恶去处，地狱
Nārāyana Up.《那罗衍那奥义书》
Nārāyaṇa 那罗衍那（姓氏，印度学学者）
Na Riśyate 无害者
Natura Naturans 实体为神，无因而有、自有本有且永恒（斯宾诺莎的本体观念）
Natura Naturata 自然，有因而生、生而永恒（斯宾诺莎的自然观念）
Na Vyathate 无恼者
Neṣṭṛ 导者，行祭者之辅祭
Neti Neti 否否论法
Nichtsein 非存在，非有（德）
Nidhi 历法学
Nighaṇṭu 尼干途（耶斯伽有关吠陀解说释义五部圣典的总称）
Nigrantha 尼犍陀子
nikhāta 土葬
Nilayanam 有住
Nilkhāta 埋葬
Nimitta 动力因，工具因
Nīraludra Up.《青暴之神奥义书》
Niravadā 远敬之法
Nirṛti 坏灭
Nirddhapaśubandha 供兽祭
Niruktam 有表
Nirukta《词源训诂总汇》
Niṣāda 尼沙达（父婆罗门、母首陀罗）
Niṣkramaṇa 出游式（一种祭仪）
Nāstika 异端学派（非吠陀系统的其他思想主张）
Nitya 常恒，长住
Nṛyajña 人祭（《百道梵书》说家主日常操持之五种祭事之一）
Nyagrodha 尼拘陀树，榕树
Nyāsa 遁世
Nyāya 正理派

Oṣadhiḥ 苏摩草（药草）
Oupnek' hat 欧卜纳哈

Padapātha 分别语集
Paidva 蛇魔派达婆
Paippalada 派帕那达，《阿达婆吠陀》学派
Paiśāca Vivāha 卑舍茶婚（吠陀经

鄙视的一种婚礼）
Pālāśa 波罗奢树
Pañca Jana 五族，五氏族
Pañcakas 五分
Pañcakośa 五种藏之说，五个匣子或五箧
Pañcāla 般遮罗族
Pañca-nada 旁遮普
Pañcaviṁśa Br.《二十五章梵书》
Pañcayana 五族联盟
Pāṇḍu 潘度国
Pāṇini 帕尼尼（梵文学者）
Paṇis 魔神巴腻斯，悭吝鬼、贪财鬼、隐蔽者
Paṇi 贪吝者，贪吝鬼
Pañjāb 五河地区
Panj 旁遮，数目之五
Pantheism 万有神教
Panuṣṇi（Irāvatī）拉维河
Pāraḥ Parāvataḥ 遥远彼方
Param Vyoman 天之最高处
Parama Haṁsa Up.《最上渡鸟奥义书》
Paramā Samdṛk 最高示现者
Paramagatīh 最高之归趣
Paramam Guhyam 最上秘密
Paramaṁ Jyotis 最高之光
Paramānandam 最上妙乐
Paramārtha 真谛门
Paramātman 大我，梵之我，胜义我
Parāsah 上层
Pāraskara 帕罗伽罗
Parastāt 前方
Paraśurāma 持斧者罗摩（《梨俱吠陀》中的仙人贾马达格尼之子）
Parātman 大我（奥义书的观念）
Paravatān Bṛhataḥ 大高处
Pariṇāmavāda 大梵展化说
Pariṣad 会坐
Pariṣiṣṭa 补遗书（对劫波经的补遗）
Parivrājaka 游行者
Parjanya 雨神
Pārthiva 地分
Pārvaṇa 满月祭
Parvata 山峰（峰状云）
pāśa 绳索
Paścāt 后方
Paśubhanda 供牺祭
Paśupā 兽类的保佑者，亦即普善神
Patañjali 波檀迦腻（《大注》撰者）
Patitasāvitrikā 失权之人
Pauṣa 报沙月，十月
Pavamānastotra《清澄歌》
pavamāna 清澄
Pavitra 细筛，羊毛制的
Pedu 拔头王
Phālguna 颇勒具那月，太阳历二三月间之春分，天竺历亦指十二月

Piṇḍa Up.《糍供奥义书》
Piṇḍapitṛyajña 祖先奉饼祭，奉饼祭
Piśāca 毕舍遮（异名幽鬼、食尸者）
Pitanah 父亲
Pitarā 父亲
Pitṛyāna 祖道
Pitṛya-yajña 祖先祭（《百道梵书》说家主日常操持之五种祭事之一）
Pitṛ 亡者，祖先，祖先之神
Puṁsavana 成男式
Post-vedic Period 后吠陀时代
Potṛ 拂秽者
Pradhāna= material cause 质料因
Pradiś 四极
Pradis 天极
Prajana 生殖
Prajāpati 生主（神名），生物之主
Prājāpatya-sūkta《生主歌》
Prajapatya Vivāha 生主婚（吠陀经之神圣婚礼）
Prajñā 智识，慧位（梵的六相之一，出《大林间奥义书》）
Prākṛta 自然语（相对于标准梵文的俗语文）
Prakṛti=material cause 质料因
Prakṛti 根本
Prakṛti 物质世界的流出，自性生起
Prāṇāgnihotra Up.《生息火祀奥义书》
Prāṇamayātman 生气所成我（五藏说中之五种层次的自我之一）
Prāṇaśarira 生气为身
Prāṇa 出息，呼吸，生气
Praśāstr, Maitravaruṇa 传令者
Praśastṛ 传令者，吠陀祭司
Praśis 命令
Praśna Up.《六问奥义书》
Prāsta 投弃
Prastha 高朗之地、高处
Prastotṛ 初咏者（咏歌者之辅祭）
Prathamachad 太初
prathamam garbham 初胎
Pratharnaja 初生之子
Pratigraha 受供养受施
Pratihartṛ 除者（咏歌者之辅祭）
Pratilomakā 逆自然者（父安巴斯塔、母韦提希人）
Pratiśākhya Sūtra《派别音声经》
Pratiṣṭhatṛ 伫立者（行祭者之辅祭）
Prauḍha Br.《普拉乌达梵书》
Pravāhana Jaivali 普拉哈瓦拉·斋瓦里（《歌者奥义书》和《大林间奥义书》中的圣哲）
Pravargya 苏摩前祭，苏摩预备祭，苏摩祭之前奏（以陶罐盛牛乳加热上供阿湿波神）

Prayati 力用
Preta 亡者，亦即鬼魂
Priyam 爱乐（梵的六相之一，出《大林间奥义书》）
Pṛśnimataraḥ 牛母生
Pṛśni 牝牛
Pṛṣṭha 背部，天界一分
Pṛthivī 地
Pṛthivīmatṛ 地母
Pṛthivisthāna 地位
Pṛthivī 地
Pulinda 普林达（人名）
Pullasa 福舍族（父首陀罗、母尼沙达）
Punar Astam Ehi 归乡
Pundra 蓬德拉（人名）
Purāṇa 史传，往世之事，往世书
Purandhi 丰满（拟人化的神名）
Purodha 新米饭
Purohīta 国师（婆罗门僧侣）
Purudrapusaḥ, Drapinaḥ 雨滴充沛者（马鲁特异名）
Puruṣa Sūkta《原人歌》
Puruṣa-medha 人祠
Puruṣa 原人
Pūrus 吠陀时代五族之一
Pūrva-prajñā 前生智（指前生中的经验）
Pūṣan 大地神，普善神，养育者
Rahasya 秘密
Rājanya 王族
Rājasūya 即位灌顶祭
Rajasūya 王家祭礼
Rajas 大气，空界，冥暗
Rājiputta 拉吉普特
Rāka-yajña 调理祭（其特点为此祭祀在家中举行，且又供养家中所制的食品）
Rakṣahan 杀罗刹（阿耆尼异名）
Rākṣasa Vivāha 罗刹婚（吠陀经鄙视的一种婚礼）
Rakṣas 罗刹
Rakṣimi 拉克希米（吉祥天女）
Rama-pūrvatāpanīya Up.《罗摩-前黄金奥义书》
Ramaraja 罗摩罗阇
Rama-uttaratāpanīya Up.《罗摩-后黄金奥义书》
Rāma 拉玛(《罗摩衍那》中的人名）
Rānāyanīya 罗纳耶尼耶（与考杜马同为《沙摩吠陀》学，学派虽异，所依圣典无甚差别）
Rānāyanīya 纳耶尼耶
Rasa 天河
Ṛaṣih 圣者仙人
Rāśi 数学
Raśmi 绳尺，绳索之尺
Ṛasya Gopā 法则主

Ratha-kāra 车匠（父吠舍、母首陀罗）
Ratheṣṭhā 车战者
Rātri 拉特丽（夜之女神）
Rāvana 罗婆那（史诗中巨人）
Rāvī 拉维河
Ṛbhus 离布斯（神名，半人半神存在者）
Ṛbhus 离布斯，精灵类的鬼怪
Ṛc 赞歌
Retas 种子
Retodhāḥ 持种者
Ṛgveda Saṁhitā《梨俱吠陀本集》
Robert Eanst Hume 罗伯特·休谟（《十三奥义书》的美国译者）
Rocana 光明，亦指天界
Rohita 赤红，红暾（太阳异名）
Roth-Wintney 罗斯-惠特尼（两位西方《阿达婆吠陀》学者）
Roth 罗斯（梵语学者）
Ṛṣi 古代圣人、仙人、圣人、仙圣
Ṛta 秩序，规律
Ṛtvij 祭官，婆罗门祭祀的司仪
Rudra 楼陀罗（暴怒之神，湿婆异名，又称马鲁特）
Rūpalokas 色界
Rūpa 形色

Śabala 灰色
Śabara 夏巴拉（人名）
Sabhā 议会
Saccidānandam 有智乐，即存在智识与喜乐（《人狮子郁多罗奥义书》中梵之属性）
Saccidānanda 真智喜，真我的属性
Sad 灭（词根）
Sadānanda 沙檀难陀（《吠檀多精义》的作者）
Sadampuṣpā 不败花
Sadas 小屋
Sādhukarmā 行善
Ṣaḍviṁśa Br.《二十六章梵书》
Sahasas Putra 力之子，即阿耆尼
Śakaro Devānām Indra 释提桓因
Sakala Jambudvipa 阎浮提洲
Śākala 夏伽罗
Sākamedha 萨迦荼祭
Sākamprasthāya 萨干普拉塔耶
Sākāyanya 萨伽耶尼耶（《弥勒奥义书》中圣者名）
Sakṛdvibhati 常住之光
Śākvati 夏克巴提调（此种歌赞每七个音节为一句，每八句为一小节）
Salila 波（尘埃如翻滚的云从足边腾起，一如舞者的热烈）
Śālīnas 居家者，家主
Sāman-veda《沙摩吠陀》
Sāmāni 歌咏，沙摩，歌咏者（祭

司名）
Sāman 莎曼，诗句，丰富，丰饶
Samāvartaṇa 归家式（一种祭仪）
Sāmaveda Saṁhīta《沙摩吠陀本集》
Sāmavidhāna《沙摩义分别梵书》
Śama 寂静
Samdhamati 扇风锻炼
Samhitopaniṣad《本集奥义梵书》
Sāmhitopanisad 才华章奥义
Samiti 议会
Samkhya 数论派
Samkrama 桑伽罗祭
Śambara 执杵者
Sāṁmanasyāni 得平安法，咒文
Samprasāda 熟眠位（奥义书哲学中谓人的四种存在状态之一）
Samrāj 大王，宇宙王
Samṣad 集坐
Saṁsāra 轮回
Sāmskāra 行
Saṁskāra 净法，清净法
Samsṛ 流转
Samudraṁ Arṇavaṁ 大海
Saṁvatsara 岁，时，岁神
Sānatkumāra 萨那库马罗（《歌者奥义书》中军神名）
Śanatsūjatīya《长生篇》(《摩诃婆罗多》第五章）
Śānḍīlya-vidya 香地利耶论（因梵而成有、成命、成宇宙的说法）
Śāṇḍilya-vidhyā 香地利耶学说
Saṁvatsara 岁
Śaṅkara-ācārya 商羯罗（吠檀多派哲学家）
Śāṅkhāyana G.S.《商羯耶那家庭经》
Śāṅkhāyana Ś.S.《商羯耶那天启经》
Śāṅkhāyana Br.《商羯耶那梵书》
Śāṅkhāyana 商羯耶那（吠陀五家学者之一，商羯耶那门派）(有关《梨俱吠陀》的学派之一）
Sāṅkhya 理论
Sannyāsa Up.《离世奥义书》
sannyāsa 遁世修行，遁世
Sannyāsin 游行生活，隐遁者
Sanskrit 梵文
Sanskṛta 完成语（完善语）
Śāntiruya 圣者香提路耶
Śānti 寂静者
Sānu 顶上，天界最上
Sapathīka 携妻者
Sapatnī 随妇之夫
Sapiṇḍīkaraṇa 供饼祭（吠陀葬仪一部分）
Saptapārayajñāḥ 七调理祭（所有家庭祭祀中最典型的家庭祭事代表，对此所有的家庭经都有详细的说明）

Saptasaṁsthāḥ 七会，七种祭仪
Śarad 茂盛季，秋
Saramā 雌犬萨罗摩
Sārameya，Sāraneya Iśvānan 阎摩的狗使者
Saranyū 莎罗妮由（工巧之神的女儿，与因那罗和合而生人类）
Sarasvatī 萨罗室伐底（婆罗门祭祀三位祭坛神之一，其他二位是阿耆尼、苏摩）
Sarpavidyā 蛇学
Śarva Rudra 一切禄多罗（神名）
Sarva-anukramaṇī《总索引书》（有关吠陀的资料研究书，撰者卡提亚耶那）
Sarvamedha 行一切祠
Sarvamedha 一切祠（供养神及婆罗门，弃家而隐循山林前之祭祀）
Sārvasena 一切军祭
Sarvayam ātmā Brahma 此我即彼我（出《大林间奥义书》）
Śarva 杀或夺命
Sarvopaniṣatsāra Up.《一切奥义甘露书》
Samāna 等风，消化风
Śaṣpa 米萌（祭祀中用到的植物）
Śāśvara 恒有
Sat 此有，存在
Sat=vyakta 此有
Śatapathabrāhmaṇa《百道梵书》
Sati 萨蒂（贞女）
Ṣaṭkammānī 六行（婆罗门应当持行修养的六个方面：吠陀学习、教授吠陀、为自祭祀、为他祭祀、能作檀施、接受供养）
Sātmatā 梵我同一
Sattva 有情众生
Satyadharma 真相
Satyakāma 爱真实者
Satyam 存有，实有（梵的六相之一，出《大林间奥义书》;《泰帝利耶奥义书》说梵之性质）
Satyasaṅkalpa 以真实为思维
Satyavāda 实言实语
Satyaya satyam 不变的实在
Satya 真实
Śaunaka 肖那伽祭（肖那伽亦为《阿达婆吠陀》学派之一）
Sautrāmaṇi 绍特罗摩尼祭（行愿之祭，祭祀因陀罗神而祈愿）
Savarṇa 与父同姓，子嗣，同种姓
Śāvetāśvatara Up.《白净识者奥义书》
Savitṛi 娑维德利（太阳功能之神格化）
Sayvamedha 一切祠
Seczirg Upaniṣad des Veda《六十吠陀奥义书》
Sein 存在，有（德）
Semite 闪族人

Septarṣayas 七圣
Shah 沙尔（王朝名）
Śikṣā 式叉（吠陀的语音学）
Silāci 施剌西草
Śiladitya Harśavardhana 戒日王
Sīmantonnayana 分发式（一种祭仪）
Sindu, Hindu, Indu 信度（西域记称名）
Śirī 犁
Siśira 盛寒季
Siśunāga 甘庶王朝
Sitarā 悉塔（史诗中的王妃名）
Sītā 田畦主，音译悉塔，田畦之神
Śiva 吉祥恩惠，湿婆神
Skambha 支柱
Śloka 韵文（古代印度的学术门类之一）
Śmaśāna 葬地，尸摩奢那，中国译寒林
Śmaśaraciti 石坛
Smṛti 传承
Snātaka 洗浴者
Śokāntara 无忧虑处
Somapā 饮苏摩者，指因陀罗神
Somayajña 苏摩祭
Soma 苏摩，苏摩酒神，月神
Sphya 圣笏
Śrāddha 信仰神
Śrāddha 祖先祭
Sraj 王冠
Śrāmaṇa 沙门
Śrauta Sūtra《随闻经》（有关祭祀仪程的三种经书之一）
Śrauta Sūtra《天启经》
Srāvana 室罗伐拿月，五月
Śyāvaṇī 舍罗尼祭
Srvitṛ 萨尔毗特离
Śruti 天启
Stanapratidhāna 授乳式
Stenzler 斯腾勒（德国东方学学者）
Sthiti 安固，安稳不动（出《大林间奥义书》）
Sthūla Śarira 粗身
ṣṭora 唱赞歌咏
Sṭṛikarmani 与妇人相关之咒法，得女人爱咒，夫妇和合咒，多生子咒
Subrahmaṇya 赞酒者（咏歌者之辅祭）
Substantia 本体（斯宾诺莎的术语）
Sudarśana 喜见城
Sudās 苏达斯王
Śūdra 首陀罗
Śukla Yajur 白夜柔
Sukham 大喜妙乐
Sūkṣua Śarira 微细身，细身
Śūlka 赋税
Śulva Sūtra《数学经》（载阿巴斯坦比耶门派的劫波经）

Śuma 犁头
Sumeru 须弥山，或名妙高山
Śuna 犁头
Śunahśepa 苏那谢帕（甘蔗王名）
Śunahśepa 苏纳舍帕仙人（吠陀中加持圣王的仙人名）
Śunaka 苏那卡（犬婆罗门祭司家族姓氏）
Śunāśirīya 农具祭仪
Sūnṛta 实语
Sunya 日轮（形象为天鸟）
Surā 米酒
Sūryaṁ 苏利耶处
Sūrya 苏利耶（太阳神，相当于波斯古神赫瓦勒及希腊的赫利俄斯神）
Sūta 车夫（父吠舍、母婆罗门）
Sutlej 萨特莱杰河
Sutya-aha 榨取日
Sūtrakara 经书的作者
Sūtra 经书（古印度学术之一），经书篇
Suttapātha 经集
Śutudrī（Śutadrū）萨特莱杰河
svadhā 神酒者
Svādhyāyam Mā Pramadah 自励不退懈，努力不退缩
Śvāpākaq 做狗食者（父邬格罗、母克沙特里）
Svapānta 梦位（奥义书哲学中谓人的四种存在状态之一）
Svargaloka 天国
Svarga 天国
Svaru, Yūpa 祭柱
Svar 斯瓦，高天，苍天
Śvatāsvatara Up.《白净识者奥义书》
Svedaja 湿生
Śvetaketu 悉维塔克图（《歌者奥义书》中人名）

Tad Ekaḥ 彼一，本原之一，唯一者，性，种子
Taijasa 光照位
Taitirīya Br.《泰帝利耶梵书》
Taittiriya Saṁhitā《泰帝利耶本集》
Taj Mahal 泰姬陵
Tajjalān 塔伽兰，因自我而生、而有、而灭的梵论
Talavakāra Br.《供养礼赞乐师梵书》
Tamas 暗黑
Taṇḍhya Br.《但第耶梵书》
Tāṇḍhya S. 但第耶派
Tantin 坦丁派
Tanu 塔奴（精灵之一种）
Tapas 炽热，苦行，热力
Taravākara Br.《塔罗跋伽罗梵书》
Tārkṣya 塔卡西耶（吠陀中飞马）

Tat Tvam Asi 彼即是汝（出《歌者奥义书》）
Tejas 火
Tejobindu Up.《光明点奥义书》
Tevijja《三明经》
The Thirteen Principal Upanisads《十三种主要奥义书》（美国休谟所译）
The unknowable 不可知者（斯宾塞的术语）
Tiyambaka 三母
Trayivīdyā 三吠陀，三明
Trayividyā 三智，三吠陀
Tretā 第三个时期（梵书中原始的大劫说阶段）
Tretā 三点，骰子上的点数（梵书中原始的大劫说阶段）
Trieb 冲动
Trīrocanā 三光明界，天界之三层
Triṣṭbh 赞歌
Trita Āptya 特离多·阿提耶（吠陀之人格化神，本义第三层水，异名为小因陀罗）
Tritha 特离多神
Tritīyam 第三道
Tṛtsu 特鲁苏族
Tryambaka 二母神，即楼多罗神
Tūryantī 图兰梯，吉祥草
Turvaśas 吠陀时代五族之一
Tvaṣṭri 特瓦斯特里（手艺神、工匠神）
Tyat=Avyakta 彼有

Ucchiṣṭa 残馔
Udāna 上风
Udātṛ 另有一人为其唱诵
Uddālaka Āruṇi 郁多罗伽·阿鲁尼（《歌者奥义书》中圣哲名）
Uddālaka 郁多罗伽（《歌者奥义书》中圣哲名）
Uddhita 暴弃
Udgātṛ 苏摩祭时的歌咏者
Udumbala 褐色，昙钵罗果（树名）
Udunbara 乌昙钵罗，祭缨
Ugdatṛ 咏歌者
Ugra 邬格罗（种姓下分，父刹帝利、母首陀罗）
Ugradeva 荒神，凶暴者
Ugra 邬格罗（种姓下分）
Ukhā 乌加火钵
Ukthaśāsah 讽吟赞歌者
Ukthya 称赞祭
Ulūka 枭鸟，猫头鹰，鸺鹠，阎摩信使
Unneti 赞酒者
Upaniṣad 奥义书
Upanayana 入法式
Upapāduka, Opapātika 化生
Upavaktṛ，Matrāvarṇa 宣词者

Upavasatha 布萨日
Upaveda 副吠陀，优波吠陀（吠陀分支的一种学问）
Uraṇa 乌罗那，魔鬼，怪物
Urvaśi 乌尔瓦西
Urvī 宽广
Uṣasaṁ 乌舍
Uṣasla 乌莎斯塔
Uṣas 乌莎斯，黎明女神
Utama 上部，天界最上层
Uttanāpad 神母
Uttara-nārāyana《后那罗衍那祭歌》（载《白夜柔吠陀》文献中）
Uttarāt 上方

Vācakravī 瓦伽克鲁（奥义书中的国王）
Vāc 语言之神，也即雄辩和智慧的保护神
Vaidehika 韦提希人（种姓下分）
Vaikanāsa 食根者，掘草根为食
Vaikhānasa Gṛhya Sūtra《拜伽那萨家庭经》
Vaikhānasasūtra Sharma Sūtra《拜伽那萨法经》
Vaikhānasa Śrauta Sūtra《拜伽那萨天启经》
Vaikhānasa 拜伽那萨
Vaikhānasa 林仙
Vaina 细篾工（种姓下分，父韦提希人、母安巴斯塔）
Vaiśākha 吠舍佉月，二月
Vaiśesika 胜论派
Vaiśvānaraynm 遍在一切之神，遍一切有
Vaiśvānara 普遍位
Vaiśravaṇa 毗沙门天
Vaisya 吠舍
Vaitāna Śrauta Sūtra《三圣火天启经》
Vaitāna Sūtra《三圣火祭经》
Vaitāna sūtra《拜塔那经》
Vaiśvānara 遍在者（阿耆尼异名之一）
Vaivasvata 遍照者家系
VājaSaneyin《瓦阇沙尼耶家庭经》
Vājapeya 力饮祭
Vājapeya 庆祝祈祷畅饮的祭祀（有赌博、饮酒等活动）
Vājasaneya 瓦恰萨尼耶派
Vājasaneya 瓦阇沙尼耶（白夜柔学派）
Vājasaneyi Saṁhitā《瓦阇沙尼耶本集》
Vājasaneyin 瓦阇沙尼耶
Vājaseneya《瓦伽沙尼耶本集》中四十章的小解题
Vajaśravasa 最胜供养祭
Vāja 婆伽（精灵类的鬼怪）
Vajrahasta 金刚手

Vākovākya 论辩学
Vakuṇṭha 乐土
Vālakhya 吠陀补遗诗歌
Vala 婆罗怪（洞穴怪）
Vamadeva 伐摩提婆人（吠陀家族之一）
Vaṁśa Br.《谱系梵书》
Vaṁśas 家谱，谱系
Vanāprastha 林栖，林栖修行仪轨
Varuṇa-Mitra 婆楼那-密特拉
Vārdhamāna 筏驮摩那
Vaṛṇa 瓦尔纳（所说是三字—阿（a）、乌（u）、恩（m）的结合，成为唵（om）字）
Varna 瓦尔纳，种姓
Varṣa（Vasso）雨安居，雨季
Varuṇapraghāsa 婆楼那祭
Varuṇa 婆楼那，司法之神，黑夜之神，天之监视者
Vasamta 春，渐热季
Vaśikaraṇa 伐施迦罗拿（真言行法之一）
Vasiṣṭha 瓦悉斯塔，古代传说中的帝师名
Vasiṣṭha Dharma Śāstra《瓦悉斯塔法论》
Vasistha 拜西斯塔（《梨俱吠陀》中的仙人名，一切形者，即魔神名）
Vāṣkala 瓦斯伽罗（吠陀五家学之一）
Vāstoṣpati 住家主（每家皆有的小神，有除病痛、保平安的功能）
Vatsa 伐蹉（婆罗门祭司家族姓氏）
Vāyu 伐由，风神
Veda Saṁhitā《吠陀本集》
Vedāṅga 吠陀分支
Vedāṅga 六吠陀分
Vedānta 吠檀多，吠陀之终结，吠陀根本义
Vedāntasāra《吠檀多精义》（沙檀难陀撰）
Vedānta-sūtra《吠檀多经》（跋达罗衍那撰）
Vedānta 吠檀多，吠陀终结，吠陀根本含义，吠陀发挥义，吠陀精髓，吠陀结晶
Veda 吠陀
Vedi 祭坛
Veṇuyaveṣṭi 奉竹祭
Vibhavan 毗婆万（精灵类的鬼怪）
Videha 韦提波国
Vidhātā 规范者
Vidhatṛ 分配者
Vidhi 法学，规则仪轨的学问
Vidhi 仪轨（梵书之三分内容之一）
Vidyā 明，知、了解、学问，学艺（古印度的学术之一）
Vijaścit 能知之主

Vijñāmayātman 认识所成我（五藏说中之五种层次的自我之一）
Vijñānam 有识
Vijñānapuruṣa 潜藏识者，认识之主，认识主体
Vijñāna 识（意识），《泰帝利耶奥义书》认为的真实
Vijñāna 智，《大林间奥义书》中说本体之性质
Vijñā 识，阿特曼的认识成就之一
Vikramāditya 超日王
Vilva 毗罗婆（木杖）
Vindhya 文迪耶（山名）
Vipaśā 比亚斯河
Virāj 毗罗吒，遍照者，遍照神，光辉者
Viśdevah 众神
Viṣiṣṭādvaita 局限一元论（罗摩罗阇的学说）
Viṣṇu-purāṇa《毗湿奴往世书》
Viṣṇu Smṛti《毗湿奴法典》
Viṣṇu 毗湿奴
Visṛṣṭi 造化，创造
Viṣṭap 高处，天界一分
Vitastā 维塔斯塔河
Viśvabhuvanāni 万有
Viśvacakṣāḥ 观察一切者
Viśvadevah 一切天
Viśvakarman-sūkta《造一切歌》
Viśvakarman 造一切者，毗首羯罗
Viśvaṁ Idaṁ Jagat 现生界
Viśvāmitra 毗悉瓦密特拉（《摩诃婆罗多》中的帝师名）
Viśvamitra 毗舍蜜多
Viśvam 一切有
Viśvarūpa（魔神）一切形，三头六眼的恶魔
Viśvaśambhuh 慈护一切者
Viśva 宇内
Viśvedevāḥ 一切神，一切主
Viśveveda 知一切者（阿耆尼异名之一）
Viś 部属
Vitastā 杰赫勒姆河
Vivāha 结婚式（一种人生仪式）
Vivanhvant 维瓦赫万特神（波斯古经神名，创人类者）
Vivasvata 毗婆薮
Visvasvat 太阳神异名，遍照者（神话中与萨罗妮由和合生育人类）
Volksetymologie 词源学理论（德）
Voluntarism 意志论
Vorstellung 表象界（叔本华语）
Vratani 神的命令
Vrata 加行修持，主业
Vratopāniya 斋日食
Vrātya 浮浪者
Vrīhi-āgrayaṇa 奉米祭
Vṛtrahan 杀魔鬼毗离特拉者

Vṛtra 毗离特拉（魔鬼）
Vyākaraṇa《毗伽罗那》（吠陀之文法书）
Vyākhyāna 释论（古印度的学术之一）
Vyāna 介风
Vyoman 太虚（指天界）

Warden 生成（德）
Weber 韦伯（德国宗教学学者）
Wille zum leben 生命的冲动（德）
Winternits 温特尼茨（奥地利印度学学者）
Witney-Lanman 惠特尼-兰曼（两位《阿达婆吠陀》英译者）

Yadus 吠陀时代五族之一
Yahve 雅赫维，耶和华
Yajamāna 祭主或施主（婆罗门祭祀的赞助人）
Yājanā 为他者的祭祀
yajña upavitam 祭纽
Yajña-upavīta 经木祭缨
Yajñavalkhyaṛ Smṛti《耶鞠那瓦基亚法典》
Yajñāvalkhya 耶鞠那瓦尔基耶（吠陀古学者之一）
Yajña 祭式（吠陀祭祀名），为自己的祭祀
Yajurveda Saṁhitā《夜柔吠陀本集》
Yajur-veda《夜柔吠陀》
Yajus 祭词，夜柔
Yakṣa 魔幻力
Yamaṁ Vaivasvatam 耶摩天，阎摩天
Yama 禁制法（属于数论派和瑜伽派）
Yama 阎摩（死王，人类最初的死者）
Yami 阎弥（阎摩之妹）
Yamunā 亚穆纳河
Yamu 阎牟族
Yāska 耶斯伽（梵文学者，吠陀语言古圣）
Yatis 耶提斯，力能
Yati 行者
Yatudhāna 耶屠塔那（行诅咒的罗刹鬼）
Yat 游移
Yavāgrayaṇa 奉麦祭
Yavana 衍梵那（印度古称的希腊，希腊移民后裔）
Yavāśir 麦粉
Yima 依摩（人名）
Yogatattva Up.《瑜伽真性奥义书》
Yoga 瑜伽，相应，法，实行，修行实践
Yogośikhā Up.《瑜伽顶奥义书》
Yuga 时期，（梵书中循环往复的

阶段）

Yūpa 祭柱

Zadedres 萨特莱杰河（希腊名）

Zanda Avesta《论释书》（波斯古经）

Zaotar 司祭者（波斯古宗教主持者）

Zeuspaster 宙斯，罗马神朱庇特，萨特莱杰河天父，吠陀神

图书在版编目（CIP）数据

吠陀哲学宗教史 /（日）高楠顺次郎,（日）木村泰贤著；宋立道译 .—北京：商务印书馆，2023
（宗教文化译丛）
ISBN 978-7-100-22191-7

Ⅰ. ①吠…　Ⅱ. ①高… ②木… ③宋…　Ⅲ. ①宗教史—印度　Ⅳ. ① B929.351

中国国家版本馆 CIP 数据核字（2023）第 164102 号

宗教文化译丛
吠陀哲学宗教史
〔日〕高楠顺次郎　木村泰贤　著
宋立道　译

商 务 印 书 馆 出 版
（北京王府井大街 36 号　邮政编码 100710）
商 务 印 书 馆 发 行
北京新华印刷有限公司印刷
ISBN 978 - 7 - 100 - 22191 - 7

2023 年 12 月第 1 版　　开本 880 × 1230　1/32
2023 年 12 月北京第 1 次印刷　　印张 $14\frac{1}{8}$
定价：79.00 元

“宗教文化译丛”已出书目

犹太教系列

《密释纳·第1部：种子》
《密释纳·第2部：节期》
《犹太教的本质》〔德〕利奥·拜克
《大众塔木德》〔英〕亚伯拉罕·柯恩
《犹太教审判：中世纪犹太－基督两教大论争》〔英〕海姆·马克比
《源于犹太教的理性宗教》〔德〕赫尔曼·柯恩
《救赎之星》〔德〕弗朗茨·罗森茨维格
《耶路撒冷：论宗教权力与犹太教》〔德〕摩西·门德尔松
《论知识》〔埃及〕摩西·迈蒙尼德
《迷途指津》〔埃及〕摩西·迈蒙尼德
《简明犹太民族史》〔英〕塞西尔·罗斯
《犹太战争》〔古罗马〕弗拉维斯·约瑟福斯
《论犹太教》〔德〕马丁·布伯
《回应现代性：犹太教改革运动史》〔美〕迈克尔·A. 迈耶

佛教系列

《印度佛教史》〔日〕马田行啟
《日本佛教史纲》〔日〕村上专精
《印度文献史——佛教文献》〔奥〕莫里斯·温特尼茨

基督教系列

伊斯兰教系列

其他系列

《印度古代宗教哲学文献选编》
《印度六派哲学》〔日〕木村泰贤
《吠陀哲学宗教史》〔日〕高楠顺次郎 木村泰贤